W0178008

V&R

Martin Vogel (Hg.)

Organisation außer Ordnung

Außerordentliche Beobachtungen
organisationaler Praxis

Mit 18 Abbildungen und 7 Tabellen

Vandenhoeck & Ruprecht

Bibliografische Information der Deutschen Nationalbibliothek

Die Deutsche Nationalbibliothek verzeichnet diese Publikation in der Deutschen Nationalbibliografie; detaillierte bibliografische Daten sind im Internet über http://dnb.d-nb.de abrufbar.

ISBN 978-3-525-40450-8
ISBN 978-3-647-40450-9 (E-Book)

Umschlagabbildung: NesaCera, shutterstock.com

© 2013, Vandenhoeck & Ruprecht GmbH & Co. KG, Göttingen /
Vandenhoeck & Ruprecht LLC, Bristol, CT, U.S.A.
www.v-r.de
Alle Rechte vorbehalten. Das Werk und seine Teile sind urheberrechtlich geschützt. Jede Verwertung in anderen als den gesetzlich zugelassenen Fällen bedarf der vorherigen schriftlichen Einwilligung des Verlages.
Printed in Germany.
Satz: SchwabScantechnik, Göttingen
Druck und Bindung: ⊕ Hubert & Co., Göttingen

Gedruckt auf alterungsbeständigem Papier.

Inhalt

Axel Haunschild
Vorwort   7

Martin Vogel
Zur Einführung – so viel Ordnung muss sein   9

Sven Kette
Die Unordnung des Anfangs 19

Markus Hänsel
Der Ordnung halber! Grundlagen der systemischen Beratung 21

Martin Vogel
Wie ist (ordentliche) Organisation möglich?
Von Personen und Erwartungen 39

Andreas Bergknapp
Ärger in Organisationen: Individuelle Konstruktion
oder organisationales Phänomen? 56

Mirko Zwack, Audris Muraitis und Jochen Schweitzer
Der Kontext der (Nicht-)Wertschätzung. Zu einer praktischen Theorie
der Wertschätzung in Organisationen 77

Martin Vogel und Jens Kersting
Humor in Organisationen – Kommunikation, quer zur Ordnung 94

Barbara Ahrens, Tom Mosblech und Martin Vogel
Passung ins System – Möglichkeiten einer systemischen
Personalauswahl 110

Martin Vogel
Management des Ungefähren: Zur außer-ordentlichen Position
von Stellvertretern in Organisationen 127

Harald Tuckermann
Paradoxien im Wandel – Wandel als Paradoxie: Beispiel Krankenhaus 146

Jens O. Meissner und Silke Seemann
Unternehmenserneuerung zwischen Innovationssystemen
und Systeminnovationen 159

Gereon Uerz und Martin Vogel
Zukunft in Organisationen – Ordnung aus der Außer-Ordentlichkeit.
Zur Funktion von Zukunft bei Entscheidungsprozessen in Organisationen   178

Thomas Hoebel
Prophezeiungen, die Organisationen zerstören:
Northern Rock und DaimlerChrysler im Vergleich 197

Volker Bauer und Martin Vogel
»Nur gucken – nicht anfassen!«
Zum Management von Organisationskulturen 223

Frank E. P. Dievernich und Patricia Wolf
Beratung außer-ordentlich 246

Die Autorinnen und Autoren 263

Sachregister 266

Axel Haunschild

Vorwort

Auf der Suche nach Ordnung in der Organisationspraxis richtete sich der Fokus in der Organisationsforschung lange Zeit auf die zweckrationale Schaffung von Ordnung, zum Beispiel auf die Gestaltung der Aufbau- und Ablauforganisation. Neuere organisationstheoretische Ansätze dagegen betonen zumeist, dass organisationale Zwecke interessenbezogen und vieldeutig sind und dass gewählte Mittel besser als Anpassung an externe Erwartungen und als Ergebnisse von Machtstrategien der Organisationsmitglieder erklärt werden können denn als rationale Ausrichtung an gegebenen Organisationszwecken. So trifft der Satz »In Organisationen tobt das Leben«, den Küpper und Ortmann als Einstieg zu ihrem 1988 erschienenen Buch »Mikropolitik« gewählt haben, sofort den Nerv von Praktikern. Diese wissen sehr genau, dass formale Regeln immer auch interpretationsbedürftig sind und kein Regelsystem alle Eventualitäten berücksichtigen kann, zumal dann, wenn es für das Überleben der Organisation notwendig ist, sich verändern, Innovationen hervorbringen und auf Unvorhersehbares reagieren zu können.

Dass in Organisationen das Leben tobt, bedeutet nun aber nicht zugleich, dass Unordnung anstelle von Ordnung angestrebt wird bzw. anzustreben ist. Vielmehr sind stabile Verhaltenserwartungen und Kooperationsstrukturen Bedingung der Möglichkeit für aufeinander bezogene und aneinander anschlussfähige Handlungen bzw. – systemtheoretisch gesprochen – Kommunikationen. Bei aller Kritik an simplifizierenden Ordnungsvorstellungen in Organisationspraxis und -forschung bleibt daher Ordnung ein zentrales Moment organisationaler Prozesse und auch der Beratung von Organisationen.

Das Besondere dieses von Martin Vogel herausgegebenen Buchs ist, dass die in ihm versammelten Beiträge Ordnung und Unordnung (bzw. Nicht-Ordnung) unter Bezugnahme auf Luhmanns Theorie sozialer Systeme nicht als Gegensätze, sondern als aufeinander bezogene Seiten einer Unterscheidung begreifen. Neben grundlegenden Beiträgen zur systemischen Beratung und zu generalisierten Erwartungen in Organisationen finden sich originelle und erhellende Aufsätze zu Phänomenen, die üblicherweise nicht im Mittelpunkt der Organisationsforschung stehen, wie Ärger, Humor, Katastrophen, Stellvertretung, (mangelnde) Wertschätzung und selbst-erfüllende bzw. -zerstörende Prophezeiungen.

Als besonders fruchtbar erweist sich die gewählte systemtheoretische Perspektive auf Ordnung und Unordnung auch für einen neuen Blick auf Personalauswahlprozesse, organisationalen Wandel, Innovationen, das »Management« von Organisationskulturen, Beratungsprozesse und die Möglichkeiten einer Zukunftsforschung in Organisationen.

Ich freue mich sehr, dass es Martin Vogel mit diesem Buch gelungen ist, viele langjährige Dozentinnen und Dozenten des Weiterbildungsstudiums Arbeitswissenschaft an der Leibniz Universität Hannover zusammenzubringen, um gemeinsam einen weit mehr als ordentlichen Beitrag zu einer sowohl von der Praxis inspirierten als auch die Praxis zu Reflexionsprozessen anregenden Organisationsforschung zu leisten. Ich wünsche dem Buch daher die wohlverdiente breite Leserschaft und bin mir sicher, dass es zu einem intensiven Austausch zwischen Organisationsforschern und Organisationspraktikern beitragen wird.

Martin Vogel

Zur Einführung – so viel Ordnung muss sein …

Vorbemerkungen

In der Organisationspraxis fällt eine gewisse Vorliebe für eindeutige und verlässliche Ordnungen auf. Unordnung gilt als die Abweichung, die Ausnahme, die es zu verhindern gilt. Im Alltag will man wissen, was die eigenen Aufgaben sind, wofür man Verantwortung trägt (und oft noch wichtiger: wofür nicht!), wer einem was und wie viel zu sagen hat, wer etwas zu entscheiden hat – und vor allem: was der Zweck der Anweisung, des Projekts und der Organisation ist, in der man arbeitet. Ein eindeutiger Organisationszweck ist insofern unverzichtbar, als nur dadurch die Idee einer eindeutigen und vor allem besten Ordnung sinnvoll wird: Man kann sozusagen, von den Zwecken ausgehend, die Organisation zurückrechnen und die beste und vernünftigste (Stellen-)Ordnung entwickeln. Organisationszwecke lassen sich in Unterzwecke und Unter-Unter-Zwecke unterteilen, die erreicht werden müssen, um den gemeinsamen Oberzweck zu erfüllen. Die Verantwortung für die jeweilige Zielerreichung lässt sich wiederum auf bestimmten hierarchischen Stellen bündeln. So leitet sich eine rationale Ordnung einer Organisation allein von ihrem Zweck ab.

Dieser Ansatz, Organisationen zu betrachten, wird daher auch als zweckrationales Modell bezeichnet. Letztlich spiegelt die hierarchische Stellenordnung dann nur die »Ordnung von Zwecken und Mitteln« einer Organisation wider (Luhmann, 1973, S. 73). Vom Zweck ausgehend leitet sich aber nicht nur eine optimale Ordnungsstruktur der Organisation ab, auch die Eigenschaften und Kompetenzen der Organisationsmitglieder sind durch zweckbestimmte Stellenbeschreibungen bestimmt. All das liegt auf der Hand, wenn man von den Zwecken ausgeht und daraus ableitend seine Organisation baut.

Umso enttäuschender ist es, wenn man dann feststellen muss, dass das Leben in Organisationen vielen Regeln folgt, jedoch nur manchmal, und gefühlt zu selten, den vorgegebenen Strukturen.

Die Reaktionen derjenigen, die dieses Treiben beobachten, sind unabhängig vom Organisationstyp (Apelt u. Tacke, 2012) oft die gleichen. Egal ob Führungskräfte, Mitarbeiter[1], Kunden oder Lieferanten – man ist irritiert, bisweilen verärgert und fragt sich, wie es dazu kommen konnte und ob man das nicht früher hätte wissen und verändern können. So oft solche Erfahrungen auch gemacht werden, sie führen in der Regel nicht dazu, das zweckrationale Modell der Organisation aufzugeben. Fast möchte man sagen: Wider besseres Wissen wird die Idee der Rationalität beibehalten.

Eine Hypothese, warum sich diese Sicht auf Organisationen so hartnäckig hält, ist, dass sich dieses Modell selbst immunisiert: Alle Fehlentwicklungen am Markt, Schwierigkeiten mit den Zulieferern, Probleme mit Führungskräften und in der Belegschaft etc. können als Abweichung der optimalen Ordnung innerhalb des Modells rational behandelt werden. Alle Schwierigkeiten der Organisation werden als Pathologien und damit als Anlässe zur Optimierung gesehen, stellen aber das rationale Grundmodell und vor allem die Idee einer bestmöglichen Organisation nicht in Frage. Das Problem überbordender Komplexität der Umwelt wird in das Problem gelegentlicher Enttäuschungen umgewandelt. Beratungsangebote und wissenschaftliche Ansätze, die sehr nahe an solchen Fragestellungen der Praxis agieren, sind unter anderem genau deshalb so beliebt: Allein mit dem Versprechen der Optimierung lässt sich Geld verdienen. Das Management wie die Beratungsunternehmen können diese zweckrationale Perspektive schlicht übernehmen. Nach eingehender und möglichst vollständiger Analyse der Ist-Situation der Organisation lassen sich in Ableitung von den Zwecken der Organisation jene Ordnungsstrukturen entwickeln, die anders als alle bisherigen Versuche dieses Mal zum Erfolg führen *müssen*. So zumindest das Versprechen der klassischen Unternehmensberatung. Dass dabei immer wieder andere Managementmoden entwickelt werden, die stets als Lösung des Optimierungsproblems daherkommen und dennoch mehr oder weniger an eben diesem Versprechen scheitern, gilt in der Praxis von Organisationen inzwischen als alltägliche Erfahrung und ist auch wissenschaftlich oft beschrieben worden (z. B. Ernst u. Kieser, 2002).

Die Beiträge dieses Bands versuchen, diese gewohnte Blickrichtung nicht mitzuvollziehen. Mit einem eher deskriptiven Ansatz werden Beispiele außer-ordentlicher Perspektiven auf das Verhältnis von Ordnung und Unordnung zusammengetragen. Mit der Neueren Systemtheorie in der Ausarbeitung von Niklas Luhmann steht dafür eine komplexe (Organisations-)Theorie zur Verfügung (Luhmann, 1991, 1999a, 1999b, 2000), die allerdings selten Erkenntnisse liefert, die unmittelbar für die Praxis verwertbar sind. Das liegt unter anderem darin, dass Luhmann stets auf der Suche nach inkongruenten Perspektiven war, die oft seltsam quer zum

---

1   In diesem Buch ist selbstverständlich anstelle jeder männlichen Form auch die weibliche Form möglich; aus Gründen der Einfachheit wird hier überwiegend die männliche gewählt.

Alltagsverständnis auch seiner Wissenschaftskollegen lagen. So könnte man zum Beispiel der Vorliebe für Ordnung in der Praxis mit Luhmann entgegnen, dass nicht die Unordnung die Ausnahme ist, sondern die gelingende Ordnung – und das wäre unabhängig von aller Kritik, die Systemtheorie sei zu theoretisch (!), doch wiederum sehr nah an der Alltagserfahrung in Organisationen.

Während die gewohnte Perspektive in Organisationen Ordnung und Sicherheit präferiert und sich dabei von den Umständen gestört fühlt, geht eine systemtheoretische Perspektive davon aus, dass soziale Ordnung, Stabilität und Sicherheit nur um den Preis der Unordnung, Instabilität und Unsicherheit zu haben und allein schon deshalb in Reinform unwahrscheinlich sind. Vielmehr sind Ordnung und Unordnung zwei Seiten einer Unterscheidung, die ohne einander nichts bedeuten. Und letztlich braucht es in Organisationen auch beides: Ordnung und Stabilität, um in der Gegenwart zu bestehen; Offenheit und Instabilität, um auch in zukünftigen Gegenwarten noch handlungsfähig zu sein.

Die zentrale Herausforderung für Organisationen ist aus dieser Perspektive also nicht die Suche nach der besten Methode zur Stabilisierung der besten Ordnung. Es geht vielmehr um die Entfaltung der Paradoxie, Gegensätze der Qualität von Ordnung und Unordnung, Stabilität und Instabilität, Regelung und Offenheit gleichberechtigt behandeln zu müssen, etwa im Sinne einer unordentlichen Ordnung, ordentlichen Unordnung, stabilen Innovation oder neuen Routine.

Insofern ist der Titel des Bands eine sprachliche Kippfigur und bewusst uneindeutig gewählt. Organisationen sind nicht durchgehend ordentlich. Aber auch Beschreibungen von Chaos und Durcheinander werden dem Treiben in Organisationen nicht gerecht. Insofern lässt der Titel Spielräume, organisationale Praxis bewusst von außerhalb der Ordnung in den Blick zu nehmen – wohl wissend, dass auch Außer-Ordentlichkeit nur in der Differenz zu ihrem gesetzten Gegenteil bestimmt wird.

Hintergrund und Zielgruppe

Die Grundlage fast aller Beiträge sind gleichnamige Lehrveranstaltungen im Weiterbildungsstudium Arbeitswissenschaft der Wirtschaftswissenschaftlichen Fakultät der Leibniz Universität Hannover (www.wa.uni-hannover.de). Der Studiengang umfasst unterschiedliche Studienschwerpunkte (darunter Arbeit und Gesellschaft, Management und Arbeitsorganisation, betriebliches Gesundheitsmanagement, Arbeit und Beratung), die Beiträge dieses Bands sind im Studienschwerpunkt »Organisation und Change Management« entstanden. Die Referenztheorie des Studienschwerpunkts und der meisten Artikel ist die Neuere Systemtheorie Niklas

Luhmanns. Anspruch des Studienschwerpunkts ist es, alternative Perspektiven zur herkömmlichen Beschreibung organisationaler Praxis zu liefern. Insofern sind die Themen des Buchs wie des Studienangebots alltäglich – Ärger, Zukunft, Humor oder Beratung. Außer-ordentlich sind die Betrachtungsweisen, die in gewisser Weise quer zur Alltagserfahrung liegen und eher Perspektivenvielfalt als scheinbare Sicherheit vermitteln wollen.

Da es sich um einen berufsbegleitenden Studiengang handelt, haben alle Studierenden langjährige Berufserfahrung. Ziel des Seminarangebots als auch dieses Bands ist demnach, den Transfer der Theorie in die Praxis zu erleichtern. Während der systemische Ansatz in der Praxis vor allem in Form der systemischen Beratung immer beliebter wird, gelten die Systemtheorie als solche und speziell Luhmanns Texte für die Praxis oft als zu abgehoben, als zu komplex und unverständlich. Deshalb will dieses Buch versuchen, eine Brücke zwischen den beiden Perspektiven der Wissenschaft und der Beratungspraxis zu schlagen. Dazu war es nötig, einen Kompromiss zu finden: Ähnlich wie in den Lehrveranstaltungen werden systemtheoretisch Versierte an der einen oder anderen Stelle vermutlich mangelnde theoretische Genauigkeit beklagen, Praktiker werden in anderen Bereichen unmittelbare Übertragbarkeit vermissen.

Die Zielgruppe dieses Buchs wie des Studienangebots liegt dazwischen. Um es in einer für die Systemtheorie typischen Paradoxie auszudrücken: der theoretisch interessierte Praktiker. Wenn man seinen Arbeitsstil als Führungskraft oder Beraterin systemisch nennt, so kann es nicht schaden, so finden wir, die dahinterliegende Theorie für Antworten für die Praxis zu befragen.

Aufbau

Das Buch umfasst 14 Artikel. Auf die Einteilung in Abschnitte wurde verzichtet, da sonst eine Ordnung suggeriert würde, die bei der Entstehung des Buchs nicht intendiert war. Die Artikel bauen nicht logisch aufeinander auf und können auch einzeln gelesen werden. Die Empfehlung aber wäre, zumindest für den systemtheoretisch ungeübten Leser, vorn zu beginnen und den Artikel von *Markus Hänsel* zur Einführung zu lesen.

Den Anfang aber macht *Sven Kette,* indem er über die Schwierigkeit ordentlichen Anfangens schreibt. Kurz, natürlich kurz – wie sonst sollte man über das Anfangen schreiben? Dass es im Hintergrund um Katastrophen in Organisationen geht, ist umso treffender.

Die Herausforderung einer praxisrelevanten Auseinandersetzung mit systemtheoretischen Ansätzen ist es, die Theorie für die Praxis so aufzubereiten, dass sie konkret und handlungsleitend wirkt, ohne dabei unzulässig zu trivialisieren. *Markus Hänsel* wird diesem Anspruch in besonderer Weise gerecht: Er zeigt nicht nur einen Überblick über das breite Feld der Systemtheorien unterschiedlicher Prägung sowie deren Wurzeln auf, er stellt zudem vielfältige Bezüge zur Praxis und Methodik systemischer Beratung her.

Einer eher theoretischen Perspektive folgt der nächste Artikel. »Wie ist soziale Ordnung möglich?«, fragt Niklas Luhmann in seiner Vorlesung zur Einführung in seine Systemtheorie. Eine Antwort: Soziale Ordnung wird dort möglich, wo es gelingt, stabile Erwartungen auszubilden – und streng genommen ist das Bilden von konkreten Erwartungen nur vor dem Hintergrund einer erkennbaren Ordnung möglich. In einfachen sozialen Systemen, wie zum Beispiel in Interaktionen, reicht es oft aus, dass man sich als Person kennt. Deshalb ist man nicht vor Überraschungen sicher, aber das Handeln wird erleichtert, wenn man weiß, was man wechselseitig voneinander zu erwarten hat. Wenn soziale Systeme aber komplexer werden sollen, etwa in Form von Organisationen, so müssen andere Formen der Erwartungsstabilisierung gefunden werden. Die Lösung, der der Artikel von *Martin Vogel* nachgeht, besteht in der Generalisierung von Verhaltenserwartungen, deren Anerkennung an die Mitgliedschaft gebunden wird. So lässt sich eine formale Ordnung stabilisieren, auf die man sich immer berufen kann, auch dann, wenn sie im Alltag kaum Beachtung findet.

Den meisten wirtschaftswissenschaftlichen Theorien, aber auch der systemtheoretischen Organisationstheorie hat man zu Recht vorgeworfen, sich dem Phänomen der Emotionen in Organisation nicht hinreichend gewidmet zu haben. Gefühle werden eher dem Individuum zugerechnet und sind somit vornehmlich Gegenstand psychologischer Betrachtungen. *Andreas Bergknapp* unternimmt in seinem Artikel den Versuch, die individualpsychologische und die organisationstheoretische Perspektive auf Emotionen zu verbinden. Als prägnantes Beispiel dient ihm dabei ein alltägliches Phänomen: Ärger in Organisationen. Aus der außer-ordentlichen Perspektive des wissenschaftlichen Beobachters und Organisationsberaters beleuchtet er sowohl das Ärgererleben des Individuums als auch die strukturellen und organisationalen Bezüge von Ärgerepisoden. Mit Verweisen auf die Rational-Emotive-Therapie (REVT) von Albert Ellis gibt er zudem Hinweise für einen bewussteren Umgang mit dem persönlichen Ärgererleben. Mit Hilfe der Strukturationstheorie von Anthony Giddens zeigt er zugleich die Bezüge von Ärgerinteraktionen zu organisationalen Ordnungsphänomenen wie Regeln und Hierarchien auf.

Wenn man sich Ärgerepisoden aus Organisationen erzählen lässt, dann nimmt ein Thema dabei oft einen großen Raum ein. Unabhängig davon, ob man Führungskräften oder Mitarbeitern zuhört, der Mangel an Wertschätzung spielt ganz oft eine bedeutende Rolle. Von Wertschätzung gibt es nie genug, so könnte man sagen, und dass, obwohl die Bedeutung von Anerkennung und Wertschätzung als Basis für gute Leistungen im Berufsleben außer Frage steht. Und dennoch, obwohl dies also jeder weiß und Wertschätzung für sich wünscht, gibt es stets zu wenig davon. Normalerweise würde man hier Fragen nach dem Warum, also den Gründen für dieses Defizit, anschließen und eventuell Tipps zur Verbesserung der Wertschätzungsbilanz in einer Organisation ableiten. *Mirko Zwack* und *Audris Muraitis* wählen hingegen eine andere und außer-ordentliche Perspektive. Sie fragen in systemtheoretischer Tradition nach dem Kontext, der das Phänomen hervorbringt, und welchen Nutzen es für das soziale System der Organisation bzw. des Teams haben könnte. Einmal angenommen, der Mangel an Wertschätzung hätte eine Funktion für den Fortbestand des sozialen Systems – welche könnte das sein? Mögliche Antworten stellen die beiden Autoren in ihrem Artikel zusammen und geben zudem Hinweise, was mit Wertschätzung überhaupt gemeint sein könnte.

Ein im wahrsten Sinne außer-ordentliches Phänomen ist der Humor in Organisationen. Damit sind nicht allgemein Witze gemeint, die man irgendwo aufgeschnappt hat, sondern Humor als Organisationsphänomen. Humor in diesem Sinne ist Gegenstand des Artikels von *Jens Kersting* und *Martin Vogel*. Ausgehend von einem kurzen Überblick über verschiedene Humortheorien aus Philosophie, Psychologie und Soziologie wird Humor als außer-ordentliches Element zwischen formaler und informeller Organisation in den Blick genommen. Organisationaler Humor wird als Möglichkeit der Kritik an den gegebenen Verhältnissen beschrieben, die sich selbst sogleich unschädlich macht – und vielleicht gerade deshalb außer-ordentlich wirksam ist. Den Schlusspunkt des Artikels liefern Hinweise auf die Einsatzmöglichkeiten von organisationalem Humor für eine Organisationsdiagnose und als Interventionsform in der systemischen Organisationsberatung.

Organisationen sind als soziale Systeme insofern besonders, als sie über ihre Mitglieder entscheiden können – und auch müssen, so könnte man hinzufügen. Denn jede Einstellung, jede interne Versetzung, jede Entlassung setzt eine explizite Entscheidung voraus. Entscheidungen aber haben eine besondere Eigenart: Sie sind unsicher. Insofern gibt es seit vielen Jahren Versuche, insbesondere in der Personalauswahl mögliche Fehlentscheidungen durch geeignete Instrumente möglichst zu minimieren. Dabei stehen meist sehr personenbezogene Methoden im Vordergrund. In Assessment-Centern werden Eigenschaften und Kompetenzen der Bewerber versucht, objektiv beobachtbar zu machen. Aus Sicht der Systemtheorie ist eine Personalauswahl, die sich auf die isolierten Eigenschaften von Personen beschränkt, hingegen unbefriedigend. Ob sich eine Person für eine Aufgabe eignet, entscheiden nicht nur ihre Kompetenzen, sondern auch das (systemische) Umfeld, in dem sie tätig werden wird. *Barbara Ahrens, Tom Mosblech* und *Martin Vogel* stellen daher der klassischen Eignungsdiagnostik eine zusätzliche Form der Passungsprüfung an die Seite. Ihr Artikel ist ein Plädoyer für die offene Nutzung des Ausgeschlossenen in der Personalauswahl: intuitiver Urteile über die Passung und der Eignung potenzieller Mitarbeiter. Sie stellen erste Ideen möglicher Methoden zur Passungsprüfung vor, weisen aber auch auf die Gefahren dieser außer-ordentlichen Form der Personalauswahl hin.

Eine unspektakuläre, aber dennoch außer-ordentliche Position steht im nächsten Artikel im Fokus: der Stellvertreter. Weder in der wissenschaftlichen Literatur noch in den praktischen Angeboten der Beratungs- und Trainingsbranche hat diese Position bisher besondere Beachtung gefunden. Aus gutem Grund? *Martin Vogel* geht in seinem Artikel von einer anderen Prämisse aus: Wenn ein Phänomen in einem sozialen System nicht weiter auffällt, ist es gerade interessant zu untersuchen, worin die Bedeutung dieser Unauffälligkeit liegt. Die Position des Stellvertreters wird als Position des Dritten beschrieben, der sich zwischen Führungskraft und Mitarbeiter befindet, weder ganz Führungskraft noch ganz Mitarbeiter. Anhand von Forschungsergebnissen einer Interviewstudie werden die Paradoxien der Stellvertretung beschrieben, die sich aus dieser Position außerhalb der Ordnung ergeben, und mögliche Funktionen für die Organisation diskutiert.

Harald Tuckermann fokussiert in seinem Artikel auf die Veränderung stabiler Ordnungen in Organisationen. Stabilität und Veränderung sind dabei keine sich ausschließenden Gegensätze, vielmehr muss sich eine organisationale Ordnung selbst in ruhigen Zeiten permanent verändern, wenn sie einigermaßen stabil bleiben will. Wenn man jedoch den gezielten Wandel einer Organisation von einer in eine andere Ordnung in den Blick nimmt, so sieht man sich zwangsläufig mit Paradoxien konfrontiert: Der bestehende Zustand bringt die Veränderungsnotwendigkeit hervor, neue Ordnung muss aber auf Basis genau dieses Zustands entwickelt werden. Organisationaler Wandel ist die Entfaltung von Paradoxien, so lautet die These des Artikels. Anhand einer umfangreichen Fallstudie werden die theoretischen Hintergründe praxisnah dargestellt und mit Hinweisen für die Beratungs- und Managementpraxis verknüpft.

Die Unterscheidung von Ordnung und Unordnung bzw. vielleicht besser von Ordnung und Außer-Ordnung thematisieren *Jens Meissner* und *Silke Seemann* auf besondere Weise. Die Frage, die hinter ihrem Artikel steht, lautet knapp: Woher kommt das Neue in der Organisation? Die herkömmlichen Ansätze der Produkt- bzw. auch der Prozessinnovation suchen die Antwort vor allem auf der Innenseite der Organisation, also auf der Seite der Ordnung. Die beiden Autoren machen einen anderen Vorschlag: Sie gehen davon aus, dass die Innovation von außen, also von außerhalb der Ordnung kommen muss, durch eine Verschiebung der Grenzen zwischen Wissen und Nichtwissen. Entlang der Konzepte des Innovationssystems und der Systeminnovation beschreiben sie in einem Fallbeispiel Innovationsmanagement als die Entfaltung der Paradoxie, dass Neues nur in Abgrenzung von Altem entstehen kann.

Zukunft ist in Organisationen immer ein außer-ordentliches Phänomen. Man kann nur über Zukunft sprechen, wenn man von ihr etwas Neues erwartet. Neu aber kann wiederum nur etwas sein, was sich vom Bestehenden, also der Ordnung der gegenwärtigen Vergangenheit unterscheiden lässt. Zukunft und Vergangenheit sind die beiden Seiten der Unterscheidung, mit der sich Zeit in Organisationen beobachten lässt. Als Operation dafür dient die Entscheidung. Mit diesen systemtheoretischen Ausführungen startet der Artikel von *Gereon Uerz* und *Martin Vogel* – und endet bei praktischen Ableitungen für eine Zukunftsforschung in Organisationen, die über lineare Trendanalysen hinausgeht und Zukunft in ihrer prinzipiellen Unbestimmtheit ernst nimmt. Ergebnis einer so inspirierten Corporate Forsight sind allerdings eher Fragen als Antworten …

In der Regel dient die Zukunftsforschung in Organisationen dem allgemeinen Ziel, Verhaltenssicherheit in einem Feld zu generieren, das prinzipiell unsicher ist. Strategien, Visionen und Zukunftsbilder wirken ordnungsstiftend allein dadurch, dass sie Ziele in die Zukunft projizieren, an denen man das Verhalten in der Gegenwart ausrichten kann. Zugleich ist imaginierte und sozial konstruierte Zukunft immer ordentlicher als die Gegenwart und allein schon deshalb attraktiv. Dass Bilder über die eigene Zukunft aber auch zerstörerisch wirken können, damit befasst sich der Artikel von *Thomas Hoebel*. Entlang der Konzepte der selbsterfüllenden und der selbstzerstörenden Prophezeiung zeigt er auf, wie Organisationen aufgrund von Vorhersagen aus der Ordnung geraten und scheitern können. Zentrales Element in seiner Argumentation ist das aus der Religionssoziologie entlehnte Konzept der Realitätsverdopplung. Prophezeiungen stellen dabei eine konkurrierende Realität zu der zunächst vorherrschenden Sicht auf eine Organisation dar. Welche verheerenden Folgen und welche zerstörerische Kraft in diesen Alternativordnungen von Wirklichkeiten liegen können, wird eindrucksvoll entlang zwei konkreter Fallstudien dargestellt.

Im Feld des Veränderungsmanagements in Organisationen hat insbesondere die Organisationskultur eine höchst wechselhafte Geschichte. Einst als Hort der Menschlichkeit gegenüber der unpersönlichen formalen Ordnung gepriesen, zwischendurch als Ort des irrationalen Widerstands gegen vernünftige Veränderungsvorhaben kritisiert, wurde zuletzt die Gestaltung einer unternehmensdienlichen Organisationskultur als ausschlaggebender Faktor für den Unternehmenserfolg betrachtet. Die Enttäuschung der großen Kulturprojekte der 1990er Jahre mit dem gescheiterten Versuch, die Organisationskultur zielgerichtet nutzbar zu machen, hat zwar das überschwängliche Interesse an Kulturprojekten gedämpft, doch nach wie vor wird die Kultur der Organisation in Management wie Beratung als gestaltbar angenommen. Hier setzt der Artikel von *Volker Bauer* und *Martin Vogel* an. Gemäß eines systemtheoretischen Verständnisses wird Organisationskultur als sich selbst entwickelndes und nichtentschiedenes Phänomen beschrieben. Genau deshalb kann man sie auch nicht durch schlichte Entscheidung ändern. Kern des Artikels ist daher eine Fallbeschreibung eines Versuchs, das Ungestaltbare zu gestalten.

Zum Abschluss widmen sich *Frank Dievernich* und *Patricia Wolf* der Frage, welche Rolle Beratung bei der Entwicklung und Veränderung von Organisationen, also der Etablierung neuer Ordnungen, spielen kann. Dabei beschreiben sie verschiedene Prozesse der Ordnungsbildungen in einem Beratungsprozess und fokussieren insbesondere die Beziehung zwischen Beratungsunternehmen und Organisationen. Kern der Betrachtung ist die Paradoxie der Ordnung durch Unordnung: Wenn Beratung erfolgreich sein will, so muss sie ein Versprechen auf erfolgreiche Ordnungszustände in der Zukunft einlösen, kann dies aber nur, wenn es ihr gelingt, zuvor eine irritierende Unordnung in die Organisation einzuführen. Damit dies gelingen kann, ist die Gestaltung eines tragfähigen Beziehungsmanagements zwischen Beratungsorganisation und Unternehmen unumgänglich.

Danksagung

So ein Buch schreibt man nicht allein – einen Sammelband ohnehin nicht. Insofern gilt mein Dank den Autorinnen und Autoren und den Dozierenden des Studienschwerpunkts »Organisation und Change Management« im Weiterbildungsstudium Arbeitswissenschaft für ihr außer-ordentliches Engagement in der Lehre und für außer-ordentliche Themen, die sich nun endlich auch zwischen zwei Buchdeckeln niederschlagen. Namentlich möchte ich Stefan Jung für die Idee und die Ermutigung danken, dieses Projekt in Angriff zu nehmen. Jens Meissner gilt mein Dank für den außer-ordentlichen und immer noch inspirierenden Titel für dieses Buch.

Mein Dank gilt aber auch den Studierenden des Studienschwerpunkts, die mit ihrem Interesse an dem nicht immer leichten Stoff und ihrem kritischen Blick aus langjähriger Berufserfahrung maßgeblich eine Atmosphäre schaffen, in der gemeinsames Lernen von Studierenden und Lehrenden möglich wird.

Literatur

Apelt, M., Tacke, V. (Hrsg.) (2012). Handbuch Organisationstypen. Wiesbaden: VS Verlag für Sozial-
   wissenschaften.
Ernst, B., Kieser, A. (2002). Versuch, das unglaubliche Wachstum des Beratungsmarktes zu erklären.
   In R. Schmidt, H. Gergs, M. Pohlmann (Hrsg.), Managementsoziologie. Themen, Desiderate,
   Perspektiven (S. 56–85). München: Rainer Hampp Verlag.
Luhmann, N. (1973). Zweckbegriff und Systemrationalität. Über die Funktion von Zwecken in sozia-
   len Systemen. Frankfurt a. M.: Suhrkamp Taschenbuch Wissenschaft.
Luhmann, N. (1991). Soziale Systeme: Grundriss einer allgemeinen Theorie (4. Aufl.). Frankfurt a. M.:
   Suhrkamp.
Luhmann, N. (1999a). Die Gesellschaft der Gesellschaft, 2 Bde. (2. Aufl.). Frankfurt a. M.: Suhrkamp.
Luhmann, N. (1999b). Funktionen und Folgen formaler Organisation: Mit einem Epilog 1994 (5. Aufl.).
   Berlin: Duncker & Humblot.
Luhmann, N. (2000). Organisation und Entscheidung. Opladen: Westdeutscher Verlag.

Sven Kette

Die Unordnung des Anfangs

Ein Buch, das sich mit der »Organisation außer Ordnung« befasst, ist vermutlich ein besonders gut geeigneter Ort, um Beiträgen Raum zu geben, die nicht im eigentlichen Sinn »ordentlich« sind. Mein Beitrag hat es immerhin auf einen Kassenzettel geschafft! Es handelt sich um die Skizze erster Stichworte zur Vorbereitung einer dann auszuarbeitenden Idee für einen Beitrag, der sich mit dem Zusammenhang von (Un-/Außer-)Ordnung und Organisationskatastrophen hätte beschäftigen sollen. Die Notizen entstanden im Februar 2013 auf der Rückfahrt aus Hannover, wo ich am Institut für interdisziplinäre Arbeitswissenschaft ein Seminar zu diesem Thema gegeben hatte. Inspiriert von den Diskussionen mit Studierenden notierte ich erste Ideen auf die Rückseite einer Abrechnung, die ich kurz zuvor im Zugrestaurant ausgestellt bekam (Abbildung 1).

Wenngleich ich wünschte, der Zettel würde von klügeren Gedanken zeugen, ist er nun vielleicht gerade in seiner Schlichtheit und inhaltlichen Unentschiedenheit Dokument vom Anfang eines jeden Textes: die Unordnung der Gedanken. Die Gedanken zu ordnen, diese Aufgabe ist auch bei der Ausarbeitung eines Beitrags, der sich mit Unordnung beschäftigt, unerlässlich. Dieser Beitrag ist daran gescheitert, er ist gewissermaßen selbst die Katastrophe. Gleichwohl mag er gerade damit dazu dienen, die Ordnungsleistung der weiteren Beiträge in diesem Band umso deutlicher herauszustellen.

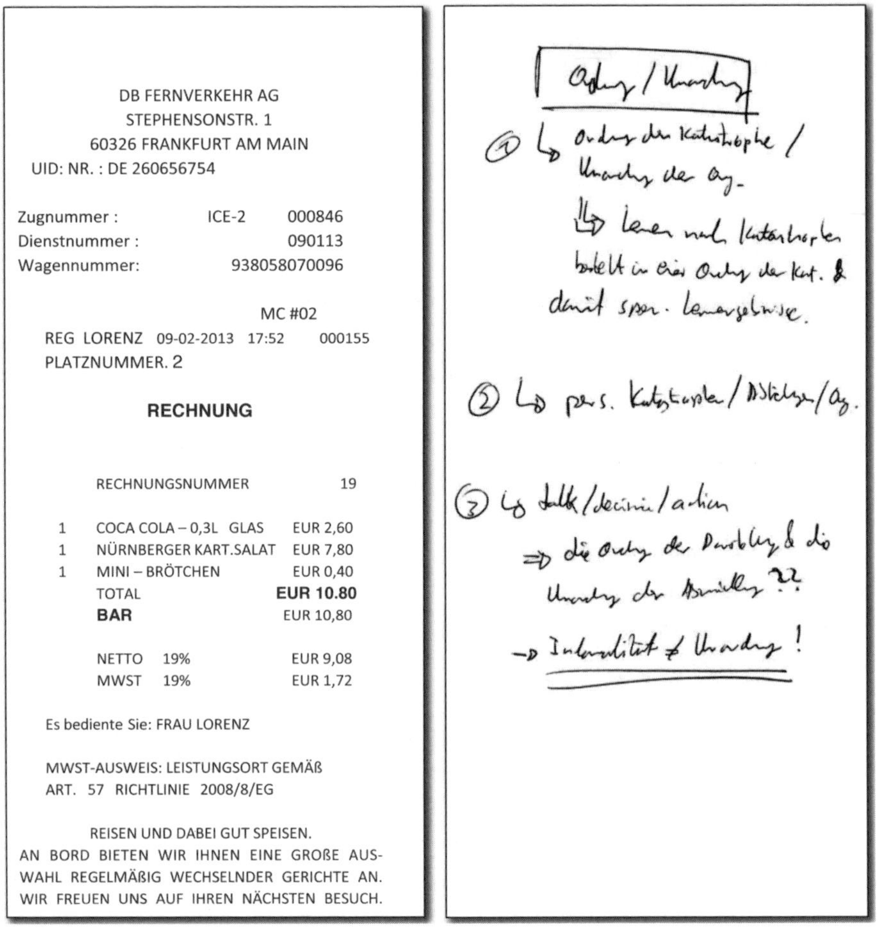

Abbildung 1: Ideenskizze

Zum Weiterlesen

Brunsson, N. (2003). Organized hypocrisy. In B. Czarniawska, G. Sevón (Hrsg.), The Northern lights. Organization theory in Scandinavia (S. 201–222). Copenhagen: Copenhagen Business School Press.

Kette, S. (2013, in Vorbereitung). Diskreditiertes Scheitern. Katastrophale Unfälle als Organisationsproblem. In J. Bergmann, M. Hahn, A. Langhof, G. Wagner (Hrsg.), Scheitern. Organisations- und wirtschaftssoziologische Analysen. Heidelberg: Springer VS.

Perrow, C. (1987). Normale Katastrophen. Die unvermeidbaren Risiken der Großtechnik. Frankfurt a. M. u. New York: Campus.

Weick, K. E., Sutcliffe, K. M. (2003). Das Unerwartete managen. Wie Unternehmen aus Extremsituationen lernen. Stuttgart: Klett-Cotta.

Markus Hänsel

Der Ordnung halber!
Grundlagen der systemischen Beratung

Ist die Systemtheorie eine ordentliche Theorie?

Wenn man bei einer Theorie die Überlebensfähigkeit und die Passung in den Kanon etablierter Traditionen als Kriterien dafür anlegt, kann man der Systemtheorie nach circa einem Jahrhundert Präsenz in der wissenschaftlichen Welt die Ordentlichkeit kaum mehr absprechen. Gleichzeitig scheint mir ein gewisser Hang zur Unordentlichkeit in der Entstehung dieses Theoriegebäudes klar erkennbar, der aber vielleicht kein zu beseitigendes Problem darstellt, sondern vielmehr die besondere Qualität und den Charme der Systemtheorie ausmacht.

In der Entwicklung der Systemtheorie zu Beginn des letzten Jahrhunderts stand die Erforschung von Problemen wie die Steuerung technischer Apparate oder die Biophysik biologischer Systeme mit naturwissenschaftlichen Methoden im Mittelpunkt. Ziemlich schnell mussten die systemtheoretischen Pioniere, wie Ludwig von Bertalanffy oder Norbert Wiener, sich jedoch mit eher unordentlichen Problemen herumgeschlagen, die sich den zeitgemäßen wissenschaftlichen Zugängen widersetzten und daher von großen Teilen der Wissenschaft als zu sperrig ignoriert wurden. Allen voran das Problem der Selbstbezüglichkeit und Zirkularität, das ein Kernelement aller systemtheoretischen Ansätze und Modelle wurde.

Eine weitere unordentliche Eigenschaft der frühen Systemtheorie war das interdisziplinäre Räubern in fremden Wissenschaftsdomänen. Deutlich kann man dies am Beispiel Gregory Batesons sehen. Als Anthropologe durchstreifte er im Laufe seines äußerst fruchtbaren wissenschaftlichen Schaffens Gebiete wie Medizin, Psychologie, Biologie, Ökologie, Philosophie und Religion. Als wissenschaftliches »enfant terrible« hatte er den Mut, etwa in der Formulierung seiner Double-Bind-Theorie, Erkenntnisse verhaltensbiologischer, psychiatrischer und logischer Forschung miteinander zu verbinden. Ähnlich veranlagt waren andere Pioniere der Systemtheorie wie der Physiker Heinz von Foerster oder der Biologe Ludwig von Bertalanffy, die sich Zeit ihres Lebens intensiv mit Philosophie und den ethischen Implikationen ihrer wissenschaftlichen Forschung befassten.

Schließlich führten Heinz von Foerster und Norbert Wiener die »Systemics« als Alternative zur traditionellen Naturwissenschaft, als eine Theorie und Praxis des Zusammendenkens, der Synthese und der Integration ein. Darin laden sie ganz bewusst dazu ein, die Gartenzäune der Wissenschaftsdisziplinen zu übertreten und dabei die eigene Zunft erkenntnistheoretisch fundamental kritisch zu betrachten. Heinz von Foerster postuliert provokant: »Wahrheit ist die Erfindung eines Lügners« (von Foerster, 2006). Mit diesem Bruch mit den etablierten naturwissenschaftlichen Grundfesten der Moderne ebnet die Systemtheorie einer sich in die Postmoderne entwickelnden Welt den Weg.

Führt unordentliche Theorie zu unordentlicher Praxis?

Dem alltäglichen Sprachgebrauch nach ist »nichts praktischer als eine gute Theorie« – analog dazu postuliert der chilenische Biologe Humberto Maturana: »Jedes Tun ist Erkennen und jedes Erkennen ist Tun und umgekehrt« (Maturana u. Varela, 1987, S. 28). Die Systemtheorie hat für die beraterische Praxis mindestens zwei wesentliche Funktionen: Eine deskriptive Funktion, durch die Phänomene, Prozesse und deren Muster beschrieben werden können, sowie eine praktische Funktion als Methodologie für Handeln und Verhalten. Die auf Beratung angewandte Systemtheorie bemüht sich daher zunächst zu reflektieren und zu verstehen, wie sich Organisationen und deren Berater verhalten, wodurch Probleme entstehen etc. Darüber hinaus lädt gerade die Systemtheorie neuerer Lesart immer wieder ein, das eigene Beobachten selbstreflexiv zu betrachten und damit die eigenen impliziten Konzepte, Motive und Theorien zu hinterfragen. Die praktische Anwendung der Systemtheorie bringt schließlich eine tiefgreifende Veränderung des beraterischen Vorgehens mit sich: Weg vom Rat des Experten, der vorgibt, was richtig ist, hin zu der prozessorientierten Unterstützung, bei der das Kundensystem die Ziele vorgibt und die Kriterien des Erfolgs bestimmt. Darüber hinaus liefert die systemische Sichtweise eine Fülle methodischer Ansätze in der Beratung, etwa das zirkuläre Fragen, den lösungsorientierten Fokus bis hin zu komplexen Settings in Changeprozessen (Königswieser u. Exner, 1998).

Dabei bürdet die Systemtheorie ihren Anwendern oft den Umgang mit einer hohen Komplexität auf, die sie selbst versucht zu erfassen, zu beschreiben und für die sie versucht uns handlungsfähig zu machen. Die Herausforderung dabei ist, wie man eine in der Praxis nötige Komplexitätsreduktion ohne verzerrende Simplifizierung leisten kann. Dazu hilft es, immer wieder zu klären, in welchen Situationen man sich wie mit Systemtheorie befasst:

– In welchen Situationen würde ich systemisches Denken anwenden wollen?
– Wie würde sich systemisches Denken im konkreten Vorgehen auswirken und welchen Unterschied im Handeln würde es machen?

– Wofür ist die Anwendung der Systemtheorie im Beratungskontext nützlich, was ermöglicht sie, was verhindert sie eventuell?

Im Zuge der immer umfassender werdenden Anforderungen an die klassische Unternehmensberatung entwickelten sich, wie bereits dargestellt, verschiedene Ansätze der Beratung weiter. In Organisationen, in denen die Vernetzung der Teilbereiche sowie deren Veränderungsdynamik immer stärker zunimmt, stoßen Organisationsberater zwangsläufig auf immer höhere Komplexität. Eine professionelle Beratung impliziert daher in immer stärkerem Maß ein systemisches Verständnis von Organisationen, das sowohl komplexe und dynamische Veränderungen innerhalb von Organisationen als auch die Einbettung in eine ebenso komplexe und dynamische Umwelt berücksichtigen kann.

Für einen Überblick lassen sich die Inhalte des systemischen Beratungsansatzes aus verschiedenen Perspektiven betrachten:
1. theoretische Grundlagen,
2. Grundannahmen und Haltungen in der Praxis der Beratung,
3. praktisches Vorgehen in Methoden, Handlungskonzepten und Interventionsstrategien.

Theoretische Grundlagen

Der systemische Beratungsansatz bezieht sich nicht auf ein klar definiertes, einheitliches Theoriemodell, sondern ist eher eine interdisziplinäre Grundrichtung, die eine Vielfalt theoretischer und praktischer Ansätze und Konzepte umfasst. Dies lässt sich darauf zurückführen, dass in ihrer Entstehungsgeschichte sehr unterschiedliche Konzepte aus der Kybernetik, Soziologie, Biologie und Erkenntnistheorie eine Rolle spielten. Im Folgenden sollen einige der zentralen Einflüsse und deren Verdichtung zu Kernkonzepten der heutigen systemischen Beratung beschrieben werden (siehe Abbildung 1).

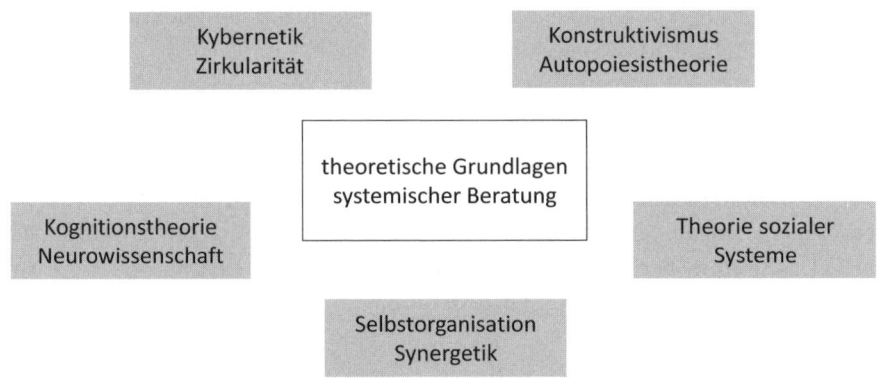

Abbildung 1: Theoretische Konzepte systemischer Beratung

Kybernetik und Zirkularität

Das Wort *systemisch* stammt etymologisch vom griechischen Begriff *histamein* ab, was soviel bedeutet wie zusammenstehen. Etwas ausführlicher ist ein System ein Satz von Elementen und Objekten zusammen mit den Beziehungen zwischen diesen Objekten und deren Merkmalen (Hall et al. in von Schlippe u. Schweitzer, 1996). Zunächst kamen systemische Theorien seit ungefähr 1950 im technischen Bereich als sogenannte Kybernetik und in technischen Wissenschaftsdisziplinen zum Einsatz. So wurden Prozesse statt als einfache Kausalverkettungen zunehmend als zirkuläre Regelkreise definiert, die in Form von Feedback auf sich selbst zurückwirken, sich verstärken oder abschwächen können. (Das wohl bekannteste Beispiel eines technischen Regelkreises ist das Heizungsthermostat: Durch einen Fühler erhält das Thermostat Feedback über die Umgebungstemperatur. So stehen Temperatur und Heizung in einem Rückkopplungsprozess zueinander und bilden als System ein dynamisches Fließgleichgewicht aus.)

Analog dazu erkannten in den 1960er Jahren insbesondere Familientherapeuten, dass einfache Ursache-Wirkungs-Modelle, die Probleme als Ausdruck der individuellen Psychodynamik des Menschen verstehen, zu kurz greifen. Sieht man Menschen im Netz ihrer relevanten Beziehungen, werden auch jegliche Verhaltensweisen oder Probleme in Abhängigkeit vom Kontext eines Menschen begriffen. Sie stellen damit keine festen Eigenschaften mehr dar, sondern gewinnen ihre Bedeutung in der Funktion, die sie in der Kommunikation des jeweiligen Kontextes, etwa der Familie oder einer Gruppe bekommen. Ein Gefühlsausdruck, etwa Trauer, wird nicht bloß als eine psychische Reaktion eines Menschen verstanden, sondern in ihrer Bedeutung und Auswirkung auf andere Familienmitglieder definiert.

Wegen dieser an Relationen orientierten Modellbildung wird auch häufig davon gesprochen, dass die Systemtheorie und deren Anwendung ganzheitlich ist, statt sich lediglich mit Teilbereichen zu beschäftigen: »Die besondere Relevanz des Systembegriffs beruht darauf, daß interne Kohärenzen eine Totalitätsdimension eröffnen, da jede partielle Modifikation das Ganze betrifft. Der Systembegriff soll nun Verbindungen aufdecken, die weder sichtbar noch begrifflich faßbar sein müssen« (Maturana, 1996, S. 215).

Konstruktivismus und Autopoiesistheorie

Die Übertragung der Systemtheorie auf soziale Phänomene legte es nahe, die Trennung von Beobachter und System, wie sie in der Kybernetik üblich war, aufzuheben und zunehmend den Beobachter in seiner erkenntniskonstruierenden Funktion zu betrachten. In der Systemtheorie wird dies oft als der Übergang zur Kybernetik zweiter Ordnung beschrieben. Von verschiedenen wissenschaftlichen Positionen aus weisen Autoren wie Maturana (1987) oder Luhmann (1988) auf diese erkenntnistheoretischen Fragestellungen hin. Im Zentrum steht die Aussage, dass das menschliche Bewusstsein ein selbstorganisierendes System ist, das die Reize gemäß seiner eigenen individuellen Struktur verarbeitet (Strukturdeterminiertheit): Wichtigstes Fazit ist, dass jede Erkenntnis und Wahrnehmung durch individuelle psychophysiologische Prozesse konstruiert wird und dann durch Kommunikation und Verhaltenskoordination intersubjektiv im sozialen Geschehen mit anderen Menschen abgeglichen wird. Interaktion und Kommunikation stellt man sich als Ankopplung aufeinander bezogener Reize vor; die Bedeutung dieser Reize ergibt sich wiederum durch die Selbstorganisation des Sozialen, nicht durch eine externe, objektive Zuschreibung.

Objektive Erkenntnis ist demnach unmöglich, da jeder Mensch aufgrund seiner einzigartigen biologischen Struktur und Biografie eine ebenso einzigartige Weltsicht hat, die nicht an einem äußeren objektiven Normativ gemessen werden kann (da dies aus dieser theoretischen Perspektive nicht existieren kann).

Welche Auswirkungen hat diese erkenntnistheoretische Position auf die Beratung? Im Zuge der sogenannten Kybernetik zweiter Ordnung änderte sich vor allem der Status der Berater: Statt als vermeintlich objektive Beobachter eines Systems werden sie als Teil des Beratungssystems betrachtet, deren Sichtweise nicht wahrer oder richtiger ist als die der Kunden. Lösungen und Veränderungsprozesse werden damit nicht nach ihrer vermeintlich objektiven Richtigkeit bewertet, sondern inwieweit sie in Bezug auf gewählte (z. B. Beratungs-)Ziele viabel, also gangbar, nützlich und hilfreich sind.

Theorie sozialer Systeme

Unter Einbeziehung der Autopoiesistheorie formulierte der Soziologe Niklas Luhmann seinen Ansatz einer Theorie sozialer Systeme, die ein Verstehen sämtlicher
gesellschaftlicher Phänomene ermöglichen soll. Ausgangslage ist die im letzten
Abschnitt formulierte Grundannahme, dass autopoietische Systeme selbstrefe-
renziell operieren, das heißt in ihrer Sinn- und Bedeutungsbildung autonom und
gleichzeitig in der sozialen Interaktion strukturell gekoppelt sind. Diese Annahme
bedingt als Konsequenz, dass die Vorhersehbarkeit des Verhaltens autopoietischer
Systeme im Rahmen der Kommunikation prinzipiell unmöglich ist, was Luhmann
mit dem Begriff der Kontingenz beschreibt. Das wesentliche Merkmal eines sozialen Systems ist es, diese Komplexität der Umwelt zu reduzieren, das System lässt
sich somit als die Differenz zwischen System und Umwelt beschreiben. Es konstituiert sich aus selbstreferenzieller Kommunikation, die darauf ausgelegt ist, sich
durch ihre Beiträge zu erhalten. Einzelne Menschen mit ihren Gedanken, Gefühlen
und Bewusstseinsprozessen sind für Luhmann Voraussetzung und quasi Umwelt
für soziale Systeme. Das System nimmt eine Unterscheidung zwischen inneren
und äußeren Beziehungen vor und beobachtet damit gleichzeitig sich selbst und
die Umwelt. Einflüsse von außen können nur gemäß der eigenen Struktur verarbeitet und beantwortet werden.

Nach welchen Regeln die Kommunikation erfolgt, was das Medium der Kommunikation ist und für welche Beziehung das System in seiner Sinnbildung offen
ist, hängt im Wesentlichen von seiner Funktion ab. In einem Tischgespräch wird
Sprache das zentrale Medium sein, Thema kann alles sein, was diese Gemein-
schaft an Lebensbezügen miteinander teilt. Im System Wirtschaft dagegen wird
über das Medium Geld mit dem Grundprinzip des Eigentums kommuniziert,
im System Politik mit dem Medium Macht usw. Die Komplexitätsreduktion, die
in der modernen Gesellschaft primär auf funktionelle Differenzierung ausgelegt
ist, macht eine gegenseitige, aufeinander sinnvoll bezogene Erwartungshaltung
an das Verhalten wieder möglich. Das Bestehen und Funktionieren des sozialen
Systems ist gewährleistet, solange die Kommunikation anschlussfähig ist und
fortgeführt werden kann.

Selbstorganisationstheorie

Ein weiterer Einfluss naturwissenschaftlicher Ansätze besteht in jüngerer Zeit
durch die Selbstorganisationstheorie. In verschiedenen Wissenschaftsbereichen
machte man die Beobachtung, dass in Systemen jeglicher Art ständige Wech-
selprozesse zwischen Ordnung und Chaos stattfinden. Deren stabil scheinende

Zustände stellen lediglich Ruhepunkte, auch Attraktoren genannt, im Sinne eines dynamischen Fließgleichgewichts dar. Die Art dieser sich bildenden Ordnungsmuster ist jedoch stark von der inneren Struktur des Systems abhängig, bildet sich damit selbstorganisiert aus und lässt sich nicht durch einen äußeren Einfluss determinieren.

In dieser Metaphorik können nun Probleme als ein komplexes Ordnungsmuster von Verhaltensweisen, Kognitionen und Emotionen betrachtet werden, das durch eine Beratung zunächst entsprechend gestört und destabilisiert werden soll, um sich dann selbstständig zu einem anderen Muster organisieren zu können (von Schlippe u. Schweitzer, 1996). Dies relativiert insbesondere den Expertenstatus, der Beratern im Alltag zugeschrieben wird. Der Berater versucht nicht mehr Veränderung durch raffinierte Interventionen zu manipulieren, sondern einen Kontext zu schaffen, in dem die Selbstorganisation des Kunden neue, stimmigere Muster schaffen kann. Die Selbstorganisationstheorie umfasst nun sowohl das Verständnis menschlicher Entwicklungsprozesse als auch das Verständnis von Organisationsstrukturen und -abläufen.

Kognitionstheorie und Neurowissenschaft

Die bisher beschriebenen systemischen Theorieelemente führten in ihrer psychologischen Betrachtung des Menschen weg von weitverbreiteten individuumsorientierten Ansätzen. Verhaltensweisen oder Symptome werden danach nicht als Eigenschaften einer Person betrachtet, sondern als Teil der systemischen Struktur, in die der Mensch eingebunden ist.

Durch eine Verknüpfung von Ansätzen der Selbstorganisationstheorie und ihrer Anwendung auf neuropsychologische Forschung führt Jürgen Kriz in seinem personenzentrierten Ansatz der Systemtheorie die individuellen psychischen Verarbeitungsprozesse wieder als Grundlage der systemischen Interaktionen ein (Kriz, 1997). Die Person rückt in den Mittelpunkt der Betrachtung, da die phänomenologische Erfahrung des Menschen erkenntnistheoretisch als Basis zugrunde liegt. Daraus ergeben sich zentrale Erkenntnisfragen: »Wie strukturieren Menschen ihre Erlebniswelt?« und »Wie sind selbstorganisatorische Prozesse und ihre Musterbildungen auf unterscheidbaren Betrachtungsebenen und in ihren Interaktionen zu verstehen?«

Für das Verständnis von Verhalten und Interaktion ist für Kriz der Einfluss der selbstreferenten Kommunikation entscheidend. Darunter verstehen sich sämtliche neuronalen Prozesse, durch die eine Person im Rahmen von Kognitions-Emotions-Phänomenen, den Gedächtnisfunktionen und in Form des inneren Dialogs, quasi mit sich selbst kommuniziert. Diese bedingen dann maßgeblich das Spek-

trum der wahrgenommenen Eindrücke, die eine Person konstruiert. Gestützt wird
dieser Ansatz durch Forschungsergebnisse, die den engen Zusammenhang von
Emotion und Kognition belegen (Ciompi, 1997; Damasio, 1999). Auf der Interaktionsebene bilden diese neuronalen Prozesse wieder die Voraussetzung für alle
Handlungen, durch die zwei Personen sich aufeinander beziehen und Interaktionsmuster und Beziehungsdynamiken bilden.

Eine weitere Folgerung des personenzentrierten Ansatzes ist die Einbeziehung
unbewusster Ebenen menschlicher Informationsverarbeitung. Denn nur ein kleiner Teil der genannten Kommunikationsvorgänge wird durch das selbstreflexive
Bewusstsein verarbeitet. So beeinflussen und moderieren Körperprozesse und
Gedächtnisinhalte die Wahrnehmungsselektion, Bedeutungsgebung und Handlung, ohne dass dies bewusst werden muss.

Grundannahmen und Haltungen systemischer Beratung

Im Folgenden will ich einige der Grundannahmen und Haltungen systemischer
Beratung darstellen (Abbildung 2).

Abbildung 2: Grundhaltungen systemischer Beratung

Fokus auf Relationen und Kontext

Aus der systemischen Perspektive sieht man die für die Beratung relevante Thematik im Kontext der Gesamtorganisation. Die möglichen Betrachtungsebenen

können dabei vielfältig sein: Neben operativen Interaktionen (z. B. im Team, in der Abteilung) können hierarchische Beziehungen, der Auftrags- und Aufgabenkontext, Zuständigkeitsbereiche sowie die Eingebundenheit in externe Kunden-, Zuliefer- oder sonstige Strukturen eine Rolle spielen. Aufgabe des Beratungssystems (also Berater und Kunde/n) ist damit immer, die für das Beratungsziel relevanten Kontextfaktoren zu identifizieren und in die Lösungsfindung mit einzubeziehen. Durch die Beachtung von wichtigen Beziehungen des Kundensystems im Organisationssystem können Kontextbedingungen und Kommunikationsmuster deutlich werden, die das Problem maßgeblich stabilisieren und die somit zu berücksichtigen sind. Auch bei der Entwicklung von möglichen Lösungsschritten sind die Auswirkungen im weiteren Kontext des Kundensystems abzuschätzen und zu antizipieren, um mögliche unerwünschte Nebenwirkungen von Interventionen frühzeitig erkennen zu können.

Zirkuläre, multikausale Modellbildung

Aus der vernetzten Struktur von Systemen, wie sie gerade dargestellt wurde, folgt, dass beim Umgang mit komplexen sozialen Systemen Beschreibungsmodelle bevorzugt werden, die externe und interne Systembeziehungen als multikausal, zirkulär und rekursiv erkennbar machen. Der Beratungsschwerpunkt liegt in der Betrachtung und Veränderung von Interaktions- und Kommunikationsmustern, durch die eine Problematik aufrechterhalten wird. Bei Organisationen werden solche Muster oft als Teil einer Organisationskultur oder als implizite Spielregeln betrachtet, die, sozusagen als Parallele zum Strukturbegriff von lebenden Organismen, die Organisationsrealität beeinflussen.

Beachtung der Selbstorganisation

In der Einzelpersonenperspektive können Symptome oder Problemzustände eines Menschen als komplexe Ordnungsmuster von Verhaltensweisen, Kognitionen und Emotionen betrachtet werden. In der Beratung werden daher alte dysfunktionale Muster zunächst destabilisiert, damit sich dann neue funktionalere Muster organisieren können. Entscheidend dabei ist, dass diese neuen Muster nicht von außen vorgegeben werden können, sondern sich im Zuge der autonomen Selbstorganisation des Systems bilden. Für den Berater legt der systemische Ansatz also die Haltung nahe, diese Selbstorganisationsfähigkeit von Kunden zu achten, ihr als nichtverzichtbare Kraft zu vertrauen sowie eine hohe Offenheit gegenüber der Richtung und den Zielen von Veränderung zu erhalten. Dies lässt sich auf Organisationen übertragen, die ja ebenfalls ein hohes Maß an selbstorganisierenden Prozessen aufweisen.

Neutralität und Allparteilichkeit

Neutralität als eine nichtwertende Haltung gegenüber Standpunkten und Zielen im Organisationssystem stellt eine wichtige Ressource in der systemischen Beratung dar. Eine Lösung, die nur einen Teil der Beteiligten berücksichtigt, wird nicht dauerhaft sein. Damit ist der Berater nicht mehr nur ein Protagonist für eine Veränderung des Problemzustandes, den ein Auftraggeber formuliert, sondern er wird zum Moderator der unterschiedlichen, eventuell konfligierenden Ziele und Bedürfnisse aller Beteiligten, welche bezüglich einer Lösung zu berücksichtigen sind. Darüber hinaus legt eine multikausale Perspektive der Problemgenese nahe, dass Probleme gleichzeitig eine wichtige, oft übersehene Funktion im System haben können, die bei einer Beratung berücksichtigt werden muss.

Da die Forderung der Neutralität häufig nicht mit der praktischen Erfahrung von Beratern übereinstimmte, schlugen Boszomenyi-Nagy und Spark (1981) als Ergänzung den Begriff der Allparteilichkeit vor, um zu verdeutlichen, dass es mehr um eine sukzessive Antizipation aller Standpunkte des Kundensystems durch den Berater geht als um eine vermeintlich gleichgültige Indifferenz.

Prozessorientierung

Angelehnt an die Grundannahmen des medizinischen Modells über die Beziehungsstruktur im professionellen Kontakt hat sich in der Organisationstheorie eine Unterscheidung von Beratungsformen nach dem Expertenmodell und dem Prozess-Beratungsmodell etabliert (nach Fatzer, Rappe-Giesecke u. Looss, 1999).

Tabelle 1: Unterschiede in der Beratung nach dem Expertenmodell und dem Prozessmodell

Expertenmodell	Prozessmodell
Der Kunde leidet unter bestimmten Problemen, deren Ursachen und Lösungsansätze ihm weitgehend unbekannt sind.	Der Klient hat den Wunsch nach Veränderung (Problembewusstsein) und behält während des gesamten Beratungsprozesses die Verantwortung dafür.
Der Berater übernimmt die Verantwortung für die richtige Diagnose und die angemessene Lösung des Problems.	Der Berater hilft dem Klienten, die prozesshaften Ereignisse seiner Umwelt wahrzunehmen, richtig zu interpretieren und zu verstehen und ihnen angemessen zu begegnen (handeln).
Der Klient ist vom Beratungsprozess bis zur Lösungsfindung abhängig von der Beraterkompetenz.	Der Klient ist in den Beratungsprozess involviert und erhält primär Hilfe zur Selbsthilfe.

Voraussetzungen für die jeweilige Art der Beratung	
Das Problem ist von der Expertenposition des Beraters aus eindeutig zu diagnostizieren, der Klient muss lediglich Informationen bereitstellen.	Das Problem ist so beschaffen, dass der Klient nicht nur jemanden braucht, der die Problemursachen und -lösungen herausfindet, sondern dass der Klient durch die aktive Teilnahme am Beratungsprozess profitiert.
Der Berater kann aus der Diagnose klare Interventionsmaßnahmen ableiten.	Der Klient kann und muss letztlich beurteilen, welche Intervention für ihn jetzt hilfreich und passend ist.
Der Klient versteht die Diagnose und den Lösungsweg und ist bereit ihn umzusetzen.	Der Klient ist durch Ziele und Werte motiviert, die der Berater akzeptieren kann, und ist in der Lage, eine *helfende Beziehung* einzugehen.
Der Klient kann nach der Beraterintervention allein wunschgemäß weiter funktionieren.	Der Klient ist fähig zu lernen, wie er seine Probleme erkennen und lösen kann.

Die wirklichkeitskonstruktive Perspektive der systemischen Beratung hat vor allem eine deutliche Relativierung der Beraterrolle zur Folge und lehnt den Expertenstatus des Beraters ab.

Selbstreflexion des Beraters

Der Berater erlebt sich auf der einen Seite als externen Beobachter der Organisation, mit der er es zu tun hat, auf der anderen Seite ist er sich bewusst, dass er seine Realität in jedem Moment selbst konstruiert. Dieses Pendeln zwischen den Wahrnehmungsperspektiven beschreibt Maturana anschaulich in der Metapher des *doppelten Blicks:* »In gewisser Hinsicht ist ein System, als solches betrachtet, eine Ganzheit. Um es jedoch in seiner operationalen Komplexität zu verstehen, muss man nach innen blicken. Es gilt also mit diesem doppelten Blick zu spielen – das heißt, beim Umgang mit Systemen muss man zu einem begrifflichen und intellektuellen Apparat werden, stets vom inneren auf den äußeren Blick umschalten und beide aufeinander beziehen, da zwischen ihnen kein Kausalverhältnis besteht. Dabei ist aber zu bedenken, dass man die Totalität selbst unterschieden hat. […] Das Verzwickte daran ist, dass man sich je nach Blickwinkel hin zur Totalität immer in gewisser Weise mit vielen Systemen gleichzeitig befasst« (Maturana, 1996, S. 218). Der Berater wird also nicht nur das Kundensystem beobachten, sondern gleichzeitig seine Beobachtung dessen und damit die eigenen impliziten Konzepte, Motive und Theorien reflektieren, hinterfragen und somit ebenfalls dem Diskurs und möglicher Veränderung zugänglich machen.

Lösungs- und Ressourcenorientierung

In der Beratung entstehen Lösungen häufig nicht aus einem detaillierten Verständnis des Problems, seiner Geschichte und Struktur heraus, sondern mehr durch eine grundlegende Umorientierung und Perspektivänderung sowie einer intensiven Zukunftsorientierung. Informationen über die Gesamtsituation sind natürlich weiterhin von hoher Bedeutung, sie lassen sich jedoch mit einer zielorientierten Beratungsperspektive meist effektiver nutzen und in Maßnahmen umsetzen.

Eine zentrale Annahme der ressourcenorientierten Perspektive besagt, dass jeder Mensch die Ressourcen, die er für die Lösung seiner Probleme benötigt, bereits besitzt, sie nur noch nicht im Kontext des Problemerlebens aktivieren und nutzen kann. Aufgabe der Beratung wird es damit, diese Ressourcen zu finden und jeweils diejenigen systemischen Kontextfaktoren zu betrachten, welche die Entfaltung der Ressourcen verhindern. Daraus folgt ebenfalls, dass eine einseitige Problemfokussierung möglichst vermieden wird und stattdessen in einem prozessorientierten Vorgehen vorhandene Problemlösekapazitäten angeregt und systeminterne Potenziale zur Problemlösung aktiviert werden.

Selbstorganisiertes und implizites Lernen

Aus der Auseinandersetzung mit systemtheoretischen Perspektiven entwickelten sich die Lehr- und Lernmodelle gerade im komplexen Geflecht von Personal- und Organisationsentwicklung weiter. Relevant sind vor allem die Theorie der »situated cognition« sowie die Ansätze zur Selbststeuerung und Selbstorganisation des Lernens.

Wie beschrieben, sieht die systemtheoretische Perspektive Phänomene immer in ihrer Vernetzung mit dem umgebenden Umfeld, dem Kontext. Analog dazu versucht der Ansatz der »situated cognition« Lernen und Handeln als in einer spezifischen Umgebung *situiert* zu verstehen. Wissen und Wissenserwerb wird als die Art aufgefasst, in der ein Handelnder in eine Situation eingebunden ist. Damit Beratung solch ein situiertes Lernen initiiert, müssen die Lernprozesse eng an das Alltagsarbeitsleben der Lernenden ankoppeln und stärker von den Lernenden selbst organisiert sein.

»Selbstgesteuert ist Lernen dann, wenn Lernziele, Operation/Strategien, Kontrollprozesse und ihre Offenheit teilweise oder vollständig vom lernenden System selbst bestimmt werden« (Erpenbeck, 1997, S. 310). Statt Lernziele und Standards als Positionen, die es zu erreichen gilt, vom Lehrenden festzulegen, betont der Begriff des *selbstorganisierten Lernens* die Autonomie der Lernenden und deren flexible Wahl von Lernzielen und der Art des Lernprozesses. Es geht weniger um das Erreichen von Lernzielen als feste Positionen, sondern um die Entwicklung von Dispositionen, die als Handlungsmöglichkeiten im jeweiligen Kontext aktualisiert werden.

Will man »situated cognition« stärker im Lernprozess berücksichtigen, ist vor allem der Einfluss impliziter, unbewusster Informationsverarbeitung beim Lernen zu berücksichtigen. Im Gegensatz zum expliziten, bewussten Wissen ist implizites Wissen zumindest teilweise unbewusst. Es wird oft als Know-how erlebt und ist in der Lerntheorie meist als *prozedurales Wissen* oder Erfahrungswissen bekannt.

Interventionskonzepte systemischer Beratung

Im Folgenden will ich einige der grundlegenden Vorgehensweisen und Interventionsarten systemischer Beratung darstellen, ohne einen Anspruch auf Vollständigkeit zu erheben (vgl. auch von Schlippe u. Schweitzer, 1996; König u. Volmer, 1993; Schmid, 1992, siehe Abbildung 3).

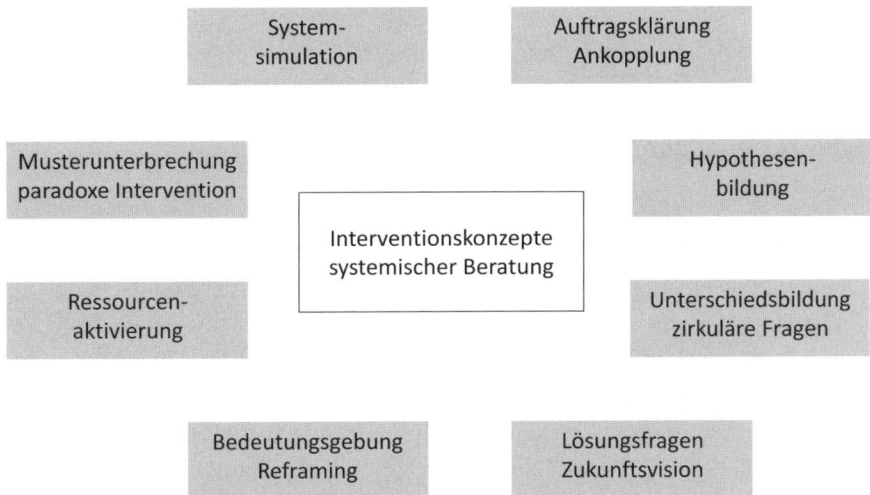

Abbildung 3: Interventionskonzepte systemischer Beratung

Auftragsklärung und Ankopplung

Da die Berater- und die Kundenperspektive als vollkommen unterschiedlich angesehen werden müssen, muss der Berater zunächst einen Zugang zur Wirklichkeit und Logik des Kundensystems finden. Berater und Kunde müssen in ausreichendem Maß aneinander angekoppelt sein, um in eine hilfreiche Interaktion eintreten zu können.

Die Auftragsklärung ist meist der erste Schritt in der Beratung, um zu einer kundenorientierten Arbeitsbeziehung, einer Problemdefinition und einer Wahl des Beratungsfokus zu gelangen. Sowohl Beratungsziele als auch die Veränderungswege dahin werden gemeinsam mit dem Kunden gesucht und nicht von einer vermeintlichen Expertendiagnose bestimmt. Wesentlich dabei ist eine Zielformulierung, die einen Beratungsprozess erlaubt, der nicht durch ein Weg-vom-Problem, sondern durch ein Hin-zu-einem-Ziel charakterisiert ist. Der Auftrag fokussiert dabei, was zur Zielerreichung im Beratungskontext passieren muss, und soll Kunden dazu einladen, mit ihren eigenen Vorstellungen und ihrer eigenen Motivation in die Beratung einzusteigen. Im Laufe der Beratung ist schließlich immer wieder gemeinsam zu prüfen, welche Interaktionen hilfreich und zieldienlich waren und welche Richtung der Beratungsprozess nehmen soll.

Bei der Verhandlung über einen für beide akzeptablen Auftrag können insbesondere heikle Themen angesprochen werden, zum Beispiel Unfreiwilligkeit, wenn Beratung vom Chef *verschrieben* wird, ohne dass die Beteiligten dies angefragt haben. Die ausdrückliche Berücksichtigung des Einflusses dritter, nicht unmittelbar im Beratungsprozess beteiligter Personen, ist in der systemischen Beratung als Dreiecksauftrag bekannt.

Hypothesenbildung

Im gesamten Beratungsprozess, von der Auftragsklärung bis zur Beendigung der Beratung bildet der Berater Hypothesen über das Anliegen des Kunden und über mögliche Lösungsansätze in der Beratung. Das heißt, der Berater betrachtet alle Ideen und Theorien darüber, warum ein Problem besteht, welche Rolle der Kunde darin spielt, welche Elemente aus dem Umfeld des Klienten eine wichtige Rolle spielen und schließlich was geschehen müsste, um das Problem zu lösen, als *Hypothesen*. Der Thesencharakter wird deshalb so hervorgehoben, da man verhindern will, dass der Berater die eigene Logik dem Klientensystem überstülpt und absolute Aussagen und Deutungen über Problem und Lösung andere, alternative Ansätze vorschnell unterbinden. Dem Berater bieten sich darüber hinaus verschiedene Interventionsmöglichkeiten: Indem er dem Kunden seine Hypothesen transparent macht, konfrontiert er ihn meist mit einer neuen Information und ermöglicht so eine neue Perspektive. Er regt den Kunden zum einen dazu an, seine bisherigen Theorien zum Problem weniger als Wahrheiten, sondern ebenfalls als Hypothesen aufzufassen und somit verfestigte Problemmuster zu verflüssigen. Zum anderen lädt er den Kunden dazu ein, ebenfalls neue Hypothesen zu bilden, um mehr Wahlmöglichkeiten zu erlangen.

Unterschiedsbildung und systemisches Fragen

Eine zentrale Vorgehensweise systemischer Ansätze ist es, alle im Beratungskontext angesprochenen und gezeigten Verhaltensweisen auf ihren kommunikativen Aspekt im relevanten System hin zu prüfen. Sogenannte *zirkuläre Fragen* zielen darauf ab, Bedeutungszuweisungen problematischen Verhaltens und die meist übersehenen Auswirkungen im Kontext zum Beispiel des Kunden zu erkennen:
– Für wen in der Organisation hat das Problem welche Auswirkungen?
– Wer im System gewinnt etwas, wenn sich nichts verändert?

Andere unterschiedsbildende Fragen zielen darauf ab, problemstabilisierende Verdinglichungen, wie sie Problembeschreibungen meist darstellen, wieder als lebendige Prozesse zu beschreiben:
– Welcher Prozess läuft im Problemgeschehen ab, zum Beispiel welche einzelnen Schritte, Aktionen/Reaktionsketten?
– Welche Phasen lassen sich in einer Konflikteskalation beobachten?

Fragen zur Wirklichkeitskonstruktion helfen dabei, unterschiedliche Perspektiven auf das Problem sowie vorhandene Erklärungsmodelle für seine Entstehung und Lösung zu eruieren:
– Für wen in der Organisation ist das vom Kunden beschriebene Anliegen ein Problem, für wen nicht?
– Wie erklären sich unterschiedliche Parteien das Problem, und welche Folgen haben diese Erklärungsmodelle?

Lösungsfragen und Bildung von Zukunftsvisionen

Durch lösungsorientierte Fragen sollen vorhandene Fähigkeiten und Kompetenzen angeregt und für Problemzustände nutzbar gemacht werden. Diese »Möglichkeitskonstruktion« (von Schlippe u. Schweitzer, 1996) einer Lösungsvision organisiert wiederum Ressourcen des Kunden in einer zieldienlichen Art und Weise.
– Woran würde es der Kunde merken, wenn die Beratung erfolgreich wäre?
– Wer in der Organisation würde wie anders handeln, wenn das Problem gelöst wäre?

Mit der sogenannten Wunderfrage hat der amerikanische Therapeut Steve de Shazer verschiedene komplexe Lösungsfragen in ein schlicht anmutendes Verfahren gebündelt:
– Angenommen, heute Nacht, wenn Sie schlafen, würde ein Wunder geschehen

und das Problem, wegen dem Sie gekommen sind, wäre verschwunden – einfach so ... Woran würden Sie am nächsten Morgen merken, dass das Wunder geschehen ist?

Auch alle Beratungstechniken, die darauf abzielen, eine attraktive Vision für die Zukunft zu entwerfen, lassen sich hier als lösungsorientiertes Vorgehen zusammenfassen (Shazer u. Dolan, 2008).

Reframing – Veränderung der Bedeutungsgebung

Aus der ressourcenorientierten Perspektive werden Probleme nicht mehr nur als dysfunktional betrachtet, sondern sie erfüllen meist eine wichtige Funktion im Gesamtkontext des Kunden. Das sogenannte *Reframing*, eine Veränderung des Bedeutungsrahmens, ist ein Interventionsangebot, das bisher als defizitär erlebtes Verhalten von Kunden positiv konnotiert und eine förderlichere Haltung zum Problemerleben ermöglicht. Unter dieser Perspektive lässt sich auch eine Dekonstruktion von problemstabilisierenden Sprachmustern als eine Verflüssigung scheinbar verfestigter Problembeschreibungen verstehen.

Auf beraterisches Handeln bezogen heißt dies zum Beispiel, dass der Widerstand eines Kunden gegen einen Veränderungsvorschlag des Beraters respektiert und in der Steuerung des Beratungsprozesses berücksichtigt werden muss. Ebenso werden Ambivalenzen als legitimer Ausdruck eines Zielkonfliktes betrachtet, den es im Sinne einer Lösung zu beachten gilt.

Musterunterbrechung und paradoxe Intervention

Geht man davon aus, dass Menschen und Organisationen autopoietische Systeme sind, ist jeder Impuls zur Veränderung gleichzeitig eine Verstörung des bestehenden Systems. Daraus stellt sich die Frage, wie eine Intervention beschaffen sein muss, damit sie den Status Quo genug irritiert, damit eine Veränderung im erwünschten Sinne entsteht. Die Anwesenheit des Beraters muss also einen relevanten Unterschied für das Kundensystem machen. Neben der Irritation muss jedoch auch genügend Anschlussfähigkeit und Empathie zwischen Kunde und Berater bestehen, um die Beratungsbeziehung aufrechtzuerhalten. Ist die Intervention angemessen ungewöhnlich, das heißt, ist die Intervention für das Kundensystem neu und ungewohnt, erfolgt als Reaktion auf die Intervention eine Verstörung bzw. *Perturbation*. Veränderung bedeutet noch nicht unbedingt Verbesserung bzw. Lösung eines Problems. Die paradoxe Intervention ist eine spezielle Form der Musterunterbrechung, die genau das Verhalten bewusst ausagieren lässt, was als problematisch erlebt wird.

Gruppensimulationsverfahren

Um die Dynamik und Struktur von Problemen klarer erlebbar und veränderbar zu machen, ist es oftmals hilfreich sie durch ein Simulationsverfahren zu aktualisieren. Dadurch entsteht eine bildliche Darstellung der Organisation, durch die Beziehungskonstellationen und Verflechtungen im System leichter zu erkennen sind. In aktiven Simulationen der Problemprozesse können beteiligte Personen der Organisation durch Rollenspiele oder in symbolischen Konstellationen problemerzeugende Interaktionsmuster sowie mögliche Lösungsansätze erarbeiten. Die bekanntesten Verfahren sind die Soziometrie, Skulpturarbeit und systemische Struktur- und Organisationsaufstellungen.

Epilog

Zur Eingangsfrage, ob die Systemtheorie nun eine ordentliche Theorie ist, lässt sich abschließend wohl kein eindeutiges Urteil fällen, da die Bewertung ja immer eine höchst individuelle Entscheidung des Betrachters ist. Der pragmatisch veranlagte Berater wird sicherlich sehr erfreut sein, dass die Theorie sein Leiden an der Unordentlichkeit oder etwas systemischer gesprochen an der undurchschaubaren Komplexität seiner Kundensysteme wenn nicht erklärbar, so doch zumindest nachvollziehbarer macht. Dazu liefert die systemische Beratung in ihrem Ringen, aus dieser Komplexität sinnvolle und konstruktive Lösungen zu generieren, eine Fülle von Methoden und Techniken, die das beraterische Handeln enorm bereichert haben. Der naturwissenschaftlich fundierte Rezipient ist wahrscheinlich noch mit den kybernetischen Entwicklungen einverstanden, bilden sie doch die Grundlage der meisten technischen Neuerungen. Die unordentliche Komplexität, die entsteht, wenn die Ordnung der Kausalbeziehungen zugunsten zirkulärer Beschreibungen verlassen wird, nimmt man dazu erstmal in Kauf. Mit der konstruktivistischen Lesart, die den Beobachter kategorisch in das Geschehen mit einbezieht, wird er wohl seine Schwierigkeit haben, da dies der Tradition der Subjekt-Objekt-Trennung radikal zuwiderläuft. Dass diese Theorie dann auch noch in ihrer Beschreibung kaum ohne lästige, zirkulär-selbstreflexive Schleifen auskommt, stellt auch die postmoderne Toleranz immer noch auf die Probe.

Die Chance, die sich jedoch auftut, wenn man sich auf diese vermeintliche Unordnung der Systemtheorie einlässt, ist, dass wir ein Denk- und Handwerkszeug bekommen, das sich der Komplexität unserer alltäglich erlebten Welt versucht anzunähern und damit eine angemessene Grundlage für professionelles Handeln schafft. Dazu bedarf es, auf Simplifizierung zugunsten schneller rationaler Erklärbarkeit zu verzichten und die Illusion der trivialen Kontrollierbarkeit sozialer Systeme aufzugeben. Die Frage, wie wir uns dennoch sinnvoll und erfolgreich in und mit den sozialen Systemen bewegen, die uns umgeben, lässt für die Kreativität der Erzeuger dieser Komplexität, nämlich jeden von uns, jeglichen Spielraum offen. Längst schon haben Ansätze, die stärker auf Selbstorganisation, Kommunikation und Systemdenken beruhen, sowohl in der Beratung als auch in der Führung von Unternehmen und Institutionen Einzug gehalten. Diese Neuerungen führen mit Sicherheit nicht zu Problemfreiheit, schon gar nicht können sie die Rückkehr der alten Kontrollillusion nähren. Aber sie sind mit Sicherheit hoffnungsvolle Schritte zu einer Weiterentwicklung und Neuorientierung von Beratung, Entwicklung und Führung von Organisationen.

Literatur

Boszomenyi-Nagy, I., Spark, G. (1981). Unsichtbare Bindungen. Die Dynamik familiärer Systeme. Stuttgart: Klett-Cotta.

Ciompi, L. (1997). Die emotionalen Grundlagen des Denkens. Entwurf einer fraktalen Affektlogik. Göttingen: Vandenhoeck & Ruprecht.

Damasio, A. (1999). Descartes' Irrtum. München: Deutscher Taschenbuch Verlag.

Erpenbeck, J. (1997). Selbstgesteuertes, selbstorganisiertes Lernen. In Arbeitsgemeinschaft Qualifikations-Entwicklungs-Management Berlin (Hrsg.), Kompetenzentwicklung '97: Berufliche Weiterbildung in der Transformation – Fakten und Visionen (S. 309–316). Berlin: Waxmann Verlag.

Fatzer, G., Rappe-Giesecke, K., Looss, W. (Hrsg.) (1999). Qualität und Leistung von Beratung. Köln: Edition Humanistische Psychologie.

Foerster, H. von (2006). Wahrheit ist die Erfindung eines Lügners. Heidelberg: Carl-Auer Verlag.

König, E., Volmer, G. (1993). Systemische Organisationsberatung. Weinheim: Deutscher Studien Verlag.

Königswieser, R., Exner, A. (1998). Systemische Intervention. Stuttgart: Klett-Cotta.

Kriz, J. (1997). Systemtheorie. Wien: Facultas.

Luhmann, N. (1988). Soziale Systeme. Frankfurt a. M.: Suhrkamp.

Maturana, H., Varela, F. (1987). Der Baum der Erkenntnis. München: Goldmann.

Maturana, H. (1996). Was ist erkennen? München: Piper.

Schlippe, A. von, Schweitzer, J. (1996). Lehrbuch der systemischen Therapie und Beratung. Göttingen: Vandenhoeck & Ruprecht.

Schmid, B. (1992). Wirklichkeitsverständnisse und die Steuerung professionellen Handelns in der Organisationsberatung. In C. Schmitz, P. Gester, B. Heitger (Hrsg.), Managerie – Systemisches Denken und Handeln im Management (S. 116–128). Heidelberg: Carl-Auer Verlag.

Shazer, S. de, Dolan, Y. (2008). Mehr als ein Wunder. Heidelberg: Carl-Auer Verlag.

Simon, F. (2006). Einführung in Systemtheorie und Konstruktivismus. Heidelberg: Carl-Auer Verlag.

Varga von Kibéd, M. (2000). Ganz im Gegenteil. Heidelberg: Carl-Auer Verlag.

Martin Vogel

Wie ist (ordentliche) Organisation möglich?
Von Personen und Erwartungen

Vorbemerkungen

In seiner 14. Vorlesung zur Einführung in die Systemtheorie (Luhmann, 2004) fragt Niklas Luhmann zu Beginn: »Wie ist soziale Ordnung möglich?« Diese Frage ist typisch für die Systemtheorie, denn sie zielt nicht darauf ab, das Phänomen definitorisch zu erklären, also zu fragen: »Was *ist* soziale Ordnung?«

In der Vergangenheit wurde diese Frage nach der sozialen Ordnung in der Regel mit Rückgriff auf Eigenschaften und Intentionen des Menschen erklärt. Der Mensch ist ein soziales Wesen, so heißt es beispielsweise bei George Herbert Mead (Mead, 1968), und schon allein zur Befriedigung seiner Bedürfnisse auf andere Menschen angewiesen – zumindest hat es sich in der Phylogenese des Menschen als erfolgsversprechendes Muster herausgestellt, gemeinsam auf die Jagd zu gehen und eher gemeinsam als getrennt voneinander zu leben. Menschen leben miteinander – und das hat Konsequenzen. Das gemeinsame Zusammenleben muss geregelt werden, und es muss auch geregelt werden, wie mit Verstößen gegen diese Regeln zu verfahren ist. Wie sich diese Regeln des Zusammenlebens selbst wieder legitimieren, darüber hat es in der Vergangenheit unterschiedliche Annahmen gegeben – von göttlicher Vorsehung über die Macht des Stärkeren bis hin zu der Idee des Thomas Hobbes, die Unterordnung unter einen Prinzipal durch einen Vertrag zu regeln (Hobbes, 2005).

Gemeinsam ist allen diesen Ideen zur Entstehung sozialer Ordnung, dass sie die Frage, wie Ordnung möglich ist, nicht beantworten, sondern nur um einen Schritt weiter nach vorn verlagern. So wies zum Beispiel bereits Talcott Parsons darauf hin, dass ein Vertrag zur Einrichtung einer sozialen Ordnung schon eine Ordnung voraussetzt, die bereits Verträge kennt und regelt, dass man sich an sie zu halten hat (Parsons, 1937). In Anlehnung an Emile Durkheim könnte die Lösung dieses Problems darin liegen, dass man die soziale Ordnung als von Anfang an gegeben betrachtet, ein Vertrag also lediglich die bestehende Ordnung legitimiere, nicht jedoch selbst erst erzeuge. Doch auch hier bliebe die Eingangsfrage offen: Wie ist soziale Ordnung möglich?

Gemeinsam ist allen diesen Ansätzen, dass die Ordnung von außen kommt –

als Gottesurteil, als Regelung eines absoluten Herrschers, als Vertrag zwischen Volk und Patriarch. Alle diese Lösungen sind aber selbst wieder voraussetzungsvoll – das heißt, sie müssen sich auf eine wie auch immer geartete Ordnung berufen, um selbst ordnungsstiftend zu sein. Die Frage, wie soziale Ordnung möglich sei, wird also nicht beantwortet, sondern nur verschoben. Luhmann wählt für seine Antwort auf diese Frage eine andere Perspektive.

Der Urzustand – ein Gedankenexperiment

Ausgangspunkt für das Folgende ist ein Gedankenexperiment: die Geburtsstunde des Sozialen, die allererste Begegnung zweier Menschen. Die Frage, wie sie als Mensch Mensch geworden sind, lassen wir dabei einmal außer Acht. Wir könnten die beiden Adam und Eva nennen, dann wäre diese Frage beantwortet, Luhmann aber nennt sie Ego und Alter (Luhmann, 1991a, S. 148 ff.).[1] Die beiden treffen nun in der afrikanischen Savanne oder wo immer auch aufeinander und – nichts passiert! So zumindest die Situation, die der Soziologe Talcott Parsons im Blick hat (Parsons u. Shils, 1951). Parsons geht davon aus, dass kein sinnvolles Verhalten zwischen den beiden möglich ist, wenn beide das Verhalten des jeweils anderen zur Grundlage des eigenen Verhaltens machen wollen. Das heißt, jeder der beiden wartet auf den jeweils anderen, dass er den ersten Schritt machen möge.[2] Luhmann beschreibt diese Ausgangslage in Anlehnung an Parsons mit dem Begriff der »doppelten Kontingenz«. Kontingent ist etwas, das so, aber auch anders auftreten kann, das heißt, sowohl Alter als auch Ego können sich auf eine bestimmte Weise verhalten, müssen das aber nicht tun – daher: doppelte Kontingenz. Die Folge ist nun, dass keiner der beiden einen Anhaltspunkt für sein eigenes Verhalten hat, außer sich selbst.

Doppelte Kontingenz taucht immer dort auf, wo sich Alter und Ego in einer Situation begegnen, in der sie nicht wissen, was sie wechselseitig voneinander zu erwarten haben. Alles ist möglich, nichts zunächst ausgeschlossen – und das wissen auch beide. Was sie jedoch nicht wissen können, ist, ob ihre je eigenen Erwartungen an die Situation und an das Verhalten des jeweils anderen eine so große Schnittmenge abgeben, dass sich ein hinreichend übereinstimmendes Verständnis von der Situation ergibt, so dass koordiniertes Verhalten möglich wird. Dabei muss es keineswegs eine perfekte Übereinstimmung der Situationsdefinitionen

---

1   Dabei können Ego und Alter zwei Menschen, aber auch zwei soziale Systeme sein.
2   Dies liegt natürlich auch daran, dass beide wissen, dass der Reagierende taktisch im Vorteil ist (vgl. Leifer u. Rajah, 2000) – in sozialen Anfangssituationen, wie zum Beispiel beim Flirten, lässt sich das nach wie vor gut beobachten.

von Alter und Ego geben – Karl Weick hat darauf hingewiesen, dass wechselseitig aufeinander abgestimmtes Verhalten auch dann möglich wird, wenn die Schnittmenge sehr gering ist (Weick, 1995a).

Ist die Situation jedoch derart unbestimmt, weil nichts notwendig und alles möglich ist, so dass völlige Verhaltensunsicherheit herrscht, so werden die Beteiligten praktisch gezwungen, einen interaktionsleitenden Handlungsrahmen erst selbst aufzubauen: »Solange Ego nicht handeln kann, ohne zu wissen, wie Alter handeln wird, und umgekehrt, ist das System zu wenig bestimmt und dadurch blockiert. Das heißt für Sinnsysteme aber zugleich: hochsensibel zu sein für nahezu beliebige Bestimmungen. In dieser Lage wirkt doppelte Kontingenz, zeitlich gesehen, als Beschleuniger des Systemaufbaus. Aller Anfang ist leicht« (Luhmann, 1991a, S. 184 ff.).

In dieser Situation kann also jedes Verhalten, aber auch jede Unterlassung (z. B. ein nicht erwiderter Gruß) zum Aufbau einer Situationsdefinition genutzt werden. Ego macht etwas oder macht etwas nicht, von dem Alter erwartet hatte, dass es passieren würde. Das Verhalten Egos muss in keiner Weise absichtsvoll oder bewusst geschehen, zentral ist, dass Alter Ego in diesem Moment beobachtet und dessen Verhalten entlang seiner eigenen Erwartungen an die Situation interpretiert. Alter reagiert nun auf das Verhalten von Ego, was Ego wiederum interpretiert, wiederum darauf reagiert usw.

Damit ist natürlich nicht garantiert, dass die Verhaltensweisen von Alter und Ego reibungslos ineinandergreifen. Die Kontaktaufnahme verläuft vielleicht holprig, unordentlich[3], man missversteht das eine oder andere, reagiert auf Signale, von denen der andere gar nicht wusste, dass er sie ausgesendet hat usw.

Aber die Situation wird schon eine andere sein, wenn sich die beiden nach vier Wochen an gleicher Stelle wiedertreffen. Man kennt sich, man erinnert sich, man hat eine ungefähre Idee davon, was man von dem anderen und der Situation erwarten kann. Die Vorstellung vom anderen als Person ist folglich ein Nebeneffekt der beginnenden Bearbeitung des Problems der doppelten Kontingenz (Kühl, 2009; vgl. Luhmann, 1991b, S. 171). Die Person des anderen liefert erste Anhaltspunkte, an denen sich Erwartungssicherheit aufhängen kann.

---

3 Sich von vornherein gleich feindselig gegenüberzutreten, wäre vermutlich die Verhaltensweise, die am schnellsten für Ordnung sorgt. In einem handfesten Konflikt weiß Ego genau, was er von Alter erwarten kann – Konflikte sind so gesehen extrem ordentlich und unterkomplex (vgl. Simon, 2012).

Personen – ein Ordnungskriterium

Wenn man sich kennt, dann weiß man, wie man sich begegnen kann, wie man ein Gespräch beginnen, welche Themen man anschneiden kann, welche man besser beiseite lässt, welche Witze man erzählen darf etc. (Vogel u. Kersting, 2013, in diesem Band). Die Unstrukturiertheit einer ersten Begegnung löst sich zugunsten einfacher Ordnung auf, allein dadurch, dass man sich erinnert und wiedererkennt. Personen strukturieren soziale Situationen. Wichtig hierbei ist zu beachten, dass aus systemtheoretischer Perspektive mit Personen nicht konkrete Menschen gemeint sind. Nicht die Menschen strukturieren also eine soziale Situation, sondern die Interaktion läuft immer nur über Kommunikation. Der Mensch, oder besser das Bewusstsein eines Menschen, ist immer Umwelt einer Interaktion oder allgemeiner eines sozialen Systems. Das eigene Bewusstsein ist nie Teil des Interaktionssystems, denn soziale Systeme prozessieren über Kommunikationen, Bewusstseinssysteme mit Gedanken. Das hört sich fürs Erste sehr abstrakt an, doch diese Unterscheidung Luhmanns liegt sehr nah an der Alltagserfahrung: Wer hat noch nicht erlebt, wie schwer es sein kann, die eigenen Gedanken in Worte zu fassen? Welcher Dozent weiß schon, was in den Köpfen seiner Studierenden vorgeht, wenn sie auch noch so interessiert dreinschauen? Das heißt nicht, dass Kommunikation auch ohne Bewusstsein ginge – als Umwelt ist es immer vorausgesetzt, aber es macht eben einen Unterschied, ob ein Ereignis in der Kommunikation weiterläuft oder ob man darüber nachdenkt.

Insofern sind Personen im systemtheoretischen Sinne auch keine Menschen oder Ähnliches, sondern sie sind ebenfalls kommunikative Erzeugnisse und Voraussetzungen für Kommunikation. Da Kommunikation nur an Kommunikation anschließen kann, muss auch die Person eines Anwesenden als Kommunikation, besser gesagt als Bedingung für Kommunikation begriffen werden. Die Person kompensiert den Ausschluss des realen Menschen aus der Kommunikation.

Personen sind soziale Adressen (Fuchs, 2010), von denen Kommunikationen ausgehen und auf die sie gerichtet sind, eine Art »Verkehrssymbole« (Luhmann, 2002, S. 39) der Kommunikation. Auch das lässt sich wiederum leicht in Interaktionen und Organisationen beobachten. So wie ich als Person in der Kommunikation der Organisation »vorkomme«, so deckt sich dies oft nur sehr bedingt mit dem Bild, das ich selbst von mir habe (vgl. das Wertschätzungsproblem in Organisationen; Zwack u. Muraitis, 2013, in diesem Band). Frei nach Udo Lindenberg: Eigentlich bin ich ganz anders, ich komme (hier) nur selten dazu.

Luhmann fasst den Begriff der Person in enger Anlehnung an das lateinische Wort »persona«, die Maske. Die Person ist ein Art »Bindeglied« zwischen psychischem und sozialem System. Das psychische System sieht die Maske praktisch von innen und kann seinerseits beobachten, wie die Person in der Kommunikation »angespielt« wird (Luhmann, 1991b). Auch das psychische System lernt etwas über sich, indem es beobachtet, welche Erwartungen in der Kommunikation an »seine« Person gerichtet werden, da es sich selbst von sich selbst kein vollständiges Bild machen kann. Was man von sich selbst weiß, weiß man (auch) durch die Teilnahme an Kommunikation. Es gilt also, dass nicht nur Kommunikation ohne Bewusstsein undenkbar ist, auch Bewusstsein ist ohne Kommunikation unvorstellbar.

Meine Person als soziale Adresse wird eben in der (organisationalen, kollegialen, …) Kommunikation erst erzeugt und ist zugleich ihre Voraussetzung, um so ihre kontingenzmindernde Wirkung zu entfalten. Mit Luhmann gesagt: »Personsein erfordert, daß man mit Hilfe eines psychischen Systems und seines Körpers Erwartungen an sich zieht und bindet, und wiederum: Selbsterwartungen und Fremderwartungen. Je mehr und je verschiedenartigere Erwartungen auf diese Weise individualisiert werden, um so komplexer ist die Person.«

So wird – ähnlich wie in Familien oder Freundeskreisen – auch die Interaktion in Organisationen dadurch erleichtert, dass man sich kennt. Man kennt die Kollegen, den eigenen Chef und die Führungskräfte der Nachbarabteilungen, weiß um deren Vorlieben und Abneigungen und stellt sich auf deren Erwartungen ein. Für einfache Systeme (Luhmann, 1972) und in kleinen Teams (Kieserling, 1999) mag die Orientierung an Personen hinreichend für Verhaltenssicherheit sorgen, die Komplexität solcher Systeme bleibt aber im wahrsten Sinne überschaubar. Man kann die unterschiedlichen personalen Erwartungen schlicht nicht permanent im Bewusstsein präsent halten. Bei steigender Komplexität sozialer Systeme braucht es hier Vereinfachungen, Verkürzungen oder Entlastungsmöglichkeiten psychischer oder sozialer Art. Kurz: Damit auch komplexere Systeme funktionieren, muss man darauf verzichten können, dass man sich persönlich kennt. Um diese Zusammenhänge zu illustrieren, müssen wir eine kleine Ausholbewegung vollziehen.

Komplexität, Kontingenz und Erwartung von Erwartungen

Der Mensch lebt in einer Welt, die er mit seinen eigenen Verarbeitungskapazitäten nicht annähernd komplett erfassen kann. In jeder Situation, in dem Ausschnitt der Welt, die ein Mensch fokussiert, finden sich immer Verzweigungen auf andere Möglichkeiten, die zugleich komplex und kontingent sind. Da der einzige Zugang zur Welt die Erwartung und keine objektive Beschreibung der Welt möglich ist, kann man sich schlicht täuschen in seiner Weltbeschreibung (Luhmann,

1971). Nur mit Hilfe von Bestätigung und Enttäuschung von Erwartungen kann ich mir ein Bild von meiner (sozialen) Umwelt machen. »Unter *Komplexität* wollen wir verstehen, daß es stets mehr Möglichkeiten gibt, als aktualisiert werden können. Unter *Kontingenz* wollen wir verstehen, daß die angezeigten Möglichkeiten weiteren Erlebens auch anders ausfallen können, als erwartet wurde« (Luhmann, 1987, S. 31). Komplexität meint also praktisch den Zwang zur Selektion, während Kontingenz das Risiko der Täuschung und zugleich die Notwendigkeit des Sich-Einlassens auf dieses Risiko umschreibt.

In dieser Situation entwickeln sich Strukturen, die die Komplexität und die Kontingenz der Welt zum einen in Rechnung stellen, zum anderen auch handhabbar machen. Bestimmte Erlebnis- und Verhaltensvorgaben werden relativ enttäuschungsfest in Systemen zusammengestellt und befreien den Menschen vom Zwang der unmittelbaren Reaktion auf Umweltreize, eigene Instinkte oder momentane Eindrücke und stellen auch zeitlich andere Verhaltensweisen zur Verfügung. Gemeint ist damit: Es werden Erwartungen gegenüber der Umwelt gebildet. »Erwartungen bilden ist eine Primitivtechnik schlechthin« (Luhmann, 1991a, S. 363) – das heißt, Erwartungen dienen der Ordnungsbildung im Inneren des Systems, aber sie betreffen inhaltlich natürlich nicht nur das System. Auch die Umwelt des Systems kann so auf der Innenseite *geordnet* bzw. handhabbar gemacht werden. Das Interessante daran: Man muss über die Umwelt gar nichts genau wissen – eine Erwartung über ihre Beschaffenheit reicht völlig aus, um zunächst einmal handlungsfähig zu sein. Dass man sich dabei irren kann, dass die eigenen Erwartungen enttäuscht werden können, liegt auf der Hand. Aber so wird immerhin Handeln möglich, ohne die Komplexität der Umwelt zunächst vollends analysieren zu müssen. Das Nichtwissen über die Umwelt wird in eine Enttäuschungsproblematik überführt und damit in gewisser Weise handhabbar. Über Erwartungen werden nur bestimmte Teile der Umwelt aktualisiert, es findet also eine Selektion statt. Man erwartet dieses – und nichts anderes. Diese Selektion ist unumgänglich und für den Umgang mit Komplexität sehr vorteilhaft, sodass an Erwartungen meist auch im Enttäuschungsfalle festgehalten wird. »Man verzichtet nicht auf die Erwartung eines soliden, begehbaren Bodens, wenn man einmal ausrutscht!« (Luhmann, 1987, S. 31f.).

In seinem Erleben konstruiert nun jeder von uns Sinn in der Welt, meist als Dinge, Ereignisse, Symbole oder Worte – und daneben finden sich andere Menschen, die ich mir als mir gleich, also mit den gleichen Wahrnehmungs- und Selektionsmöglichkeiten ausgestattet, vorstellen muss. »Dadurch kommt ein Element der Unruhe in die Welt, das die volle Komplexität und Kontingenz überhaupt erst konstituiert« (Luhmann, 1987, S. 32). Der Reiz anderer Menschen in meiner Gegenwart besteht in der Vervielfältigung auch meiner Möglichkeiten, weil ich sie beobachten kann, wie sie auf die Welt schauen und dann meinerseits Perspektiv- und Rollenwechsel vollziehen kann. Der Nachteil besteht in der Potenzierung des Risikos: Von der Kontingenz nur meiner eigenen Wahrnehmungsfähigkeit hin zur doppelten Kontingenz der sozialen Welt. Man könnte schlicht sagen: Wenn ich von den Wahrnehmungen eines anderen profitieren, vielleicht sogar lernen möchte, dann muss ich unterstellen, dass der andere genauso frei in seinen Wahrnehmungen ist wie ich selbst. Das heißt, auch der andere kann sich irren, kann sich täuschen, kann mich täuschen wollen. »Der Preis für die Übernahme fremder Perspektiven ist, so könnte man überspitzt formulieren, deren Unzuverlässigkeit« (Luhmann, 1987, S. 32).

Gegenüber der einfachen Kontingenz der eigenen Wahrnehmung von der Welt und des eigenen Erlebens bildet man Erwartungsstrukturen, die mehr oder weniger enttäuschungsfest gebaut sind – die Sonne wird auch morgen wieder aufgehen, das Marmeladenbrot fällt immer mit der Marmelade nach unten oder mein Auto wird auch im Winter zuverlässig anspringen. Gegenüber anderen Menschen aber reichen diese einfachen Erwartungen nicht aus. Weil andere Menschen sich ebenfalls frei verhalten können, ist auch das Feld möglicher Erwartungen viel komplexer. Denn ihr Verhalten ist ja eben nicht durch Naturgesetze oder technische Details determiniert, sondern frei gewählt und muss daher auch in dieser Freiheit von mir erwartet werden. »Man muss deshalb nicht nur das Verhalten, sondern auch die Erwartungen des anderen erwarten können, um gut integrierbare, bewährbare Problemlösungen zu finden. Zur Steuerung eines Zusammenhanges sozialer Interaktion ist nicht nur erforderlich, dass jeder *erfährt*, sondern auch, dass jeder *erwarten* kann, was der andere von ihm *erwartet*« (Luhmann, 1987, S. 33). Einfache Verhaltenserwartungen reichen nicht aus, um eine hinreichend stabile soziale Welt zu konstruieren. Ich muss immer auch in Rechnung stellen, dass auch der andere Erwartungen an mich richtet. Ich muss also seine Erwartungen erwarten können, damit so etwas wie Verhaltenssicherheit entsteht. »Wer fremde Erwartungen erwarten kann, kann eine möglichkeitsreichere Umwelt haben und trotzdem enttäuschungsfreier leben« (Luhmann, 1987, S. 34). In diesem Fall kann die Verhaltensabstimmung untereinander intern erfolgen, also ohne Kommunikation. Verhaltenserwartungen nicht verbalisieren zu müssen und auch andere nicht dazu zu zwingen, ist ein Kernelement sozialen Takts. Den anderen als den sich darstellen zu lassen, den er gern darstellen möchte – das ist das Wesentliche am Taktgefühl und ist ohne die Konstruktion von Erwartungserwartungen nicht möglich.

»So entsteht auf der Ebene des reflexiven Erwartens, und nur hier, eine Empfindlichkeit und ein Kontrollproblem besonderer Art. Wer ein Verhalten hinnimmt, das seine Erwartungen enttäuscht, muss damit rechnen, dass der andere künftig nicht mehr die enttäuschten Erwartungen erwartet, sondern diejenigen, die seinem eigenen Verhalten entsprechen würden. Er ist zum Beispiel unpünktlich. Nimmt man das hin, restrukturiert sich der soziale Erwartungszusammenhang unter Einschluss der Möglichkeit, unpünktlich zu sein. Der erwartbare Toleranzbereich wird erweitert. Will man das vorsorglich blockieren, erfordert die Diagnose der Situation bereits eine dritte Stufe der Reflexivität. Man aktiviert eigenes Vorsorgeverhalten in der Erwartung, dass Erwartungserwartungen sich ändern würden, wenn man nicht klarstellt, was man erwartet« (Luhmann, 1991a, S. 412 f.). So schließt man zum Beispiel eine Terminabsprache mit den Worten: »Aber sei bitte pünktlich!«

Auf diese Weise entwickeln sich im Wechselspiel von Verhalten, dem Wahrnehmen von Verhalten, dem Erwarten von Verhalten und dem Erwarten von Erwartungen Ordnungsmuster, an denen man sich wiederum orientieren kann. Diese Ordnung ist dabei ein soziales Phänomen. Persönliches Verstehen im Sinne von Übereinstimmung der psychischen Bilder der Beteiligten von der Situation ist dabei nicht notwendig (Weick, 1995b).

Im Alltag wird ein Großteil der sozialen Begegnungen auf diese Weise gesteuert. Sich in einem gewissen Ausmaß dieser sozialen Selbstverständlichkeiten bedienen zu können, zeichnet die Mitgliedschaft in einer Gruppe aus (eindrucksvoll für Paarbeziehungen: Laing, Phillipson u. Lee, 1971). Aber mit der Erwartung von Erwartungen ist es nicht getan – auch diese Erwartungen können und müssen von Zeit zu Zeit erwartet werden. Erst mit einer dreifachen Erwartung wird es zum Beispiel möglich, einem anderen nicht nur taktvoll gegenüberzutreten, sondern darüber hinaus auch noch seine Erwartungssicherheit zu schonen. Wenn zum Beispiel ein Mitarbeiter seine Briefe an seine Kunden immer seinem Chef zum Gegenlesen vorlegt und erwartet, dass sein Chef das erwartet, muss der Chef seinerseits diese Erwartungserwartung erwarten können: Er würde sonst nicht erkennen, dass er mit einem unerwarteten Wunsch nach mehr Eigenverantwortung seitens des Mitarbeiters nicht nur für Überraschung sorgt, sondern außerdem auch die auf ihn bezogene Erwartungssicherheit seines Mitarbeiters unterminiert und schließlich nur in ein neues Gleichgewicht kommen kann, indem er seinen Mitarbeiter als jemanden erwarten muss, der ihn als launisch und unberechenbar erwartet (Luhmann, 1987, S. 35).

Die Einrichtung von Erwartungsstrukturen und Erwartungserwartungen dient in erster Linie der Steigerung der internen Komplexität psychischer und sozialer Systeme, um sich so in einer komplexen Umwelt besser zurechtzufinden (Ashby, 1958). Allerdings ist es wiederum nicht möglich, all diese Erwartungen ständig präsent zu halten. Allein dass sich durch die verschiedenen Erwartungshorizonte auch das Risiko des Irrtums potenziert, macht deutlich, dass hier Strukturen der

Entlastung, psychischer oder sozialer Natur, geschaffen werden müssen. Ich kann mich in meinen Erwartungen irren, in dem, was der andere von mir erwartet, und ihn dadurch enttäuschen, indem ich diesen Erwartungen zu entsprechen suche. Man müsste sich also permanent fragen, ob man richtig erwartet, ob man den anderen in seiner Erwartung richtig erwartet usw. – und käme zu keiner wie immer auch gearteten Interaktion. Solche Orientierungshilfen müssen also gegen Zweifel und Fehlerrisiken immunisiert gebaut sein.

Psychischen Systemen scheint dies in erster Linie in einer Auseinandersetzung mit sich selbst zu gelingen. In der Auseinandersetzung mit der Welt entstehen persönliche Konstrukte (Kelly, 1986; Vogel, 2012) und Schemata, die, mit hinreichender Flexibilität ausgestattet, gegen anderslautende Erfahrungen abgeschottet werden können. Indem man dem anderen entsprechende Bedürfnisse und Motivlagen unterstellt, kann man komplementäres Verhalten bei sich selbst rechtfertigen (Kiesler, 1996). In der Psychologie wird dies dann Projektion genannt.

Soziale Systeme sorgen auf andere Weise für Ordnung unter den möglichen Erwartungen: Sie schaffen Normen, Rollen und Institutionen. »Sie stabilisieren objektive, gültige Erwartungen, nach denen ›man‹ sich richtet. Die Erwartungen können in Sollform verbalisiert sein, können sich aber auch an Eigenschaftsbestimmungen, Handlungslokalisierungen, Merkregeln usw. heften. Entscheidend ist, dass die Vereinfachung durch eine generalisierende Verkürzung erreicht wird« (Luhmann, 1987, S. 38).

Systembildung über Generalisierung von Erwartungen

Ordnung ist auf gewisse Weise immer konservativ. Man muss sie (wieder-)erkennen können und dazu muss Ordnung eine gewisse Stabilität und Beharrlichkeit haben. Sie darf sich also nicht aufgrund jedes beliebigen Ereignisses in der Welt ändern, wenn sie Orientierung geben und wiedererkennbar sein will. Man könnte fast sagen, dass Ordnung in einem gewissen Widerpart zur Welt steht, in einer Art »Und-dennoch«-Verhältnis. Luhmann (1999) wählt für diese Eigenart von Ordnungsstrukturen in Anlehnung an die Lerntheorie den Begriff der Generalisierung und meint damit, dass das interessierende Phänomen unabhängig von einzelnen Abweichungen, Widersprüchen oder Irritationen besteht. »Der Bestand und die eigentümliche Ordnungsleistung eines Systems zeigen sich in einem Verhältnis relativer Invarianz zur Umwelt. Dieses Verhältnis besagt auf der Ebene der Verhaltenserwartungen, dass man trotz Veränderung mancher Umstände an gewissen Erwartungen in Bezug auf das System festhalten kann« (Luhmann, 1999, S. 55). Der große Vorteil eines so gebauten sozialen Systems (z. B. einer Organisation) ist es, ganz unterschiedliche Umweltereignisse im Inneren gleich, also gemäß der selbst erzeugten Ordnung, zu behandeln. Die Routinen der Bürokratie zum Beispiel haben genau hier ihre systemerhaltende Funktion (Luhmann, 1964): Ein Polizist bleibt ein Polizist, ein Lehrer ein Lehrer, eine Abteilungsleiterin eine Abteilungsleiterin, unabhängig davon, wer diese Rolle konkret einnimmt.

Es liegt auf der Hand, in der Generalisierung von Verhaltenserwartungen die Möglichkeit zur Stabilisierung von sozialen Systemen zu suchen – und zwar unabhängig von den handelnden Personen. Luhmann nennt für die Generalisierung von Verhaltenserwartungen entlang der Sinndimensionen (vgl. Schützeichel, 2003) drei Möglichkeiten:

- *Zeitliche Generalisierung:* Verhaltenserwartungen werden auf Dauer gestellt und gegen einzelne Abweichungen enttäuschungsfest abgesichert. Die typische Form hierfür sind Normen – sie gelten auch dann, wenn Einzelne sich nicht daran halten, und selbst dann noch, wenn sie im Alltag schon soweit zurückgedrängt wurden, dass ihre Nichteinhaltung inzwischen erwartet wird. Dennoch kann man sich immer auf die bestehende Norm berufen (z. B. den höflichen Umgangston) und macht sich nicht selbst lächerlich, wenn man unter Unbekannten zunächst ein entsprechendes Verhalten erwartet hatte. Die Schwierigkeit von Normen besteht allerdings darin, dass sie zwar für eine Einzelperson eine hilfreiche Leitplanke in ihrem Verhalten sein können, doch müssen sich deshalb nicht auch alle anderen daran halten. Um soziale Relevanz zu erlangen, brauchen Normen als zusätzliches Gewicht die Erwartung ihrer Geltung.
- *Sachliche Generalisierung:* Als Form der Absicherung von Erwartungen gegenüber Zusammenhanglosigkeit und Widersprüchen hat sich die Entwicklung von Rollen in Systemen bewährt. In einer Rolle lassen sich Erwartungen bündeln (Luhmann, 1979), ohne dass sie selbst alle im Einzelnen benannt sein müssen. Von einer Führungskraft erwartet man, dass sie Entscheidungen treffen, sie im Zweifel gut begründen kann, dass sie mit Kunden gut umgehen kann und Vorbild für ihre Mitarbeiter ist, wertschätzend mit ihnen umgeht, aber auch für den nötigen Druck und entsprechende Leistung sorgt usw. Von einem Betriebsrat erwartet man unter Umständen etwas völlig anderes. Entscheidend ist aber, dass über das Konzept der Rolle Einzelerwartungen aufeinander bezogen werden können. Rollen müssen dabei keineswegs konfliktfrei konstruiert sein, der Vorteil für das soziale System besteht aber darin, dass die Lösung dieser Rollenkonflikte in die Person des Rollenträgers verlagert und damit aus dem sozialen System externalisiert werden kann.
- *Soziale Generalisierung:* Wenn in einer Gruppe zudem Konsens über die Rollen besteht, so bilden sich normative Rollenerwartungen als Institutionen heraus. Das Besondere daran ist, dass die institutionalisierten Rollenerwartungen dann

auch Personen binden, die an ihrer Entwicklung gar nicht beteiligt waren. Wer Mitglied sein bzw. bleiben will, muss diese Rollenerwartungen teilen, als Mitarbeiter einer Organisation muss man auch die Führungskräfte einer anderen Abteilung als solche anerkennen.

Ordnung in Organisationen – die formale Organisation und ihre Mitglieder

Soziale Ordnung zeigt sich in ihrer zeitlichen Stabilität. Dass ein System überdauert, lässt sich nur daran erkennen, dass es über eine wiedererkennbare Ordnung verfügt. Ordnung aber meint stabilisierte Erwartung. Und Erwartungen lassen sich über Generalisierung stabilisieren, indem man sie also unabhängig von Einzelereignissen macht und in Organisationen deren Verstoß (formell oder informell) sanktioniert.

So können sich auch soziale Systeme bilden, die in ihrer Komplexität einfache Interaktionssysteme übersteigen und sich weitestgehend unabhängig von handelnden Personen machen können. Das Sinnbild solcher sozialen Systeme sind für die Systemtheorie Organisationen. Wie gelingt es aber nun Organisationen, intern eine Ordnung aufzubauen, die so eindeutig ist, dass sie für ihre Mitglieder ausreichend Erwartungssicherheit im Verhalten untereinander bereithält, zum anderen aber hinreichende Komplexität für die adäquate Behandlung relevanter Umweltereignisse erzeugt?

Luhmann (1999) sieht in der formalen Organisation genau die Einrichtung, die beides erzeugen kann: eindeutige Ordnung und notwendige Unordnung oder die Handhabung der Paradoxie von gleichzeitiger Regelung und Offenheit. Die formale Organisation »ermöglicht *für einen Teil des sozialen Systems* – eben die formalisierten Erwartungen – *ein Höchstmaß an Generalisierung in allen drei Richtungen zugleich*. Sie erreicht damit ein Ausmaß an systematischer Ordnung, wie es sonst bei stärker differenzierten Verhältnissen nicht möglich wäre. Sie erkauft diesen Erfolg mit den Schwierigkeiten, die entstehen, wenn man eine solche durchkonstruierte Teilordnung in die Lebenswelt faktischen Verhaltens einfügt, mit den bekannten Sekundärproblemen menschlicher Beziehungen, die in formal organisierten Systemen auftreten. [...] Ein soziales System, das in einer unkontrollierbaren, veränderlichen Umwelt bestehen will, benötigt eine generalisierte Erwartungsstruktur, die invariant gehalten werden kann und trotzdem elastisch genug ist, um differenzierte Reaktionen zu erlauben« (Luhmann, 1999, S. 59 f.). Wie aber kann das gelingen?

Die Lösung ist verblüffend einfach: Organisationen sind die einzigen sozialen Systeme, die frei über ihre Mitgliedschaft entscheiden können (und auch müssen! Mit all seinen Folgeproblemen, vgl. Ahrens, Vogel u. Mosblech, 2013, in diesem Band). Der Vorteil liegt nun darin, dass die Mitgliedschaft an Bedingungen geknüpft werden kann, eben der Anerkennung bestimmter Erwartungen. Als Mitglied einer Organisation hat man bestimmte Rechte und Pflichten, die einen in ein bestimmtes Verhältnis zum System als Ganzen setzt: Es ist immer latent die Grundsatzentscheidung mit aufgerufen, wenn man als Mitglied angesprochen wird. Man muss allen Erwartungen als Mitglied nachkommen, sobald man eine verfehlt oder in Frage stellt, setzt man seine Mitgliedschaft als Ganzes aufs Spiel.

Wichtig ist zu betonen, dass solche Mitgliedschaftserwartungen auf mehreren, rekursiv aufeinander bezogenen Ebenen wirken. Jedes Mitglied weiß, was von ihm als Mitglied erwartet wird, man weiß, was man von den anderen erwarten kann, man weiß auch, was die anderen bezogen auf die Mitgliedschaft erwarten, dass man selbst erwarten kann … Aber jeder weiß auch zugleich, was *nicht* erwartet werden kann. Jeder Arbeitsvertrag legt die Pflichten des Arbeitnehmers fest und beschreibt implizit zugleich, was nicht von ihm erwarten werden kann. Jeder kennt die Mindeststandards, die man erfüllen muss, wenn man nicht Gefahr laufen will, *hinausgeworfen* zu werden. Die formale Macht des Vorgesetzten endet eben genau dort, wo einem Mitarbeiter kein Verstoß gegenüber formalen Erwartungen vorgeworfen werden kann. Wer sich zunächst einmal an die Vorgaben hält, macht zunächst nichts falsch. Wer hingegen Initiative zeigt, also Dinge tut, Entscheidungen trifft oder Vorteile gewährt, die nicht durch seine formelle Position gedeckt sind, muss sie im Zweifel gut begründen können. Die bestehende Ordnung deckt das Kollektiv, die Abweichung wird persönlich zugerechnet. Die Mitgliedschaftsrolle schützt also gewissermaßen vor der Übertragung zu großer Verantwortung für Prozesse und Phänomene, die man allein nicht verantworten kann – und ermöglicht gerade dadurch zugleich die Übernahme komplexer Verantwortungen.

Über die Bindung als Mitgliedschaftsbedingung lassen sich die formalen Erwartungen über die bereits angesprochenen Generalisierungsstrategien konkretisieren.

Zeitlich bindet die Mitgliedschaftsrolle die formalen Verhaltenserwartungen an den Bestand des Systems und stellt es damit auf Dauer. »Als Mitarbeiter der Abteilung X arbeiten Sie ab sofort (und bis auf Weiteres) wie folgt … » oder »Ab nächster Woche produzieren wir nur noch die kleinen …« oder »Ab morgen gehen wir wertschätzend miteinander um!« All dies sind Aussagen mit normativem Charakter, das heißt, sie haben dauerhaften Geltungsanspruch. Es bedeutet allerdings nicht, dass sie niemals verändert werden dürfen, und auch nicht, dass sich jeder immer genau an die Vorgaben hält. Besonders aber ist, dass diese formalen Erwartungen *explizit* geändert werden müssen, es bedarf also einer Entscheidung. Damit trägt diese Form der Generalisierung auch zur zeitlichen Grenzziehung des Systems bei: Es ist zu jedem Zeitpunkt möglich zu bestimmen, ob eine formale Erwartung noch gilt oder ob sie nicht mehr gilt. »Die formale Organisation kennt nur entscheidbare Zweifel. Die Grenzen des Systems sind definiert« (Luhmann, 1999, S. 62).

Formale Erwartungen haben daher einen besonderen Änderungsstil: meist sehr sprunghaft, gefolgt von langer Stabilität an der Oberfläche, unter der sich genügend Krisenstoff ansammelt, der dann zu einer ebenso sprunghaften Änderung führt usw. Solange diese Entscheidung aber nicht gefällt wird, bleiben die Verhaltenserwartungen gültig, und jeder, der dabei beobachtet wird, sich nicht daran zu halten, läuft Gefahr seine Mitgliedschaft zu verlieren – auch dann, wenn die Erwartungen inzwischen offensichtlich unsinnig und überholt daherkommen.

Wenn die formale Organisation eine gewisse Erwartungsstabilität vermitteln will, so müssen die Erwartungen, die sich in der Mitgliedschaftsrolle bündeln, einigermaßen verträglich sein.

Auf der *Sachdimension* müssen die Mitglieder eindeutige Orientierung finden können. Eine Ordnung, deren Einhaltung über Mitgliedschaft oder Ausstoß entscheidet, muss eindeutig interpretierbar sein. Insofern muss die Mitgliedschaftsrolle auch eindeutig gebaut sein. Das bedeutet im Übrigen nicht, dass es im Alltag nicht zu Rollenkonflikten kommen kann, weil man zum Beispiel zugleich Führungskraft und Mitarbeiter ist (vgl. Vogel, 2013, in diesem Band), aber die formale Mitgliedschaftsrolle ist die, auf die man sich im Zweifel immer zurückziehen kann. Sie symbolisiert eine nicht hintergehbare und nicht hinterfragbare Ordnung, auf die man sich immer berufen kann, wenn mehrere andere Personen einen mit unterschiedlichen Erwartungen konfrontieren (z. B. kann man Führungskräfte anderer Abteilungen mit dem Verweis auf den Dienstweg abwehren) oder man den Wechsel verschiedener informeller Rollen vor Publikum bewerkstelligen muss. Die formale Mitgliedschaftsrolle »ist so generalisiert, dass sie verschiedene und widerspruchsvolle Ausprägungen erfahren, dass sie als Angelpunkt für doppeltes Spiel und für Mitgliedschaft in mehreren Cliquen benutzt werden kann. Sie zwingt andererseits dazu, eine gewisse Mindestkonsistenz der verschiedenen informalen Rollen des Trägers zu wahren, weil es sonst zu übermäßigen Verhaltensschwierigkeiten kommt« (Luhmann, 1999, S. 64).

Eine Form, solche Verhaltensschwierigkeit zu minimieren, besteht in der Unpersönlichkeit solcher formalen Rollen. Unpersönlichkeit soll hier zunächst nur bedeuten, dass die einzelnen Rollen, die eine Person innerhalb einer Organisation übernimmt, voneinander unabhängig gedacht werden, es also zu keinen Übertragungen aus dem einen Rollenkontext in den anderen kommt. Ob eine Person außerhalb der Organisation Mitglied eines Schützenvereins, Vater oder Schachspieler ist, hat in der Regel innerhalb der Organisation keine Bedeutung (auch wenn man sich im einen oder anderen Fall informell Einfluss verschaffen kann – aber eben: informell!). In der formalen Rolle ist man eben Mitarbeiter in der Abteilung X, und das ist man, solange es keine anderen Entscheidungen dazu gibt. Dass sich innerhalb einer Person darüber hinaus verschiedene und zum Teil widersprüchliche Rollen ansammeln können, bleibt unbestritten. Diese Rollen-konflikte können in der formalen Organisation nicht gelöst werden, sie mitein-ander oder gegeneinander auszubalancieren bleibt die Aufgabe des Einzelnen. Auch hier dient die Formalisierung der Grenzziehung des Systems, in dem fest-gelegt wird, welche Eigenschaften der Person bzw. deren Rollen im System Rele-vanz besitzen und welche nicht.

Erwartungsstabilität stellt sich in sozialen Systemen nur dann ein, wenn alle Mitglieder das Gleiche oder zumindest Ähnliches erwarten – oder genauer: Wenn sie mindestens annehmen, dass dies der Fall ist. Auf der *Sozialdimension* muss über die Generalisierung von Erwartungen also dafür gesorgt werden, dass unter allen Mitgliedern mindestens als Fiktion Konsens über die formalen Erwartun-gen herrscht, unabhängig von ihren persönlichen Einstellungen und Vorlieben: »Entscheidend ist der Konsens darüber, dass gewisse Erwartungen als Mitglied-schaftsbedingung anerkannt werden müssen« (Luhmann, 1999, S. 68).

Über diesen Konsens bekommen formale Rollen in Organisationen auf der Sozialdimension den Status von Institutionen. »Das heißt: Man kann bei einer Begegnung mit anderen zunächst von der Gemeinsamkeit wechselseitiger Erwar-tungen ausgehen, ohne jeweils im einzelnen abklären und aushandeln zu müssen, wie weit die Zustimmung wirklich geht; dabei wird man von den Umstehenden im Zweifel unterstützt. Wer anderer Meinung ist, muss dies ausdrücklich melden; er hat die Last der Initiative, das Schwergewicht einer vermuteten Selbstverständ-lichkeit und die Gefahr von Enttäuschungsreaktionen gegen sich. Im Allgemeinen wird er sich daher lieber auf eine fiktive Gemeinsamkeit einlassen« (Luhmann, 1999, S. 68). Dass es dabei den einen oder anderen gibt, der sich mehr oder weni-ger heimlich vornimmt, diese formalen Erwartungen zu umgehen, ist damit nicht ausgeschlossen. Solange diese Bestrebungen aber nicht Überhand nehmen, wer-den sie nicht zur Gefährdung der formalen Organisation.

Ein Vorteil dieser durch Konsens gestützten Rollenerwartungen ist es, dass sie nun auch von den Mitgliedern gestützt werden, die zunächst gar nicht betei-ligt sind. Ein Vorgesetzter kann nun nicht nur auf Anerkennung seines Status bei seinen direkten Mitarbeitern zählen, sondern auch darüber hinaus. Der Status als Führungskraft wird so über die formale Organisation garantiert und von der Not-wendigkeit persönlicher Achtung durch die Mitarbeiter abgekoppelt. Natürlich ist nichts dagegen zu sagen, wenn Mitarbeiter ihre Führungskraft auch persönlich achten, letztlich aber ist es die Absicherung über die formale Organisation, die im Zweifel die Durchsetzungsmöglichkeiten auch unbeliebter Entscheidungen bietet. Verstöße gegen die hierarchische Ordnung können so als Verstoß gegen die formale Organisation gewertet werden und werden so nicht nur im direkten Umfeld der Rollenträger verhindert, sondern auch in der Fläche entmutigt, weil es unwahrscheinlich ist, dass sich breite Massen lokalen Widerständen anschließen.

Auch hier zeigt sich wiederum ein Aspekt der grenzregulierenden Wirkung der Formalisierung – über die Mitgliedschaftsrolle wird festgelegt, wer konsenspflichtig ist und wer nicht.

Fazit: Organisationale Ordnung als Grenzphänomen

Ordnung ist ein Grenzphänomen – sie wird an der Grenze zur Unordnung sichtbar oder, allgemeiner, an der Grenze, ab der sie nicht mehr gilt. Letztlich geht es bei Ordnungsbildungen um Bildung abgegrenzter Systeme. Systeme entstehen durch Relevanz- und Irrelevanzregelungen. Diese Unterscheidung definiert die Grenze des Systems. Die Grenzen eines Systems sind die Grenzen der Erwartbarkeit von Handlungen bzw. Kommunikationen. Was spielt hier eine Rolle, welche Themen sind hier verhandelbar, worüber kann man hier (nicht) sprechen, worum wird es vermutlich morgen gehen? Kurz: Was ergibt hier Sinn und was nicht?

»Wir hatten unsere Untersuchungen mit der Definition des sozialen Systems als grenzerhaltendes Aktionssystem begonnen, dabei aber offen gelassen, wie es zu einer solchen Grenzziehung kommt. Die Formalisierung des Systems ist eine Antwort auf diese Frage« (Luhmann, 1999, S. 71). Die Formalisierung von Erwartungen über die Mitgliedschaftsrolle ermöglicht die Bildung eines zeitlich, sachlich und sozial abgegrenzten Erwartungssystems. Die Grenzen dieses Systems sind über Entscheidungen veränderbar und werden so elastisch und anpassungsfähig gehalten. Auf Basis dieser formalen Verlässlichkeit kann gehandelt werden (Luhmann, 1999, S. 71).

Jede Form des Kontaktes zwischen Menschen wird über komplementäre Erwartungen bzw. genauer: über wechselseitige Erwartungen von Erwartungen gesteuert. Über die zeitliche, sachliche und soziale Generalisierung von Erwartungen und deren Absicherung über die Formalisierung in der Mitgliedschaftsrolle ist ein abstrakter Rahmen vorgegeben, an dem man sich grundsätzlich immer in Organisationen orientieren kann. Allerdings sind solche formalisierten Erwartungen natürlich nicht in der Lage, das tatsächliche Handeln im Alltag in Gänze zu strukturieren. »Verhaltenserwartungen, und besonders die systemtragenden, formalisierten Verhaltenserwartungen, sind häufig gar nicht zur unmittelbaren alltäglichen Ausführung gedacht. Sie zeichnen das Verhalten in Grenzfällen vor.

Sie beziehen sich auf Situationen, die selten oder nie eintreffen, aber als Möglichkeit ständig vor Augen stehen« (Luhmann, 1999, S. 275). Sie wirken dadurch, dass
man sie zitieren *könnte.*

Die Organisation (bzw. die Interaktion in Organisationen) würde viel zu sehr
an Flexibilität einbüßen, wollte man sie bis ins Letzte regeln und formalisieren.
Insbesondere die Eigenart formaler Strukturen, nur über ausdrückliche Entscheidungen geändert werden zu können, würde eine gewöhnliche Kommunikations-
situation undenkbar machen. Aber die formale Organisation bietet eben den
Rahmen, innerhalb dem wiederum Spielräume für unterschiedliches, faktisches
Verhalten möglich werden.

Der Bedeutung formaler Erwartungsstrukturen würde man also nicht gerecht,
wenn man sie nur nach dem Ausmaß beurteilte, wie oft sie zitiert wurden. Sie
wirken durch die *Präsenz des Möglichen,* »so wie ganze Schachpartien durch nie
gezogene Züge bestimmt werden« (Luhmann, 1999, S. 275).

Dass mit der Einrichtung und Einhaltung formalisierter Erwartungsstrukturen *alles in Ordnung* wäre, ist also illusorisch. Jeder weiß, dass Organisationen zu
nichts mehr kämen, wollten sich alle Mitglieder auch nur annähernd an die formalen Vorgaben halten. Es bedarf also der informellen Handlungen zum Aus-
gleich der formalen Systemprobleme. Aber: Nur über die Generalisierung von
Erwartungen ist Systembildung, nur über Formalisierung ist Organisation möglich. »Zu den Verhaltenserwartungen, die einen sozialen Systemzusammenhang
herstellen, gehört auch jene besondere Gruppe von Erwartungen, für die unver-
brüchliche formale Geltung beansprucht wird. In dem Maße, als solche Erwartungen ein soziales System bestimmen, wollen wir es als organisiert bezeichnen«
(Luhmann, 1999, S. 27).

Literatur

Ahrens, B., Mosblech, T., Vogel, M. (2013). Passung ins System – Möglichkeiten einer systemischen
   Personalauswahl. In M. Vogel (Hrsg.), Organisation außer Ordnung. Außerordentliche Betrach-
   tungen organisationaler Praxis (S. 110–126). Göttingen: Vandenhoeck & Ruprecht.
Ashby, R. (1958). Requisite variety and its implications for the control of complex systems. Cyber-
   natica, 1 (2), 83–99.
Fuchs, P. (2010). Das System SELBST: eine Studie zur Frage: Wer liebt wen, wenn jemand sagt: »Ich
   liebe Dich!«? Weilerswist: Velbrück Wissenschaft.
Hobbes, T. (2005). Leviathan. Hamburg: Meiner.
Kelly, G. A. (1986). Die Psychologie der persönlichen Konstrukte. Paderborn: Junfermann.
Kieserling, A. (1999). Kommunikation unter Anwesenden. Frankfurt a. M.: Suhrkamp.
Kiesler, D. J. (1996). Contemporary interpersonal theory and research: Personality, psychopathology
   and psychotherapy. New York: John Wiley and Sons.
Kühl, S. (2009). Über die Funktion personenorientierter Beratung in Organisationen. In H. Pühl

(Hrsg.), Handbuch Supervision und Organisationsentwicklung (S. 123–144). Wiesbaden: VS Verlag für Sozialwissenschaften.

Laing, R. D., Phillipson, H., Lee, A. R. (1971). Interpersonelle Wahrnehmung. Frankfurt a. M.: Suhrkamp.

Leifer, E. M., Rajah, V. (2000). Getting observations: Strategic ambiguities in social interaction. Soziale Systeme: Zeitschrift für soziologische Theorie, 6 (2), 251–267.

Luhmann, N. (1964). Lob der Routine. In N. Luhmann (Hrsg.), Politische Planung (S. 113–142). Opladen: Westdeutscher Verlag.

Luhmann, N. (1971). Sinn als Grundbegriff. In N. Luhmann, J. Habermas (Hrsg.), Theorie der Gesellschaft oder Sozialtechnologie (S. 25–100). Frankfurt a. M.: Suhrkamp.

Luhmann, N. (1972). Einfache Sozialsysteme. Zeitschrift für Soziologie, 1 (1), 51–65.

Luhmann, N. (1979). Wie man Erwartungen bündeln kann. In O. Marquard, K. Stierle (Hrsg.), Identität (S. 594–596). München: W. Fink.

Luhmann, N. (1987). Rechtssoziologie. Opladen: Westdeutscher Verlag.

Luhmann, N. (1991a). Soziale Systeme: Grundriss einer allgemeinen Theorie (4. Aufl.). Frankfurt a. M.: Suhrkamp.

Luhmann, N. (1991b). Die Form Person. Soziale Welt, 42 (2), 166–175.

Luhmann, N. (1999). Funktionen und Folgen formaler Organisation: Mit einem Epilog 1994 (5. Aufl.). Berlin: Duncker & Humblot.

Luhmann, N. (2002). Das Erziehungssystem der Gesellschaft. Frankfurt a. M.: Suhrkamp.

Luhmann, N. (2004). Einführung in die Systemtheorie (2. Aufl.). Heidelberg: Carl-Auer Verlag.

Mead, G. H. (1968). Geist, Identität und Gesellschaft aus der Sicht des Sozialbehaviorismus. Hrsg. von C. W. Morris (1–2. Tsd.). Frankfurt a. M.: Suhrkamp.

Parsons, T. (1937). The Structure of social action: A study in social theory with special reference to a group of recent european writers. New York: Free Press.

Parsons, T., Shils, E. A. (1951). Toward a general theory of action. Cambridge, Mass.: Harvard University Press.

Schützeichel, R. (2003). Sinn als Grundbegriff bei Niklas Luhmann. Frankfurt a. M.: Campus Verlag.

Simon, F. B. (2012). Einführung in die Systemtheorie des Konflikts (2. Aufl.). Heidelberg: Carl-Auer Verlag.

Vogel, M. (2012). Das Repertory-Grid-Interview für systemische Forschungsvorhaben. In M. Ochs, J. Schweitzer (Hrsg.), Handbuch Forschung für Systemiker (S. 363–376). Göttingen: Vandenhoeck & Ruprecht.

Vogel, M. (2013). Management des Ungefähren: Zur außer-ordentlichen Position des Stellvertreters in Organisationen. In M. Vogel (Hrsg.), Organisation außer Ordnung. Außerordentliche Betrachtungen organisationaler Praxis (S. 127–145). Göttingen: Vandenhoeck & Ruprecht.

Vogel, M., Kersting, J. (2013). Humor in Organisationen – Kommunikation quer zur Ordnung der Organisation. In M. Vogel (Hrsg.), Organisation außer Ordnung. Außerordentliche Betrachtungen organisationaler Praxis (S. 94–109). Göttingen: Vandenhoeck & Ruprecht.

Weick, K. E. (1995a). Der Prozess des Organisierens (5. Aufl.). Frankfurt a. M.: Suhrkamp Taschenbuch Wissenschaft.

Weick, K. E. (1995b). Sensemaking in Organizations. Thousand Oaks, Ca.: Sage.

Zwack, M., Muraitis, A., Schweitzer, J. (2013). Der Kontext der (Nicht-)Wertschätzung. Zu einer praktischen Theorie der Wertschätzung in Organisationen. In M. Vogel (Hrsg.), Organisation außer Ordnung. Außerordentliche Betrachtungen organisationaler Praxis (S. 77–93). Göttingen: Vandenhoeck & Ruprecht.

Andreas Bergknapp

Ärger in Organisationen: Individuelle Konstruktion oder organisationales Phänomen?

Vorbemerkungen

In diesem Beitrag spiegelt sich eine Grundlinie meiner eigenen Berufsbiografie wider. Als junger Wissenschaftler bin ich Mitte der 1990er Jahre angetreten, die strukturelle Bedingtheit von Ärger in Organisationen aufzuzeigen (Bergknapp, 2002). Vorträge zu meinen theoretischen Überlegungen lösten mitunter *außer-or-dentliche* Empörung im Lager der Kommunikationstrainer und Konfliktmoderatoren aus (dies ist ein erstes Indiz dafür, dass es im Folgenden zu außer-ordentlichen Betrachtungen kommen kann). In ihren Augen war ich ein reiner Strukturalist, der sich in Luhmann'scher Manier vom Subjekt verabschiedet – von dem Subjekt, mit dem sie in Trainings ihr Geld verdienen. Regeln und Strukturen kann man eben nicht trainieren.

Und da war sie wieder: Die von Luhmann beschworene prinzipielle Unwahrscheinlichkeit gelingender Kommunikation. Meine Intention war ja nur, das Individuum zu entlasten und – dem systemischen Paradigma folgend – die Relevanz des Kontextes zu betonen, ohne dabei den Menschen gänzlich auszublenden. Schließlich arbeitete ich in der Folgezeit auch immer mehr mit diesen Menschen, die sich in ihren und über ihre Organisationen ärgern. Als systemischer Berater galt somit mein Interesse der methodischen Umsetzung der theoretischen Erkenntnisse (Bergknapp, 2003). Und in der beraterischen Arbeit mit diesen Menschen ist beides wichtig: Kontext und Person.

Zur konstruktiven Irritation der psychischen Prozesse, die zur Aktualgenese von Ärger führen, hat sich für mich die rational-emotive Verhaltenstherapie (REVT) als nützlich erwiesen. Nachdem ich eine hohe Anschlussfähigkeit der REVT an die Strukturen und Prozesse meines psychischen Systems beobachten konnte, machte ich ähnliche Beobachtungen auch bei vielen meiner Ausbildungs- und Seminarteilnehmer (auch in meinen Modulen im Studium der Arbeitswissenschaften in Hannover).

Im Folgenden möchte ich zwei Theoriezugänge zum Phänomen Ärger in Organisationen kurz skizzieren und die methodischen Implikationen zumindest andeuten – mehr wird in diesem Aufsatz nicht möglich sein. Mit der Strukturationstheorie wird die Ebene der Organisation (präziser: die Wechselwirkungen zwischen organisationalen Interaktionen und Strukturen), mit der REVT die Ebene des Individuums beleuchtet. Beginnen werde ich beim Individuum, um diese Überlegungen anschließend organisational zu rahmen. Zunächst soll aber ein Bezug zum Titel dieses Bands hergestellt werden.

Organisationen zwischen Ordnung und Unordnung

Die Begriffe *Organisation* und *Ordnung* werden häufig synonym verwendet und semantisch ist einer Organisation Ordnung inhärent. Schließlich sind Organisationen in einigen Minimaldefinitionen als das geordnete Zusammenspiel von Elementen und Prozessen ausgewiesen. Gegenwörter von Ordnung sind Unordnung und Chaos. Unter Verwendung dieser beobachtungsleitenden Unterscheidung dürfte die Seite der Ordnung häufiger bezeichnet werden, wenn von Organisationen die Rede ist. Oder anders formuliert: Organisation steht auf den ersten Blick dem Pol der Ordnung näher als dem der Unordnung.

Dies ist zunächst nicht weiter verwunderlich, sondern vielmehr eine epistemologische Notwendigkeit. Denn Organisationen können nur als eigenständige Gebilde beobachtet werden, wenn sie sich durch spezifische Ordnungsmuster von ihrer Umwelt unterscheiden. Organisationen als soziale Systeme haben Grenzen – ansonsten gibt es sie nicht. Diese Grenze markiert ein Komplexitätsgefälle zwischen System und Umwelt. Durch Ordnung wird die Komplexität im System in Differenz zur Umwelt reduziert, wodurch sich die Systemgrenze konstituiert. Die Umwelt ist immer komplexer und für das System der Organisation intransparent. Soweit ist das in Ordnung.

Die Unordnung kommt ins Spiel, wenn man mit Willke (1997, S. 76) von der doppelten Intransparenz von Systemen ausgeht, das heißt, nicht nur die Umwelt, sondern auch das System selbst ist für das System undurchschaubar. Kann dann noch von Ordnung gesprochen werden? Sind Ordnungen nicht transparent, klar und nachvollziehbar? Unstrittig ist: Organisationen existieren nur, wenn es gelingt, die Komplexität in Differenz zur Umwelt zu reduzieren. Die Möglichkeitshorizonte müssen eingeschränkt sein. Die Handlungen der Organisationsmitglieder müssen auf einer sozialen, sachlichen und zeitlichen Ebene erwartbar sein: Wer macht was mit wem bis wann? Auf diese Frage müssen Organisationen Antworten (durch Ordnung) haben.

Dies ist aber nur die eine Seite der Ordnungs- bzw. Komplexitätsproblematik, weil Komplexität nicht beliebig reduziert werden kann. Organisationen müssen systemintern Komplexität auch erhöhen, um die Komplexität der Umwelt bewältigen zu können. Organisationen sind darauf angewiesen, die eigene Komplexität und die der Umwelt so zu bearbeiten, dass die autopoietische Reproduktion des Systems bzw. die Systemgrenze (zur Umwelt) aufrechterhalten werden kann. Damit ist impliziert, dass die Systemkomplexität weder zu groß noch zu klein sein darf. Evolution funktioniert weder bei vollkommenem Chaos noch bei vollkommener Ordnung (Willke, 2004, S. 49). Während im ersten Fall die Mitglieder einer Organisation in völlig beliebiger Weise agieren (präziser: kommunizieren) würden, wäre im zweiten Fall die Organisation in ihren Strukturen bzw. Ordnungen erstarrt. Ein probates Mittel hierfür ist der konsequente Dienst nach Vorschrift, der bekanntlich eine effektive Streikform darstellt – zumindest gilt dies für die meisten Organisationen. Dass es auch (wenige) Organisationen gibt, die trotz dem rigiden Ordnungsmuster Dienst nach Vorschrift überleben, zeigt letztendlich nur, dass sich Organisationen hinsichtlich des Ordnungsgrades unterscheiden.

Gemeinsam ist ihnen aber die Herausforderung, kontinuierlich Lösungen für das Komplexitätsproblem durch ein Austarieren von Ordnung und Unordnung zu finden. Dabei beobachten sich die Organisationen selbst; Fuchs stellt als Beobachter zweiter Ordnung fest: »Wenn sich das System im Blick auf Komplexität beobachtet, beobachtet es sich als nicht vollständig informiert über sich selbst und über seine Umwelt. Es registriert [...], dass es sich selbst nur unklar beobachten kann. Es kann auf seine Vollständigkeit nur durchschließen, nicht: sie in sich selbst abbilden. Dies ist wiederum ein anderer Ausdruck dafür, dass das System sich selbst nur in Form der Imagination beobachten kann [...]. Diese Imaginationen sind Einheitsvorstellungen, also Selbstsimplifikationen« (Fuchs, 2004, S. 32).

Die Konzepte der doppelten Intransparenz und der Selbstsimplifikation implizieren, dass es Organisationen nicht gelingt, die ordentlichen und unordentlichen Prozesse vollständig zu beobachten. Zur – wohlgemerkt nur teilweisen – Erhellung dieser blinden Flecke werden Berater oder Wissenschaftler als Beobachter zweiter Ordnung gerufen. Dass die Kompensation des organisationalen Selbstbeobachtungsdefizits nur partiell gelingt, ist darauf zurückzuführen, dass die Beobachtung zweiter Ordnung keine privilegierte Erkenntnisposition ist. Der Beobachter zweiter Ordnung beobachtet nicht besser – nur anders. Mit anderen Worten: Er hat andere blinde Flecke. Dies gilt selbstredend auch für die Autoren dieses Bands.

Zur Außer-Ordentlichkeit der folgenden Beobachtungen

Betrachtet man diese Texte als Beobachtungen zweiter Ordnung, als Beobachtungen außerhalb der Ordnung (Organisation), dann handelt es sich in diesem Verständnis um Außer-Ordentlichkeit. Die Antwort auf die Frage, ob die folgenden Beobachtungen außer-ordentlich im Sinne von außergewöhnlich und vom Mainstream abweichend sind, hängt vom verwendeten theoretischen Bezugssystem ab. Beobachtungen, die sich dem Phänomen *Ärger in Organisationen* widmen, sind vor dem Hintergrund des in den Wirtschaftswissenschaften dominierenden objektiven Paradigmas durchaus außergewöhnlich. Diese Theorieansätze, beginnend mit dem Bürokratiemodell von Max Weber über die wissenschaftliche Betriebsführung von Frederick Taylor bis hin zu der Neuen Institutionenökonomie (Transaktionskostentheorie, Agency-Theorie), eint ein »Gefühlsanalphabetismus« (Hahne, 1997, S. 362). Das Emotionale und damit das Irrationale, Unkontrollierbare und Gefährliche soll aus der Organisation verbannt werden. Das Rationalitätspostulat der traditionellen Betriebswirtschaftslehre fordert von den Organisationsmitgliedern »ein ausgeglichenes Wesen, Fairness, Objektivität [...] und ›gute Umgangsformen‹ [...], aber eben nicht Spontanität, sensiblen Gefühlsausdruck, dramatisches Agieren etc.« (S. 363).

Wenn Emotionen Eingang in den vorherrschenden Diskurs der neueren Organisationsforschung finden, dann geschieht dies in einem normativen Zusammenhang: Es interessiert die organisationale Verwertbarkeit des emotionalen Arbeitsvermögens, die insbesondere unter dem Label *Emotionsarbeit* (Hochschild, 1990; Rastetter, 2008) diskutiert wird. Oder aber man fordert zunehmend von den Führungskräften, dass sie ihre Mitarbeiter emotional mitreißen und zu Höchstleistungen motivieren. Dazu sollen sie den transformationalen Führungsstil beherrschen (Neuberger, 2002).

Legt man dagegen Theorieangebote, die dem *subjektiven Paradigma* der Organisationstheorie oder der Organisationssoziologie zuzuordnen sind, als Bezugssystem an, so erhöht sich die Wahrscheinlichkeit der theoretischen Beobachtbarkeit von Emotionen im organisationalen Kontext. Dies gilt insbesondere für Theorien, die nicht wie die klassische Human-Relations-Schule und Organisationsentwicklungsbewegung die Harmonisierungsillusion von Effektivität und Humanität beschwören, sondern das sozioemotionale Interaktionsgeschehen in Organisationen thematisieren. Wichtige Anstöße kamen hier von der verhaltenswissenschaftlichen Entscheidungstheorie (March u. Simon, 1958). Nach Fineman (2000) kann sogar seit dem Ende des letzten Jahrhunderts von einer »emotionalen Wende« in der Organisationsforschung gesprochen werden. Außergewöhnlich ist eine Beschäftigung mit Emotionen in diesem subjektiven, interpretativen Paradigma nicht – eher mutet es, blickt man auf die gegenwärtige Forschungslandschaft, zuweilen ungewöhnlich an, sich überhaupt in diesem Paradigma zu bewegen.

Des Weiteren lässt sich eine gewisse Außergewöhnlichkeit daran festmachen, dass versucht wird, über die Strukturationstheorie (Giddens, 1995) die beiden Ebenen Interaktion und Struktur in den Blick zu nehmen. Aber auch dieser ganz-

heitliche Theorieansatz, der versucht, die Mikro- und Makroebene theoretisch
zu verbinden, hat blinde Flecke, von denen der des individuellen Akteurs in die
Beobachtungen integriert werden soll. Dies geschieht hier durch den Ansatz der
rational-emotiven Verhaltenstherapie (Ellis, 1997). In einem weiteren Sinne kann
der gewählte Zugang auch dem systemisch-konstruktivistischen Lager zugerechnet werden, da das Mehrbrillenprinzip genutzt werden soll: »Im Laufe meiner Annäherung an systemische Sichtweisen habe ich mir eine Brillensammlung
zugelegt. Wenn mich nicht gerade ein Problem zu fest in den Klauen hält, dann
probiere ich unterschiedliche Gläser aus und betrachte durch sie meine Welt. Da
liegt die violette Problembrille, die nach Ursachen sucht, die grüne Lösungsbrille,
die vielfältige Zukunftsperspektiven entwirft, da liegen die rosa optimistischen
und die braunen skeptischen und die grellbunten paradoxen Gläser. Das verschafft mir einen spielerischen Umgang mit den täglichen Anforderungen, die
›schwere‹ Wirklichkeit wird leichter. Ich weiß, dass ich meine Lebensgeschichte
erfinde, und weiß, dass ich sie auch anders erzählen kann – ich kann meine Standpunkte wechseln. Ich habe viele Möglichkeiten, eine Unzahl von Hypothesen und
immer mehr als *eine* Lösung« (Renolder, Scala u. Rabenstein, 2007, S. 236, Her-
vorhebung im Original).

Aber auch dieser mehrperspektivische Zugang soll nicht den Blick darauf ver-
stellen, dass damit neue blinde Flecke entstehen. Wenn Organisationen bei ihren
Selbstbeobachtungen Selbstsimplifizierungen betreiben, dann arbeiten wissenschaftliche Beobachter mit *Fremdsimplifizierungen* und müssen dies notwendigerweise auch tun. Ansonsten blieben die Bücher ungeschrieben.

Die folgende Fremdsimplifizierung erfolgt in drei Schritten. In einem ersten
Schritt wird mit einer emotionspsychologischen Brille eine gewohnte Perspektive auf Ärger eingenommen, weil dieser theoretische Blick Ärger als individuelles
Phänomen konzipiert. Die Analyse der Prozesse, durch die wir Ärger erzeugen,
ist allerdings weniger vertraut, weil sie dem Alltagsdenken konträr entgegenläuft.
In diesem zweiten Schritt werden anhand der rational-emotiven Verhaltenstherapie auch konstruktive Umgangsweisen mit dem eigenen Ärger diskutiert. Im
dritten Schritt wird die individuelle Betrachtungsebene verlassen und es erfolgt
eine organisationstheoretische Perspektive auf Ärger.

Ärger als individuelles Phänomen[1]

Auch wenn das Konzept der angeborenen Basisemotionen kritisch diskutiert wurde, wird die Existenz von Emotionen, die sich kulturinvariant bei allen Kindern entwickeln, von den meisten Emotionsforschern akzeptiert. Es besteht auch ein gewisser Konsens, dass Ärger, Wut, Zorn neben den Emotionskomplexen Angst, Furcht, Trauer und Freude zu diesen Primäremotionen zählen. Im Gegensatz zu den sekundären Emotionen (z. B. Schuld, Scham und Stolz), die Mischformen dieser Primäremotionen sind und/oder durch differenzierte Kognitionen ausgelöst werden, sind die Basisemotionen unmittelbarer, das heißt, es ist es für die Akteure schwieriger, »sich der ›ergreifenden Macht des Emotionalen‹ zu entziehen« (Petzold, 1995, S. 255). Sekundäre Emotionen sind stärker von sozialen und kulturellen Kontextfaktoren sowie von persönlichkeitsspezifischen Idiosynkrasien abhängig (Vester, 1991, S. 33). Ärger ist somit eine in der Phylo- und/oder Ontogenese angelegte Emotion. Gleichwohl ist Ärger aber auch individuell und sozial konstruiert (siehe dazu die folgenden Ausführungen) und durch Gefühls- und Ausdrucksregeln reguliert.

Aufgrund der Komplexität von Emotionen haben unterschiedliche Disziplinen die Erforschung des Phänomenbereichs der Emotionen aufgenommen. Dies führte zu einem Wildwuchs an Theorie- und Definitionsvorschlägen. Vor diesem Hintergrund ist dann auch die Definition von Emotionen als ein Syndrom, zusammengesetzt aus neurophysiologischen, expressiven, motivational-aktionalen, subjektiven und kognitiven Komponenten, zu verstehen. Anhand dieser Komponenten soll im Folgenden Ärger als Phänomenbereich der Emotionspsychologie kurz skizziert werden, indem über die zentralen Stränge der Emotionsforschung berichtet wird.

Auf der neurophysiologischen Ebene geht es zum einen um die – seit Aristoteles kontrovers diskutierte – Doppelnatur der Gefühle: Führen körperliche Veränderungen zum bewussten Erleben von Gefühlen oder führt das bewusste Erleben von Gefühlen zu körperlichen Veränderungen? Ein Pionier der Emotionsforschung, William James (1884), fragte diesbezüglich: Sind wir traurig, weil wir weinen, oder weinen wir, weil wir traurig sind? Während James und im Anschluss eine Reihe weiterer Forscher, die entweder peripheralistische oder zentralistische Ansätze verfolgten, die erste Alternative präferierten, dominiert heute die von kognitiven Emotionsforschern vertretene zweite Alternative, auch wenn die empirische Befundlage nicht eindeutig ist. Weitere Forschungsbemühungen gelten der Frage, inwiefern Ärger auf einer neurophysiologischen Ebene von anderen Emotionen

---

1   Ausführlicher vgl. Bergknapp (2002, S. 21–57).

unterschieden werden kann. Insbesondere die Differenzierung zu Angst ist hier von Interesse, da beide Emotionen mit prototypischen behavioralen Anpassungsmustern (Kampf versus Flucht) verknüpft sind.

Aufgrund der Schwierigkeit in Laborexperimenten vergleichbare Aktivierungen unterschiedlicher Emotionen zu erzeugen, ist die empirische Befundlage hierzu schmal und widersprüchlich. Von einer zentralnervösen und hormonellen Emotionsspezifität von Ärger und Furcht geht Henry (1986) in seinem Modell aus: Bei Furcht wird ein aversiver Reiz als nicht bewältigbar eingestuft und der Körper wird auf Flucht vorbereitet. Dies führt zu einer starken Erhöhung der Adrenalinausschüttung und einem leichten Anstieg von Blutdruck, Herzfrequenz, Noradrenalin und Cortisol. Ärger dagegen bereitet auf Kampf vor, weil der Reiz als bewältigbar eingestuft wird. An Reaktionen lässt sich eine starke Erhöhung von Blutdruck, Herzfrequenz, Noradrenalin, Renin und Testosteron beobachten, während der Adrenalinspiegel nur leicht steigt und sich das Cortisol nicht verändert (Müller, 1993, S. 15 ff.).

Im Mittelpunkt der Forschungen zur *expressiven Komponente*, die allesamt auf evolutionsbiologischem Gedankengut basieren, stehen die Funktionen und Determinanten des emotionalen Ausdrucks sowie die Identifizierung emotionsspezifischer Ausdrucksformen. Hinsichtlich der (intraorganismischen) Funktionen dienen spezifische Ausdrucksformen, wie beispielsweise die geballte Faust, der Anbahnung adaptiver Verhaltensweisen oder der Erregungsmodulation (z. B. Katharsis bei Wutausbruch).[2] Auf einer sozialen Ebene informiert der Ärgerausdruck den Interaktionspartner über den inneren Zustand, zeigt eine Verhaltensintention (beispielsweise steigt die Wahrscheinlichkeit einer aggressiven Handlung) und eine Veränderung der aktuellen Beziehung an. Bezüglich der Determinanten des Ausdrucks sind es auf einer sozialen Ebene insbesondere die Darstellungsregeln, die festlegen, »wer wem zu welchem Zeitpunkt welche Emotionen offen zeigen darf« (Ekman, 2010, S. 5).

Diese sozialen Regeln finden in Organisationen ihre Spezifizierung und tragen auf diese Weise zu einer (gewissen) Ordnung des emotionalen Ausdrucksverhaltens in Organisationen bei. Das prototypische Ärgerausdrucksverhalten ist vor allem für die Mimik ausreichend erforscht und weist folgende Merkmale auf: zusammengezogene Augenbrauen und Zornesfalte (vertikale Linie zwischen den Brauen), angespannte Augenlider, harter, starrer und drohender Blick, wobei die Augen leicht hervortreten können, aufgeblähte Nasenflügel, Erröten des

---

2   Dem widerspricht jedoch die Theorie der propriozeptiven Rückmeldung, wonach der motorische Ausdruck über Prozesse der Selbstwahrnehmung die Intensität der Emotion steigern kann (Scherer u. Wallbott, 1990, S. 350 f.).

Gesichts, zusammengepresste Lippen und Zähne oder offener Mund in eckiger Form (zusammenfassend Bergknapp, 2002, S. 45).

Auch die Frage nach der Handlungsrelevanz von Emotionen *(motivational-aktionale Komponente)* wird zuweilen von evolutionstheoretischen Überlegungen geprägt. So postuliert Plutchik (1994) generelle Prozessketten für die zentralen Emotionen. Für Ärger ergibt sich folgende Spezifizierung einer Prozesskette: Hindernis (Reiz) – Feind (Kognition) – Ärger (Emotion) – Aggression (Verhalten) – Zerstörung (Ziel). Dass eine derart simple Konstruktion heftige Kritik auslöst – zum Beispiel als »irriges Biologieverständnis« (Bischof, 1989, S. 188) –, ist ebenso wenig verwunderlich wie der Umstand, dass die Relation vom Erleben einer Emotion und der darauf folgenden Handlung differenzierter zu betrachten ist. Eine Typologie unterschiedlicher Handlungen bzw. Bewältigungsformen, die auf das Erleben von Ärger folgen können, hat beispielsweise Weber (1994, S. 164) entwickelt.

Auch wenn Ärger als eine aggressions-affine Emotion bezeichnet werden kann, sind auch nicht aggressive Verhaltensweisen möglich. Deshalb unterscheidet Weber zum einen die beiden Formen antagonistisch und friedfertig und zum anderen den Grad der Offenheit und Direktheit der Auseinandersetzung. Bei den antagonistischen Formen reicht das Kontinuum von körperlichen und verbalen Angriffen über Angriffe (offene und direkte Auseinandersetzung) gegen Dritte oder Gewalt gegen Sachen (verschobene Auseinandersetzung) über Rachegedanken und Brüten (internalisierte Auseinandersetzung) bis hin zu Selbstaggression und Depression (Auseinandersetzung wird vermieden). Beispiele für friedfertige Ärgerreaktionen auf diesem Kontinuum sind: vom beherrschten Ausdruck oder einem klärenden Gespräch über Gespräche mit Dritten oder der Umleitung in produktive Arbeit bis hin zu Akzeptanz oder Verzeihen. Die Auseinandersetzung wird vermieden, wenn beispielsweise Ärger verdrängt, bagatellisiert oder mit Humor betrachtet wird.

Damit wird die Vielschichtigkeit angedeutet, mit der auf Ärger reagiert werden kann, die auch Mees betont: »Gefühle implizieren also nicht notwendigerweise bestimmte Handlungen, schließen andererseits aber gewisse Handlungen aus: ›aus Ärger‹ kann man u. U. ›kein Wort mehr sagen‹ oder ›schimpfen wie ein Rohrspatz‹ usw., aber man kann nicht ›aus Ärger lächeln‹ – zwar sollen die Japaner das sog. ›bittere Lächeln‹ kennen, aber dieses Lächeln geschieht dann trotz Ärger und nicht wegen ihm, auch kann man sich natürlich ›zusammenreißen‹ und trotz Ärger ›freundlich tun‹; aber dies ist dann eine Verstellung und bleibt ohne nähere Erläuterung paradox« (Mees, 1985, S. 15).

Der Erforschung der spezifischen Erlebensqualität von Ärger *(subjektive Komponente)* wird in der Emotionsforschung relativ wenig Aufmerksamkeit geschenkt.

Die intensiven und vielfältigen körperlich erlebbaren Veränderungen sind in den Studien von Shields (1984) und Rime, Philippot und Cisamolo (1990) dokumentiert: Schwitzen, heißes Gesicht, hohe Muskelspannung, Erhöhung der Atem- und Herzfrequenz, Magendrücken, Kloß im Hals, Blut im Kopf und Unruhe. Ärger wird allerdings nicht ausschließlich negativ erlebt, sondern es wurden auch positive Erfahrungen berichtet, die sich weniger auf die Erleichterung nach einer Ärgerepisode, sondern mehr auf das »genuine Vergnügen am Ärgerlichsein« (Weber, 1994, S. 41) beziehen. Zur Untersuchung der subjektiven Qualität von Emotionen im Allgemeinen und Ärger im Speziellen gibt es zwei methodische Zugänge. Zum einen die Differenzierung unterschiedlicher Gefühlsqualitäten anhand spezifischer Dimensionen: Hier erhält Ärger im Vergleich mit anderen Emotionen den höchsten Wert für Impulsivität, Selbstvertrauen und Extraversion. Hohe Werte werden auf den Dimensionen Aktiviertheit, Anspannung und Bedachtsamkeit verzeichnet, wobei Letzteres zunächst überrascht, weil ein hoher Grad an Bedachtsamkeit der hohen Impulsivität widerspricht. Allerdings kommt es auch vor, dass Ärgergefühlen ein gewisses Ausmaß an Kalkül inhärent ist. Zum anderen liegen Analysen alltagssprachlicher Beschreibungen von Emotionen vor, wie sie beispielsweise der Linguist Kövecses (1989) mit seinen Metaphernanalysen vorgelegt hat. Als zentrale Kategorien für Ärgermetaphern ergaben sich: Ärger als erhitzte Flüssigkeit in einem Behälter (»Dampf ablassen«), als Feuer (»der Ärger schwelte tagelang«), als Krankheit (»wie von Sinnen sein«) und als ein Gegner in einem Kampf (»von der Wut gepackt werden«).

Innerhalb der Emotionsforschung werden den kognitiven (Bewertungs-)Prozessen eine zentrale Bedeutung bei der Aktualgenese und Differenzierung von Emotionen zugeschrieben *(kognitive Komponente)*. Es lässt sich folgendes Grundmuster Ärger auslösender Bewertungsprozesse identifizieren: Etwas läuft den eigenen Bedürfnissen und Motiven zuwider. Für diesen Zustand wird (in der Regel) ein anderer Mensch, der mit seinem Verhalten gegen Standards und Normen verstößt, verantwortlich gemacht wird (Weber, 1994, S. 34). Damit qualifizieren die kognitiven Theorien Ärger zu einer exklusiv interpersonalen Emotion (Ausnahmen: Objektärger und Selbstärger), wodurch die theoretische Anschlussfähigkeit an Organisationstheorien erleichtert wird (siehe dazu den übernächsten Abschnitt). Zunächst sollen aber die kognitiven Prozesse, die zu Ärger führen, genauer betrachtet werden, weil sich damit Möglichkeiten der Modifikation und des konstruktiveren Umgangs mit Ärger ergeben. Den theoretischen Rahmen hierfür bietet die rational-emotive Verhaltenstherapie nach Ellis, die Ärger als Konstruktionsleistung des Individuums versteht.

Ärger als individuelle Konstruktion

Die rational-emotive Verhaltenstherapie (REVT, englisch: »rational emotive behavior therapy«, REBT) zählt zu den kognitiven Verhaltenstherapien (Ellis, 1997). Als Begründer gilt Albert Ellis (1913–2007), der diesen Therapieansatz in den 1950er und 1960er Jahren aufgrund seiner Unzufriedenheit mit der Wirksamkeit der Psychoanalyse entwickelt hat. Dabei baut Ellis auf dem Gedankengut auf, das vor knapp 2000 Jahren der neueren stoischen Lehre zuzuordnen war. Als Gewährsmann für die philosophische Grundlegung der REVT wird meist Epiktet (50–140 n. Chr.) angeführt. Aufgrund seines bekannten Zitats, dass es nicht die Dinge selbst sind, die die Menschen verwirren, sondern ihre Meinungen über die Dinge (aus seinem »Handbüchlein der Moral«, siehe Wöhrle, 2002, 145 ff.), kann Epiktet als ein früher konstruktivistischer Denker bezeichnet werden. Auch die REVT ist ein konstruktivistischer Ansatz, weil die grundlegenden Annahmen, welche unsere Wirklichkeitskonstruktionen bedingen, im Fokus stehen. Therapeutisch werden diese Annahmen dann relevant, wenn sie zu emotionalen Schieflagen führen. Es geht mithin in einem ersten Schritt um die Identifikation dieser Annahmen und in einem zweiten Schritt um deren Modifikation. Diese beiden Schritte erfolgen im ABCD-Modell, das auch die Struktur für Therapiegespräche darstellt.

Am Anfang steht eine Situation (A: »acting event«), die zum belastenden Gefühl führt. Dabei kann es sich um eine reale oder vorgestellte Situation handeln. In der Alltagswahrnehmung führt dieses A unmittelbar zu den Konsequenzen (C: »consequences«), die sich auf der Ebene des Verhaltens, der Selbstgespräche, des Körpers und der Gefühle manifestieren. An diesem Punkt gilt es, den Klienten dafür zu sensibilisieren, dass C nicht automatisch durch A ausgelöst wird. Der Klient erzeugt vielmehr die Konsequenzen durch bestimmte Meinungen über A, durch seine Annahmen (B: »belief systems«). Diese Annahmen können rational oder irrational sein, wobei die Bezeichnung irrational für unangemessen, unangebracht, unrealistisch, den empirischen Realitäten widersprechend, nicht zielführend, dysfunktional und selbstschädigend steht. In Therapie- und Beratungsgesprächen haben wir es meist mit irrationalen Annahmen zu tun, da rationale Annahmen zu keinem Leidensdruck führen. Es gibt eine Reihe von irrationalen Annahmen, die sich letztendlich auf eine irrationale Dreieinigkeit (Ellis u. Hoellen, 1997) zurückführen lassen. Dies sind Forderungen an

– sich selbst (z. B. »Ich muss perfekt sein!«),
– andere (z. B. »Wichtige Personen müssen mich immer fair und zuvorkommend behandeln!«) und an
– die Welt (z. B. »Die Bedingungen, unter denen ich lebe, müssen in jeder Hinsicht angenehm, sicher, sorgenfrei sowie leicht und schnell zu genießen sein!«).

Diese stark fordernde Komponente zeigt sich häufig in der Verwendung des Verbs *müssen*. Deshalb sprechen Ellis und Hoellen auch von »musturbationen«, weil sich Menschen häufig durch ein Muss verwirren. »Wenn Du grundlegenden ›irrationalen‹ und ›selbstschädigenden‹ Gedanken nachhängst – besonders der Forderung, dass Du unbedingt perfekt sein musst, andere Dich nett und zuvorkommend behandeln müssen und Du in jedem Fall das bekommen musst, was Du verlangst –, dann wirst Du aller Wahrscheinlichkeit nach neurotisch denken, empfinden und fühlen. Wenn Du allerdings diese gleichsam göttlichen Gebote in starke, aber nicht fordernde Wünsche umwandelst, dann wirst Du höchstwahrscheinlich weniger neurotisch denken, fühlen und handeln« (S. 16).

In den letzten Worten dieses Zitats ist in der Rangfolge der Begriffe die grundlegende Theorie der REVT enthalten: Unsere Gedanken bestimmen unsere Gefühle und schließlich auch unsere Handlungen. Erleben wir belastende Gefühle, die nicht zuträglich für die Erreichung unsere Ziele sind, dann tun wir gut daran, die Gedanken (oder die Gedanken hinter diesen Gedanken), die zu diesen Gefühlen führen, zu ändern. Diese Umwandlung der absoluten Forderung in Wünsche erfolgt am Ende der Disputation (D). Zunächst ist die Disputation aber darauf ausgerichtet, die Annahmen in Frage zu stellen. Dafür stehen mehrere Disputationsstile und -strategien zur Verfügung: Beispielsweise können die Annahmen durch Fragen in Frage gestellt werden (sokratischer Dialog). Oder es wird herausgearbeitet, dass die Annahmen unlogisch sind (logische Disputation), dass sie den empirischen Erfahrungswerten widersprechen (empirische Disputation) oder dass die Konsequenzen, die aus den Annahmen resultieren, nicht zielführend sind (pragmatische Disputation). Diese Strategien können in der Disputation auch kombiniert werden.

Disputiert werden neben den irrationalen Forderungen (siehe im Vorangegangenen) die – quasi quer dazu verlaufenden – Grundkategorien der irrationalen Annahmensysteme:

- *Absolute Forderungen*: Eigene Wünsche werden zu absoluten Notwendigkeiten.
- *Globale negative Selbst- und Fremdbewertungen:* »Ich bin ein Versager!«, »Ich bin ein wertloser Mensch!«
- *Katastrophendenken:* Negative Ereignisse entwickeln sich zur Katastrophe.
- *Niedrige Frustrationstoleranz:* Negative Ereignisse werden als »unerträglich, nicht auszuhalten« bewertet (Wilken, 2003, S. 19).

Das Zusammenspiel der irrationalen Annahmen und Gedanken verdeutlicht die kognitiven Prozesse, die zu Ärger führen.
- Wie *schrecklich*, dass du mich so unfair behandelt hast!
- Ich *ertrage es nicht*, dass du mich so schlecht und ungerecht behandelst!

- Du *darfst* dich mir gegenüber *nicht* so verhalten!
- Weil du dich mir gegenüber so unfair zeigst, bist du ein *schlechter Mensch* und solltest für dein Fehlverhalten bestraft werden.

Eine rationale, zielführendere Alternative wäre: Bestimmte Handlungen sind unangemessen und unsozial, und diejenigen, welche so handeln, benehmen sich dumm oder neurotisch, und man würde ihnen besser helfen, sich zu ändern.

Wie in der REVT die Klienten zu diesen rationaleren Einsichten hingeführt werden, zeigt der folgende kurze Dialog aus einem Therapiegespräch von Ellis, der für seine konfrontierende und zuweilen auch provozierende Art bekannt war:

> »Klient: Er sollte das nicht tun!
>
> Ellis: Wieso ist es dumm, sich das zu sagen?
>
> Klient: Aber er war im Unrecht!
>
> Ellis: Nehmen wir an, er war im Unrecht. Warum ist es dennoch unzulässig, daß Sie das sagen?
>
> Klient: Ich weiß nicht.
>
> Ellis: Weil Sie, verdammt noch mal, nicht die Welt regieren. Er hat ein Recht, im Unrecht zu sein; jeder Mensch hat das Recht dazu!« (Walen, DiGiuseppe u. Wessler, 1982, S. 138).

Nichts ist praktischer als eine gute Theorie! Dieser Satz von Kurt Lewin lässt sich hier auf die REVT anwenden, die sowohl theoretische Erklärungen für die Entstehung von Ärger als auch (darauf aufbauend) Methoden zur Modifikation von Ärger bereithält. Auch wenn der Interventionsstil zuweilen direktiver und edukativer ist, als dies in den meisten systemischen Ansätzen der Fall ist, zielt auch die REVT zuvörderst auf die Problemlösungskompetenz des Klienten ab, der in die Lage versetzt werden soll, das Modell im Rahmen einer rationalen Selbstanalyse oder über Bibliotherapie selbst anzuwenden. Vor überzogenen Veränderungserwartungen muss jedoch gewarnt werden: Die basalen Annahmen haben sich über Jahrzehnte verfestigt und es ist mit einer gewissen Veränderungsresistenz zu rechnen. Oder anders formuliert: Die ursprünglichen kognitiven und emotionalen Prozesse werden immer wieder auftreten. Eine in der REVT geübte Person kann mit diesen Prozessen aber konstruktiver umgehen, weil sie diese (in vielen Fällen) erkennen und verändern kann. Denn die REVT lehrt uns, dass wir nicht die Gedanken mit der Wirklichkeit gleichsetzen können, sondern uns immer wieder bewusst werden sollten, dass es nur unsere Gedanken sind – nicht mehr und nicht weniger.

Insbesondere bei Personen, die zum Perfektionismus neigen, besteht die Gefahr, dass REVT-basierte Coachinggespräche, die nicht unmittelbar den erwarteten Erfolg erzielen, in die Problemspirale integriert werden (»Das ist wieder einmal ein Beweis dafür, dass ich ein Versager bin. Nicht einmal die Coachinggespräche helfen mir!«). Neben diesen nichtintendierten Folgen des Handelns, mit denen bei jeglichen Interventionen gerechnet werden muss, weil Lösungsversuche prinzipiell zur Aufrechterhaltung des Problems beitragen können, lassen sich aber auch förderliche Effekte erwarten. Diese betreffen insbesondere die prekäre Grenze zwischen Individuum und Organisation, an der individuelle Bedürfnisse auf organisationale Erwartungen treffen. Prekär ist diese Grenze, weil die Erwartungen der Organisation nicht zwangsläufig den Bedürfnissen ihrer Mitglieder entsprechen.

Eine Möglichkeit, mit diesem Widerspruch umzugehen (und die Karrierechancen zu erhöhen), besteht in der Internalisierung der organisationalen Erwartungen. Gelingt dieser Prozess, haben die betrieblichen Sozialisationstechniken ihr Ziel erreicht – vorerst. Denn wird die Grenze des Individuums zur Organisation zu durchlässig, das heißt, überfordernde Ansprüche werden ungefiltert internalisiert, gerät die psychische Gesundheit in Gefahr. Die Folgen sind Stress, psychosomatische Beschwerden, psychische Störungen und Burnout (Bergknapp, 2009). Die Wahrscheinlichkeit dieser Phänomene könnte durch eine verstärkte Anwendung von REVT-basierten Beratungsangeboten reduziert werden. Mit anderen Worten: Die REVT könnte zum Schutz der Grenze des Individuums gegenüber der Organisation beitragen, weil damit die Wahrscheinlichkeit sinkt, dass organisationale Ereignisse und Erwartungen zu dysfunktionalen emotionalen Zuständen führen. Das hängt davon ab, ob es gelingt, durch kognitive Umstrukturierungen die den Wirklichkeitskonstruktionen zugrunde liegenden basalen Annahmen zu modifizieren.

Dies ist aber zum einen ein mühsamer und zuweilen langwieriger Prozess und zum anderen muss hier vor einer vereinseitigenden Perspektive gewarnt werden, weil die alleinige Konzentration auf Interventionsstrategien, die am Individuum ansetzen, diesem zu viel zumuten und die Organisation entlasten. Mehr noch: Die Strukturen werden stabilisiert, indem sie zum fixen Datum erklärt werden. Die variable Komponente ist das Individuum, das sich anpassen muss. Dieses personalisierende Beobachtungsmuster ist in Organisationen an der Tagesordnung und in der sozialpsychologischen Forschung gut belegt (Aronson, Wilson u. Akert, 2004). Allerdings sind weder Organisationsmitglieder asoziale Atome noch Emotionen rein private Angelegenheiten, so dass eine ganzheitliche Betrachtung die soziale und organisationale Dimension miteinbeziehen sollte. Ein theoretischer Versuch hierzu soll im Folgenden unternommen werden.

Ärger als organisationales Phänomen

Ein erster Schritt zur theoretischen Anbindung der Emotion Ärger an organisationstheoretische Konzeptionen liegt im Verlassen einer rein psychologischen Betrachtungsweise von Ärger. Denn abgesehen vom Ärger über sich selbst oder über Dinge (Objektärger) ist Ärger eine exklusiv interpersonale Emotion: Ego ärgert sich über Handlungen von Alter.[3] Eine Ärgertheorie, welche diese interpersonale Dimension berücksichtigt und einen trennscharfen Ärgerbegriff bietet, ist das Strukturmodell der Emotionen von Mees (1985, 1991, 1992). In diesem Modell spezifiziert sich die Familie der Ärgeremotionen dadurch, dass Ego unzufrieden ist mit einem unerwünschten Ereignis, das er auf das tadelnswerte Tun oder Lassen von Alter zurückführt (Mees, 1992, S. 30). Damit wird Ärger zu einem Interaktionsprozess, der – sofern man sich für Ärger in Organisationen interessiert – noch organisational gerahmt werden muss. Mit anderen Worten: Es gilt eine Theorie zu finden, welche die Dimensionen Interaktion und Organisation verbindet.

Strukturationstheorie

Mit der Strukturationstheorie von Giddens (1984; 1995) liegt ein solcher Theorieentwurf vor, der in den letzten Jahren des vergangenen Jahrhunderts maßgeblich den organisationstheoretischen Diskurs beeinflusst hat (z. B. Neuberger, 1995; Ortmann, 1995; Bouchikhi, Kilduff u. Whittington, 1995; Bryant u. Jary, 1996; Ortmann, Sydow u. Windeler, 1997; Hahne, 1997; Meyer u. Heimerl-Wagner, 2000; Rüegg-Stürm, 2001). Das zentrale Konzept der *Dualität der Struktur* lässt Handlung bzw. Interaktion und Struktur nicht als unvermittelbare Gegensätze erscheinen, sondern Struktur ist Medium und Ergebnis sozialen Handelns. Die Akteure reproduzieren in ihrem Handeln die Strukturen, die ihr Handeln ermöglichen und restringieren. Die rekursiven Schleifen der wechselseitigen Erzeugung von Interaktion und Struktur sind nach Giddens auf drei Dimensionen zu verorten.

Die Dimension der *Signifikation* betont den Aspekt, dass in Interaktionen fortlaufend Sinn produziert wird, wobei diese Sinnproduktion weder ins Belieben der einzelnen Akteure gestellt noch allein vom spezifischen Kontext und den soziokulturellen Deutungsmustern abhängig ist. In den theoretischen Blick gerät hier die Kultur einer Organisation, der auch normative Vorgaben inhärent sind. Diese Vor-

---

3   Im Folgenden steht für das Subjekt, das sich ärgert, die Bezeichnung *Ego*, und für das Subjekt, das durch eine Handlung den Ärger ausgelöst hat, *Alter*.

gaben bzw. Regeln werden auf der Legitimationsdimension reproduziert. Regeln und Normen sozialer System gibt es nur, weil sich die Akteure daran orientieren. Dies schließt auch die Verletzung von Normen ein, die allerdings weniger wahrscheinlich ist, weil negative Sanktionen drohen. Ob die Akteure den Regeln nun folgen oder nicht: Durch ihr Handeln stecken sie einen Handlungskorridor ab, dessen Grenzen legitimierte von nicht legitimierten Handlungen trennen. Diese Handlungskorridore sind nicht für alle Akteure identisch, weil auf der Interaktionsebene auch Herrschaftsstrukturen reproduziert werden. Handlungszusammenhänge zwischen Akteuren sind immer auch Machtverhältnisse, das heißt, die Akteure haben unterschiedliche Rückgriffsmöglichkeiten auf Machtmittel, die wiederum zur Bedingung des weiteren Handelns werden.

Aus einer strukturationstheoretischen Perspektive verlagert sich das Erkenntnisinteresse weg von den individuellen Erfahrungen des Akteurs bzw. gesellschaftlichen oder organisationalen Strukturen hin zur wechselseitigen Konstituierung der beiden Ebenen (Walgenbach, 1995, S. 763; Neuberger, 1995, S. 285 ff.). Strukturen existieren nicht außerhalb der Akteure, sondern nur in ihren Erinnerungsspuren und sozialen Praktiken. Dies bedeutet den Abschied von der Vorstellung, Strukturen bildeten das Skelett einer Organisation und sorgten für Stabilität als Normalzustand. Der theoretische Fokus verschiebt sich von den klassischen Wesensfragen, *was* Organisationen *sind*, hin zu Konstitutions- und Strukturationsfragen, *wie* Organisationen *werden*: Es geht um die Prozesse der Strukturentstehung, -stabilisierung und -destabilisierung (Schreyögg u. Koch, 1999, S. 17). Dieses Organisationsverständnis liegt den folgenden Ausführungen zugrunde.

Strukturationstheoretische Implikationen

Die grundlegende These ist: Da Emotionen auch soziale Ereignisse sind, werden Strukturen *auch* durch Emotionen reproduziert (vgl. Bergknapp 2002, S. 198 ff.). Vor dem Hintergrund dieser Theoriekonstruktion ergeben sich einige Hinsichten auf Ärgerinteraktionen, die einer rein psychologischen Perspektive (weitgehend) verwehrt bleiben. Diese sollen hier zusammenfassend skizziert werden, indem Ärger in einen theoretischen Bezug zu den drei Konzepten *Struktur, Regeln* und *Hierarchie* gesetzt wird (ausführlicher vgl. Bergknapp, 2002, S. 317 ff.).

Ärger und Struktur

Die enge Relation zwischen Ärger und organisationalen Strukturen leitet sich unmittelbar aus der Dualität der Struktur ab, da Ärger als Ereignis auf der Interaktionsebene in den rekursiven Prozess der Erzeugung von Strukturen durch Interaktionen eingebunden ist. Dies legt eine Prozessbetrachtung von Ärger nahe: Die Entstehung von Ärger auf der Interaktionsebene ist nicht mehr, aber auch nicht weniger als eine Interpunktion im kontinuierlichen Strom der rekursiven Produktion von Organisation.[4] Da Organisationsstrukturen durch ein komplexes und mitunter widersprüchliches Set von Regeln gekennzeichnet sind bzw. unterschiedliche Logiken (vgl. Ortmann, Sydow u. Windeler, 1997) zahlreiche Spannungsfelder erzeugen, kann davon gesprochen werden, dass Organisationen ärgeraffine Strukturen aufweisen.

Dies wird jedoch von den involvierten Akteuren meist nicht so gesehen. Schließlich ärgert Ego sich über das Verhalten von Alter und nicht über strukturelle Widersprüche. Personalisierende Attributionstendenzen sind in der sozialpsychologischen Forschung gut belegt (vgl. Aronson, Wilson u. Akert, 2004). Hinsichtlich der Relation von Ärger und Struktur bedeutet dies mithin, dass strukturelle Faktoren im Nebel der emotionalen Erregtheit verschwinden. Insofern wird in und durch Ärgerinteraktionen die Struktur geschützt, weil invisibilisiert. Praxeologisch kommt hier die systemische Prämisse ins Spiel, dass man sich bei interpersonalen Konflikten in Organisationen immer fragen sollte, welches organisationale Problem im Hintergrund virulent ist (Buchinger, 1997). Visibel werden Strukturen hingegen, wenn sie die Form von organisationalen Erwartungen an die Mitglieder annehmen, die aber nicht immer zu deren Bedürfnissen passen. Diese konfliktäre Gemengelage im prekären Grenzziehungsprozess zwischen Organisation und Individuum führt mitunter dazu, dass bei organisationalen Übergriffen (beispielsweise durch unrealistische Zielvorgaben) Ärger als Begleiterscheinung auftritt. Dieser Ärger kann durchaus zum Schutz der Grenze des Individuums gegenüber der Organisation beitragen. Und dies gelingt umso besser, je mehr der Einzelne konstruktiv mit seinem Ärger umzugehen gelernt hat. Dies führt uns wieder zur bereits diskutierten REVT zurück.

Ärger und Regeln

Mit dem Regelbegriff rücken Signifikations- und Legitimationsdimension in den theoretischen Blick, der nun auf einen Teilbereich der Struktur fokussiert ist. Die Zusammenhänge zwischen Ärger und Regeln sind vielfältig. Zunächst ist der Ärgerinteraktion eine Regelverletzung inhärent. Eine Regel, der man bislang mehr oder weniger bewusst gefolgt ist, tritt durch ihre Verletzung ins Bewusstsein der

---

4   Einen theoretischen Vorschlag zur Konzeption von Ärger als prozessuales Geschehen stellt das Ärger-Handlungs-Modell (ÄHM) dar (Bergknapp, 2002, S. 190 ff.).

beteiligten Akteure. Die Regel wird aktualisiert und Beobachter bekommen Informationen über handlungsleitende, aber nicht notwendigerweise explizit kommunizierte Regeln des sozialen Systems. So tun beispielsweise Berater, die mit der Analyse der Organisationskultur beschäftigt sind, gut daran, sich Ärgergeschichten von den Mitgliedern erzählen zu lassen, weil sich daraus die impliziten Regeln und auch deren Widersprüche erschließen lassen. Die Aktualisierung der Regel in der Ärgerinteraktion bringt die Regel aber auch ins Bewusstsein der involvierten Akteure und ist somit die Voraussetzung für einen Aushandlungsprozess: Die Regel kann dadurch stabilisiert, modifiziert oder gar abgeschafft werden, wobei Letzteres eher unwahrscheinlich ist, da in sozialen Systemen mit einer gewissen Beständigkeit von etablierten Regeln gerechnet werden muss. Zu dieser Beständigkeit kann Ärger beitragen, da die Adressaten von ärgerbasierten Kommunikationen und/oder Handlungen (d. h. die Verursacher) diese Ärgerfolgen in den meisten Fällen als unangenehm erleben. Somit kann davon gesprochen werden, dass Ärger ein Sanktionsmedium darstellt, das die Wahrscheinlichkeit der Einhaltung von Regeln erhöht. Dabei muss es nicht zwangläufig zur Entstehung von Ärger kommen, sondern schon leichte Anzeichen von Ärger beim anderen können für Alter »als eine Art Warnsignal dienen, als indirekte Kommunikation, die nicht beantwortet werden muss, aber darauf hinweist, dass die Kommunikation sich an der Grenze von Konsens und Dissens bewegt. Das kann die Kommunikation zur Selbstkontrolle anregen« (Luhmann, 2000, S. 94). In der Emotionspsychologie wird Ärger deshalb häufig eine »informelle Polizeifunktion« zugesprochen (Weber, 1994). Wie für die Polizei, so gelten auch für Ärger spezifische Regeln. Die in der Gesellschaft geltenden Ausdrucks- und Gefühlsregeln sind meist organisationskulturspezifisch geprägt. Erleben und Ausdruck von Ärger sind nicht gänzlich ins Belieben des Einzelnen gestellt, sondern es ist auch organisational geregelt, wer sich in welchen Situationen wie ärgert. Dies differiert interorganisational, aber auch intraorganisational, weil für unterschiedliche Positionen im hierarchischen Gefüge unterschiedliche Gefühls- und Ausdrucksregeln gelten (können).

Ärger und Hierarchie

Führungskräfte sind in einer besonderen Position: Als kontrollierte und zugleich kontrollierende Akteure ist ihr Ärger in manchen Situationen legitimiert bzw. wird er sogar organisational erwartet. Besonders ärgerförderlich sind ein hoher Internalisierungsgrad organisationaler Normen und eine starke Abhängigkeit von den Leistungen der Mitarbeiter. Wenn sich eine *gute* Führungskraft über Verstöße gegen organisationale Regeln ärgert, werden in diesem Ärger organisationale Erwartungen transformiert. In diesen Fällen wird besonders deutlich, dass

Ärger in Organisationen seine *private Unschuld* verliert. Denn Ego ärgert sich im Dienste der Organisation und wird damit zu einer »emotionsbasierten, organisational kontrollierten und kontrollierenden Instanz« (Bergknapp, 2002, S. 377).

Auch wenn sich in der empirischen Ärgerforschung eine gewisse Ähnlichkeit zwischen Macht- und Ärgermotiven zeigt (z. B. Demonstration der eigenen Autorität und Unabhängigkeit; Dinge zu seinem eigenen Vorteil wenden; andere dazu verpflichten, etwas für einen zu tun) (Averill, 1980, S. 180) ist die Antwort auf die Frage, ob sich ein Ärgerausbruch als probates Machtmittel eignet, situations- und kontextabhängig. Relevant ist zunächst das Ausmaß des Machtunterschieds der Akteure. So dürfte der Ärgerausdruck eines Bereichsleiters mehr Eindruck machen als der des kürzlich ernannten Teamleiters. Des Weiteren hängt es von spezifischen Regeln der Organisationskultur ab, ob der Wutausbruch als Demonstration von Stärke, Entschlossenheit und Durchsetzungsfähigkeit oder vielmehr als Zeichen von Schwäche, emotionaler Instabilität und Kontrollverlust interpretiert wird. Auch die Häufigkeit und der Anlass des jeweiligen Ärgers bestimmen dessen Wirkung. Ein Vorgesetzter, der sich ständig bei jeder Kleinigkeit aufregt, läuft Gefahr, als Choleriker abgestempelt und nicht mehr ernst genommen zu werden. Dies könnten wiederum die Untergebenen ausnutzen, um ihren Chef zu provozieren und dessen unbeherrschten Ärger zum Ausbau der eigenen Macht nutzen. Es kann festgehalten werden, dass Ärger als Machtmittel für Führungskräfte fungieren kann oder auch nicht.

Die Relevanz von Hierarchie für Ärger beschränkt sich aber nicht auf die Führungskräfte und ihren Umgang mit Ärger. Folgt man der These von Burawoy (1979), dann kanalisieren hierarchische Strukturen vertikalen Druck horizontal und – so ist der These hinzuzufügen – erzeugen Ärger. In einer Ärgerinteraktion zwischen Führungskraft und Mitarbeiter gelten aufgrund des Machtunterschieds zumeist unterschiedliche Regeln für die Akteure. Während sich die Führungskraft ärgerspezifisch mehr erlauben kann, muss sich der Mitarbeiter gut überlegen, ob und auf welche Weise er seinen Ärger artikuliert. Dies bedeutet aber nicht, dass Mitarbeiter weniger Ärger erleben. Denn die Institution *Vorgesetzter* bedeutet für die *Unterstellten* immer auch eine Zumutung. Sie werden beobachtet, beurteilt, kontrolliert und unter Umständen auch schikaniert. Da aber der Ärgerausdruck gegenüber dem Vorgesetzten durch die spezifischen Ausdrucksregeln erschwert ist, finden Ärger und Aggression häufig in der Interaktion unter formal Gleichgestellten ihr Ventil. Auch hier kann die eigentliche Ursache des Konflikts von den Akteuren meist nicht gesehen werden. Auch in diesem Sinne leistet Ärger Strukturschutz bzw. präziser: Ärger schützt die hierarchische Struktur.

Während sich die bisherigen Überlegungen zur Hierarchie primär mit dem Ausdruck von Ärger beschäftigt haben, lassen sich auch Implikationen für das

Ärgererleben ableiten. So können hierarchische Verhältnisse die Frustrationstoleranz erhöhen: »Herrschaftsverhältnisse [...] asymmetrisieren die Kommunikation von Entscheidungen, und man gewöhnt sich an sie, weil ein zu spät angemeldeter Widerstand mit Überraschungen aufgenommen werden und unvorteilhafte Konflikte auslösen würde« (Luhmann, 2000, S. 67). Verhaltensweisen (des Vorgesetzten), die im privaten Alltag Ärger auslösen würden, bleiben im organisationalen Kontext womöglich unterhalb der Bewusstseinsschwelle, weil sich Ego an die Zumutungen gewöhnt hat. Dies bedeutet aber nicht, dass die Ärger generierenden Ereignisse psychisch und interpersonal irrelevant sind, weil intrapsychische Bewältigungsmechanismen (Verdrängung, Verleugnung, Verschiebung, Rationalisierung) dafür sorgen (können), dass der unterdrückte Ärger an anderer Stelle seine Wirkung entfaltet. So ist mit gelegentlichen *emotionalen Querschlägern* zu rechnen, die sich in unberechenbaren und extremen Verhaltensweisen zeigen (Kirchner, 1996, S. 28). Oder aber die private Umwelt wird mit dem *Emotionsmüll* belastet, der in der Organisation nicht *entsorgt* werden kann.

Fazit

Die beiden skizzierten theoretischen Perspektiven auf Ärger in Organisationen können in die große Familie der systemischen Ansätze eingeordnet werden, weil sie jeweils eine zentrale Komponente eines kleinsten gemeinsamen Nenners (sofern es diesen überhaupt gibt) der unterschiedlichen Schulen betonen. Der Epistemologie des Konstruktivismus wird in der REVT Rechnung getragen. Der Veränderungsfokus ist dabei auf die Annahmen, die den Wirklichkeitskonstruktionen zugrunde liegen, gerichtet. Gelingt die Veränderung der Annahmen, die zu Ärger führen, dann ist generell ein zielführenderer Umgang mit Ärger auslösenden Situationen zu erwarten. Dies ist die eine Seite. Die andere Seite ist, dass vom Individuum nicht zu viel erwartet werden sollte. Mit anderen Worten: Es ist vereinseitigend, wenn Mitarbeiter als flexible Anpassungsmasse, die Organisationen dagegen als fixes Datum betrachtet werden. Eine ganzheitliche Perspektive, welche die personalisierenden Wahrnehmungstendenzen zu überwinden sucht und das ganze System in den Blick nimmt, ist eine weitere Säule, welche die systemischen Ansätze trägt. Eine Theorie-Kandidatin, welche dem subjektiven Paradigma der Organisationstheorien zuzuordnen ist und damit dem systemischen Grundverständnis nahe steht, stellt die Strukturationstheorie dar. Zusammengenommen liegen somit zwei theoretische Perspektiven vor, die einen differenzierten und zugleich ganzheitlichen Zugang zum Phänomen Ärger in Organisationen eröffnen. Dieser Theoriezugang ermöglicht somit, dass die Einheit der Differenz von Individuum und Organisation eine Konstante im Beobachtungsmodus des Beraters wird. Im optimalen Fall übernehmen die Klienten (Organisationsmitglieder) diese Form der Beobachtung und erhöhen die Wahrscheinlichkeit, dass sie nicht in die Falle einer vorschnellen Personalisierung tappen und zugleich die eigenen Muster der Wirklichkeitskonstruktion erkennen und verändern können.

Literatur

Aronson, E., Wilson, T., Akert, R. M. (2004). Sozialpsychologie. München: Pearson.

Averill, J. R. (1980). A constructivist view of emotion. In R. Plutchik, H. Kellerman (Eds.), Emotion: Theory, research, and experience, Vol. 1. New York: Academic Press.

Bergknapp, A. (2002). Ärger in Organisationen. Eine systemische Strukturanalyse. Opladen: Westdeutscher Verlag.

Bergknapp, A. (2003). Ärgerberatung in Organisationen – systemische und strukturationstheoretische Implikationen. Gruppendynamik und Organisationsberatung, 34 (3), 247–259.

Bergknapp, A. (2009). Systemische und organisationstheoretische Perspektiven. Themenheft Burnout. Psychotherapie im Dialog, 10 (3), 240–244.

Bischof, N. (1989). Emotionale Verwirrungen. Oder: Von den Schwierigkeiten im Umgang mit der Biologie. Psychologische Rundschau, 40 (4), 188–205.

Bouchikhi, H., Kilduff, M., Whittington, R. (Eds.) (1995). Action, structure, and organizations. Proceedings of a workshop. Paris: Essec-IMD.

Bryant, C. G., Jary, G. (Eds.) (1996). Anthony Giddens: Critical assessments. London: Routledge.

Buchinger, K. (1997). Supervision in Organisationen. Den Wandel begleiten. Heidelberg: Carl-Auer Verlag.

Burawoy, M. (1979). Manufacturing consent. Changes in the labor process under monopoly capitalism. Chicago: University of Chicago Press.

Ekman, P. (2010). Gefühle lesen. Wie Sie Emotionen erkennen und richtig interpretieren (2. Aufl.). Heidelberg: Spektrum.

Ellis, A., Hoellen, B. (1997). Die Rational-Emotive Verhaltenstherapie – Reflexionen und Neubestimmungen. München: Pfeiffer.

Ellis, A. (1997). Grundlagen und Methoden der Rational-Emotiven Verhaltenstherapie. München: Pfeiffer.

Fineman, S. (Ed.) (2000). Emotion in organizations (2nd ed.). London: Sage.

Fuchs, P. (2004). Der Sinn der Beobachtung. Begriffliche Unterscheidungen. Göttingen: Velbrück Wissenschaft.

Giddens, A. (1984). Interpretative Soziologie. Eine kritische Einführung. Frankfurt a. M.: Campus.

Giddens, A. (1995). Die Konstitution der Gesellschaft. Grundzüge einer Theorie der Strukturierung (2., durchges. Aufl.). Frankfurt a. M.: Campus.

Hahne, A. (1997). Kommunikation in der Organisation. Grundlagen und Analyse, ein kritischer Überblick. Opladen: Westdeutscher Verlag.

Henry, J. P. (1986). Neuroendocrine patterns of emotional response. In R. Plutchik, H. Kellermann (Eds.), Emotion. Theory, research, and experience, Vol. 3 (pp. 37–60). Orlando: Academic Press.

Hochschild, A. R. (1990). Das gekaufte Herz. Die Kommerzialisierung der Gefühle. Frankfurt a. M.: Campus.

James, W. (1884). What is an emotion? Mind, 9 (34), 188–205.

Kirchner, B. (1996). Fühlen und Führen. Der Manager zwischen Herz und Verstand. Wiesbaden: Gabler.

Kövecses, Z. (1989). Emotion concepts. New York u. Heidelberg: Springer.

Luhmann, N. (2000). Organisation und Entscheidung. Wiesbaden: Westdeutscher Verlag.

March, J. G., Simon, H. A. (1958). Organizations. New York: Wiley.

Mees, U. (1985). Was meinen wir, wenn wir von Gefühlen reden? Zur psychologischen Textur von Emotionswörtern. Sprache & Kognition, 4 (1), 2–20.

Mees, U. (1991). Die Struktur der Emotion. Göttingen: Hogrefe.

Mees, U. (Hrsg.) (1992). Psychologie des Ärgers. Göttingen: Hogrefe.

Meyer, M., Heimerl-Wagner, P. (2000). Organisationale Veränderung: Transformationsreife und Umweltdruck. Die Betriebswirtschaft, 60 (2), 167–181.

Müller, M. M. (1993). Machen negative Emotionen krank? Psychophysiologische Determinanten von Ärger und Ärgerverarbeitung und deren Einfluss auf die Entstehung von essentieller Hypertonie. In M. M. Müller (Hrsg.), Psychophysiologische Risikofaktoren bei Herz-/Kreislauferkrankungen. Grundlagen und Therapie (S. 13–36). Göttingen: Hogrefe.

Neuberger, O. (1995). Mikropolitik. Der alltägliche Ausbau und Einsatz von Macht in Organisationen. Stuttgart: Enke.

Neuberger, O. (2002). Führen und führen lassen. München: Lucius & Lucius.

Ortmann, G. (1995). Formen der Produktion. Organisation und Rekursivität. Opladen: Westdeutscher Verlag.

Ortmann, G., Sydow, K., Windeler, A. (1997). Organisation als reflexive Strukturation. In G. Ortmann, J. Sydow, K. Türk (Hrsg.), Theorien der Organisation. Die Rückkehr der Gesellschaft (S. 312–354). Opladen: Westdeutscher Verlag.

Petzold, H. (1995). Das schulenübergreifende Emotionskonzept der ›Integrativen Therapie‹ und seine Bedeutung für die Praxis ›emotionaler Differenzierungsarbeit‹. In H. Petzold (Hrsg.), Die Wiederentdeckung des Gefühls. Emotionen in der Psychotherapie und der menschlichen Entwicklung (S. 191–269). Paderborn: Junfermann.

Plutchik, R. (1994). The Psychology and Biology of Emotion. New York: Harper Collins.

Rastetter, D. (2008). Zum Lächeln verpflichtet: Emotionsarbeit im Dienstleistungsbereich. Wien: Campus.

Renolder, C., Scala, E., Rabenstein, R. (2007). Einfach systemisch! Systemische Grundlagen & Methoden für Ihre pädagogische Arbeit. Münster: Ökotopia.

Rime, B., Philoppot, P., Cisamolo, D. (1990). Social schemata of peripheral changes in Emotion. Journal of Personality and Social Psychology, 59, 38–49.

Rüegg-Stürm, J. (2001). Organisation und organisationaler Wandel. Eine theoretische Erkundung aus konstruktivistischer Sicht. Wiesbaden: Westdeutscher Verlag.

Scherer, K. R., Wallbott, H. G. (1990). Ausdruck von Emotionen. In K. R. Scherer (Hrsg.), Psychologie der Emotion. Enzyklopädie der Psychologie C, IV, Bd. 3 (S. 345–422). Göttingen: Hogrefe.

Schreyögg, G., Koch, J. (1999). Organisation und Postmoderne – eine Einführung. In G. Schreyögg (Hrsg.), Organisation und Postmoderne. Grundfragen – Analysen – Perspektiven (S. 1–28). Wiesbaden: Gabler.

Shields, S. A. (1984). Reports of bodily change in anxiety, sadness and anger. Motivation and Emotion, 8, 1–21.

Vester, H.-G. (1991). Emotion, Gesellschaft und Kultur: Grundzüge einer soziologischen Theorie der Emotionen. Opladen: Westdeutscher Verlag.

Walgenbach, P. (1995). Die Theorie der Strukturierung. Die Betriebswirtschaft, 55 (6), 761–782.

Walen, S., DiGiuseppe, R., Wessler, R. (1982). RET-Training. München: Pfeiffer.

Weber, H. (1994). Ärger: Psychologie einer alltäglichen Emotion. Weinheim u. a.: Juventa.

Willke, H. (1997). Systemtheoretische Grundlagen des therapeutischen Eingriffs. In L. Reiter, E. J. Brunner, S. Reiter-Theil (Hrsg.), Von der Familientherapie zur systemischen Perspektive (2., vollständig überarbeitete Aufl., S. 67–80). Berlin: Springer.

Willke, H. (2004). Von einigen Tücken des Brückenbauens: Zur Relation Person – Organisation in der systemischen Beratung. In Triangel-Institut (Hrsg.), Brücken und Tücken psychoanalytisch-systemischer Beratung (S. 48–73). Berlin: Leutner.

Wilken, B. (2003). Methode der Kognitiven Umstrukturierung. Stuttgart: Kohlhammer.

Wöhrle, G. (2002). Epiktet für Anfänger. München: Deutscher Taschenbuch Verlag.

Mirko Zwack, Audris Muraitis und Jochen Schweitzer

Der Kontext der (Nicht-)Wertschätzung[1]

Zu einer praktischen Theorie der Wertschätzung in Organisationen

Wertschätzung – mehr davon!

Wenn Wertschätzung in Organisationen zum Thema wird, dann meist, weil sie zu lange kein Thema war. Als »Nichtwertschätzung« taucht sie im organisationalen Diskurs auf und beschreibt, soweit ist man sich schnell einig, einen Zustand der *nicht in Ordnung* ist. Dabei ist diese Beschreibung dessen, was nicht in Ordnung ist, in ihrer Wirkung wieder unmittelbar *ordnend*. Sie fokussiert psychische wie kommunikative Selbstbeobachtungen und nimmt so Einfluss auf das Handeln und Entscheiden innerhalb der Organisation. Dieser Artikel sensibilisiert für diese ordnende Wirkung dessen, was nicht in Ordnung ist.

Ein Blick in die Presse genügt, um festzustellen: Wertschätzung ist ein Phänomen, von dem die Welt nicht genug bekommt. Allem und jedem mangelt es daran: »Mehr Wertschätzung für Lebensmittel« forderte die Bundesministerin Ilse Aigner (Bundesministerium für Ernährung, Landwirtschaft und Verbraucherschutz), »mehr Wertschätzung für Fleisch« etwas spezifischer Interessenvertreter auf einem Portal für »Schweinezucht und Schweinemast« (SUS). »Mehr Wertschätzung für Mütter und Väter!« fordert eine Kooperative aus dem Väter-Experten-Netz Deutschland (VEND) und dem Verband berufstätiger Mütter (VBM), »mehr Wertschätzung für Pfleger« eine SPD-Politikerin, »mehr Wertschätzung für Lehrer« ein ehemaliger Bundespräsident und »mehr Wertschätzung und kostenloses Telefonieren« fordert ein Mitglied des Bundestages für deutsche Soldaten in Afghanistan. Alle diese Forderungen (Zeitpunkt der Google-Recherche 01.03.2012) erscheinen uns vertraut, zumindest überraschen sie nicht. Irgendwie sind alle plausibel und so liegt demjenigen, den sie erreichen, rasch ein »Ja, genau!« auf der Zunge. Denn Wertschätzung bedeutet auch »Wertschöpfung«. Ihre positiven Effekte sind bekannt. So legen es Studien nahe (vgl. z. B. Schuster, 2010; Zapf, 2002) und so wird es seit Jahren von Organisationsberatern humanistischer Prägung vermittelt.

---

1   Dieser Artikel ist bereits unter dem gleichen Titel leicht verändert in der Zeitschrift KONTEXT, Heft 2/2012 (S. 115–131), erschienen.

Wertschätzung scheint etwas zu sein, das alle wollen und von dessen Nutzen alle überzeugt sind. Und dennoch bleiben alle Beteiligten unterversorgt. Systemiker fordert dieser Tatbestand dazu heraus, den jeweiligen *Kontext,* in dem die Wertschätzungsforderung geäußert wird, genauer unter die Lupe zu nehmen. Bei derart »chronifizierten« Problemen liegt die Frage nach ihrem *Nutzen* nahe. Diese Fragen ermöglichen andere Unterscheidungen und damit ein differenzierteres Begriffsverständnis. Eine Landkarte, die praktische Konsequenzen hat – für Beratung und Management von Organisationen und ihren Mitgliedern und vielleicht noch darüber hinaus.

Zunächst erkunden wir, was unter Wertschätzung überhaupt verstanden werden kann. Dazu stellen wir in erweiterter Form ein bereits eingeführtes Modell der Wertschätzung vor (vgl. Zwack, Muraitis u. Schweitzer, 2011). Die daraus abgeleitete Arbeitsdefinition bildet die Grundlage für die anschließenden Kontextuntersuchungen. Im Anschluss werden verschiedene Aspekte des organisationalen Kontexts unter die Lupe genommen und abschließend Schlussfolgerungen für die (organisationale) Praxis angeboten.

Wertschätzung – was ist das eigentlich?

Fragt man Menschen, die in Organisationen arbeiten, woran sie merken würden, dass sie wertgeschätzt werden,[2] erhält man unterschiedliche Antworten. Sie reichen von einer kleinen Aufmerksamkeit, wie zum Beispiel einem freundlichen Gruß oder der aufgehaltenen Tür, bis hin zu größeren Gesten wie einem Firmenwagen, Erster-Klasse-Fahrten oder auch eigenen Büros. Manche fordern ihre »eigene Mikrowelle auf dem Stockwerk«, andere »weniger Lärm«. Einige möchten, dass ihre Leistung »endlich mal gesehen wird« und andere wollen, dass sie »einfach mal in Ruhe gelassen werden«. Es verfestigt sich der Eindruck, Wertschätzung ist vor allem eines: je nach dem, wen man fragt, immer etwas anderes.

---

2   Im Rahmen des von der VW-Stiftung geförderten Forschungsprojekts »Demografie und Organisationskultur« haben wir das in zwei Großbetrieben getan. Es wurden insgesamt 36 Gruppendiskussionen durchgeführt. Im Zentrum stand dabei die Frage, wie die Betriebe den antizipierten oder faktischen Herausforderungen der demografischen Entwicklung begegnen können. Aufbauend auf knapp 60 Führungskräfteinterviews wurden Themenschwerpunkte für Gruppendiskussionen gebildet, von denen einer Wertschätzung war. Sieben Gruppen widmeten sich explizit Wertschätzungsfragen. Darüber hinaus flossen auch Ergebnisse anderer Diskussionen in die Auswertung ein, da ein »Mehr an Wertschätzung« – auch wenn nicht explizit als Thema vorgegeben – häufig als Lösungsansatz in anderen Themenfeldern genannt wurde. Die Gruppen wurden sowohl hierarchie- und professionsübergreifend als auch getrennt voneinander befragt.

Ein von uns entwickeltes Stufenmodell bringt Ordnung ins »Kuddelmuddel« (vgl. auch Zwack et al., 2011).

Das Stufenmodell der Wertschätzung

Auf der untersten Stufe des Modells geht es »Wertschätzungsempfängern« darum, dass ihre eigene *Anwesenheit wahrgenommen* wird. (Nicht) wertgeschätzt fühlt sich, auf wen in seiner/ihrer Präsenz (keine) Rücksicht genommen wird. (Nicht-)Wertschätzung erkennen Betroffene daran, dass man ihnen (nicht) die Tür aufgehalten oder ihnen (k)einen Schluck Kaffee in der Kanne gelassen hat. Dies mögen Kleinigkeiten sein, sie signalisieren jedoch, dass mit mir als Anwesendem gerechnet wird. Jeder, der in einem Meeting schon einmal keines Blicks gewürdigt wurde, weiß, wovon hier die Rede ist und wie gewichtig im psychischen Erleben diese »Kleinigkeiten« sind. Die Tatsache, dass es sich dabei um Kleinigkeiten handelt, mag bereits ein Grund dafür sein, warum Wertschätzung landauf, landab vermisst wird. In der konkreten Situation gibt es oft tausend gute Gründe, das hohe Maß an Aufmerksamkeit, das die kleinen Dinge erfordern, nicht aufzubringen.

Und so haben die kleinsten Gesten der Wertschätzung in der konkreten Situation oft das Nachsehen. Verstärkt wird dies dadurch, dass der Einzelne es sich selbst oft verwehrt, diese kleinen Gesten einzufordern. Man will nicht wie jemand dastehen, der aus der berühmten Mücke den nicht minder bekannten Elefanten macht. Was in der einzelnen Situation leicht übersehen wird, ist jedoch schwer kontinuierlich »auf dem Schirm« zu halten, und deshalb ist der Weg zur Wertschätzung lang und schwer. Nicht *obwohl*, sondern *weil* die kleinste Geste schwerfällt, bevor sie leicht und selbstverständlich geworden ist.

Was wir hier auf der ersten Stufe über die Anwesenheit gefasst haben, ähnelt den Ausführungen des amerikanischen Moralphilosophen Darwall (1977) über das, was er »recognition respect« nennt. Diesen definiert er als *angemessene Berücksichtigung* eines bestimmten *Faktums*.[3] Es geht dabei darum, etwas zu berücksichtigen, und das heißt, es als Einschränkung des eigenen Handlungsraumes anzunehmen (»Ich pople nicht in der Nase – bzw. nur hinter dem Monitor, wenn meine Kollegin mir gegenüber sitzt.«).[4] Ebenso sehr wie es um die kleinen Gesten geht, geht es auf dieser Stufe wie auf jeder anderen auch um eine Disziplin-Leistung. Wertschätzung basiert auf zwei Bewegungen: der der *Geste:* »Ich tue etwas, und damit

---

3   Recognition respect »is a disposition to weigh appropriately some feature or fact in one's deliberations. Strictly speaking the object of recognition respect is a fact« (Darwall, 1977, S. 39).

4   »To have recognition respect for something is to regard that fact as itself placing restrictions on what it is permissible for one to do« (Darwall, 1977, S. 40).

schätze ich dich wert«, und der *Zurückhaltung:* »Ich wertschätze dich, in dem ich auf bestimmte Handlungsoptionen in deiner Gegenwart verzichte«.

Auf der nächsten Stufe geht es »Wertschätzungsempfängern« darum, in ihrer *Funktion* für die Organisation und in ihrer *professionellen Identität* wahrgenommen zu werden. Wertschätzung meint hier *Wert* schätzen (vgl. Seliger, 2008). Es geht um die Formulierung von Lob wie Kritik als Zeichen, dass das Getane einen Wert für die Organisation hat (Lob) oder zumindest einen höheren Wert haben könnte (Kritik). Wer Wertschätzung als Forderung nach einem »warmen Regen« abtut, liegt fehl. Vielmehr geht es um die Bestätigung der gegenwärtigen und Sicherung der zukünftigen Funktionsfähigkeit des Einzelnen für sein Kollektiv. Und so wundert es nicht, wenn sich jene nicht wertgeschätzt fühlen, die sich aufgrund von Zusatzaufgaben (Klassiker: Dokumentation) nicht mehr in der Lage fühlen, ihrer primären Aufgabe (Therapieren, Forschen, Planen, Zeichnen, Konzeptentwicklung etc.) nachzugehen.

Neben den als professionsfern empfundenen »Zusatzlasten« ist ein weiterer Grund für Wertschätzungsmangelgefühle oft, dass derjenige, der »einfach nur seinen Job macht«, im Alltag am schnellsten vergessen wird. Auffallen tut nur der, der von den an ihn gerichteten Erwartungen abweicht. Lowperformer schwitzen und Highperformer wärmen sich in der Aufmerksamkeit ihrer Chefs. Doch wer einfach nur tut, wofür er da ist, überrascht nicht und gerät damit schnell in Vergessenheit. Dahinter steht meist kein böser Wille, sondern eine Gesetzmäßigkeit, nach der unsere Aufmerksamkeit organisiert ist. Dem »Gesetz der Bewusstwerdung« zufolge (Claparède, 1919) wird uns Selbstverständliches erst gewahr, wenn es seine Funktion verliert. Mitarbeitern, die die an sie gestellten Anforderungen »einfach nur« erfüllen, gebührt daher ein Lob, das naturgemäß selten ausgesprochen wird.

Auf der dritten und letzten Stufe geht es darum, den Mitarbeiter *in seiner Person anzusprechen.* Niemand in einer Organisation möchte *nur* die Tür aufgehalten bekommen und, so schön es ist, *nützlich zu sein – niemand möchte mit seinem Nutzen verwechselt werden.* Im Zentrum steht hier der *persönliche Stil,* der berücksichtigt werden will. Jeder kommt als Mensch und wünscht sich, die Arbeit zumindest ein Stück weit nach der eigenen Façon angehen zu können. Haben derartige stilistische Differenzen keinen Raum, fühlt sich der Betroffene verkannt, auch wenn er mit den Zielen der Organisation weiterhin identifiziert ist.

Darüber hinaus verweist diese Stufe auf *kritische Lebensereignisse,* die außerhalb der Arbeit liegen (beispielsweise Hochzeiten und Geburten, Pflege- und Todesfälle) und dennoch berücksichtigt, zumindest wahrgenommen werden wollen. Eine weitere Dimension persönlicher Wertschätzung können wir wieder mit Rückgriff auf Darwall (1977) hinzufügen. Er stellt »recognition respect« »appraisal respect« gegenüber. Damit definiert er den Teil der Wertschätzung, der sich auf Charaktereigenschaften des Wertgeschätzten bezieht. Diese sollten von Dauer sein (logisch) und ein Zutun des Wertschätzungsempfängers enthalten (ebenfalls). Die Körpergröße kann allenfalls im Sinne von »recognition respect« berücksichtigt werden (z. B. durch einen entsprechenden Bürostuhl), Wertschätzung im Sinne von »appraisal respect« kann dafür nicht ausgesprochen werden: »just as one cannot respect an ant for its ability to carry comparatively large objects long distances to the anthill« (Darwall, 1977, S. 42).

Wie viel ich abgenommen habe, oder der eiserne Wille, der mir dazu verholfen hat, kann hingegen wertschätzend aufgegriffen werden. Zur persönlichen Wertschätzung eignen sich Darwall zufolge besonders Dinge, in denen wir als »moral agents« zu Tage treten. Dabei zielt er auf »dispositions to act for certain reasons, also auf Handlungen und die für diese Handlungen grundlegenden Überzeugungen« (Darwall, 1977, S. 43). Hier kommen alle Tugenden wie Ehrlichkeit, Eifer, Fairness usw. in Frage. Hinzu kommt »higher-level disposition« im Sinne der Selbstverwirklichung. Ein Beispiel für die Arbeitswelt wäre wohl die Lernbereitschaft des jeweiligen Mitarbeiters (siehe Abbildung 1).

Abbildung 1: Das Stufenmodell der Wertschätzung

Wertschätzung offenbart sich im organisationalen Alltag auf drei Ebenen. Von der bloßen Wahrnehmung der Anwesenheit über die Berücksichtigung der Funktion hin zu persönlichen Charaktereigenschaften des Organisationsmitglieds. Dabei äußert sich Wertschätzung sowohl *als Geste* als auch *als Zurückhaltung*. Entgegen geläufigeren Stufenmodellen postuliert unseres nicht, dass zum Erreichen einer »höheren« Stufe vorhergehende Stufen gemeistert werden müssen. Vielmehr drücken die Stufen die Wertigkeit aus, die ihnen von den Befragten großteils zugesprochen werden. Es ist also sehr wohl möglich, die höchste Stufe zu erlangen, ohne eine der unteren zu berücksichtigen.

Auf Dauer wird eine einseitige Strategie jedoch mit an Sicherheit grenzender Wahrscheinlichkeit als Nichtwertschätzung verstanden. Denn wer sich nur ihrer

Anwesenheit erfreut, verwechselt Mitarbeiter mit Topfpflanzen (»Es ist einfach schön, Sie hier zu haben.«), wer sich nur *ihrer* Funktionserfüllung erfreut, degradiert sie zum Betriebsmittel (»Das flutschte früher besser bei Ihnen, Schmidt!«), und wer nur auf persönliche Vorzüge achtet, muss sich den Vorwurf gefallen lassen, er hätte intimere Interessen (»Sie sehen heute wieder bezaubernd aus, Frau Adler, bezaubernd wie immer!«).

Wertschätzung als Inklusion?

Anwesenheit, Funktion und Person sind Kriterien, nach denen sich die Frage der Systemzugehörigkeit in unterschiedlichen Systemtypen (Interaktionssystem, Organisation und Familie) entscheidet.

Ob ich Teil eines Interaktionssystem bin, entscheidet sich über Anwesenheit. Anwesend sind Teilnehmer dann, »wenn und soweit sie einander wechselseitig (also nicht nur einseitig!) wahrnehmen können« (Luhmann, 1975, S. 22). »Der Kommunikation genügt jedoch die Unterstellung, dass wahrnehmbare Teilnehmer wahrnehmen, dass sie wahrgenommen werden« (Luhmann, 1998, S. 814). Das gilt an der Bushaltestelle wie am Kaffeeautomaten. Wann immer Menschen in die Situation kommen, in der sie die Anwesenheit anderer wahrnehmen, selbst wahrgenommen werden möchten und gleichzeitig wahrnehmen, dass ihre eigene Anwesenheit übersehen (oder im Erleben öfter: »übersehen«) wird, ist die Wahrscheinlichkeit hoch, sich nicht aufgenommen zu fühlen.

Selbiges gilt im umgekehrten Fall: Ein Minister, der seinem Mitarbeiter auf der Pressekonferenz Wahrnehmung schenkt und damit ignoriert, dass dieser am liebsten gar nicht wahrgenommen werden würde, darf sich in der Folge über Stilfragen in der Führung seines Hauses nicht wundern.[5] Wie in jedem System setzt Inklusion für Interaktionssysteme Selbst- (»ich will dazugehören«) und Fremdselektion (»Du gehörst dazu!«) voraus. Ist die Selbstselektion gegeben und trifft auf keine wahrnehmende Geste, fühlen wir uns nicht wertgeschätzt. Ist die Selbstselektion *nicht* gegeben, gilt es im Sinne des »recognition respects« auf die Bezugnahme zu verzichten: »Nicht jeder wahrnehmbar Anwesende [muss] für die Inklusion in die Interaktion in Betracht kommen, zum Beispiel nicht Sklaven oder Diener oder die, die im Restaurant an anderen Tischen sitzen« (Luhmann, 1998, S. 814).

---

5   Hier wird auf den »Eklat« von Wolfgang Schäuble angespielt, der auf einer Pressekonferenz alle Journalisten warten ließ, so dass sein Sprecher Herr Offer ungewöhnliche Präsenz erhielt: »Kann mir mal einer den Offer herholen … Wir warten noch, bis Herr Offer da ist. Er soll den Scherbenhaufen schon selber genießen.« Herr Offer hatte es nicht geschafft, den Journalisten rechtzeitig ein Datenblatt zukommen zu lassen (vgl. auch http://www.zeit.de/politik/deutschland/2010–11/ schaeuble-offer-pressekonferenz; letzter Zugriff am 22.02.12).

Einer Organisation zugehörig ist der, der sich als ihr *Mitglied* bezeichnen darf und als solches bezeichnet wird. Treffen wir uns außerhalb von Organisationen, kann jeder »immer auch anders handeln und mag den Wünschen und Erwartungen entsprechen oder auch nicht – *aber nicht als Mitglied einer Organisation.* Hier hat er sich durch Eintritt gebunden und läuft Gefahr, die Mitgliedschaft zu verlieren, wenn er sich hartnäckig querlegt« (S. 829). Mitglied werden wir durch eine Kombination von Selbstselektion (»Ich will den Job.«) und Fremdselektion (»Der könnte passen.«). Wie in der Ehe müssen auch hier zwei Jas zusammenkommen, während für die Aufhebung der Mitgliedschaft ein einziges Nein reicht (Austritt oder Kündigung). Diese Mitgliedschaft betrifft jedoch nicht die gesamte Person, »sondern nur Ausschnitte ihres Verhaltens, nur eine Rolle neben anderen« (Luhmann, 1998, S. 829).

Die Rolle, die hier von Interesse ist, ist jene, die zur Bewerkstelligung der Aufgabe, derer sich die Organisation verschrieben hat, zuträglich ist. Angenommen fühlen wir uns in Organisationen deshalb, wenn wir gegenwärtig oder zumindest perspektivisch *gebraucht* werden, und zwar für das, worin wir uns selbst für brauchbar halten. Diesbezügliche Inkongruenzen führen mit an Sicherheit grenzender Wahrscheinlichkeit dazu, sich nicht ausreichend wertgeschätzt zu fühlen. Das Kompliment »Du bist ein super Finisher! Es ist toll, wie du Dinge, die ich anstoße, zu Ende bringst« ist nur dann Ausdruck von Wertschätzung, wenn sich der Empfänger auch so beschreiben würde *und* in Zukunft so beschrieben werden möchte.

Intime Kommunikation zeichnet sich dadurch aus, dass »alles, was eine Person betrifft [...] für die Kommunikation zugänglich [ist]. Geheimhaltung kann natürlich praktiziert werden und wird praktiziert, aber sie hat keinen legitimen Status. Man kann eine Kommunikation über sich selbst nicht ablehnen mit der Bemerkung: das geht Dich nichts an. Man hat zu antworten und darf sich nicht einmal anmerken lassen, mit welcher Vorsicht man auswählt, was man sagt. Wer bereit ist, sich dieser Regel zu fügen, ist bereit zu heiraten«, weiß Luhmann (1990, S. 201), und spielt damit auf den Akt der Selbst- und Fremdselektion an, der personenorientierter Kommunikation Tür und Tor öffnet.

Alles kann hier zumindest potenziell zum Thema gemacht werden und das Gegenüber muss bereit sein sich *alles* anzuhören (Luhmann, 1990, 2009). Luhmann beschreibt damit das Sozialsystem Familie. Diese Form intimer Kommunikation hat jedoch auch in der Arbeitswelt Relevanz. Intime Kommunikation (meist in Form von Andeutungen, Insidern usw.) zeigt, dass man im Kreise derer ist, die sich *mehr zu sagen haben.* Ausgeschlossen fühlt sich, wer nicht gefragt wird und an wessen »Geheimnis« (»Ich habe im Studium auch mal ... ausprobiert.«) nicht angeschlossen wird.

Diese theoretischen Ausführungen verdeutlichen, wie eng das Gefühl der Wertschätzung an ein Gefühl der Teilhabe geknüpft ist. Teilhabe entsteht, wenn Selbst- und Fremdselektion zusammentreffen. Mitunter kann ein diffuses »Ich fühle mich nicht wertgeschätzt!« mit Fragen rund um die Teilhabe zielführend konkretisiert werden (z. B.: »Fühlen Sie sich außen vor?«, »Haben Sie das Gefühl, nicht eingeschlossen zu sein?« und im Anschluss daran: »Was tun die anderen, dass dieses Gefühl entsteht?« und »Was tun Sie?«, »Welche Einladungen bräuchten Sie?«, »Was können Sie tun, sich für diese empfänglich zu halten?«).

Anhand des Stufenmodells sowie dieser theoretischen Ergänzung kommen wir zu einer vorläufigen Arbeitsdefinition von Wertschätzung: Wertschätzung bezeichnet demnach das Gefühl, in seiner Anwesenheit, Funktion und Person soweit berücksichtigt zu werden, dass man sich in der für einen relevanten Kommunikation (Selbstselektion) im Unternehmen eingeschlossen fühlt (Fremdselektion). Das Gefühl, berücksichtigt zu werden, hängt von den dispersiven wie disziplinären Leistungen des Umfelds ab.

Diese Definition ist vorläufig und blendet für den Moment bewusst die subjektiven Erwartungen des »Wertschätzungsempfängers« aus (vgl. dazu das Unterkapitel Kontextfaktor moralische Kommunikation). Sie reicht uns jedoch, um einen ersten Blick auf den Kontext zu werfen, in dem Wertschätzung (nicht) stattfindet, und daraus weitere »gute Gründe« für das allgegenwärtige Wertschätzungsdefizit abzuleiten.

Kontextfaktor Aufgabenorientierung

Das Stufenmodell ist ein Spiegel der Erwartungen, die Menschen, die in Organisationen arbeiten, häufig mehr oder weniger bewusst pflegen. Während sich erste Gründe für das chronische Wertschätzungsdefizit bereits aus Stufe 1 und 2 ableiten lassen (»Nichts ist schwerer als Kleinigkeiten, bevor sie selbstverständlich geworden sind« und »Wer einfach seinen Job macht, gerät naturgemäß am schnellsten in Vergessenheit«) bietet der Blick auf Stufe 3 weitreichendes Erklärungspotenzial. Denn wie bereits erwähnt, haben Organisationen immer nur ein Partikularinteresse an Personen. Die Primärerwartungen der Organisationen an ihre Mitglieder leiten sich aus ihrer Aufgabe ab. Das ist ihnen nur bedingt zu verübeln, schließlich hängt ihre Überlebensfähigkeit davon ab. Um diese zu sichern, müssen sie sich personenunabhängig aufstellen. Nur so können sie älter werden als die Menschen, die in ihnen arbeiten. Daher sind sie dankbar, wenn sie sich um den »Rest«, der uns Personen anhaftet (Eheprobleme, Kinder, Alkohol etc.)

nicht kümmern müssen, und sperren sich mitunter, wenn es ihnen ein Anliegen werden soll.[6]

Im Fokus steht die Funktion, die zu erbringen ist, um Zweck und Ziele der Organisation zu erfüllen. Im Einzelfall wie auf Teamebene gilt: Wenn es nicht gelingt, an die gegenwärtige Aufgabendefinition anschlussfähig zu bleiben, sichert die tadellose Bewerkstelligung der bisherigen Aufgabe den eigenen Verbleib nicht. Man kann als Team wunderbar harmonieren, wenn man an die Aufgabendefinition der Organisation nicht anschlussfähig bleibt, wird man »vernachlässigt«, »degradiert« oder gar »ausradiert«. Meist gehen diese Veränderungen der Aufgabenbeschreibung auch mit personalem Wechsel in den Führungspositionen einher.

So hält die neue Chefin anstelle eines tiefenpsychologischen Therapiekonzepts ein verhaltenstherapeutisches für zielführender und stellt damit das therapeutische Team vor die Herausforderung, im neuen Rahmen weiterhin einen Platz zu finden. Das Beispiel verdeutlich, dass die Tatsache, dass bestimmte Techniken an eine Person gebunden sind (»der Tiefenpsychologe«), in Organisationen nicht für deren Beibehalt als Argument herhalten kann. Das wiederum wird oft *persönlich* genommen. Formulierungen wie »The task is the leader!« oder »Hier gilt die Hierarchie des besten Arguments!«, die mitunter als Maximen ausgegeben werden, verraten bereits, dass Organisationen alles sind, aber mit Sicherheit nicht ausschließlich aufgabenorientiert.

Eine Organisation kann nicht vollständig durchformalisiert werden (Luhmann, 1999). Ein Dienst nach Vorschrift führt in den Ruin, denn die organisatorische Ordnung ist nicht nur von Regelsetzung, sondern ebenso von »Subjektivität« und der angemessenen Interpretation der jeweiligen Situation durch Personen abhängig (Schimank, 1986). Wie überall menschelt es daher auch hier. Und immer wieder macht Yvonne (nicht), was nur Yvonne (nicht) machen darf. Doch diese Form der Personenorientierung führt meist zu Unfrieden und zumindest auf der rhetorischen Ebene dazu, dass auch Yvonne ihren entsprechenden Beitrag zur Aufgabenerfüllung leisten muss. Menschen bewegen sich in Organisationen in einem Feld, in dem es zwar immer wieder menschelt, das ständig jedoch darum bemüht ist, sich gegenüber eben diesen Individuen möglichst unabhängig zu positionieren.

Damit werden Hoffnungen auf eine persönliche Ansprache einerseits immer wieder geweckt und andererseits unausweichlich immer wieder enttäuscht. Das in der Diskrepanz zwischen Aufgaben- und Personenorientierung liegende psychologische Kränkungspotenzial ist enorm: Eine betriebsbedingte Kündigung kann im wahrsten Sinne des Wortes einfach nur Ausdruck dessen sein, dass der

---

6   Zumindest könnte man den Widerstand, den betriebliche Gesundheitsmanager zum Teil berichten, so deuten.

Betrieb seine Kernaufgabe neu definieren muss und deshalb auf die qualifizierte Mitarbeit in einem bestimmten Bereich verzichtet. Die Gründe mögen außerhalb der Person des Arbeitnehmers liegen. Diese Entscheidung nicht persönlich zu nehmen, sprengt jedoch fast die menschliche Möglichkeit. Deshalb kann es für beide Seiten hilfreich sein, als Überbringer *betriebsbedingter* Kündigungen diese *persönlich* zu bedauern.

Die Aufgabenorientierung von Organisationen birgt ein strukturelles Enttäuschungspotenzial für all jene, die darauf aus sind, *persönlich gemeint zu sein* (vgl. auch Zwack u. Pannicke, 2009). Gleichzeitig ist dies ein wertvolles motivationales Pfund, mit dem ein Betrieb auch wuchern wird. Dies kann jedoch stets nur temporär und im Sinne der Aufgabenorientierung erfolgen. Jede Form der notwendigen Besinnung auf das, was Organisationen älter werden lässt als ihre Mitglieder, kann für diese ein beträchtliches Kränkungspotenzial bereithalten.

Kontextfaktor Programmierung von Arbeit

Dieser Zusammenhang wird verschärft, wenn wir die Programme betrachten, nach denen in Organisationen entschieden wird, was zu tun ist. Luhmann (2000) unterscheidet in Anlehnung an March und Simon (1994) zwischen *Konditional-* und *Zweckprogrammen*. Es ist durchaus üblich, dass Zweck- und Konditionalprogramme in Mischformen Anwendung finden (Luhmann, 2000, S. 263). Um der Klarheit willen lohnt sich ein idealtypischer Blick auf die beiden Programme in Reinform.

Konditionalprogramme

Das klassische Beispiel für Konditionalprogramme ist die Fließbandfertigung in der Automobilindustrie. Wenn die erste Tür kommt, ist zu feilen. Kommt die nächste Tür, ist wieder zu feilen. Immer wenn eine Tür kommt, ist zu feilen. Konditionalprogramme schreiben den Mitgliedern der Organisation vor, »beim Eintritt eines vorher definierten Stimulus bestimmte Verhaltensweisen« zu zeigen (Kühl, 2001, S. 211). »Wenn der Stimulus eintritt, wird erwartet, dass eine vorgeschriebene Handlungsabfolge in Gang gesetzt wird« (S. 211).

Sie werden deshalb auch als »Wenn-dann-Programme« bezeichnet. Konditionalprogramme erzeugen so »ein hohes Maß an Berechenbarkeit (oder wenigstens der Illusion davon), weil sie auf Dauer und Wiederholung angelegt sind und ein regelmäßiges Entscheidungsverhalten beim Auftreten gleichartiger Stimuli erzeugen können« (S. 211). Genau genommen müsste man sie als »Nur-wenn-dann-

Programme« bezeichnen: Denn »was nicht erlaubt ist, […] ist verboten« (Luhmann, 2000, S. 263). Wehe, einer greift, wenn die Tür kommt, anstatt zur Feile zum Pinsel oder gar zum Kaffee.

Spätestens mit dem Einzug humanistischer Ideen in die Arbeitswelt geriet diese Form der Programmierung zunehmend in die Diskussion. Bemängelt wurden vor allem die fehlenden Freiheiten. Im Konditionalprogramm sind die Möglichkeiten, sich einzubringen, statisch vorgegeben. Selbstverwirklichung ist in diesem Kontext nur begrenzt möglich. Wer also im Konditionalprogramm sitzt und Erwartungen an persönliche Handlungsspielräume hat, muss enttäuscht werden. Genauso gilt umgekehrt: Wer im Konditionalprogramm eigentlich glücklich ist, kann mit überzogenen humanistischen Anforderungen (von Kollegen, Partnern, oder Chefs – siehe Abbildung 2) ins Unglück getrieben werden.

Abbildung 2: Humanismus im Konditionalprogramm (mit freundlicher Genehmigung von Arist und Björn von Schlippe, aus: von Schlippe u. von Schlippe, 2012)

Konditionalprogramme sind die Reinform der Aufgabenorientierung in Organisationen. Damit ist die Art der Wertschätzungsgefühle und Wertschätzungsmangelgefühle vorgegeben. Wertgeschätzt fühle ich mich in meiner funktionsorientierten Leistung. Ich weiß am Ende des Tages, was ich geschafft habe (»35 Türen«). Durch Vergleiche wird versucht, die Funktion zu personalisieren (»Drei mehr als Manni!«).

Tatsache bleibt jedoch, dass es sich um weitgehend austauschbare Tätigkeiten handelt. Die Wahrscheinlichkeit ist hoch, dass ein Arbeitnehmer dies im Laufe der Erwerbstätigkeit auch zu spüren zu bekommt (vgl. die Entwicklung der Zeitarbeit in klassisch konditional programmierten Bereichen – so verdoppelte sich zwischen 1997 und 2007 die Zahl der Zeitarbeiter in Metall- und Elektroberu-

fen; Schäfer, 2009). Die Verantwortung für das, was zu tun ist, liegt bei der Führungskraft. Sollte das Feilen keinen Sinn machen, hat der Mitarbeiter das nicht
zu verantworten. Das kann als Entmündigung oder aber auch befreiende Entlastung erlebt werden.

Zweckprogramme

Zweckprogramme sind der antagonistische Gegenspieler der Konditionalprogramme. Während bei Konditionalprogrammen gilt: »was nicht erlaubt wird, ist
verboten«, gilt für Zweckprogramme »was nicht verboten ist, ist erlaubt« (Luhmann, 2000, S. 266). »Zweckprogramme sind [...] an den erstrebten Wirkungen
orientiert« (Kühl, 2001, S. 211). Ist das Ziel definiert (z. B. 10 Prozent mehr Umsatz,
15 Prozent weniger Patientenbeschwerden etc.), wird von den Mitgliedern erwartet,
dass sie die geeigneten Mittel zu deren Erreichung eigenständig finden. »Im Vergleich zu Konditionalprogrammen sind Zweckprogramme zukunftsoffener, weil
sie nicht im voraus festlegen, mit welchen Mitteln auf welche Impulse reagiert werden muss« (Kühl, 2001, S. 211). Die Humanismuskritik am Konditionalprogramm
gab und gibt zum Teil noch heute Zweckprogrammen Rückenwind. Insbesondere
mit der »Einführung der Gruppenarbeit findet bei der Koordination der Arbeit
im wertschöpfenden Kern eine punktuelle Umstellung von Konditionalprogrammen auf Zweckprogramme statt« (S. 211). Zunehmend wichtig wird damit, »was
hinten herauskommt«. Der Weg dorthin wird »unsichtbar«.

Im Konditionalprogramm definiert die Führungskraft Mittel und Wege zur
Erreichung des Ziels. Im Zweckprogramm definiert sie Ziele (idealerweise im
Mitarbeitergespräch mit den betroffenen Mitarbeitern gemeinsam) – den richtigen Weg zu finden, obliegt den Aufgabenträgern. Damit verliert die Hierarchie
an Bedeutung und die *Person* des Mitarbeiters gerät zwangsläufig stärker in den
Fokus (vgl. Kühl, 2001, S. 216). Sie ist das Mittel zum definierten Zweck. Auch
Erfolg und Misserfolg werden zunehmend *persönlich*. Während sich im Konditionalprogramm die Funktion der Person auf die Aufgabe begrenzt, erstreckt sie
sich im Zweckprogramm über die ganze Person. Erfüllt man die Anforderungen
des Konditionalprogramms und scheitert dennoch, hat man *das Falsche* gemacht.
Scheitert man mit denselben Tätigkeiten im Zweckprogramm, war man *der Falsche*.

Das Schwanken zwischen Wertschätzungs- und Missachtungsgefühlen wird
zum Regelfall. Gerade in personenorientierten Dienstleistungen, wie in den Bereichen sozialer Arbeit oder der Psychotherapie, die in Organisationen eingebettet
sind und deren Erfolg von multiplen Faktoren abhängig ist, lassen »Loser« und
»Gurus« wenig Platz dazwischen. Im Zweckprogramm kann sich keiner hinter
Regeln verstecken (»Das ist hier nicht vorgesehen.«) oder einfach distanzieren

(»Da hatte ich keinen Dienst.«). Man ist auf *sich* zurückgeworfen. Das ermöglicht Helden oder erzeugt Versager und damit Mitarbeiter, die entweder wertschätzungsautonom agieren, denn ihr Erfolg ist offensichtlich, oder Wertschätzungsmangelernährte, deren Mühen keiner sieht.

Diese Ausführungen sollten deutlich gemacht haben, inwiefern die Programmierung der Arbeit wesentliche Auswirkungen hat auf das Gefühl der (Nicht-)Wertschätzung. Während im Konditionalprogramm die Persönlichkeit des Mitarbeiters wenig Platz hat, ist im Zweckprogramm alles persönlich.[7] Solange der Erfolg nicht ausbleibt, ist alles in Ordnung. Tritt Misserfolg ein, geht er mit dem Verlust der Wertschätzung für eingebrachte Mühen und Anstrengungen einher.

Kontextfaktor moralische Kommunikation

Die bisherigen Ausführungen erwecken den Eindruck, Wertschätzung sei vor allem von der Umwelt ihres Objekts abhängig. »Hier wird man nicht wertgeschätzt!« ist die geläufige Formulierung, in der das Wertschätzungsdefizit meist kundgetan wird. Die Sprache tut so, als sei Wertschätzung ein Paket, das vergessen wurde zuzustellen. Dabei wird übersehen, dass Wertschätzung eine Koproduktion der Erfahrungswelt des (nicht) Wertgeschätzten mit seiner Umwelt ist. (Nicht-)Wertschätzung ist demnach vielmehr eine *emotionale Interpretation des Umweltverhaltens* als ein objektiv feststellbarer Missstand.

Unsere Definition gewinnt damit einen weiteren Aspekt hinzu: Wertschätzung bezeichnet das Gefühl eines Mitarbeiters, in seiner Anwesenheit, Funktion und Person (Ebenenmodell) soweit berücksichtigt zu werden, dass er sich in die für ihn relevanten Kommunikationen (Selbstselektion) im Unternehmen eingeschlossen fühlt (Fremdselektion). Ob er sich berücksichtigt fühlt, hängt in letzter Instanz von seiner emotionalen Interpretation der dispersiven wie disziplinären Leistungen seines Umfelds auf allen drei Ebenen ab.

Übertragen wir die Ausführungen Luhmanns zur moralischen Kommunikation (1998) auf die Kommunikation eines Wertschätzungsdefizits, wird deutlich, welche Funktion die Kommunikation dieser emotionalen Interpretation möglicherweise haben kann.

Die Forderung nach »mehr Wertschätzung« ist *diffus*. Was genau zu tun ist,

---

7   Dieser Zusammenhang ermöglicht Mitarbeitern jede Situation durch Kontextualisierungen der eigenen Arbeit als Konditional- oder Zweckprogramm opportunistisch für sich auszulegen. Misserfolg kann durch fehlende Vorgaben und optimierungsbedürftige Prozesse abgewendet werden (Konditionalprogramm). Das eigene Heldentum wird deutlich, wenn die eigene Leistung und die erreichten Ziele des Zweckprogramms thematisiert werden.

bleibt offen. Damit ist die Forderung weniger konfliktträchtig, da sie nicht auf konkrete Handlungen zielt. Wer einen eigenen Parkplatz möchte, dem kann aus guten oder weniger guten Gründen widersprochen werden. Wer mehr Wertschätzung fordert, lässt offen, was das konkret heißt, und vermindert das Risiko eines Widerspruchs. Zum einen, weil mehr Information in aller Regel weniger Akzeptanz bedeutet (Luhmann, 1998, S. 316). Darüber hinaus, weil »aus der Entrüstung, die leicht zu erregen ist, [...] noch nicht [folgt], was praktisch wirksam zu tun ist« (Luhmann, 1998, S. 405).

Die geringe Handlungsrelevanz der allgemeinen Wertschätzungsforderung mindert das Konfliktrisiko und so mehren sich die Annahmewahrscheinlichkeiten eines kommunizierten Wertschätzungsdefizits. Ganz zu schweigen davon, dass sich keiner findet, der offen behauptet, er sei gegen Wertschätzung im Betrieb, so wie sich keiner findet, der gegen den Weltfrieden oder Fairplay im Sport und anderen Lebensbereichen ist. Es scheint ein elftes Gebot zu geben (»Du sollst nicht nicht wertschätzen!«), was die Forderung nach Wertschätzung zu einer nahezu unablehnbaren Aussage werden lässt. Auf kommunikativer Ebene verwandelt moralische Kommunikation – wie symbolisch generalisierte Kommunikationsmedien im Allgemeinen – »auf wunderbare Weise Nein-Wahrscheinlichkeiten in Ja-Wahrscheinlichkeiten« (Luhmann, 1998, S. 320). Und genau hierin liegt ihr Vorzug.

Die Konditionierung von Annahmewahrscheinlichkeiten durch eine Wertschätzungsforderung bringt individuelle Vorteile für die Mitglieder der Organisation mit sich, die bisweilen zur Chronifizierung eines Wertschätzungsdefizits beitragen können. So können Mitarbeiter im Ruf nach Wertschätzung die *Macht der Ohnmächtigen* finden. Sie entscheiden in letzter Instanz, ob sie wertgeschätzt werden oder nicht. Damit können sie gegenüber der Chefin eine Forderung offen- und ein Defizit vorhalten, das aufgrund der »praktischen Ratlosigkeit« (Luhmann, 1998, S. 405), die die Forderung hinterlässt, mit einem geringen Konfliktrisiko einhergeht. Im mikropolitischen Spiel kann dies an der einen oder anderen Stelle verhandlungstechnisch hilfreich sein und erklärt, warum sich trotz hartnäckigen Nachfragens Wertschätzungsforderer mitunter schwer tun, konkret zu werden.

Gleichzeitig wirkt die konditionierte Annahmewahrscheinlichkeit *versichernd*. Bleibt die Beförderung aus, und ich deute das als Wertschätzungsdefizit, ist das Beipflichten der Kollegen sicherer, als wenn ich die sachliche Argumentation des jeweiligen Entscheiders offenbare. In Situationen der individuellen Rückschläge führt die Forderung nach Wertschätzung zu kollektivem Zuspruch. Dieser kann versichernd wirken. Und nicht zuletzt kann über moralische Kommunikation der eigene *Rückzug gerechtfertigt* werden.

Wem bestätigt wird, dass ihm nicht genug Wertschätzung entgegengebracht wird, dem wird ein Missverhältnis von Geben und Nehmen zu seinen Ungunsten attestiert. Es ist nur folgerichtig, wenn sich der Betroffene im Folgenden zurück-zieht und Dienst nach Vorschrift macht. Es liegt auf der Hand, dass all diese individuellen Strategien die Zukunft des Systems gefährden können. Moralische Kommunikation übernimmt in diesen Fällen auch eine »Alarmfunktion«, die signalisiert, dass dringende Probleme auftreten, von denen nicht absehbar ist, wie und ob sie überhaupt innerhalb der Organisation und ihrer bisherigen Logik gelöst werden können (vgl. Luhmann, 1998, S. 404).[8]

Es sollte deutlich geworden sein, dass die Forderung nach Wertschätzung aus kommunikationstheoretischer Sicht opportun sein kann. Ein »Ja, genau!«, wie es uns bereits am Anfang des Artikels auf der Zunge lag, ist aufgrund der Diffusi-tät, der hohen Abstraktion wie der moralischen Färbung nahezu sicher. Damit birgt die Forderung nach Wertschätzung Missbrauchsmöglichkeiten zugunsten der persönlichen Vorteilnahme. Sie kann dabei auch eine »Alarmfunktion« im System übernehmen. Dann steht sie als Ausdruck dafür, dass ernsthafte Probleme bestehen, die das System in seiner bisherigen Logik an den Rand seiner Lösungs-fähigkeiten bringen.

Zum Schluss – Praxis

Diese Ausführungen verstehen sich als *eine* Landkarte der semantischen Welt der Wertschätzung in Organisationen. Wir sind davon überzeugt, dass die begriffli-che Differenzierung, die der Artikel leistet, einen Unterschied in der praktischen Auseinandersetzung mit Fragen der Wertschätzung macht. Beispielhaft seien hier Felder praktischer Relevanz skizziert:

– *Woran hapert's?* Für jede Form der Interaktion hilft das Stufenmodell blinde Flecken aufzudecken. Im Übrigen auch in der Paartherapie. Die Äußerung »Ich fühle mich nicht wertgeschätzt« findet sich hier beispielsweise, wenn funktionale Kommunikation (»Hast du den Müll schon rausgebracht?«, »Ist das Essen schon fertig?«) überhandnimmt oder völlig aus dem Blick geraten ist (»Er weiß gar nicht, wie viel Arbeit die Wäsche macht!«, »Das sieht er gar nicht.«). Das Stufenmodell bietet ein begriffliches Raster, das die Beantwor-tung der einfachen Frage, woran es denn hapert, unterstützt. Da es sich oft um Selbstverständlichkeiten und Kleinigkeiten handelt, ist es mitunter gar nicht so leicht, auf die Frage »Woran würden Sie denn merken, dass Sie wertgeschätzt werden?« eine befriedigende Antwort zu geben. Das Stufenmodell kann hier ein hilfreicher Kommunikationskatalysator sein.

---

8   Luhmann argumentiert analog für Funktionssysteme.

- *Missbrauchssensibilisierung:* Insbesondere in Teamsupervisionen scheint es uns wichtig zu sein, sich des Konditionierungseffekts einer Wertschätzungsforderung auf ihre Annahmewahrscheinlichkeit bewusst zu sein. Sie ermöglicht einen unerschrockeneren Einstieg ins differenzierte Nachfragen und bietet eine Erklärung, warum Gesprächspartner dabei manchmal einfach nicht konkret werden. Sie offenbart die Macht der Opfer und sensibilisiert für die Preise, die gezahlt werden müssen, wenn beide Seiten sich zur Veränderung entschließen sollten. Um diese Aspekte zu wissen und sie gegebenenfalls benennen zu können, erlaubt, Betroffene zurück in verantwortbare und verhandelbare Positionen zu führen.
- *Reframing und Erwartungsanpassungen:* Für Nichtwertschätzung gibt es gute Gründe. In der Auseinandersetzung zwischen »Wertschätzungsspendern« und »-empfängern« kann es im Team versöhnlich wirken, wenn das »Ausbleiben« nicht allein auf bösen Willen oder Unachtsamkeit zurückzuführen ist. Es führt zu fruchtbareren Erwartungshaltungen, wenn deutlich wird, dass Kleinigkeiten den Wertschätzungsakt anfangs nicht leichter, sondern schwerer werden lassen. Es ist versöhnlicher, wenn die Nichtrückmeldung auch als positive Rückmeldung verstanden werden kann. Es steigert das Verständnis zwischen Mitarbeiter und Team, wenn die Einsicht besteht, dass es im Sinne des Teams um ein kontinuierliches Ausbalancieren persönlicher und aufgabenbezogener Interessen geht. Und ein Verständnis der vorliegenden Programmierung der eigenen Arbeitswelt fördert positive Ernüchterungen im Coaching. Nichts ist bekanntlich enttäuschender als unbegründete Hoffnung.

Literatur

Claparède, E. (1919). La conscience de la ressemblance et de la difference chez l'enfant. Archives de Psychologie, 17, 67–80.

Darwall, S. L. (1977). Two Kinds of Respect. Ethics, 88 (1), 36–49.

Kühl, S. (2001). Über das erfolgreiche Scheitern von Gruppenarbeitsprojekten. Rezentralisierung und Rehierarchisierung in Vorreiterunternehmen der Dezentralisierung. Zeitschrift für Soziologie, 30 (3), 199–222.

Luhmann, N. (1975). Interaktion, Organisation, Gesellschaft. In N. Luhmann (Hrsg.), Soziologische Aufklärung 2. Aufsätze zur Theorie der Gesellschaft. Opladen: Westdeutscher Verlag.

Luhmann, N. (1990). Sozialsystem Familie. In N. Luhmann (Hrsg.), Soziologische Aufklärung 5. Konstruktivistische Perspektiven (S. 196–217). Opladen: Westdeutscher Verlag.

Luhmann, N. (1998). Die Gesellschaft der Gesellschaft. Frankfurt a. M.: Suhrkamp.

Luhmann, N. (1999). Funktionen und Folgen formaler Organisation: Mit einem Epilog 1994. Berlin: Duncker & Humblot.

Luhmann, N. (2000). Organisation und Entscheidung. Wiesbaden: Westdeutscher Verlag.

Luhmann, N. (2009). Glück und Unglück der Kommunikation in Familien: Zur Genese von Pathologien. In N. Luhmann (Hrsg.), Soziologische Aufklärung 5: Konstruktivistische Perspektiven (S. 210–219). Wiesbaden: VS Verlag für Sozialwissenschaften.

March, J. G., Simon, H. A. (1994). Organizations. Cambridge, Mass. u. a.: Blackwell.

Schäfer, H. (2009). »Entwicklung der Zeitarbeit.« In M.-O. Schwaab, A. Durian (Hrsg.), Zeitarbeit (S. 3–15). Wiesbaden: Gabler.

Schimank, U. (1986). Technik, Subjektivität und Kontrolle in formalen Organisationen. Eine Theorieperspektive. In R. Seltz, U. Mill, E. Hildebrandt (Hrsg.), Organisation als soziales System (S. 71–91). Berlin: Sigma.

Schlippe, A. von, Schlippe, B. von (2012). Paradoxer Alltag. Ganz normale Verrücktheiten. Stuttgart: Klett-Cotta.

Schuster, N. (2010). Stress und Burnout bei Bankmanagern. Verhaltenstherapie. Praxis, Forschung, Perspektiven, 20, 259–264.

Seliger, R. (2008). Das Dschungelbuch der Führung. Ein Navigationssystem für Führungskräfte. Heidelberg: Carl-Auer Verlag.

Zapf, D. (2002). Emotion work and psychological well-being: A review of the literature and some conceptual considerations. Human Resource Management Review, 12, 237–268.

Zwack, J., Pannicke, D. (2009). Surviving the Organization. Einige Landkarten zum Überleben im ganz normalen organisationalen Wahnsinn. In A. Schreyögg, C. J. Schmidt-Lellek (Hrsg.), Die Organisation in Supervision und Coaching (S. 111–125). Wiesbaden: VS Verlag.

Zwack, M., Muraitis, A., Schweitzer, J. (2011). Wozu keine Wertschätzung? Zur Funktion des Wertschätzungsdefizits in Organisationen. Organisationsberatung, Supervision und Coaching, 18, 429–443.

Martin Vogel und Jens Kersting

Humor in Organisationen – Kommunikation, quer zur Ordnung

Vorbemerkungen

Stellen wir uns folgendes Szenario vor: Eine Beraterin kommt in einer Krisensituation zum Geschäftsführer und sagt: »Sie erzählen mir, worüber man in Ihrer Organisation lacht – und ich sage Ihnen, was in Ihrer Organisation los ist!«

Ganz so einfach ist es selbstverständlich nicht, schon allein deshalb, weil der Geschäftsführer der Aufforderung der Beraterin wohl so spontan gar nicht nachkommen könnte. Oder er müsste einsehen, dass er als Geschäftsführer selbst Gegenstand der meisten Witze ist, was wiederum die Beraterin in eine schwierige Lage brächte ...[1] Und dennoch: Manche Situationen und Erfahrungen aus dem Alltag zeigen, dass mit dem Mittel des Humors eine Reihe wichtiger oder prägnanter Informationen *über* ein System und *in* einem System mitgeteilt werden, oft ohne dass sie wirklich ausgesprochen würden. Die Frage, die sich demnach stellt: Ist Humor als Phänomen betrachtet nur eine zu beobachtende, bestenfalls interessante Erlebniswelt oder ist er darüber hinaus auch als Hilfsmittel zur Organisationsdiagnose und -beratung geeignet?

Die dahinterstehende Idee ist einfach: Auch und gerade beim Witze-Erzählen bilden sich soziale Ordnungsstrukturen ab bzw. scheinen latent durch – sowohl inhaltlich, indem tabuisierte Fragen und Rahmenbedingungen thematisiert, aber nicht direkt angesprochen werden, als auch in der sozialen Situation selbst: *Wer* darf *wem wo welche* Witze erzählen? Wer muss über *wen wann* und *wo* lachen? Welche Sprüche darf man vor, welche muss man hinter den Kulissen der Organisation machen, wenn man auf Dauer Mitglied der Organisation bleiben oder sich Zugang zu einem bestimmten informellen Netzwerk verschaffen will?

Lässt sich also über eine Humoranalyse etwas über ein soziales System herausfinden, was sonst nur schwer zugänglich ist?

Dieser Gedanke ist nicht neu – zahlreiche Autoren haben sich bereits mit dem Humor im Allgemeinen und den sozialen Funktionen von Witzen im Speziellen

---

[1]   Die treffendste Antwort auf eine solche Beraterfrage mag in manchen Organisationen sicher auch schallendes Gelächter des Geschäftsführers sein.

auseinandergesetzt. Von Platon und Aristoteles über Immanuel Kant und Thomas Hobbes bis hin zu Sigmund Freud – es gibt viele Abhandlungen über *das Lustige* und *das Lachen*. Inzwischen liegt selbst eine systemtheoretische Analyse des Phänomens Humor als Kommunikationsmedium vor (Räwel, 2005).

In diesem Artikel wird der Versuch unternommen, neben einem kurzen Überblick über die theoretischen Bezüge des Humors und des Witzes eine systemtheoretische Betrachtung von Humor in Organisationen zu entwickeln, um zum Abschluss einen kurzen Ausblick auf die Bedeutung des Humors in der (Organisations-)Beratung zu geben.

Zuvor jedoch noch ein Hinweis gegen möglicherweise falsche Erwartungen: Literatur über Humor zu studieren muss nicht immer lustig oder witzig sein – warum auch: »Lachen ist ein soziales Geschehen; man lacht nicht, wenn man allein ist, und wenn man in Gesellschaft anderer allein lachen muss, ist das peinlich, man fällt aus der Rolle« (Luhmann, 1999, S. 342). Anders formuliert: Wer liest schon ein Buch, wenn er lachen will …?

Humor, der Witz und das Lachen: Annäherungsversuche

Rein pragmatisch könnte man sagen: Humor ist all das, was Lachen hervorbringt! Hier wären neben Humor als Persönlichkeitseigenschaft Situationen, Materialien oder Ereignisse gemeint, die zum Lachen anregen. Damit wäre das Problem jedoch lediglich verschoben, denn: Was ist eigentlich Lachen? Lachen wäre dann zunächst ein rein physiologisches Phänomen. In dem Fall handelt es sich um das rhythmische Zusammenziehen des Zwerchfells und das dadurch bewirkte ruckartige Ausstoßen von Luft. In seiner leichteren Ausprägung ist Lachen steuerbar, bei zunehmender Intensität wird es zum sich verselbstständigen Reflex, der in Teilen als tranceähnlicher Zustand von Wohlbefinden und Entspannung empfunden wird.

Was aber ist nun das, was nach der pragmatischen Definition das Lachen hervorbringt? Der erste Griff geht in guter Tradition zum Duden. Dort heißt es: Humor ist »die Fähigkeit, Gabe eines Menschen, der Unzulänglichkeit der Welt und der Menschen, den Schwierigkeiten und Missgeschicken des Alltags mit heiterer Gelassenheit zu begegnen, sie nicht so tragisch zu nehmen und über sie und sich lachen zu können.« Der deutsche Schriftsteller Otto Julius Bierbaum (1865–1910) fasst dies knapp zusammen: »Humor ist, wenn man trotzdem lacht!« Humor ist also zunächst nicht lustig, sondern tritt aus einer Situation der Gefahr oder des Scheiterns hervor, die jedoch eine – wenn auch noch so kleine – Hoffnung auf die Überwindung der Krise zulässt. Solch eine Krise entstand beispielsweise durch die Drohung von Xerxes I. 480 v. Chr. bei den Thermopylen: »Ich habe so viele Bogenschützen, dass ihre Pfeile die Sonne verdunkeln werden!« Der Überlieferung nach lässt König Leonidas von Sparta antworten: »Umso besser – dann kämpfen wir im Schatten!«

Eine andere Möglichkeit der Definition liegt in der Abgrenzung von anderen Begriffen, hier etwa zur Ironie, dem Spott oder Zynismus und dem Witz (vgl. z. B. Schwarz, 2008, S. 41 ff.). *Ironie* meint gezielte Vergrößerung zwischen Selbstbild und Fremdbild, zwischen Absichten und Wirkungen, zwischen notwendigem und tatsächlichem Verhalten. Sie zerrt das Unvermögen ans Licht und macht Über- oder Untertreibungen sichtbar.

Unter *Spott* versteht man heute im Allgemeinen einen abwertenden Vergleich in verletzender Absicht. Spott braucht ein Opfer für das Auslachen, das boshafte Veralbern oder Lächerlichmachen. Etymologisch bedeutet *spotten* zunächst nur: vor Abscheu ausspucken. Seit dem 18. Jahrhundert wurde es für Vögel verwendet, die die Stimmen anderer Vögel nachahmen (Spottdrossel).

Der moderne *Zynismus* umschreibt die Idee der Vergeblichkeit von ethischer Haltung und Moral mit der Grundhaltung: Widerstand und Menschenwürde sind in dieser Welt von vornherein sinnlos. Das Motto des Zynikers könnte also lauten: »Lieber einen Freund verloren als eine Pointe ausgelassen!«

Oswald Neuberger (1988) stellt unter dem Titel »Wort-Wandel: Weise, Wissen, Witze« im Kontext der Sprachforschung fest, dass der ursprüngliche Wortstamm »uuizzi« im Mittelhochdeutschen Folgendes bedeutete: Die Summe des Erlernten und Erfahrenen, Weisheit, Klugheit, menschliches Denkvermögen überhaupt. Im späten Mittelalter wurde *Witz* dann für rationales Denken, Bewusstheit und Verstand verwendet und erst Ende des 18. Jahrhunderts vollzieht sich die Wendung zum Komischen, Lächerlichen und Erheiternden (Neuberger, 1988, S. 10 f.). Neuberger schreibt logisch schlussfolgernd: »Angesichts der engen Beziehung zwischen Wissen und Witz hätte es geschehen können, dass sich für die durch und durch ernste Sache Wissenschaft der Begriff ›Witzenschaft‹ eingebürgert hätte. Wissenschaft treiben heißt etwas an der und über die Welt bemerken. Dasselbe tun Witze. Wissenschaft beginnt damit sich über etwas zu wundern und dann zu zeigen, dass es ganz natürlich ist, beim Witz ist es spiegelbildlich. Er zeigt etwas ganz Natürliches so, das man sich darüber wundern (freuen) kann. Damit ist der Kreis perfekt: Wissenschaft hat mit Witz gemeinsam, dass sie Aha-Erlebnisse vermittelt. Der Unterschied liegt darin, dass Witze absichtlich auch Haha-Reaktionen auslösen wollen, während dies bei der Wissenschaft bestenfalls unabsichtlich geschieht« (Neuberger, 1988, S. 12).

Humortheorien – Theorien über das Lachen

Der Humor hat von jeher natürlich auch Wissenschaftler unterschiedlicher Disziplinen beschäftigt. So gab es zum Beispiel Ende des 19. Jahrhunderts eine Strömung innerhalb der Biologie, die auf den Zusammenhang von Humor (als einer spezifischen kognitiven Einstellung) und dem Lachen (als der sich hieraus ableitenden physiologischen Reaktion) fokussierte. Das Lachen wird in dieser Theorietradition als eine Art selbstregulativer Ausgleichseffekt betrachtet, der dem Menschen von der Natur mitgegeben ist, um seine artmäßige Insuffizienz temporär zu kompensieren; ganz in Entsprechung zu Friedrich Nietzsches Diktum, dass der Mensch nur deshalb lacht, weil er so tief leidet.

Kallen (1911) und Ludovici (1932) sehen im Lachen ein Instinktrelikt aus der *Raubtierphase* der menschlichen Phylogenese (Zähnefletschen). Heute sei dieses aggressive Signal jedoch so weit entschärft worden, dass es mittlerweile nur noch jene lustvollen Gefühle zum Ausdruck bringe, die ein sich überlegen fühlender Gegner vor einer möglichen aggressiven Konfrontation empfindet. Diese Sichtweise wurde später auch von der modernen Verhaltensforschung (Eibl-Eibesfeldt, 1999; Eibl-Eibesfeldt, 1984; Lorenz, 1963) eingehend erörtert. So wird vermutet, dass hinter dem Lachen ein allgemeines Imponiergehabe steht, das in späteren Phasen der Phylogenese allmählich zum Lächeln wurde. Denn wer lächelt, fletscht nicht die Zähne, zeigt also an, dass er nicht aggressiv gestimmt ist. Echtes, frenetisches Lachen wirkt jedoch auch in der heutigen Zeit auf viele Menschen bedrohlich und einschüchternd.

Mit dem Begriff Überlegenheitsgefühl ist eine weitere Theorietradition bereits angeklungen. Schon in der Antike beobachtete Aristoteles, dass die Wahrnehmung von Defekten, Deformierungen oder auch von Hässlichkeit bei einem Mitmenschen andere Menschen zum Lachen aus dem Gefühl der Überlegenheit anregt. In ähnlicher Weise legt der englische Philosoph Thomas Hobbes in seinem berühmten Werk »Leviathan« unter anderem auch eine explizite Lachtheorie vor (Hobbes, 2005). Lachen entsteht demnach dann, wenn einem Menschen das Erlebnis eines plötzlichen Triumphes über einen als minderwertig eingeschätzten Mitmenschen widerfährt, wodurch sich unverhofft die eigene Überlegenheit offenbare. Koestler (1966, S. 45) weist in diesem Zusammenhang darauf hin, dass es im Alten Testament neunundzwanzig Hinweise auf das Lachen gibt. Davon sind dreizehn mit Geringschätzung, Hohn, Spott oder Verachtung verbunden und nur zwei »kommen aus wirklich fröhlichem Herzen«. In ähnlicher Weise finden sich auch Hinweise in neuerer Zeit, etwa in der Psychologie. So verweist Alfred Adler darauf, dass die Angst davor, ausgelacht zu werden, mit Überlegenheitsstreben zusammenhängt. Humor ist demnach ein Regulativ zur Kompensation von Minderwertigkeitsgefühlen (Adler, 1982). In die gleiche Richtung verweist auch die Studie von LaFave, der zeigen konnte, dass Witze mit ausgesucht aggressivem Inhalt die Lachreaktion dann besonders anregten, wenn sie auf die Entwertung bzw. das Niedermachen des gemeinsamen Gegners oder Gruppenfremden abzielten (LaFave, 1972).

Eine der klassischen psychologischen Abhandlungen über den Humor findet sich bei Siegmund Freud (Freud, 2009). In seiner tiefenpsychologischen Denktradition dient das Lachen primär der emotionalen Befreiung bei Affekten, die kulturbedingt unterdrückt werden. So löst die Humorreaktion die Spannungen, die durch verdrängte Sex- und Zornimpulse hervorgerufen werden. Der Witz dient nach Freud stets dem Lustgewinn, wobei zwischen harmlosen und tendenziösen Witzen unterschieden werden muss, die an der hemmenden Über-Ich-Zensur vorbeigemogelt werden. Lust entsteht beim Autor und Hörer durch den ersparten Hemmungsaufwand und die bereitgestellte Energie kann durch Lachen abgeführt werden.

Martin Grotjahn, ein Schüler Freuds, betont zudem die aggressive Tendenz von Witzen (Grotjahn, 1974): Er sieht in jedem effektvollen Witz die Intention, andere Menschen zu verletzen. Diesem geheimen Wunsch, der vom kulturbedingten Gewissen abgewehrt wird, öffnet der sich im Witz entfaltende tendenziöse Humor ein Ventil. Denn der Humor erspart dem Gewissen die Empfindung von Mitleid, wie Freud (2009, S. 214) besonders hervorhob.

Weniger tiefenpsychologisch, dafür analytisch beschreiben die sogenannten Inkongruenztheorien das Phänomen Humor. Eine Humorreaktion ist hier die Folge auf die Vermischung widersprüchlicher Sachverhalte: »Lachen ergibt sich aus der Beobachtung von zwei oder mehreren inkonsistenten, unpassenden oder inkongruenten Bestandteilen oder Sachverhalten, von denen man annimmt, dass sie innerhalb eines komplexen Ganzen vereinigt sind oder dass sie eine gegenseitige Beziehung aufrechterhalten« (Beattie, 1776). Die Überraschungs- und Situationskomik wird durch das Zusammentreffen zweier unpassender Gegebenheiten ausgelöst. Der Grad des Kontrastes bestimmt den Effekt. Koestler (1981) nimmt an, dass unser Alltag in einem festgefügten Rahmen (quasi eindimensional) verläuft. Neuartiges Denken und Wahrnehmen resultiert in einer »abrupten Verlagerung des Bewusstseinsstroms in ein anderes Bett«. Der dabei sich ergebende Überraschungseffekt löst eine Lachreaktion und damit das Humorerlebnis aus.

Nicht zuletzt haben sich auch Soziologen und Sozialpsychologen mit dem Phänomen des Humors befasst. Die soziale Funktion wird meist in der Vermittlung von Botschaften in indirekter Form gesehen, die bei direkter Äußerung vermutlich eine geringere Akzeptanz erwarten lassen. So beinhalten humorvolle Äußerungen immer eine Zweideutigkeit und erlauben dadurch eine ernsthafte Behandlung der angesprochenen Thematik oder aber – bei verfehltem Konsens – einen Rückzug ins Humorvolle *(Versuchsballon)*. Selbst eine nicht humorvolle Äußerung kann im Nachhinein als Spaß definiert werden. Gerade in unsicheren Situationen kann somit risikofreier sondiert werden *(soziales Schmiermittel)*. Denn »das Ausgangsproblem des Scherzes ist eine überraschende Diskrepanz von dargestellten Erwartungen unter Anwesenden. Darstellungswidersprüche führen, wenn sie evident werden, zu plötzlichen und peinlichen Enttäuschungen. Sie schaffen Verwirrung, entziehen den Beteiligten, besonders dem Enttäuschten, die Handlungsgrundlagen, diskreditieren seine Selbstdarstellung und machen eine Umstellung erforderlich, die nicht ausreichend und im Verborgenen vorbereitet werden kann, sondern sich unter den Augen der Anwesenden vollziehen muss« (Luhmann, 1999, S. 341). Solche Situationen, so Luhmann weiter, können mit Humor entschärft werden – ein Scherz greift an, widerlegt sich aber im gleichen Atemzug selbst: Er stellt unter Umständen einen Angriff dar, der aber seine Nichternsthaftigkeit gleich mitführt – unter anderem deshalb, weil ein Witz immer nur ein einmaliges Ereignis ist, das sich nicht auf Dauer stellen lässt.

»Witz kann solidarisierend wirken, und zwar dadurch, dass er heimliche Verständnisvoraussetzungen, also Bewusstsein, in Anspruch nimmt, *ohne daraus soziale Strukturen zu bilden*. Eben deshalb ist dafür die Form des Einzelereignisses unerlässlich: Ein Witz muss neu sein und unwiederholbar. Er muss überraschen, darf aber nicht belehren. Er muss, obwohl er Bewusstsein komplex in Anspruch nimmt, rasch kapiert werden können, so dass er als Ereignis gemeinsam aktualisiert werden kann, ohne dass Konsens über Anzuschließendes gebildet werden muss. Er aktualisiert also die Sozialdimension, ohne sie kommunikativ zu thematisieren. Er bindet nicht. Er schneidet jede weitere Kommunikation, jede Rückfrage, jede Bemühung um weitere Erläuterung drastisch ab dadurch, dass er die Form einer Paradoxie wählt. Dass der Witz diese Stoßrichtung auf *soziale* Latenzen hat, lässt sich im Übrigen auch daran ablesen, dass Witze auf Kosten Anwesender, das heißt auf Kosten des Bewusstseins, verboten sind – eine Norm, deren explizite Form weit in die Geschichte der Konversationsliteratur zurückverfolgt werden kann« (Luhmann, 1991, S. 459, Fußnote 16).

Humor in Organisationen – zwischen formaler und informaler Struktur

Formale Organisationen sind per se nicht witzig – und dürfen es auch nicht sein. »Wir sind ja nicht zum Spaß hier!« –, so könnte man treffend sagen. Systemtheoretisch könnte man auch formulieren: Die primäre Aufgabe einer Organisation ist es, Umweltkomplexität für ihre Mitglieder zu reduzieren, indem sie Ordnung erzeugt, Unsicherheit absorbiert und eindeutige Wirklichkeiten bereitstellt. In der Umwelt von Organisationen, in den Märkten, der Politik, aber auch den privaten Umwelten der Organisationsmitglieder passiert so viel, dass es nicht immer einfach ist zu entscheiden, was aktuell wirklich bedeutsam für die Organisation ist und was eher nicht beachtet werden soll. Für Organisationen ist es also wichtig, eindeutige Erwartungen an ihre Mitglieder zu stellen und dafür zu sorgen, dass sie erfüllt werden. Für Luhmann (1999) gelingt Organisationen dies dadurch, dass sie das Befolgen von formalen Erwartungen an die Mitgliedschaft binden (vgl. Vogel, 2013, in diesem Band). Formale Erwartungen sind nach seinen Worten konsenspflichtig, man kann sich zum Beispiel der formalen Hierarchie nicht widersetzen, ohne zugleich die eigene Mitgliedschaft aufs Spiel zu setzen. Humor scheint in diesem Zusammenhang zunächst deplatziert – so schätzt auch Luhmann die Bedeutung des Scherzes in Organisationen als eher gering ein. »Von den elementaren Sozialordnungen, die in ihren Institutionen von den Erfordernissen des unmittelbaren Kontaktes ausgehen und deshalb Spaß akzeptieren, unterscheiden sich die großen formalisierten Systeme, insbesondere die Organisationen der Berufsarbeit, wesentlich durch eine andere Konsensstruktur. Soweit Übereinstimmung für die Fortsetzung der Beziehungen erforderlich ist, wird sie formal, das heißt als Mitgliedschaftsbedingung, gesichert. Das geschieht mit verlässlicher Eindeutigkeit. Es steht im Einzelnen fest, welche Erwartungen im System konsenspflichtig sind. Die gemeinsamen Bestandteile der Situation bedürfen keines Symbols; sie sind zitierbar. Daher ist es unnötig, ja deplaciert, sie im Scherz auf indirekte Weise zu bestätigen« (Luhmann, 1999, S. 344).

Weiter steht dem Scherz in Organisationen im Wege, dass formale Erwartungen gegen Abweichungen intolerant sind, während der Scherz immer Kritik mit Toleranz verbindet. Die formale Organisation muss eindeutig sein – wie sonst sollte erkennbar werden, ob gegen sie verstoßen wird? Insofern können Führungskräfte Zuwiderhandeln ignorieren, schlicht nicht wahrnehmen oder auch deutlich machen, dass sie das Fehlverhalten zwar bemerkt haben, aber bewusst nicht thematisieren, um sich so Tauschoptionen in der Zukunft zu erwerben (vgl. Kühl, 2011) »Ich habe damals nichts gesagt, obwohl ich es hätte tun können …« beschreibt das Gefälligkeitsprinzip des Don Corleone, das gerade dadurch umso nachhaltiger wirkt, als es niemals entsprechende Gegenleistungen einfordert (vgl. Bosetzky, 1988). »Ein Verstoß kann versteckt, aber nicht scherzhaft offengelegt werden. Wer als Vorgesetzter über eine Ordnungswidrigkeit oder ein Versagen stolpert, kann versuchen, den Tatbestand zu ignorieren oder umzudeuten. Er kann ihn nicht als besonders komisch behandeln, ohne seine Untergebenen zu desorientieren, unübersehbare Rückwirkungen im System zu erzeugen und letztlich alle formalen Erwartungen zu diskreditieren. Ähnliches gilt – in geringerem Maße wegen geringerer Verantwortlichkeit – für den Kollegen, der Verstöße bemerkt. So ist besonders in formalen Situationen die humorvolle Äußerung scharfen Beschränkungen unterworfen. Sie springt aus der herrschenden Situationsauffassung heraus, macht die Beziehungen für einen Augenblick informal und kann daher nur in Übereinstimmung mit den allgemeinen Regeln der Situationskontrolle erfolgen. Nur wer über die Situation disponieren, ihren Charakter in dieser Weise ändern darf, kann sich mit Erfolg einen Scherz leisten, und dann auch nur in sachbezogenem, arbeitserleichterndem Sinne« (Luhmann, 1999, S. 345).

Allerdings findet sich Humor in einigen Sonderfällen auch in Organisationen: »Wenn ein Konflikt zwischen formalen und informalen Verhaltensnormen auftritt und in ein und derselben Situation durch eine einheitliche Handlung gelöst werden muss, kann die Doppelsinnigkeit des Scherzens genutzt werden, um beiden Normansprüchen zugleich gerecht zu werden« (Luhmann, 1999, S. 346).

Ein anschauliches Beispiel hierfür findet sich in dem Film »Das Leben der anderen« (Henckel von Donnersmarck, 2006): Die beiden Staatssicherheits-Offiziere Wiesler und Grubitz, gespielt von Ulrich Mühe und Ulrich Tukur, setzen sich in der Kantine der Stasizentrale ausnahmsweise an die Tische für die einfachen Mannschaftsdienstgrade, als einer der dort Sitzenden anhebt, einen Honecker-Witz zu erzählen. Der einfache Mitarbeiter stockt zunächst, nachdem er von seinen Kollegen auf die Anwesenheit der beiden Offiziere aufmerksam gemacht wird. Auf ausdrückliche Ermunterung durch Grubitz erzählt er aber doch den Witz und erntet zunächst breites Gelächter, bis Grubitz plötzlich streng dreinschaut und mit ernster Stimme befiehlt: »Name! Dienstgrad! Abteilung! – Ja, ich brauch Ihnen wohl nicht zu sagen, was das für Ihre Karriere bedeutet, was Sie da gerade getan haben. Das werde ich dem Büro des Ministers melden. – (lacht) – Das war doch nur Spaß! (lacht).«

In dieser Filmsequenz wird sehr anschaulich, *wer* darüber disponieren darf, *wann wer* in dieser Organisation *welchen* Witz erzählen darf und *wann* nicht. Jenseits dieses drastischen Beispiels einer totalitären Organisation zeigt sich hier eine Funktion des Witzes in Organisationen: Er dient als Test, inwieweit eigene, kritische Interpretationen in informale Situationen eingeführt werden können und dürfen. »Um dieser Funktion willen kann das Talent zum Scherzen in einer Gruppe hoch geschätzt oder doch wohl gelitten sein. Der Spaßmacher hat aber rein interne, integrative Funktionen. Er trägt weder zum Gruppenzweck noch zur Außenanpassung der Gruppe bei, und kann deshalb weder Führer sein noch hohen Status erringen. Das hindert jedoch nicht die Ausbildung von Spezialistenrollen. So erlaubt der Hofnarr dem Fürsten, sich dem Scherz anzuschließen und dadurch eine soziale Verbindung herzustellen, ohne sich als Produzierer des

Scherzes gemein zu machen und das Risiko des Misslingens zu tragen« (Luhmann, 1999, S. 342 f.).

Woran man erkennt, wer den *Spaßmacher* abgeben darf, ist schwer zu sagen, zumindest wenn man nach konkreteren Kriterien sucht als zu sagen: an der Reaktion des Publikums! Emerson (1969) meint, dass es bestimmte Gesten sind, etwas Nichtsprachliches, was hier handlungsleitend ist. In jedem Fall muss der Witz-Erzähler sozial akzeptiert sein, das heißt, er muss im Machtgefüge der Organisation dazu autorisiert sein – was man sehr gut bei den ersten humoresken Versuchen neuer Mitarbeiter beobachten kann (vgl. Vinton, 1989) und was eine paradoxe Situation erzeugt: Er macht sich über *die* Machtstruktur lustig, die ihm dies erst ermöglicht.

Witz und Humor in Organisationen als außer-ordentliche Kommunikation

Betrachtet man nun Humor als organisationales Phänomen, so geht es bei seiner Analyse natürlich nicht um Witze, die in der Umkleide erzählt werden, »die keine Situationskomik mehr erfinden, sondern ihren Witz aus Kabaretts beziehen oder als gelernte bzw. angelesene Komik in Alltagssituationen übertragen« (z. B. Blondinen-Witze) (Luhmann, 1999, S. 346). Für die Betrachtung von Witz und Humor in Organisationen wird eine blonde Frau erst dann interessant, wenn sie in der Anekdote als Vertreterin der Organisation adressiert wird, wenn also zum Beispiel die Abteilungsleiterin blond ist: »Es geht mir um die Witze, die als Thema Beobachtungen über die eigene Organisation aufweisen und diese Themen anders beobachten und beschreiben als es bislang im organisationalen Kontext der Fall war« (Dievernich, 2001, S. 186). Es handelt sich hierbei um die Betrachtung aus einer Nische der Organisation heraus, in der die formale Organisation indirekt selbst thematisiert und in ihren Unzulänglichkeiten aus der Distanz der Komik sichtbar wird.

Es ist häufig die gerade noch erlaubte Kritik, bei der auch Führungskräfte noch mitlachen können, ohne ihr Gesicht zu verlieren. Damit unterscheidet sich die hier interessierende Form von Humor auch deutlich vom gezielten Einsatz von Witzen als Werkzeug der Personalführung. »Führen mit Humor« (Schwarz, 2008) als Fortbildungsbaustein besitzt für viele Führungskräfte eine hohe Attraktivität, weil man damit eine gewisse Leichtigkeit und Souveränität im Umgang mit den eigenen Mitarbeitern verbindet. Doch nicht ohne Grund sind entsprechende Ratgeber in der Regel sehr arm an brauchbaren Ratschlägen, getreu dem Motto: »Erzählt mehr Witze, dann klappt's auch mit der Mitarbeiterführung!« Auf diese

Weise verkommt Humor zur bloßen Sozialtechnik und es wird zugleich deutlich, warum das Konzept in der Praxis nicht funktionieren kann.

Eine systemtheoretische These bezogen auf die Funktion von Humor in Organisationen sieht daher anders aus: Humor ermöglicht eine schonende Form der Offenlegung von Latenzen in Organisationen und ist somit eine außer-ordentliche Kommunikation, die kritisiert und sich zugleich selbst unschädlich macht. »Hier ließe sich eine Analyse von Witz und Ironie anschließen. In diesen Formen kann das Bewusstsein sich selbst als fehlerhaft darstellen, aber eben doch als bewusst fehlerhaft. Es begeht sozusagen einen Kategorienfehler, eine Ebenenverwechslung, eine unmögliche Attribution, um in soziale Latenzen einzubrechen und sie zugleich zu respektieren. Der Gag heiligt die Mittel – und auch das kann man noch *sagen*, wenn einem das Recht zur Ironie bestritten wird« (Luhmann, 1991, S. 459).

Die Funktion von Humor in Organisationen

Auf Heinz von Foerster geht die Idee eines ethischen Imperativs zurück, an dem sich Handeln orientieren solle: »Handle stets so, dass die Anzahl deiner Möglichkeiten wächst!« (von Foerster, 1990) – eine praktische Umsetzung dieser Empfehlung könnte lauten: Suche nach humoresken Elementen in deiner Umwelt!

Humor liegt immer quer zur gängigen Erwartungsstruktur. Das Bereitstellen von andersartigen, innovativen Sichtweisen auf die Welt ist die Basis eines jeden guten Witzes. Humor ist also etwas, mit dem man außerhalb von sich selbst sich selbst beobachten kann, wie schon Siegmund Freud zu berichten wusste (Freud, 2009). So kann über Humor ein Thema wieder in den organisationalen Alltag eingeführt werden, das durch die formale Kommunikation bereits ausgeschlossen wurde – so zum Beispiel die scherzhaften Kommentare über einmal gefällte Personalentscheidungen, die man so entweder humorvoll kritisiert oder aber zumindest erträglich gestaltet.

Die folgende Übersicht fasst die zentralen Funktionen von Humor in Organisationen, aber nicht nur dort, zusammen:

- Nähe-Distanz-Regulation im Spiel der formalen und informalen Erwartungen in Organisationen;
- Spiel mit den Möglichkeiten unterschiedlicher Wirklichkeitskonstruktionen;
- Humor als Copingstrategie gegen die Widrigkeiten der Arbeit – man hat zwar keinen Spaß *durch* die Arbeit, aber wenigstens *bei* der Arbeit;
- eher ungefährliche Einführung neuer, eventuell prekärer Informationen in ein soziales System;
- Humor gilt als eine sanfte Form der Kritik – sorgt für Distanz;

- Humor kann eine Alternative zu Fluchen oder Kritik bei Störungen sein *(Reframing)*;
- Humor erzeugt kreative Stimmung und erzeugt und erhält Flexibilität;
- über Humor lässt sich *ein guter Draht aufbauen*;
- Humor schafft Identität über die Verdeutlichung von Unterscheidungen;
- Humor dient dem mentalen und physiologischen Lustgewinn des Lachens.

Humor als doppelte Konstruktion: Gegenstand und Mittel für die Organisationsberatung

In einer humorvollen Beschreibung werden Beobachtungen der (formalen) Organisation anders thematisierbar, als dies bisher möglich war – wenn man so will also von außerhalb der bestehenden Ordnung. Der Humor lässt bestimmte Beobachtungen erst mitteilbar werden. Es sind solche Beobachtungen, die nicht als eindeutige Information kommunizierbar wären, ohne dass der Mitteilende nicht zugleich die eigene Mitgliedschaft in der Organisation grundlegend gefährdete. Humor in Organisationen, so könnte man also sagen, ist eine Art der Beobachtung zweiter Ordnung (von Foerster, 1996).

Der Humor der Organisation spielt also mit den Kontingenzen, den Möglichkeiten, Dinge anders zu sehen. Er muss allerdings auch an die aktuelle Realität anknüpfen können, das heißt, zu überzogen darf es nicht zugehen, sonst fehlt der notwendige Anschluss an die geteilte Wirklichkeit und damit würde es sich nicht mehr um einen Witz, sondern um Verrücktheit handeln. Festgelegt wird dieses Urteil wiederum von einem Beobachter – indem er lacht und den Witz weitererzählt (es schließt sich Kommunikation an, nur so überlebt das System Witz) – oder es eben nicht tut und sich kopfschüttelnd abwendet.

Der Witz ist eine Kommunikationsform, die parallel zur formalen Kommunikation läuft. Wenn man so will, ist er eine Variante möglicher Organisationsrealität, das heißt, er ist immer schon vorhanden und möglicherweise nur noch nicht kommuniziert. Damit bleibt ein Witz in dieser Form aber immer auch eine organisationale Kommunikation, wenn auch eine randständige. Das lässt sich leicht nachweisen: Ein Witz über eine Organisation wird nur verstehbar, wenn er an eine geteilte Sicht der Organisation anschließt und sie zugleich verändert. Es wird also ein bestimmter Konsens vorausgesetzt, ohne den das Witzige einer Anekdote nicht verstehbar ist (vgl. Dievernich, 2001). »Wo jedoch der Konsens problematisch wird, versagt der Spaß. Unter Fremden ist ein Scherz nur in fader, konventioneller Form möglich, gleichsam nur als vorsichtiger Ausdruck des Wunsches nach engerem Kontakt« (Luhmann, 1999, S. 343).

Im Verhältnis des Witzes zur Organisation handelt es sich also um eine zirkuläre Beziehung – der Witz in der Organisation bildet ein eigenes Kommunikationssystem, das so lange besteht, wie sich wiederum Kommunikation anschließt – also der Witz weitererzählt, verändert, wiederbelebt wird etc. Seinen Inhalt bezieht er zirkulär aus eben der Organisation, die er karikiert, und stellt sich selbst als eine Art Verhaltensventil wieder in den Dienst des Systems, über das er sich lustig macht. Der Witz nimmt die formale Organisation zum Anlass, um mit ihr zu spielen und die formalen Beobachtungen neu zu ordnen.

Wenn man so will, beobachten sich informale und formale Kommunikation gegenseitig und stellen sich wechselseitig Konstruktionen der Wirklichkeit zur Verfügung.

Wenn humorvolle Erzählungen über die Organisation wiederum für eine Organisation typisch sind, also nur vor dem (kulturellen) Hintergrund der jeweiligen Organisation verstehbar sind, dann erscheint es als gerechtfertigt, den Humor, den man in einer Organisation finden kann, als Gegenstand einer (Kultur-)Analyse zu wählen.

Der Anlass einer Organisationsdiagnose besteht zumeist darin, Hypothesen zu entwickeln, warum sich einzelne Mitglieder oder eine ganze Organisation so verhält, wie sie es tut (vgl. Bauer u. Vogel, 2013, in diesem Band). Grundsätzlich lässt sich eine Menge an Datenmaterial für die Analyse einer Organisation nutzen: Berichte, Interviewdaten, Mitarbeiterbefragungen etc. Warum aber könnte gerade der Humor einer Organisation interessant sein?

Die Idee ist einfach: Vor dem Hintergrund des bereits Dargestellten ist nicht unbedingt davon auszugehen, dass Organisationsmitglieder in Befragungen immer frei heraus das benennen können (oder dürfen), was sie bewegt. Humor, so die These, bietet hier eine Möglichkeit, sowohl den formalen Erwartungen als auch dem eigenen Selbstbild gerecht zu werden. Um entsprechendes Material zu sammeln, muss man sich allerdings zunächst einen Überblick darüber verschaffen, wo und wie Humor in Organisationen vorkommt. Tabelle 1 zeigt eine Zusammenfassung, so wie sie Kahn (1989) vorschlägt.

Tabelle 1: Formen von Humor in Organisationen (vgl. Kahn, 1989, S. 57)

Situationaler Humor	Konservierter Humor
- spontane Witze, die sich auf bestimmte organisationale Situationen beziehen	- Witze, die sich nicht spezifisch auf einen organisationalen Kontext oder einzelne Mitarbeiter beziehen
- humorvolle Geschichten, die mit der Organisation zu tun haben und von Organisationsmitgliedern erzählt werden	- humorvoll geschriebenes oder dokumentiertes Material, das über Organisationsmitglieder verteilt wird
- unbeabsichtigte humorvolle Situationen	- Cartoons, die im Organisationskontext gezeigt werden
- sarkastische Bemerkungen	
- ironische Beobachtungen	
- Streiche, Gags, praktische Witze	
- nonverbale Gesten	
- geschriebenes Material (z. B. Memos, Werbung etc.)	
- Graffiti (z. B. auf den Toiletten)	

In der Übersicht wird schon deutlich, dass sich nicht jedes humorvolle Material für eine Organisationsanalyse eignet – Kriterien, nach denen die Bedeutsamkeit des Materials bestimmt werden kann, sind zum Beispiel die Folgenden (Kahn, 1989, S. 57):

- die Verbreitung innerhalb der Organisation: Wer kennt das Material (nicht)?;
- die Heftigkeit der Reaktion auf das Material: lautes Lachen oder heftiges Zurückweisen;
- Bedeutsamkeit für bedeutende organisationale Themen: zum Beispiel Veränderungsprojekte, Konflikte etc.;
- Bedeutsamkeit für den Berater: zum Beispiel sarkastische Bemerkungen über die Beraterszene;
- Orte, an denen das Material sichtbar wird: zum Beispiel in der Steuerungsgruppe eines großen Change-Projekts oder in der Kantine.

Kahn nennt weiterhin fünf grundsätzliche Analyseebenen, auf denen humorvolle Darstellungen untersucht werden können (Kahn, 1989, S. 57):

- *die Akteure:* Wer kreiert den Humor/Witz, wer führt ihn aus, an wen richtet sich der Witz?
- *die Bühne:* Wo wird der Humor mitgeteilt, wo taucht er auf, was sind die spezifischen Umstände, was ist das Bühnenbild?
- *das Publikum:* Wer sitzt in der ersten Reihe, wie reagieren die Zuschauer?

- *die Bedeutung:* Was ist die manifeste Bedeutung des Witzes, was sind die latenten oder symbolischen Bedeutungen, was bedeutet die Reaktion des Publikums?

- *die Funktion:* Welche Funktion könnte die humorvolle Situation übernehmen, bei den Personen, auf der Interaktionsebene, für die Organisation, innerhalb dieser Situation?

In Tabelle 2 sind abschließend die Schritte einer Humoranalyse dargestellt. Sie kann sicher eine Analyse über die klassischen Methoden nicht ersetzen, aber wir haben bereits gute Erfahrungen mit ihrer Anwendung in der Organisationsberatung gemacht.

Tabelle 2: Die Schritte einer Humoranalyse (Kahn, 1989, S. 58)

Schritte	Fokus
1. Datensammlung humoresker Materialien	1. situationaler oder konservierter Humor?
2. Beschreiben des Kontextes des Humors	2. zentrale Akteure, Bühne, Publikum und Bedeutung
3. Messen der Nähe-Distanz-Regulation	3. Wie ermöglicht der Humor den Personen, Nähe oder Distanz herzustellen von Themen, anderen Personen oder ganzen Systemen?
4. Analysieren der Funktion des Humors in der jeweiligen Situation	4. Coping, Reframing, Kommunikation, Flexibilität und Kreativität, …
5. Ableiten von diagnostischen Hypothesen	5. das Bedürfnis, das durch den Humor befriedigt wird
6. weitere Datenerhebung und -analyse zur Testung der Hypothesen	6. Testung der entwickelten Hypothesen

Humor in Organisationen lässt sich nicht nur, wie dargestellt, für die Analyse einer Organisation nutzen. Der von Oswald Neuberger beschriebene Haha-Effekt spielt ebenso bei der Diagnose der *Situation* eines Unternehmens eine Rolle. Dabei geht es üblicherweise um die Beurteilung der strategischen Ausgangslage eines Unternehmens, zum Beispiel um Aspekte der strategischen Frühwarnung bei *Umweltturbulenzen* sowie um die Entwicklung neuer Unternehmensstrategien und organisationaler Veränderungen.

Nicht unerwähnt bleiben soll zudem, dass humorvolle Interventionsformen inzwischen auch in Therapie- und Beratungsansätzen Verwendung finden. Unter dem Titel »Provokanter Stil« (Farrelly u. Brandsma, 1986; Höfner, 2012) und dem gezielten Einsatz von Humortechniken (Überraschung, Übertreibung, Konfrontation und Provokation, Inkongruenz, Theatersport etc.) steht hier der Versuch im Fokus, eine Veränderung der Perspektive bzw. der Problemdefinition auf Seiten des Klienten zu bewirken sowie eine Erweiterung des Handlungsspielraums zu erlangen (für praktische Übungen wie zum Beispiel die Sketchdiagnose gibt es zahlreiche Beispiele bei Königswieser u. Exner, 2000, für eine Form des Humour Consulting siehe Hirschhausen, 2001).

Allerdings gilt in diesem Kontext, was bereits beim Aspekt Führen mit Humor genannt wurde: Humor kann in der Beratung als mehr oder weniger bedeutsame ergänzende Intervention bzw. als zusätzliche Komponente anderer Methoden verstanden werden, nicht jedoch als Hauptkomponente. Die pragmatischen Ableitungen »Erzählt mehr Witze!« oder »Erfolg lacht!« (Vogler, 2012) wären demnach Missverständnisse im Sinne eines reinen Funktionalismus. Die Schlussfolgerung »Achtet auf den Humor in eurer Organisation – und nehmt ihn *ernst!*« erscheint uns sinnvoller und angemessener zu sein.

Literatur

Adler, A. (1982). Zusammenhänge zwischen Neurose und Witz. In H. L. Ansbacher, R. F. Antoch (Hrsg.), Psychotherapie und Erziehung – Ausgewählte Aufsätze (Bd. 1, S. 178–181). Frankfurt a. M.: Fischer.

Bauer, V., Vogel, M. (2013). »Nur gucken – nicht anfassen!« Zum Management von Organisationskulturen. In M. Vogel (Hrsg.), Organisation außer Ordnung. Außerordentliche Betrachtungen organisationaler Praxis (S. 223–245). Göttingen: Vandenhoeck & Ruprecht.

Beattie, J. (1776). An essay on laughter, and ludicrous composition. Edinburgh: William Creech.

Bosetzky, H. (1988). Mikropolitik, Machiavellismus und Machtkumulation. In W. Küpper, G. Ortmann (Hrsg.), Mikropolitik: Rationalität, Macht und Spiele in Organisationen (S. 27–38). Opladen: Westdeutscher Verlag.

Dievernich, F. E. P. (2001). Witz und Humor in Organisationen – Zur Konstruktion einer weiteren Wirklichkeit. In F. E. P. Dievernich (Hrsg.), Kommunikationsausbrüche: vom Witz und Humor der Organisation (S. 183–204). Konstanz: UVK-Verlagsgesellschaft.

Eibl-Eibesfeldt, I. (1999). Grundriß der vergleichenden Verhaltensforschung: Ethologie (8., überarbeitete Aufl.). München: Piper.

Eibl-Eibesfeldt, I. (1984). Die Biologie des menschlichen Verhaltens. München: Piper.

Emerson, J. P. (1969). Negotiating the serious import of humor. Sociometry, 32 (2), 169–181.

Farrelly, F., Brandsma, J. M. (1986). Provokative Therapie. Berlin: Springer.

Foerster, H. von (1990). Das Konstruieren einer Wirklichkeit. In P. Watzlawick (Hrsg.), Die erfundene Wirklichkeit. Wie wissen wir, was wir zu wissen glauben? Beiträge zum Konstruktivismus (6. Aufl., S. 39–60). München: Piper.

Foerster, H. von (1996). Wissen und Gewissen: Versuch einer Brücke (3. Aufl.). Frankfurt a. M.: Suhrkamp Taschenbuch Wissenschaft.

Freud, S. (2009). Der Witz und seine Beziehung zum Unbewußten. Der Humor (9., unveränderte Aufl.). Frankfurt a. M.: Fischer Taschenbuch Verlag.

Grotjahn, M. (1974). Vom Sinn des Lachens: psychoanalytische Betrachtungen über den Witz, das Komische und den Humor. München: Kindler.

Henckel von Donnersmarck, F. (2006). Das Leben der Anderen. Buena Vista Home Entertainment.

Hirschhausen, E. von (2001). Humour Consulting – eine neue Dienstleistung. In F. E. P. Dievernich

(Hrsg.), Kommunikationsausbrüche: vom Witz und Humor der Organisation (S. 289–300). Konstanz: UVK-Verlagsgesellschaft.

Hobbes, T. (2005). Leviathan. Hamburg: Meiner.

Höfner, E. N. (2012). Glauben Sie ja nicht, wer Sie sind! Grundlagen und Fallbeispiele des Provokativen Stils (2. Aufl.). Heidelberg: Carl-Auer Verlag.

Kahn, W. A. (1989). Toward a sense of organizational humor: Implications for organizational diagnosis and change. The Journal of Applied Behavioral Science, 25 (1), 45–63.

Kallen, H. M. (1911). The æsthetic principle in comedy. The American Journal of Psychology, 22 (2), 137–157.

Koestler, A. (1966). Der göttliche Funke: der schöpferische Akt in Kunst und Wissenschaft. Bern, München u. Wien: Scherz.

Koestler, A. (1981). Der Mensch, Irrläufer der Evolution: die Kluft zwischen unserem Denken und Handeln – eine Anatomie der menschlichen Vernunft und Unvernunft. München: Goldmann.

Königswieser, R., Exner, A. (2000). Systemische Intervention: Architekturen und Designs für Berater und Veränderungsmanager (5. Aufl.). Stuttgart: Klett-Cotta.

Kühl, S. (2011). Organisationen – Eine sehr kurze Einführung. Wiesbaden: VS Verlag für Sozialwissenschaften.

LaFave, L. (1972). Humor judgments as a function of reference groups and identification classes. In J. H. Goldstein, P. E. McGhee (Hrsg.), The Psychology of Humor (S. 195–210). San Francisco: Academic Press.

Lorenz, K. (1963). Das sogenannte Böse. Wien: Borotha-Schoeler.

Ludovici, A. M. (1932). The secret of laughter. London: Constable.

Luhmann, N. (1991). Soziale Systeme: Grundriss einer allgemeinen Theorie (4. Aufl.). Frankfurt a. M.: Suhrkamp.

Luhmann, N. (1999). Funktionen und Folgen formaler Organisation: Mit einem Epilog 1994 (5. Aufl.). Berlin: Duncker & Humblot.

Neuberger, O. (1988). Was ist denn da so komisch? Thema: der Witz in der Firma. Weinheim: Beltz.

Räwel, J. (2005). Humor als Kommunikationsmedium. Konstanz: UVK Verlagsgesellschaft.

Schwarz, G. (2008). Führen mit Humor. Wiesbaden: Springer Fachmedien.

Vinton, K. L. (1989). Humor in the workplace: It is more than telling jokes. Small Group Research, 20 (2), 151–166.

Vogel, M. (2013). Wie ist (ordentliche) Organisation möglich? Von Personen und Erwartungen. In M. Vogel (Hrsg.), Organisation außer Ordnung. Außerordentliche Betrachtungen organisationaler Praxis (S. 39–55). Göttingen: Vandenhoeck & Ruprecht.

Vogler, J. (2012). Erfolg lacht! Humor als Erfolgsstrategie. Wiesbaden: Gabal.

Barbara Ahrens, Tom Mosblech und Martin Vogel

Passung ins System – Möglichkeiten einer systemischen Personalauswahl

Vorbemerkungen

Organisationen betreiben ein hohes Maß an zeitlichem und finanziellem Aufwand, um Mitarbeiter zu rekrutieren. In der Hoffnung, kompetente Mitarbeiter zu finden, die über die benötigten Kompetenzen verfügen, Know-how einbringen, sich entwickeln und langfristig an das Unternehmen binden lassen, werden aufwendige und nach wissenschaftlich etablierten Kriterien geordnete Personalauswahlverfahren konzipiert und durchgeführt. Überprüft wird die *Eignung* eines Bewerbers, entsprechend liegt der Fokus dieser Auswahlverfahren überwiegend in der Messung der Kompetenzen, die ein Bewerber mitbringt.

Doch bedeutet die scheinbare Übereinstimmung der Kompetenzen von Bewerber und Anforderungsprofil auch gleichzeitig eine *Passung* des Bewerbers zur Stelle, zum Team und zum Unternehmen? Trotz qualitativ hochwertiger Auswahlinstrumente und sorgfältiger Durchführung stellt sich nach einiger Zeit immer wieder heraus, dass der neue Mitarbeiter zwar hochqualifiziert ist, aber dennoch nicht in das System passt. Doch woran liegt das? Ist die Passung zwischen Individuum und Organisation mit den klassischen – durchaus validen – Personalauswahlmethoden überhaupt messbar? Und welche Möglichkeiten hat letztendlich der Bewerber, sich ein realistisches Bild vom Unternehmen und der zu besetzenden Stelle zu machen? Wo kann hier ein Passungsabgleich zwischen Individuum und Organisation aus der Perspektive des Bewerbers stattfinden? Dieser Artikel beschäftigt sich mit den Grenzen klassischer Personalauswahlverfahren aus systemischer Sicht und zeigt mögliche Alternativen und Ergänzungen zu den herkömmlichen Verfahren auf.

Klassische Methoden der Personalauswahl

Die Grundannahme der klassischen Eignungsdiagnostik liegt darin, dass es möglich ist, durch die sorgfältige Konstruktion und Durchführung möglichst valider Personalauswahlinstrumente mit einer gewissen durch Validitätsaussagen bestimmbaren Wahrscheinlichkeit aus einer Anzahl von Bewerbern diejenigen Kandidaten auszuwählen, die erfolgreiche Stelleninhaber sein werden. Aufgrund der Leistungen eines Bewerbers während des Auswahlprozesses für eine bestimmte Stelle werden in der Hoffnung auf einen späteren beruflichen Erfolg des Bewerbers im Unternehmen Einstellungsentscheidungen getroffen. Organisationen können sich hier einer Reihe von gängigen, wissenschaftlich gut erforschten und in der Praxis unzählige Male erprobten Verfahren bedienen. Es stehen eine Menge Ratgeber zur Verfügung (vgl. z. B. Kanning, Pöttker u. Klinge, 2008), die den Personalverantwortlichen helfen sollen, entsprechende Verfahren zu konzipieren und durchzuführen. Gängige und durchaus valide Verfahren sind zum Beispiel das strukturierte Interview sowie das Assessment-Center. Ergänzt werden Auswahlverfahren häufig auch durch Intelligenz- und Persönlichkeitstests (zu den Gütekriterien dieser Verfahren vgl. z. B. Schmidt u. Hunter, 1981; Thornton, Gaugler, Rosenthal u. Bentson, 1987, oder Schuler u. Funke, 1993).

Passung versus Eignung

Wer also Personal auswählen muss, kann sich – zumindest bei der Beurteilung der Eignung eines Bewerbers – an einer Reihe etablierter Verfahren sowie einer festgelegten Norm orientieren. Doch warum werden trotz hohen zeitlichen und finanziellen Aufwandes bei der Personalauswahl viele Personalentscheidungen im Nachgang als unbefriedigend angesehen? So wird zum Beispiel in einem Artikel der Frankfurter Allgemeinen Zeitung vom 19. August 2005 festgestellt, dass zwischen 5 und 25 Prozent der getroffenen Personalentscheidungen innerhalb der ersten beiden Jahre durch das Unternehmen oder den neuen Mitarbeiter selbst korrigiert werden und weitere 10 bis 15 Prozent der Einstellungen aus Unternehmenssicht als nicht befriedigend angesehen werden. Doch welche Schlussfolgerungen können daraus gezogen werden?

Es scheint offensichtlich, dass der Eignungsbegriff für Auswahlentscheidungen einer Ergänzung bedarf. Ein Bewerber muss mit dem, was er mitbringt, auch in das Unternehmen, die Kultur und das Team passen. Eigentlich ist das – insbesondere aus einer systemischen Sichtweise heraus – eine simple und grundlegende Feststellung, die auch Praktiker bejahen. Denn es ist durchaus bekannt, dass Mitarbeiter mit ausgezeichneten Voraussetzungen in bestimmten Kontexten ihr Potenzial nicht einbringen können. Bei der Messung der Passung stoßen die klassischen Auswahlverfahren jedoch an ihre Grenzen. Der Passungsbegriff sowie der Begriff der Messung muss in diesem Zusammenhang erweitert oder gar neu definiert werden. Fraglich ist, ob Passung überhaupt im klassischen Sinne objektivierbar ist, da es sich um einen komplexen Begriff auf verschiedenen Ebenen handelt, bei dem auch intuitive Prozesse eine Rolle spielen.

Passung: Eine erste Annäherung

Der Passungsbegriff wird in der Organisationspsychologie schon seit den 1960er Jahren diskutiert. Das organisationspsychologische Modell des *person-job-fit,* des Zusammenpassens von Person und spezifischer Arbeitsumwelt, geht auf die in den 1960er Jahren entwickelte Berufswahltheorie von Holland (1959, 1963) zurück. Für die Passung spielen zwei interagierende Beziehungen eine Rolle: (1) die Korrespondenz von Anforderungen der Situation und Fähigkeiten der Person sowie (2) die Korrespondenz von individuumsspezifischen Bedürfnissen und Möglichkeiten zu deren Befriedigung in der Arbeitssituation (Lofquist u. Dawis, 1984). Danach sind Personen am produktivsten und zufriedensten in Arbeitsumwelten, die kongruent zu ihren Persönlichkeitsmerkmalen sind. Doch findet die Messung dieser interagierenden Beziehungen ihren Niederschlag in den klassischen Auswahlverfahren? Lassen sich die Anforderungen der Situation und die Fähigkeiten der Person vielleicht noch in einer anforderungsbezogenen Assessment-Center-Übung, zum Beispiel in Form eines Rollenspiels, abbilden, so ist doch fraglich, inwiefern die individuumsspezifischen Bedürfnisse und die Möglichkeiten zu deren Befriedigung in der Arbeitssituation durch irgendeine klassische Personalauswahlmethode erfasst wird. Hier stoßen diese Verfahren auch wegen ihres Anspruchs der Objektivierbarkeit definitiv an ihre Grenzen.

Die Grenzen klassischer Eignungsdiagnostik

Der klassischen Eignungsdiagnostik liegt das wissenschaftliche Grundpostulat zugrunde, dass eine vorhandene Wirklichkeit prinzipiell erkennbar ist. So kann der Personalverantwortliche seine Einstellungsentscheidung auf eine valide Grundlage stellen und eine Wahrscheinlichkeitsaussage darüber machen, ob ein Bewerber hinsichtlich seiner Kompetenzen geeignet ist für eine bestimmte Position oder auch nicht. Und die Wahrscheinlichkeit, die richtige Entscheidung zu treffen, lässt sich durch entsprechende Methoden – oder besser noch durch einen Methodenmix – noch weiter steigern (Schuler, 2007). Die Logik der Eignungsdiagnostik basiert dabei auf wenigen Grundpostulaten: 1. Das Verhalten des Bewerbers hat eine stabile, in der Person begründete, zeitlich überdauernde Ursache, nämlich dessen Eigenschaften. 2. Nach gängiger Annahme lassen sich durch Verhaltensbeobachtungen valide Rückschlüsse auf diese Eigenschaften ziehen und Eigenschaften sind somit diagnostizierbar. Zwar ist durchaus bekannt, dass das keine einfache Aufgabe ist und diese Beobachtungen den unterschiedlichsten Wahrnehmungsverzerrungen und -effekten unterliegen, wie zum Beispiel dem Halo-Effekt (Thorndike, 1920) oder Überstrahlungseffekt, dem Effekt des ersten Eindrucks etc., allerdings scheinen sich diese Effekte beispielsweise durch eine gute Beobachterschulung vorab und das Mehraugenprinzip minimieren zu lassen. In Assessment-Centern ist das Mehraugenprinzip Teil der Methode, und auch Beobachterschulungen werden in der Regel vorab praktiziert (vgl. z. B. Schuler, 2007).

Betrachtet man die Eignungsdiagnostik jedoch vor dem Hintergrund systemisch-konstruktivistischen Denkens, so liegt die Hauptschwierigkeit für Personalauswahl in dem Postulat, dass Wirklichkeit prinzipiell eben gerade *nicht* erkennbar und der Beobachter immer auch ein Teil des von ihm beobachteten Systems ist. Darüber hinaus verändert seine Beobachtung wiederum den Beobachtungsgegenstand – sprich den Bewerber – und stellt gleichzeitig eine Intervention in das System dar. Wirklichkeiten werden demnach individuell und sozial konstruiert, gleichzeitig ist auch jedes Verhalten kontextabhängig und ändert sich mit den jeweiligen Kontexten. Die Kernfrage der Eignungsdiagnostik aus systemisch-konstruktivistischer Sicht ist demnach nicht, ob sich ein Bewerber für eine bestimmte Stelle eignet, sondern ob und wie Bewerber und Kontext optimal voneinander profitieren können. Daher stehen Kommunikation und Interaktion im Mittelpunkt des Interesses. Folglich muss aus systemisch-konstruktivistischer Sicht weniger von *Eignung,* sondern vielmehr von *Passung* gesprochen werden.

Überlegungen zu einer systemisch-konstruktivistischen Personalauswahl

Ausgehend von den beschriebenen Grundlagen können für eine systemisch-konstruktivistische Personalauswahl folgende Überlegungen gelten:
-   Wenn im systemischen Denken nicht Eigenschaften im Fokus stehen, sondern Kommunikation, muss diese erzeugt und beobachtbar gemacht werden.
-   Wenn es um Passung geht, müssen beide Seiten diese beurteilen können, das heißt, auch der Bewerber muss unterstützt werden, Passung zu überprüfen. Passung ist in diesem Zusammenhang eine gemeinsame Konstruktion, die ständig neu erfolgt.
-   Wenn es keine Diagnose ohne Intervention gibt, wird die Organisation nach der Auswahl nicht die gleiche sein wie vor der Auswahl. Auswahlprozesse verändern Teams, sind also immer auch Teamentwicklungsprozesse, die man begleiten kann – oder nicht.
-   Wenn die eignungsdiagnostische Wirklichkeit das Produkt subjektiver Wahr-

nehmungen und Erfahrungen ist, sollte diese Subjektivität bei der Eignungsdiagnostik nicht negiert, sondern berücksichtigt und genutzt werden.
- Gefühle steuern die Aufmerksamkeit bei der Personalauswahl. Wenn dem so
  ist, sollte es nicht nur Methoden geben, diese soweit wie möglich aus der Entscheidungsfindung auszuschließen, sondern auch Methoden, Gefühle und
  Intuitionen systematisch zu nutzen.
- Da Personalentscheidungen in Organisationen oft in großem Umfang von
  unsichtbaren Faktoren wie ungeschriebenen Gesetzen, Beziehungsmustern,
  informellen Strukturen etc. beeinflusst werden, sollten diese für Personalentscheidungen sichtbar gemacht werden.
- Darüber hinaus müssen Methoden entwickelt werden, die es Team und Bewerber ermöglichen, probeweise eine gemeinsame Wirklichkeit im Tun und im
  gemeinsamen Probehandeln zu erzeugen.

Die fünf Ebenen der Passung

Diese Überlegungen führen vom Eignungsbegriff hin zu einem umfassenderen
Passungsbegriff der Personalauswahl. Denn Passung findet nicht nur auf der Ebene
der Rahmenbedingungen und Kompetenzen, sondern darüber hinaus auch auf
den Ebenen der Werte, Grundhaltungen und Überzeugungen, der Beziehungen
und der Ziele und Motive statt. Davon ausgehend haben die Autoren für die Personalauswahl das Modell der »Fünf Ebenen der Passung« entwickelt (siehe Tabelle 1).

Tabelle 1: Die fünf Ebenen der Passung

Erste Ebene der Rahmenbedingungen	vertragliche Rahmenbedingungen, örtliche und zeitliche Verfügbarkeit, betriebswirtschaftliche, finanzielle Angelegenheiten
Zweite Ebene der Kompetenzen	Kenntnisse und Fertigkeiten, Intelligenz, Soft Skills, Ausbildung, Qualifikation und Erfahrung
Dritte Ebene der Werte, Grundhaltungen und Überzeugungen	Sicht der Welt, Verständnis von Zusammenarbeit und Führung,grundlegende Überzeugungen, Zutrauen in zukünftige Entwicklung
Vierte Ebene der Beziehungen	informelle Strukturen, Rollen, Personen, Erwartungen an den Einzelnen, Art der Beziehungsgestaltung, Sympathie, Antipathie
Fünfte Ebene der Ziele und Motive	Drive, Leistungsorientierung, Leidenschaft, berufliche Ziele, Lebensziele, Menschenbild, Vorstellung darüber, wie Arbeit/Beruf/Gesellschaft gestaltet sein sollte

Der Vorteil aus Organisationssicht, diese fünf Ebenen bei der Personalauswahl zu berücksichtigen, liegt darin, unterschiedliche Stellen und Funktionen so besetzen zu können, dass die Kernkompetenzen der Mitarbeiter in den jeweiligen Rahmenbedingungen aus Team, Aufgabe, Vorgesetzten, Rollenverteilung etc. zum Tragen kommen und eine optimale Wirkung entfalten können. Nach Schmid und Messmer (2003) ist dies für eine Organisation für ein funktionierendes Zusammenspiel im Dienste gemeinsamer Ziele gerade in Zeiten steigenden Drucks, schnelleren Wandels und höherer Anforderungen unabdingbar. Andernfalls entwickeln die Mitarbeiter – meist unbewusst – *Schwarzmärkte,* in welchen ihre Kernkompetenzen, aber auch andere Interessen, die nicht im Zusammenhang mit der eigentlichen Aufgabe stehen, Ausdruck finden können. Dass dieses eine Quelle von Effektivitätsverlusten bezogen auf die eigentlichen Geschäftszwecke einer Organisation darstellt, versteht sich von selbst. Die Qualität einer Neubesetzung spiegelt sich demnach nicht nur in den Eigenschaften und Kompetenzen des Kandidaten, sondern vor allem auch im Zusammenspiel zwischen Funktion, Vorgesetztem, Kandidat und relevantem Systempartner wider (Schmid u. Messmer, 2003).

Die *Rahmenbedingungen* werden in der Ausschreibung, im Einstellungsgespräch und den Vertragsverhandlungen geklärt (Passungsebene 1). Klassische Auswahlverfahren wie zum Beispiel das Assessment-Center treffen eine Aussage über die Eignung des Bewerbers hinsichtlich seiner *Kompetenzen* (Passungsebene 2). Vielleicht gibt es in einem strukturierten Interview noch ansatzweise Hinweise auf die *Ziele* und die *Motive* des Bewerbers (Passungsebene 5), aber wirkliche Informationen über die Passung in das Team hinsichtlich der neu entstehenden *Beziehungen* oder das Unternehmen (Passungsebene 3) liefern klassische Auswahlverfahren nicht. Ähnliches gilt sicher für Aussagen über das Zusammenspiel zwischen dem Bewerber, seiner zukünftigen Funktion und seinem Vorgesetzten. Hier werden neue Ideen und ergänzende systemische Methoden benötigt, die diese Lücke bei der Personalauswahl schließen können.

Intuition als Ressource im Personalauswahlprozess

Fragt man in der Personalauswahl tätige Praktiker und Experten, was ihnen letztendlich Aufschluss darüber gibt, ob ein Bewerber nicht nur geeignet ist, sondern auch zum Unternehmen oder in das Team passt, wird häufig die Intuition ins Spiel gebracht. »Der passt ganz einfach nicht zu uns!« ist eine häufige Aussage von Personalern, wenn der Bewerber zwar die notwendigen Kompetenzen mitzubringen scheint, aber dennoch auf Ablehnung bei den Beteiligten stößt (oder auch umgekehrt: Ein Bewerber zeigt zwar nicht die geforderten Kompetenzen, »passt aber irgendwie von seiner Person …«). Auf Nachfrage kann diese mangelnde Passung mehr oder weniger faktenbasiert erläutert werden. Dennoch wird schnell deutlich, dass hauptsächlich ein nicht näher bestimmbares Gefühl für diese Aussage ausschlaggebend ist. Systematisch genutzt wird dieser intuitive Teil der Personalauswahlentscheidung in den klassischen Auswahlverfahren jedoch nicht. Ganz im Gegenteil wird versucht, ihn als mögliche Fehlerquelle, als *Beobachtungsfehler* durch entsprechende Schulungen, den Einsatz unterschiedlicher Methoden und der Mehrfachüberprüfung der Kompetenzen im Mehraugenprinzip zu eliminieren – in dem Bewusstsein, dass das eigentlich kaum möglich ist. Hier reduzieren lediglich methodische Finesse und höhere Achtsamkeit der Beobachter die sogenannten Fehler. Doch handelt es sich bei diesen systematischen, gut dokumentierten scheinbaren Fehlern der sozialpsychologischen Wahrnehmung (vgl. z. B. Schuler, 2007) nicht vielleicht auch um eine Ressource im Personalauswahlprozess, die wichtige Hinweise für die Personalentscheidung geben könnten? Warum nutzen wir diese intuitiven Urteile nicht, indem wir sie methodisch systematisieren und aus der *Fehlerecke* herausholen? Ohnehin wird kaum jemals eine Einstellungsentscheidung ohne diese intuitiven Urteile getroffen. Einen konkreten Niederschlag im Auswahlprozess finden sie jedoch nicht. Die einzige Ausnahme bildet hier die in vielen Assessment-Centern gebotene Möglichkeit für die Beobachter, auch einen Punktwert für den sogenannten *Nasenfaktor* oder Gesamteindruck vergeben zu können. Dieser Punktwert fließt dann zwar nicht in den statistischen Gesamtwert ein, der die Performance eines Bewerbers wiedergibt, bietet den Beobachtern aber die Möglichkeit, Sympathie- und Antipathieeffekte dokumentieren zu können. Um Intuition für systemische Konzepte der Personalauswahl als Ressource nutzen zu können, ist das jedoch längst nicht ausreichend. Daher sollten wir zunächst in Abgrenzung zu den Beobachterfehlern definieren, wie unter systemischen Gesichtspunkten Intuition verstanden werden kann.

In Anlehnung an Schmid, Hipp und Caspari (1992) kann Intuition folgendermaßen definiert werden:

– Intuition ist eine Urteilsbildung über die Wirklichkeit, ohne dass der Urteilende weiß, wie er sein Urteil gebildet hat bzw. worin es besteht,
– Intuition unterscheidet sich oft vom linearen Denken, das ausschließlich auf räumlich und zeitlich eng beieinander liegende Ursache-Wirkungs-Beziehungen ausgerichtet ist. Intuitionen ergeben deswegen oft keinen rationalen Sinn.

Durch die aktuelle Intuitionsforschung ist bekannt, dass ungeübte Menschen oft wenig Kompetenz besitzen, Intuitionen zu erspüren und zu kommunizieren (vgl. z. B. Hänsel, Zeuch u. Schweitzer, 2002). Daher sind für eine professionelle systemische Personalauswahl Methoden wichtig, die zwischen Wichtigem und Unwichtigem unterscheiden helfen und mit denen wir erkennen, auf welche Variablen wir uns konzentrieren und welche wir vernachlässigen können. Denn Intuition ist kein Gütesiegel, sie kann richtig oder falsch, kreativ oder gewohnheitsmäßig, professionell oder unprofessionell, problem- oder lösungsorientiert sein. Dennoch ist es häufig die Intuition, die Hinweise insbesondere auf die Passungsebenen 4 (Beziehungen – Passung ins Team) und 5 (Ziele und Motive) geben kann. Eine systematische Reflexion und Prüfung der intuitiven Urteile aller am Personalauswahlprozess Beteiligten ist daher unbedingt notwendig, damit Intuition eine Ressource im Auswahlprozess darstellen kann:

– Welche Intuition habe ich?
– Welche Dimensionen sind für die Entscheider zentral, welche spielen für sie keine Rolle, wo bestehen blinde Flecken?

Intuition ist ein spontanes Bild von der Welt – die Welt kann so sein, muss aber nicht so sein. Daher muss die Intuition im Austausch mit anderen überprüft werden. Systemische Personalauswahlmethoden sollten daher so konzipiert und ausgewählt werden, dass sie die intuitive Kompetenz der am Personalauswahlprozess Beteiligten stärken und zugleich kritisch reflektieren helfen.

Das Passung-Center als mögliche Alternative zu klassischen Personalauswahlmethoden

Nun kann man als systemisch denkender Wissenschaftler oder Praktiker relativ einfach die Grenzen klassischer Personalauswahlmethoden darlegen und die Anforderungen an alternative, systemische Personalauswahlmethoden beschreiben. Schwieriger gestaltet sich hingegen die praktische Umsetzung dieser Erkenntnisse. Mit dem Passung-Center für Personalauswahl wurden von den Autoren verschiedene Methoden konzipiert und zusammengestellt, die eine Brücke von der Theorie zur Praxis schlagen könnten. Das Passung-Center für Personalauswahl (siehe Abbildung 1) ist als Baukastensystem konzipiert, aus dem jeweils für eine Organisation passende Methoden aus den drei wichtigen Phasen der Personalauswahl

– Anforderungsanalyse,
– Passungsprüfung und
– Entscheidungsfindung

ausgewählt werden können. Dabei steht nicht nur die Diagnose der Passung aus Organisationssicht im Vordergrund, ebenso werden dem Bewerber Methoden an die Hand gegeben, selbst eine Entscheidung über die Passung zur Aufgabe, zum Team und zum Unternehmen treffen zu können. Diese Sammlung versteht sich nicht als abschließend, sondern bietet vielmehr einen erweiterbaren Pool an Möglichkeiten, systemisches Denken und Handeln in der Personalauswahl zu verwirklichen.

Organisation
1. Rahmenbedingungen
2. Kompetenzen
3. Werte, Grundhaltungen und Überzeugungen
4. Beziehungen
5. Ziele und Motive

Anforderungsanalyse	Passungsprüfung	Entscheidung

• Aufstellung
   • metaphorisch
   • klassisch
   • mit Organisationsbrett
 • Repertory Grid
 • Erfolgsgeschichten
	• Team und Bewerber führen gemeinsam eine Aufgabe aus
	   • theoretisch
	   • praktisch
	 • klassische AC-Methodik mit Reflecting Team
	 • gemeinsame Analyse der Erfolgsgeschichten
	 • Repertory Grid
		• Intuition
		 • Aufstellungen (Vergleich)
		 • Dialogverfahren
		 • Nutzung von „Beobachtungsfehlern"
		 • Szenarios (metaphorisch)
		 • geleitete Fantasien

Bewerber
1. Rahmenbedingungen
2. Kompetenzen
3. Werte, Grundhaltungen und Überzeugungen
4. Beziehungen
5. Ziele und Motive

Karrieremosaik	Abgleich	Entscheidung
Karrierecoaching		**Unterstützung für den Bewerber**

Abbildung 1: Passungsprüfung im Passung-Center – Überblick

Mögliche Methoden der Anforderungsanalyse im Passung-Center

Organisationsaufstellungen

Bei einer systemischen Anforderungsanalyse ist als grundsätzliches Postulat zu beachten, dass jede Diagnose zugleich auch eine Intervention darstellt und der Übergang von Personalauswahl zu Organisationsentwicklung fließend ist. Um insbesondere Interaktionsmuster innerhalb der Organisation intuitiv sichtbar und nutzbar machen zu können, bieten sich Methoden an, die ihre Anlehnung in der Organisationsaufstellung haben (vgl. z. B. Polt u. Rimser, 2006). Diese räumlichen Darstellungsmethoden ermöglichen es, die Interaktion in einem bestehenden Team intuitiv zu erfassen und gleichzeitig die Anforderungen, die ein Bewerber mitbringen sollte, um in diesem Team erfolgreich agieren zu können bzw. das Team zu bereichern, beschreiben zu können.

Erfolgsgeschichten der Organisation

Einen ähnlichen Zugang zur Anforderungsanalyse bieten die Geschichten einer Organisation. Organisationen richten sich als soziale Systeme nach einem Sinn aus, das heißt, bestimmte Themen, Inhalte und Aspekte ergeben für eine Organisation Sinn, andere werden hingegen gar nicht wahrgenommen. Genau genommen kann man sagen, dass Organisationen Sinn prozessieren – das heißt, sie richten sich nach einem bestimmten Sinn aus, sie bringen ihn aber auch immer wieder selbst hervor. Wenn man nun beobachten möchte, was für eine Organisation sinnvoll ist und was nicht, so gibt es einen indirekten Zugang dazu: Die Geschichte bzw. die Geschichten der Organisation, also die Geschichten, die immer wieder erzählt werden: lustige, peinliche, offen oder hinter vorgehaltener Hand. Darüber transportiert und reproduziert eine Organisation ihre Identität und ihren Sinn, zum Beispiel gegenüber neuen Mitarbeitern. Diese Geschichten können in Form eines Workshops erzählt und festgehalten werden. Mit der Fokussierung auf Erfolgsgeschichten lassen sich verschiedene Sinnbezüge einer Organisation beschreiben, denn Erfolg ist in vielen Organisationen unterschiedlich definiert und lässt sich auf sozialen, zeitlichen und räumlichen Dimensionen unterschiedlich beschreiben. So lassen sich viele Aspekte der Kultur eines Unternehmens daraus ablesen, wie über Erfolg berichtet wird. Die für die Anforderungsanalyse wichtigen Informationen können in einem weiteren Schritt extrahiert werden und bieten dann wichtige Hinweise für den späteren Passungsabgleich.

Anforderungsanalyse mit dem Repertory Grid

Eine durchaus bereits praktizierte Methode der Anforderungsanalyse bietet das Repertory Grid (Kelly, 1955; Vogel, 2012). Nach Kelly sieht der Mensch seine Welt mit Hilfe von Unterscheidungen, die er selbst entwirft. Diese Unterscheidungen, die der Mensch versuchsweise anwendet, nennt Kelly Konstrukte. Mit Hilfe dieser Konstrukte entwirft er ein Bild von der Welt, in der er lebt.

Mit Hilfe des Repertory Grids ist es nun möglich, die Dimensionen individueller Konstruktionen einzelner Personen, aber auch (mit Hilfe entsprechender Analyse-Programme) sozial geteilter Wirklichkeiten zu erheben. Während zum Beispiel die Kompetenz Teamfähigkeit heute in nahezu keinem Anforderungsprofil mehr fehlt, ist es mit Hilfe des Repertory Grids möglich zu bestimmen, was genau eine Organisation, ein Team oder eine Führungskraft darunter versteht, wenn sie von Teamfähigkeit spricht. Es geht also nicht um eine lexikalische Definition des Begriffs, sondern um die Bedeutungen, die individuell oder sozial dieser Kompetenz zugeschrieben werden (für eine ausführliche Beschreibung der Methode im Organisationskontext siehe z. B. Vogel, 2012).

Weitere Möglichkeiten

Neben den beschriebenen Möglichkeiten der systemischen Anforderungsanalyse sind eine Reihe weiterer Methoden für den Einsatz denkbar, zum Beispiel

– die Abbildung über Systemmodelle – Methode des vernetzten Denkens (Vester, 2007; Gomez u. Probst, 1995),
– systemische Fragetechniken im Teamworkshop (Simon u. Rech-Simon, 2007),
– die Anregung intuitiver Urteile durch analoge Verfahren (z. B. Metaphernanalyse: Steger, 2001).

Mögliche Methoden der Passungsprüfung im Passung-Center

Das Ausführen einer gemeinsamen Aufgabe

Letztendlich ist ein Team oder eine Organisation natürlich nichts anderes als ein soziales System. Soziale Systeme haben die Eigenschaft, sich selbst durch Kommunikation zu reproduzieren und eigene Regeln und Muster parallel zu den beteiligten Personen zu entwickeln. Soziale Systeme entwickeln so Eigenschaften, die sich aus der Summe ihrer Einzelkomponenten nicht erklären lassen. In gleicher Weise lässt sich aber auch nicht vom Gesamtsystem auf die Eigenschaften der Elemente zurückschließen. Die Konsequenz dieses Phänomens ist: Wird ein neues Element in ein bestehendes System integriert – sprich ein neu ausgewähltes Teammitglied in das Team –, also mit den anderen Systemelementen durch Wirkbeziehungen verknüpft, kann das System neue Eigenschaften aufweisen, die nicht vorhersehbar waren. Daher muss eine systemische Personalauswahl das Funktionieren des potenziell neuen Teams sichtbar und erlebbar machen, zum Beispiel indem das bestehende Team und der Bewerber eine gemeinsame Aufgabe durchführen. Diese gemeinsame Aufgabe kann theoretischer oder praktischer Natur sein. Durch die Zusammenarbeit des Teams mit verschiedenen Bewerbern werden so unterschiedliche Wirklichkeiten sichtbar und erlebbar und erleichtern die Einstellungsentscheidung. Gleichzeitig besteht hier für beide Seiten – Organisation und Bewerber – die Möglichkeit, einen Passungsabgleich vorzunehmen. Intuitive Passungsurteile können von beiden Seiten auf der Grundlage des gemeinsamen Tuns gefällt werden. Im Gegensatz zu simulierten Situationen im Assessment-Center entsteht eine *gemeinsame Wirklichkeit* von Team und Bewerber. Die Perspektive des *unbeteiligten Beobachters* – die es aus Sicht des systemischen Denkens ohnehin nicht gibt – ist aufgehoben. An deren Stelle tritt eine *beobachtende Beteiligung,* die per Definition eine Rückwirkung auf den Beobachtungsgegenstand – den Bewerber – sowie auf das Team hat und haben soll. Dass hier die Grenzen zwischen Personalauswahl, Team- und Organisationsentwicklung fließend sind und der Personalauswahlprozess so auch einen weiteren Mehrwert für das Team bietet, rechtfertigt neben der fundierten Passungsinformation den vergleichsweise hohen Aufwand.

Assessment-Center-Übung mit Reflecting Team

Eine weitere Möglichkeit, den Objektivitätsanspruch der Beobachter aufzulösen und gleichzeitig die intuitive Kompetenz von Bewerber und Organisation zu stärken, bietet eine Beobachterkonferenz in Anlehnung an die der Familientherapie entliehenen Reflecting-Team-Methode (Andersen, 1990). Indem die Beobachter im Anschluss an eine klassische Assessment-Center-Übung, zum Beispiel ein Rollenspiel, ihre Eindrücke über den Bewerber in dessen Beisein austauschen, werden wertvolle Passungshinweise für beide Seiten gegeben.

Natürlich erfordert diese Methode einen ausgesprochen wertschätzenden Umgang miteinander. Sie hebt jedoch den Wahrheitsanspruch der klassischen Beobachterrolle auf und bietet beiden Seiten völlig neue Eindrücke, Chancen und Möglichkeiten. Die Methode löst sich von dem Anspruch, sich auf eine von allen Beobachtern gemeinsam getragene scheinbare Wahrheit zu einigen, und erstellt in Anlehnung an Bateson (1981) verschiedene *Karten des gleichen Territoriums*. Es ist nicht nur für die Beobachter, sondern ebenso für die Bewerber faszinierend und interessant zu erfahren, welche Eindrücke die einzelnen Beobachter während der simulierten Situation gewonnen haben. So werden fruchtlose Diskussionen über die scheinbare Richtigkeit der eigenen Wahrnehmung vermieden und an deren Stelle tritt eine neue, für alle Beteiligten häufig überraschende Ordnung.

Analyse von Erfolgsgeschichten im Reflecting Team

Die Methode der Erfolgsgeschichten, die ihre Wurzeln unter anderem im Storytelling (vgl. z. B. Frenzel, Müller u. Sottong, 2006) und der Karriereberatung (vgl. Bolles, 2001) hat, lässt sich ebenfalls mit der beschriebenen Methode des Reflecting Teams verknüpfen. An die Stelle von Assessment-Center-Übungen treten Geschichten. Ein Vertreter der Organisation erzählt Erfolgsgeschichten der Organisation, die zum Beispiel schon während der Anforderungsanalyse erhoben wurden. Der Bewerber hört sich diese Geschichten an und erzählt dann selbst Erfolgsgeschichten aus seinem eigenen Lebenslauf, aus denen sein Tun und seine Grundhaltungen deutlich werden. Ein Reflecting Team hört sich nun diese Geschichten an und tauscht sich im Beisein des Organisationsvertreters und des Bewerbers über dessen Eindruck bezüglich der Passung der Geschichten aus. Auch diese Methode erhöht die intuitive Kompetenz aller am Auswahlprozess Beteiligten und gibt sowohl der Organisation als auch dem Bewerber wichtige Hinweise für oder gegen eine mögliche Einstellungsentscheidung.

Passungsprüfung mit dem Repertory Grid

In ähnlicher Form, in der das Repertory Grid für die Anforderungsanalyse genutzt werden kann, kann während der Passungsprüfung das Konstruktsystem des Bewerbers mit dem Repertory Grid erfasst werden. In einem weiteren Schritt kann ein Austausch über die Passung der beiden Konstruktsysteme – auch hier denkbar in Verknüpfung mit einem Reflecting Team – stattfinden und Passungshinweise für beide Seiten geben.

Mögliche Methoden zur Unterstützung der Entscheidungsfindung im Passung-Center

Auch im Passung-Center werden die Beteiligten letztendlich vor die Aufgabe gestellt, eine Entscheidung für oder gegen einen Bewerber zu treffen. In gleicher Weise ist aber auch der Bewerber gefordert, eine Entscheidung für oder gegen die Stelle oder das Unternehmen zu treffen, für das er sich beworben hat. Dieser Entscheidung kommt im Passung-Center eine ebenso große Bedeutung zu wie der Unternehmensentscheidung. Die Methoden der Passungsprüfung sollten beiden Seiten bereits eine breite Entscheidungsgrundlage geliefert und die intuitive Kompetenz gestärkt haben. Dennoch stellt sich die Frage, mit welchen Methoden nun alle Beteiligten zu einer abschließenden Entscheidung kommen können. Auch hierbei sind unterschiedliche Methoden denkbar und der Katalog der Möglichkeiten ist sicher noch nicht voll ausgeschöpft.

Entscheidungsfindung mit Hilfe erneuter Organisationsaufstellungen

Sind bereits während der Phase der Anforderungsanalyse Organisationsaufstellungen erfolgt, kann zur Unterstützung der Entscheidungsfindung das zukünftige Team mit Stellvertretern der nun bekannten Bewerber (alternativ mit dem Systembrett) erneut aufgestellt werden. Diese erneuten Aufstellungen liefern Hinweise über das noch nicht bekannte, mögliche zukünftige Team und die Auswirkungen auf die Beziehungen im Team – also insbesondere Informationen über die Passungsebene 3.

Entscheidungsfindung mit Hilfe metaphorischer Szenarios oder geleiteter Fantasien

Eine Alternative zu den Organisationsaufstellungen bieten metaphorische Szenarien oder geleitete Fantasien, die letztendlich eine gleiche Wirkungsweise haben und ähnliche Informationen produzieren. Alle diese Methoden weisen Elemente der Teamentwicklung auf und bieten trotz des vergleichsweise hohen Personaleinsatzes einen unbestreitbaren Mehrwert für die Beteiligten.

Nutzung von Beobachtungsfehlern

Die Nutzung vermeintlicher Beobachterfehler als Ressource im Personalauswahl-prozess wurde schon ausführlich beschrieben. Stärken letztendlich alle beschriebenen Methoden die intuitive Kompetenz der Beteiligten, so stellt sich dennoch die Frage, ob die im Auswahlprozess allgemein bekannten Fehler der sozialen Wahrnehmung nicht auch im Entscheidungsprozess nutzbar gemacht werden können. Indem die Beteiligten aufgefordert werden, ihre Assoziationen und vermeintlichen Vorurteile offenzulegen, können wiederum wichtige Hinweise für die Entscheidungsfindung generiert werden. Um nicht Gefahr zu laufen, mögliche Vorurteile zu verfestigen, wird gesammelt, aber nicht bewertet.

Dialog

Bevor die Beteiligten eine Entscheidung treffen, könnten sie ihre Eindrücke in Form eines Dialogs in Anlehnung an David Bohm (1998) austauschen: »Die Vorstellung oder das Bild, das diese Ableitung [der Bedeutung des Wortes Dialog] nahelegt, ist das eines freien Sinnflusses, der unter uns, durch uns hindurch und zwischen uns fließt. […] Das macht einen Sinnstrom innerhalb der ganzen Gruppe möglich, aus dem vielleicht ein neues Verständnis entspringen kann. Diese Einsicht ist etwas Neues, das zu Beginn möglicherweise gar nicht vorhanden war« (Bohm, 1998, S. 33). Bei diesem Dialog geht es nicht darum, eine kritische Analyse der vorhandenen Informationen vorzunehmen. Vielmehr wird ein offener Raum geschaffen, in dem man sich auf einen ergebnisoffenen Erkenntnisprozess einlässt. Das Neue kann Bohm zufolge nur dann gemeinsam entwickelt werden, wenn die Gesprächsteilnehmer in der Lage sind, einander uneingeschränkt und vorurteilsfrei zuzuhören, ohne zu versuchen, sich gegenseitig zu beeinflussen. Indem alle Beteiligten das Gleiche tun, nämlich die Ansichten der Teilnehmer anhören und ihren Sinn zu verstehen suchen – entsteht eine andere Art des Bewusstseins, die Bohm als partizipierendes Bewusstsein bezeichnet. Diese Vorgehensweise wäre eine Umkehr klassischer Beobachterkonferenzen, in denen es in erster Linie darum geht, Beobachtungen zusammenzutragen und die anderen Beobachter von der Wahrheit der eigenen Beobachtungen zu überzeugen. Es handelt sich hier um eine gänzlich andere, außer-ordentliche Vorgehensweise.

Unterstützung der Bewerberentscheidung

Parallel zur Beobachterkonferenz sollten auch die Bewerber Möglichkeit und Unterstützung erhalten, eine Passungsentscheidung treffen zu können. Die Angst, geeignete Bewerber dadurch unter Umständen nicht gewinnen zu können, erscheint auf den ersten Blick nachvollziehbar, ist bei genauerer Betrachtung jedoch unbegründet. Ein Unternehmen, das den Bewerbern eine derartige Möglichkeit offeriert, nimmt offensichtlich die Bewerber – und damit auch die Mitarbeiter des Unternehmens – ernst, und ist bereit, hier zu investieren. Und eine Fehleinstellung ist auch dann eine (entsprechende Kosten verursachende) Fehleinstellung, wenn lediglich der spätere Stelleninhaber nach einigen Wochen oder Monaten zu der Erkenntnis kommt, die falsche Entscheidung getroffen zu haben. Die Unterstützung der Bewerberentscheidung wird sich also für ein Unternehmen letztendlich auszahlen.

In Anlehnung an das Karrieremosaik nach Bolles (2001, siehe Abbildung 2) können die Bewerber darin angeleitet werden, sich nach der Passungsprüfung folgende Gedanken zu machen:

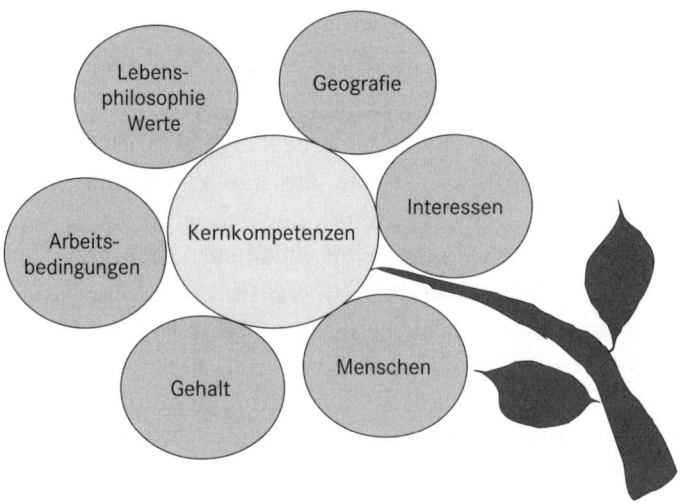

Abbildung 2: Das Karrieremosaik nach R. N. Bolles (2001)

Fragen hinsichtlich der Kernkompetenzen:
– Welche Fähigkeiten habe ich?
– Was mache ich nicht nur gut, sondern auch wirklich gern?
– Wenn ich diese Kernkompetenzen mit den Dingen vergleiche, die ich bei der angebotenen Position täglich tue, stimmen diese überein?

Fragen hinsichtlich der Interessen:
– Für welche Themen entwickle ich echte Leidenschaft?
– Wie würde ich einem guten Freund meine Interessen beschreiben?
– Wenn ich diese Interessen mit den Themen vergleiche, mit denen ich mich bei der angebotenen Position täglich beschäftige, stimmen diese überein?

Fragen hinsichtlich der Rahmenbedingungen:
- Welche Rahmenbedingungen brauche ich, um zu großer Form aufzulaufen?
- Was brauche ich, um mich am Arbeitsplatz so richtig wohlzufühlen?
- Bietet mir die angebotene Position die Rahmenbedingungen, die ich brauche?

In ähnlicher Weise können zu allen Bereichen Leitfragen gestellt werden, die es dem Bewerber ermöglichen, das während der Passungsprüfung Erlebte zu reflektieren und eine Entscheidung zu fällen. Denn die Frage, ob Organisation und Bewerber letztendlich zusammenpassen, sollte nicht nur seitens der Organisation, sondern im Sinne einer systemischen Personalauswahl genauso von Seiten des Bewerbers beantwortet werden.

Passung – eine außer-ordentliche Dimension in der Personalauswahl

In diesem Beitrag wurde, ausgehend von der Logik und den Methoden der klassischen Eignungsdiagnostik, ein ergänzender Ansatz in der Personalauswahl vorgestellt, der auf die Passung von Person und Organisation fokussiert. Diese Ideen liegen mit Sicherheit in Teilen außerhalb der gewohnten, ordentlichen Bahnen professioneller Personalauswahl. Insofern erscheint es uns wichtig zu betonen, dass es sich hierbei um ergänzende Ideen handelt. Passung statt Eignung meint eine andere, ergänzende Qualität. Es geht um die Nutzung des Ausgeschlossenen innerhalb gängiger Personalauswahlverfahren, um den blinden Fleck der Eignungsdiagnostik. Die Anwendung wissenschaftlich fundierter, valider Instrumente liefert wichtige Hinweise für Personalentscheidungen und ist schon allein deshalb wichtig, weil solche Auswahlentscheidungen innerhalb von Organisationen und vor den Kandidaten selbst begründet und mit (rechtssicheren) Fakten belegt werden müssen. Die Einbeziehung von Intuition ist nicht gleichzusetzen mit unreflektierten Bauchentscheidungen oder Beliebigkeit in der Methodenauswahl – genau das Gegenteil ist der Fall.

Literatur

Andersen, T. (Hrsg.) (1990). Das reflektierende Team. Dortmund: Verlag modernes Lernen.

Bateson, G. (1981). Ökologie des Geistes. Anthropologische, psychologische, biologische und epistemologische Perspektiven. Frankfurt a. M.: Suhrkamp.

Bohm, D. (1998). Der Dialog. Das offene Gespräch am Ende der Diskussion. Stuttgart: Klett-Cotta Verlag.

Bolles, R. N. (2001). What color is your parachute? A practical manual for job-hunters and career-changers. Berkeley: Ten Speed Press.

Frenzel, K., Müller, M., Sottong, H. (2006). Storytelling. Die Kraft des Erzählens fürs Unternehmen nutzen. München: dtv.

Gomez, P., Probst, G. (1995). Die Praxis ganzheitlichen Problemlösens. Stuttgart: Haupt.

Hänsel, M., Zeuch, A., Schweitzer, J. (2002). Erfolgsfaktor Intuition. Geistesblitze in Organisationen. Zeitschrift für Organisationsentwicklung 3 (1), 40–51.

Holland, J. L. (1959). A theory of vocational choice. Journal of Counseling Psychology, 6, 35–45.

Holland, J. L. (1963). Explorations of a theory of vocational choice and achievement. A four-year prediction study. Psychological Reports, 12 (2), 547–594.

Kanning, U. P., Pöttker, J., Klinge, K. (2008). Personalauswahl. Stuttgart: Schäffer-Poeschel Verlag.

Kelly, G. A. (1955). The psychology of personal constructs. Vol. I + II. New York: Norton.

Lofquist, L. H., Dawis, R. V. (1984). A psychological theory of work adjustment. Minneapolis: University of Minnesota Press.

Polt, W., Rimser, M. (2006). Aufstellungen mit dem Systembrett. Interventionen für Coaching, Beratung und Therapie. Münster: Ökotopia Verlag.

Schmidt, F. L., Hunter, J. E. (1981). Employment testing. Old theories and new research findings. American Psychologist, 36 (10), 1128–1137.

Schmid, B., Hipp, J., Caspari, S. (1992). Intuition in der professionellen Begegnung. Zeitschrift für systemische Therapie, 17 (2), 101–111.

Schmid, B., Messmer, A. (2003). Die Optimierung der Passung zwischen Unternehmen und Mensch. Lernende Organisation, 16, 36–43.

Schuler, H. (Hrsg.) (2007). Assessment Center zur Potenzialanalyse. Göttingen: Hogrefe.

Schuler, H. (2007). Spielwiese für Laien? Weshalb das Assessment Center seinem Ruf nicht mehr gerecht wird. Wirtschaftspsychologie aktuell, 14 (2), 27–30.

Schuler, H., Funke, U. (1993). Diagnose beruflicher Eignung und Leistung. In H. Schuler (Hrsg.), Lehrbuch Organisationspsychologie (S. 235–283). Bern: Huber.

Simon, F. B., Rech-Simon, C. (2007). Zirkuläres Fragen. Heidelberg: Carl-Auer Verlag.

Steger, T. (2001). Was Metaphern über Gefühle sagen – ein neuer Zugang zu Emotionen auf der Managementebene. In G. Schreyögg, J. Sydow (Hrsg.), Managementforschung 11 (S. 75–109). Wiesbaden: Gabler.

Thorndike, E. L. (1920). A constant error in psychological rating. Journal of Applied Psychology, 4, 25–29.

Thornton III, G. C., Gaugler, B., Rosenthal, D. B., Bentson, C. (1987). Die prädiktive Validität des Assessment Centers – eine Metaanalyse. In H. Schuler, W. Stehle (Hrsg.), Assessment Center als Methode der Personalentwicklung (S. 36–60). Göttingen: Verlag für Angewandte Psychologie.

Vester, F. (2007). Die Kunst vernetzt zu denken (6. Aufl.). München: dtv.

Vogel, M. (2012). Das Repertory-Grid-Interview für systemische Forschungsvorhaben. In M. Ochs, J. Schweitzer (Hrsg.), Handbuch Systemische Forschung (S. 363–376). Göttingen: Vandenhoeck & Ruprecht.

Martin Vogel

Management des Ungefähren:
Zur außer-ordentlichen Position
von Stellvertretern in Organisationen

Vorbemerkungen

Stellvertretungen sind in Organisationen »seltsam unspektakuläre« Positionen.
Bezogen auf einen der berühmtesten Stellvertreter, den Vizepräsidenten der Vereinigten Staaten, führt dieser Umstand Steve Tally zu dem Schluss, dass diese
Position so unbedeutend und undankbar sei, dass sie keinen »großen Mann« zu
reizen vermöge. Im Umkehrschluss: Jemandem, der sich freiwillig auf diesen Pos-
ten bewirbt, sollte man ihn auf gar keinen Fall geben … (Tally, 1992). In der Regel
gibt es einen Mitarbeiter aus dem gleichen Team oder eine Führungskraft aus einer
anderen Abteilung, der oder die den Chef bzw. Chefin vertritt, wenn der im Urlaub,
krank oder auf Dienstreise ist. Als vordringliche Aufgaben dieses Stellvertreters
werden dann meist benannt, das Tagesgeschäft aufrechtzuerhalten, Unterschrif-
ten in formalisierten und routinisierten Prozessen zu leisten und darüber hinaus
die Fälle, die eine tatsächliche Entscheidung verlangen, so lange zu bündeln und
in der Schwebe zu halten (bzw. zu verhindern, dass eine andere Stelle diese Entscheidung trifft), bis der Stelleninhaber wieder zurück an seinem Arbeitsplatz ist.

Die Position des Stellvertreters ist oft so unscheinbar, dass viele Organisationen inzwischen gänzlich auf formale Stellvertreter verzichten. Mit den neuen
technologischen Möglichkeiten sind Führungskräfte via Handy und E-Mail auch
im Urlaub erreichbar[1] und krank wird sowieso nur noch der, der es sich leisten
kann, so die sarkastische, aber nicht unübliche Meinung in Organisationen. Es
mag Ausnahmen geben, insbesondere unter dem Aspekt des Risikomanagements
nehmen Organisationen die Vorsorge für den Ausfall zentraler »Wissensträger«

---

1 Ein Umstand, der der Tourismusindustrie einen nicht unerheblichen Zuwachs an Fernreisen
jenseits Europas eintragen dürfte: »Wenn ich in den Urlaub fahre, dann immer richtig weit weg,
weil da dann das Firmenhandy nicht mehr funktioniert. Meine Sekretärin hat dann zwar meine
Privatnummer, aber die meldet sich nur, wenn es wirklich was Wichtiges gibt«, so eine Justizia-
rin und Teilnehmerin einer Vorstudie dieses Beitrags.

in den Blick – doch auch hier bleibt der Fokus durch die Beschränkung auf wichtige Schlüsselpersonen eng gezogen.[2]

Bis hierhin erscheint die Stellvertretung als eine jener Trivialitäten innerhalb von Organisationen, von denen man zwar weiß, die jedoch wie jene »Hausfrauenarbeit« des Fritz Simon (Simon, 2001, S. 255) nur dann auffallen, wenn sie nicht funktionieren bzw. nicht geleistet werden. Das heißt jedoch keinesfalls, dass diese Phänomene überflüssig wären – sie fallen nur nicht so auf! Und das kann für das betreffende soziale System hoch funktional sein. Die These dieses Beitrags lautet daher: Die Position des Stellvertreters ist in Organisationen deshalb so unspektakulär gebaut, weil sie nur so ihre spezifischen Funktionen für die Organisation erfüllen kann.

Stellvertretung gilt nach wie vor als eine »vernachlässigte soziologische Kategorie« (Weiß, 1984) – unter Umständen aus gutem Grund.

Trivialitäten in Organisationen

Wenn man die organisationstheoretische Literatur, aber auch praxisnahe Ratgeber nach Hinweisen zur Position des Stellvertreters durchschaut, so wird man enttäuscht. Es finden sich kaum explizite Bearbeitungen des Themas. Auch wenn man Organisationen direkt untersuchen möchte und nach Stellvertretung fragt, erntet man oft nicht einmal Unverständnis, sondern eher Irritation. Was soll an diesen Positionen denn interessant sein?

Interessant ist zum Beispiel, dass nach kurzer Bedenkzeit die meisten Menschen, die über etwas Organisationserfahrung verfügen, Geschichten und Anekdoten zu gelungener oder weniger gelungener Stellvertretung, zu Konflikten, Karrierechancen oder -niederlagen und erfolgreichen und weniger erfolgreichen Projekten berichten können, die sich ereignen, wenn der Chef mal nicht da ist und ein anderer seine Position einnehmen muss. Und dabei ist es völlig gleichgültig, wen man fragt – vom Sachbearbeiter an der Basis oder der Montagemitarbeiterin in der Produktion über das mittlere Management bis zur Top-Führungskraft: Jeder kennt solche Geschichten und kann sie sofort berichten. Und dennoch gibt es kaum Seminarangebote für die stellvertretende Führungskraft, kaum Literatur, keine wissenschaftlichen Studien. Wenn man sich die unüberschaubare Fülle der theoretischen wie praktischen Texte zum Thema Führung und Management

---

2   Zum Teil taucht das Konzept der Stellvertretung aber auch in diesen Feldern nicht auf – so zum Beispiel bei Romeike und Hager (2009).

ansieht, so ist es doch mindestens erstaunlich, wie wenig sich Wissenschaft und Beratung mit dem Fall auseinandersetzen, dass Führung plötzlich ausfällt.[3]

Nimmt man jedoch eine eher systemtheoretische Perspektive auf Organisationen ein, so erstaunt dieser Sachverhalt weniger. Denn dass etwas unspektakulär ist, ja trivial erscheint, liefert ja keine objektive Aussage über ein Phänomen, sondern ist zunächst das Ergebnis einer Beobachtung – es muss ja zunächst auffallen, dass etwas nicht weiter auffällt! Für die Systemtheorie sind dies genau jene Phänomene, die durch die Leistung des sozialen Systems erzeugt und zugleich verdeckt werden und gerade dadurch ihre Funktion für das soziale System erfüllen. »Because system theory aims to describe society as a system, it has to include more than just a limited portion of society. In order to face complexity, system theory needs other tools: these are mainly theoretical concepts and so-called trivialities. Trivialities allow the theory to observe in more sociologically informative ways. The examples of triviality in Luhmann's texts are manifold. Often he starts with a triviality. [...] Theory sheds a new light on trivialities« (Besio u. Pronzini, 2008, S. 19 f.).

So stellt Luhmann zum Beispiel in seinem Artikel »Die Knappheit der Zeit und die Vordringlichkeit des Befristeten« zunächst einmal fest: »Zeitdruck ist eine verbreitete Erscheinung« (Luhmann, 1968, S. 3). Diese Feststellung, so fährt er fort, bedarf keines besonderen Nachweises. Gerade deshalb aber ist das Phänomen des Zeitdrucks für eine systemtheoretische Analyse interessant. Die Tatsache, dass ein Phänomen zwar umfassend auftritt, jedoch nicht weiter thematisiert und hinterfragt wird, ist für die Systemtheorie gerade erklärungsbedürftig. Bezogen auf den in Organisationen allgegenwärtigen Zeitdruck fragt Luhmann daher, wie es zu diesem Verständnis von Zeit gekommen ist, und vor allem, worin die (systemerhaltende) Funktion sowohl des Zeitdrucks als auch des »Nicht-in-Frage-Stellens« dieses Umstands für das Prozessieren innerhalb einer Organisation liegt.

»Stellvertretung ist eine verbreitete Erscheinung« – so könnte man also im Anschluss an diese Gedanken formulieren. In Organisationen finden sich überall Stellvertretungsbeziehungen,[4] unter Kollegen an der Basis, aber natürlich auch

---

3 Mit Ausnahme vielleicht von Reinhard Höhn, der aufgrund seiner persönlichen Vergangenheit unter Umständen in diesem Punkt besonders sensibel war (Höhn, 1964).

4 Wie im Übrigen in der Gesellschaft überhaupt, wie schon der Verfassungstheoretiker Abbé Sieyès im Jahre 1795 schreibt: »Alles ist im Gesellschaftsstande Stellvertretung. Sie findet sich überall in der privaten wie in der öffentlichen Ordnung; sie ist die Mutter der Fabrik- und Handelsindustrie sowie der Fortschritte in den freien Künsten und in der Staatskunst; ja sie vermischt sich sogar mit dem Wesen des gesellschaftlichen Lebens« (Sieyes, 1981, S. 372). Bezogen auf die sich funktional differenzierende Gesellschaft erscheint es unstrittig, dass diese Differenzierung nur durch eine Vielzahl von Stellvertretungsbeziehungen zu bedienen ist. »Niemand vermag über alles zu beraten und zu entscheiden, was ihn direkt oder mittelbar betrifft. Deshalb beauftragt er andere, an seiner Stelle zu sprechen, Entschlüsse zu fällen oder Streitigkeiten auszufechten. Stellvertretung gehört zu den universalen Ordnungsformen der Vergesellschaftung. Advokaten

auf höheren Hierarchiestufen. Doch warum wird Stellvertretung so wenig thematisiert und worin liegt wiederum die Funktion des Unscheinbaren?

Stellvertretung in Organisationen: Erste Annäherungen

Der Begriff der Stell-Vertretung ist aus zwei Worten zusammengesetzt. Die »Stelle« gilt nach wie vor als Grundelement der formalen Organisation (z. B. Luhmann, 1999, S. 141 ff.) und die grundlegende Ordnung einer Organisation ist die hierarchische Stellenstruktur. Auf der einzelnen Stelle bündeln sich die Prämissen, unter denen auf dieser Position in der Organisation gehandelt werden kann: Eine Stelle ist in irgendeine Art Kommunikationsweg eingebunden (»berichtet an …«), ist mit bestimmten Aufgaben betraut (Programmierung über Ziele oder Wenn-dann-Verknüpfungen) und wird nicht zuletzt mit einer Person mit einer bestimmten Qualifikation oder Profession besetzt. Über Stellen verschaffen sich Organisationen die nötige strukturelle Elastizität, um auf externe oder auch interne Veränderungen reagieren zu können. Dabei können einzelne Teile der Stelle verändert werden (Personalwechsel, neue Aufgaben, andere Kommunikationswege), dann bleibt die Stelle meist noch in ihrer alten Form erkennbar, letztlich lässt sich eine Stelle aber auch als bloßer Geldbetrag behandeln, den man hier wegnimmt, um ihn dort in einer anderen Abteilung wieder anzusiedeln. Über Stellen macht sich eine Organisation zudem unabhängig von den persönlichen Eigenarten ihrer Inhaber. Auch wenn manche Stellen irgendwann den Namen ihrer langjährigen Besitzer bekommen, so bleiben sie dennoch unpersönliche Strukturelemente, die man neu besetzen, umwidmen oder ganz einsparen kann.

Nur deshalb können Stellen auch vertreten werden. »Von ganz Unvertretbarem spricht die Widmung« (Weiß, 1998, S. 1), Subjekte in ihrer Einzigartigkeit lassen sich nicht vertreten. Um von anderen Formen der Vertretung wie Interims-Management, kommissarische Leitung etc. unterscheiden zu können, soll hier aber zugleich gelten, dass nur besetzte Stellen vertreten werden können, das heißt, die Person des Stelleninhabers spielt als Prämisse für das Handeln des Stellvertreters sehr wohl eine Rolle.

---

führen für ihre Mandanten Prozesse, Banken verwalten das Vermögen ihrer Kunden, Priester beten für ihre Gemeinden, Intellektuelle denken für ganze Gesellschaften. Vereine bestellen Vorstände, Belegschaften wählen Interessenvertreter, Wahlvölker entsenden Abgeordnete in Parlamente. Immerzu sind Individuen und kollektive Akteure damit beschäftigt, Vertreter zu finden, die für sie handeln sollen. Freiwillig oder aus Zwang verzichten sie auf die Lasten der Freiheit, ihre Selbständigkeit und Souveränität, ihre Handlungsmacht« (Sofsky u. Paris, 1991, S. 111).

> *Erste Annäherung:* Einer Vertretung für eine Stelle bedarf es dann, so könnte man
> in einer erster Annäherung sagen, wenn es eine Stelle in einer Organisation gibt,
> die grundsätzlich durch eine Person besetzt ist, diese Person aber vorübergehend
> nicht handeln kann. Stellvertretung wäre hiernach also ein Phänomen einer forma-
> len Organisation, das zeitlich befristet und/oder aufgabenbezogen begrenzt ist.[5]

Ausgangspunkt für Stellvertretung ist also zunächst die Ausnahme, allerdings führt das Konzept den Regelzustand immer mit. In dieser grundlegenden Form findet sich Stellvertretung überall in Organisationen. Es geht letztlich darum, die Kommunikationswege aufrechtzuerhalten. Unter Kollegen übernimmt man mal dessen Telefon, vertritt sich bei Kunden oder geht zu einer Sitzung. Gleichwohl muss in der Vertretungssituation eben dieser Umstand immer mit kommuniziert werden, am Telefon, bei der Unterschrift … Hier scheint bereits etwas der Spannung durch, die in dieser Position steckt: »Übernimm die Aufgabe voll umfänglich, aber vergiss nicht, wessen Aufgaben dies eigentlich sind!«

Auf vertikaler Ebene scheint dies meist unproblematisch, allein das Wissen um die Angewiesenheit auf hilfsbereite Kollegen wirkt hier konfliktdämpfend (Luhmann, 1999, S. 314 ff.). Potenziell konfliktträchtiger sind hier Vertretungsbeziehungen, die verschiedene Hierarchiestufen überspannen.

Über die Hierarchie werden die einzelnen Stellen in der Vertikalen in Über- und Unterordnungsverhältnisse geordnet, aber auch in der Horizontalen in Beziehung gesetzt (Baecker, 1999). Hierarchie sorgt neben Unterschieden eben auch für formale Gleichheit unter Kollegen auf der gleichen Ebene. Über Hierarchie versorgt sich die Organisation zudem mit vertikalen Koordinationsmöglichkeiten vieler Stellen, von denen jede über hierarchische Bezüge erreichbar ist. Führungskräfte haben die Aufgabe, die Unsicherheiten der Umwelt im Inneren der Organisation zu absorbieren und zugleich für jedermann sichtbar zu platzieren, indem sie Entscheidungen treffen, für den Rest der Organisation Sinn produzieren und das Gesamtsystem dadurch entlasten, dass sie für Fehlentscheidungen (von ihnen selbst, aber auch von ihren Mitarbeitern) die Verantwortung übernehmen müssen. Die Hierarchie bietet zudem die Möglichkeit, Konflikte definitiv zu entscheiden – irgendwo in jeder Organisation findet sich eine Position mit »BastaKompetenz« (Kühl, 2011, S. 85). Und die Hierarchie bietet letztlich – und das ist

---

5   Es soll nicht unerwähnt bleiben, dass *Stellvertretung* natürlich auch in anderen Feldern diskutiert wird. So spielt der Begriff u. a. in der Heilslehre des Christentums eine zentrale Rolle (vgl.
    z. B. Schaede, 2004). Ein Grund für die Schwierigkeit, den Begriff für die Theologie fruchtbar zu
    machen, könnte aber gerade darin liegen, dass ein allgemeiner Begriff der Stelle das je Besondere
    des Stelleninhabers eben nicht abbilden kann. Wie kann Jesus Christus dann *stellvertretend* für
    jeden Einzelnen von uns gestorben sein?

hier interessant – eine Art elementare Vertretungsregelung. Mit der Möglichkeit, im Konfliktfall ein Thema »nach oben zu ziehen« und dort zu entscheiden ist im Umkehrschluss auch die Pflicht verbunden, dies auch dann zu tun, wenn eine untergeordnete Stelle gegenwärtig nicht besetzt ist. Zuständig ist im Zweifel der nächst-höhere Vorgesetzte (Weibler, 1994).

Zweite Annäherung: Die Stellvertretung ist implizit in der hierarchischen Stellenstruktur vorgegeben. Wenn von dieser elementaren Regelung abgewichen werden soll, bedarf es einer expliziten Entscheidung.

Eine grundlegende Funktion von Stellvertretung wäre also die Verhinderung von Rück-Delegationen an die nächsthöhere Stelle, wenn der Stelleninhaber für Entscheidungsleistungen ausfällt. Nicht immer allerdings ist eine aktive Stellvertretung dann auch wirklich notwendig. Wenn ein Stelleninhaber aktuell nicht handeln kann, kann man auch schlicht warten, bis er von der Dienstreise wieder zurück ist. Langsamkeit wäre also ein funktionales Äquivalent zur Stellvertretung, sofern die Organisation sich das leisten kann und will. Aber auch eindeutige Verhaltensanweisungen für die Abwesenheit des Chefs, erhöhtes Eigenengagement der Mitarbeiter oder schlicht die Zufriedenheit mit suboptimalen Lösungen können explizite Stellvertretung ersetzen. Gleichwohl sei darauf hingewiesen, dass die Einrichtung von Stellvertretungen auch »von unten« eingefordert werden kann, mindestens dadurch, dass jede Entscheidung auf den Dienstweg geschickt wird.

Dritte Annäherung: Eine explizite Stellvertretungsregelung ist immer dann notwendig, wenn auf einer Stelle Entscheidungen getroffen werden müssen, die aufgrund von Zeitdruck nicht warten können und die nächst-höhere Hierarchieebene entlastet werden soll.

Wenn aber eine explizite Vertretungsregelung geschaffen wird, so ergeben sich daraus weitere Handlungsmöglichkeiten. So ändern sich die Bedingungen für die Nutzung von Stellvertretern. Eine Führungskraft kann ihren jetzt formalen Stellvertreter auch dann für sich einsetzen, wenn sie schlicht nicht handeln *will*. Das geht zwar auch ohne explizite Regelung über Einzeldelegationen, müsste aber im Zweifel jedes Mal gesondert begründet und für alle anderen von Situation zu Situation nachvollziehbar legitimiert werden. Mit Blick auf die formalen Strukturen kann ein Stellvertreter jetzt nicht mehr darauf verweisen, dass bestimmte Aufgaben nicht zu seinem Aufgabengebiet gehören. Und dem Vorgesetzten reicht ein Verweis auf den Termindruck (Luhmann, 1968), um mehr oder weniger ungeliebte Aufgaben übertragen zu können.

Bei den geläufigen Formen der Stellvertretung ist wichtig zu erwähnen, dass in der Regel keine neue Stelle geschaffen wird (abgesehen von ganz exponierten Positionen wie Geschäftsführung oder Vorstand). Vielleicht ist die Position mit einer etwas besseren Bezahlung verbunden, vielleicht darf man den Titel des Stellvertreters auf der Visitenkarte führen, die Aufgabe des Stellvertreters wird allerdings meist zusätzlich übernommen. Es leitet sich eben kein formaler Führungsanspruch aus dieser Position ab.

Vierte Annäherung: Auch formale Stellvertretung meint in der Regel keine eigene Stelle. Stellvertretungen bleiben allein deshalb schon unscheinbar, weil sie, von der Ausnahme her gedacht, stellvertretende Aufgaben nur neben ihrer eigentlichen formalen Aufgabe übernehmen und zumeist nicht mit zusätzlichen Machtpotenzialen ausgestattet werden.

Von der Dyade zur Triade: Der Stellvertreter als der Dritte

Wie bereits deutlich wurde, gibt es äußerst unterschiedliche Formen von Stellvertretung in Organisationen (für eine Übersicht vgl. Höhn, 1964), nicht alle können hier behandelt werden. Für den Fortgang des Artikels steht die wohl geläufigste Form im Vordergrund, dass ein Mitarbeiter aus dem eigenen Führungsbereich als Stellvertreter für seine Führungskraft bestimmt wird. Das hat nicht unerhebliche Konsequenzen für die Binnenstruktur einer Abteilung. Statt Vorgesetztem und Mitarbeiter gibt es nun einen Dritten: den Stellvertreter (siehe Abbildung 1).

Bereits Niklas Luhmann hatte die besondere Scharnier-Funktion des Vorgesetzten gesehen (Luhmann, 1999, S. 206 ff.). Die zentrale Aufgabe dieser Position liegt in der Trennung und gleichzeitigen Verknüpfung der Kommunikationsnetze der eigenen Abteilung und der nächsthöherer Führungskreise. »Der Vorgesetzte fungiert als ein Informationsfilter, der nur vorab spezifizierte Informationen durchlässt und im Übrigen als ein Spiegel fungiert, in dem die Kollegen Vorgesetzten ebenso sich selbst beobachten wie die Kollegen Mitarbeiter. Jeder einzelne Vorgesetzte befindet sich damit jedoch in einer paradoxen Lage. Er muss seine Mitarbeiter vor den Zumutungen der ihm übergeordneten Vorgesetzten schützen, diesen gegenüber jedoch zugleich demonstrieren, wie perfekt er seinen ›Laden‹ im Griff hat« (Baecker, 2010, S. 20).

Im praktischen Umgang mit dieser Paradoxie setzen Führungskräfte in der Regel weniger auf die Vorgaben der formalen Bürokratie, sondern auf persönliche Beziehungen zu ihren Mitarbeitern. Die formale Bürokratie droht in eine Art »Lehenshierarchie« (Luhmann, 1999, S. 213) zu pervertieren, wenn die Büro-

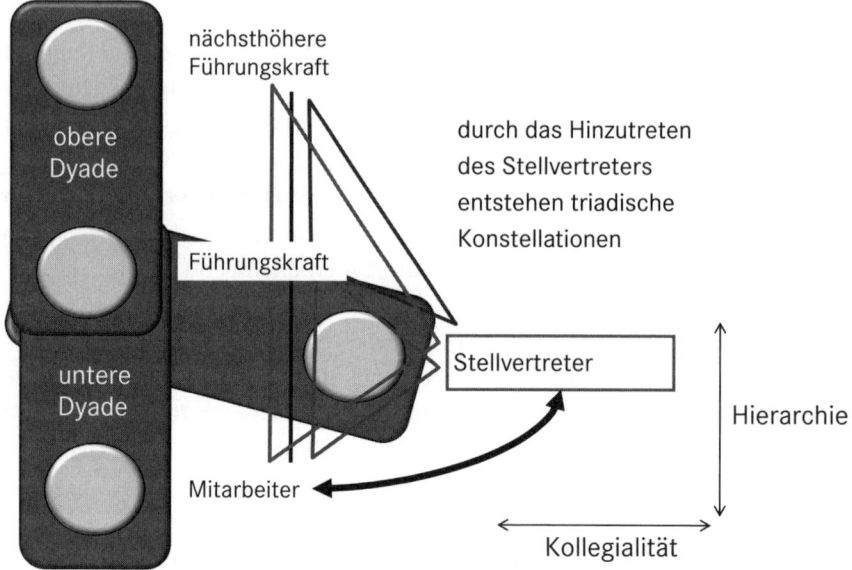

Abbildung 1: Die Doppeldyade (Graen et al., 1977) und triadische Konstellationen durch einen Stellvertreter

kratie nicht selbst schon dafür gesorgt hätte, sich abzusichern. Die durch persönliche Beziehungen zum Chef erworbenen Vor- bzw. Nachteile lassen sich nicht formalisieren; wenn der Vorgesetzte seine Position verlässt, verfallen alle Lehen und damit die Lehenshierarchie. »Die Pointe dieser Analyse besteht darin, dass Luhmann auf diese Art und Weise zeigen konnte, dass und wie es der Bürokratie einer Organisation gelingt, sich selber abzusichern« (Baecker, 2010, S. 20).

Ein mögliches Mittel dieser bürokratischen »Selbstabsicherung« liegt in der Einführung formal ausgewiesener Stellvertreter. Allgemein könnte man sagen, dass mit der Einrichtung einer Stellvertreterposition eine Umstellung von Person auf Leistung erfolgt. Zwar wird dem Stelleninhaber signalisiert, dass seine Stelle so wichtig ist, dass es sich die Organisation nicht leisten kann oder will, sie im Falle des Falles unbesetzt zu lassen. Zum anderen aber wird auch deutlich, dass die Leistung der Stelle auch jemand anderes für die Organisation erbringen kann und tatsächlich von Zeit zu Zeit auch erbringt.

Für den Fall (und man müsste hier betonen: *Nur* für den Fall …), dass die Führungskraft nicht entscheiden oder handeln kann bzw. will, tritt ein Stellvertreter an ihre Stelle und übernimmt die Dienstgeschäfte. So weit, so gut – wo ist das Problem? Die Momente des Rollenwechsels sind das Problem für den Stellvertreter. Während die Führungskraft die Paradoxie ihrer Rolle immerhin noch auf zwei unterschiedlichen Bühnen austragen kann (gegenüber dem eigenen Chef und Führungskollegen, gegenüber den eigenen Mitarbeitern), muss ein Stellvertreter in dieser Konstellation unterschiedliche Rollen vor dem gleichen Publikum spielen: heute Mitarbeiter, morgen Chef, übermorgen wieder Kollege. Stellvertretung in dieser Form meint eine paradoxe Zwischenposition der besonderen Art.

Natürlich kann ein Stellvertreter versuchen, diese vermutlich konfliktträchtige Position zu entschärfen, zum Beispiel indem er sich nach wie vor als Mitarbeiter und Kollege begreift. In dem Fall wird er die Vertretungsrolle eher als *Platzhalter* begreifen, also die absoluten Routine-Tätigkeiten erledigen (Krankmeldungen entgegennehmen, Post verteilen, …), aber darüber hinaus alle übrigen Aufgaben und Vorgänge für den Stelleninhaber aufbewahren und so lange in der Schwebe halten, bis der wieder zurück an seinem Platz ist. Im Zweifel verweist er auf den nächsthöheren Vorgesetzten und fällt damit auf die grundlegende Vertretungsregel zurück. Im anderen Fall stellt sich der Vertreter als Führungskraft, quasi als Teil einer *Doppelspitze,* auf. Als Assistent des Chefs oder dessen rechte Hand führen beide die Abteilung praktisch gemeinsam. In beiden Fällen scheint die Paradoxie des Sowohl-als-auch zwar beseitigt, doch ist damit auch die typische Zwischenposition des Stellvertreters verlassen. Unter Umständen bietet aber gerade diese Zwischenposition, die sich weder nach oben noch nach unten in die gewohnte hierarchische Ordnung einsortieren lässt, aufgrund ihrer Außer-Ordentlichkeit Vorteile für die Organisation.

Daraus leiten sich nun zwei Fragen für den Fortgang dieses Beitrags ab: (1) Lassen sich die Paradoxien der Stellvertretung konkreter umschreiben? und (2) Wozu bildet sich in Organisationen eine solche Position heraus? Welche Funktionen im weitesten Sinne werden damit bedient?

Paradoxien der Stellvertretung

Paradoxien haben Menschen seit der Antike fasziniert, wenn auch eher als amüsantes Anhängsel einer Logik, die auf Eindeutigkeit basiert. Erst die Kybernetiker um Gregory Bateson und Heinz von Foerster sowie Niklas Luhmann für die Systemtheorie befreiten die Paradoxien des Alltags mehr und mehr aus ihrem Schattendasein. Es zeigte sich, dass sie sich weit häufiger finden lassen, als man lange vermutet hatte (Tuckermann, 2013, in diesem Band). Vielmehr scheint es in sozialen Systemen oftmals so zu sein, dass Paradoxien in persönliche Probleme umgewandelt und damit invisibilisiert werden. Die Einzelperson hat dann mit sich selbst jene Widersprüche zu verhandeln, in die sie erst durch die Anforderungen des sozialen Systems gebracht wurde, in dem sie Mitglied ist.

In einem Forschungsprojekt mit Studierenden des Weiterbildungsstudiums

Arbeitswissenschaft, allesamt mit langjähriger Erfahrung als Stellvertreter, wurde daher der Frage nachgegangen, mit welchen Erwartungen sie sich in dieser Position konfrontiert sahen. Als Methode wurde dabei unter anderem das Auftragskarussell (von Schlippe, 2009) genutzt, ein Beratungstool, mit dem die *Aufträge* erfasst werden, von denen der Befragte glaubt, dass sie ihm andere Personen aufgeben.

Im Folgenden sind die zentralen Ergebnisse dieser Interviewreihe schlaglichtartig zusammengestellt. Die paradoxe Grundstruktur ergibt sich erst im Zusammenspiel der Aussagen, das heißt, beide Aussagen in den Überschriften sind mit *und* verknüpft und dennoch bleibt die Gesamtaussage wahr. Die folgende Sammlung erhebt natürlich keinen Anspruch auf Vollständigkeit, sondern soll vielmehr die Besonderheiten solcher ungefähren Positionen in Organisationen illustrieren. Die einzelnen Beschreibungen sind zugleich nicht absolut trennscharf. Letztlich sind es verschiedene Facetten eben jener Grundparadoxie, die sich aus dem Oszillieren zwischen den beiden Positionen des Mitarbeiters und der Führungskraft ergeben.

Ein Stellvertreter ist eine Führungskraft – Ein Stellvertreter ist keine Führungskraft.

»Eigentlich bin ich eine Führungskraft – aber irgendwie auch nicht!« So lautete ein typischer Satz in einem der Interviews: Es wird eine Aussage gemacht und sofort wieder negiert. Nun ist dies kein Beweis, aber ein starker Hinweis darauf, dass sich die interviewte Person einer Paradoxie gegenübersieht, die sie versucht auszubalancieren. Jeder Ausschlag in eine der beiden Richtungen muss sofort durch eine Gegenbewegung ausgeglichen werden. Natürlich sind Stellvertreter Führungskräfte, sofern sie Führungskräfte vertreten – aber sie sind keine Führungskräfte, sofern sie Führungskräfte nur vertreten.

Ein Stellvertreter soll im Sinne der Organisation entscheiden – Ein Stellvertreter soll »im Geiste« des Stelleninhabers handeln (Höhn, 1964).

Diese Aussagen müssen nicht zwingend einen Widerspruch darstellen. Es wird viele Situationen geben, in denen ein Stellvertreter genau weiß, wie seine Führungskraft entschieden hätte, und diese Entscheidung auch zum Wohle der Organisation zu sein scheint. Allerdings liegt hier ein grundlegendes Konfliktpotenzial für den Stellvertreter: Die Organisation ist an der Leistung der Stelle, die vertreten wird, interessiert. Deshalb richtet sie auch eine Stellvertretung ein. Der Stelleninhaber allerdings ist an der Nichtaustauschbarkeit seiner Person interessiert und erwartet daher, dass sein Stellvertreter seine Entscheidungspraxis fortführt und zum Beispiel in der Auslegung von Vorschriften ähnlich agiert.

In manchen Unternehmen (z. B. dem Bankensektor) werden daher längere zusammenhängende Urlaubszeiten für Führungskräfte vorgeschrieben, um so möglichen Irregularitäten oder Insidergeschäften auf die Spur kommen zu können.

> Stellvertretung darf keinen Unterschied machen – Stellvertretung muss einen Unterschied machen.

In eine ähnliche Richtung weist diese Aussage. Für die Organisation soll die Stellvertretung keinen Unterschied machen. Im Idealfall wird der Stelleninhaber in seiner Abwesenheit völlig geräuschlos ersetzt. Entscheidungen sollen deshalb nicht länger dauern, Projekte still stehen oder Aufträge liegen bleiben, weil eine Person nicht handlungsfähig ist. Die perfekte, weil machtvollste Position für die Organisation ist es, wenn sie in der Lage ist, ihr Personal eins zu eins zu ersetzen. Für den Stelleninhaber ist es natürlich genau umgekehrt. Seine Position verbessert sich, wenn seine persönlichen Kompetenzen schwer zu ersetzen sind. Der Stellvertreter befindet sich hier in einer widersprüchlichen Position, die Stelle umfänglich auszufüllen und zugleich immer auch deutlich zu machen, dass er ja »nur der Vertreter« ist.

> Stellvertretung ist die Ausnahme – Stellvertretung ist die Regel.

Wie schon angedeutet, wird Stellvertretung zunächst immer als Ausnahme gedacht. Es gibt eine Normalität, in der die Stelle von einer Person besetzt ist, und nur im Ausnahmefall tritt ein Stellvertreter an ihre Stelle. Damit dieser Wechsel so unauffällig geschehen kann, muss allerdings auch im Normalfall für die Ausnahme vorgesorgt sein. Höhn (1964) spricht hier davon, den Stellvertreter »vertretungsfähig« zu halten. Er muss mit allen notwendigen Informationen versorgt sein, um im Falle des Falles sofort einspringen zu können. Aber nicht nur auf sachlicher Ebene muss für die Ausnahme vorgesorgt werden, auch auf der Sozialdimension bedarf es Vorbereitungen. Wenn ein Stellvertreter für eine gewisse Zeit in die Führungsposition wechseln soll, dann muss im Vorfeld (und auch danach) dafür Sorge getragen werden, dass ihm das auch möglich ist. So muss die Normalität bereits so auf die Ausnahme ausgerichtet sein, und die Ausnahme so auf die Normalität, dass ein scheinbar bruchloser Wechsel gelingen kann. Der Stellvertreter muss also auch im Regelfall in einer »aktiven Unaktiviertheit« sichtbar sein und im Falle der Ausnahme auf die Regel verweisen können.

> Stellvertretung sorgt für die Beibehaltung der Routine. – Stellvertretung sorgt für die Unterbrechung der Routine.

Günther Ortmann hat sich in vergleichbarer Weise ausgiebig mit Regeln und Ausnahmen, ihrer Entwicklung und ihrer Bedeutung für Organisationen befasst (Ortmann, 2003). Ein wesentliches Ziel von Regeln ist es, Ordnung herzustellen und auch für die Zukunft erwartbar vorzuhalten. Regeln und Routinen erleichtern die Kooperation und steigern die Effektivität von Organisationen, weil sie für Stabilität und Gleichförmigkeit sorgen. Variation entwickelt sich hier durch Veränderungen der Regeln und die müssen bewusst durch Entscheidungen hervorgebracht werden. Wenn sich also alle an die Regeln halten, so die Idee, dann entsteht Verhaltenssicherheit, dann bilden sich Routinen und man wird weniger überrascht.

So scheint es zumindest. Wenn man Ortmann (2003) folgt, so ändern sich Regeln aber eben nicht nur durch bewusste Veränderung oder mehr oder weniger absichtsvolles Unterlaufen der Regeln, sondern auch durch deren Anwendung und Befolgung. Die Begründung dafür ist einfach: Selbst wenn man sich penibel an die Regelvorschriften hält, so ist es dennoch nicht möglich, die Regeln immer gleich zu befolgen. Allein weil Regeln etwas Allgemeines darstellen und auf die Besonderheit der Situation bezogen werden müssen, stellt sich immer eine Differenz ein. Regeln verändern sich, sie driften quasi gerade in ihrer Anwendung.

Stellvertretungen sind nun in erster Linie dafür da, Routinen und Entscheidungswege aufrechtzuerhalten. Wenn sie dies aber versuchen, werden sie sie auch verändern. Stellvertreter sorgen also vermutlich allein dadurch für eine Veränderung der Routine, indem sie es – ausnahmsweise – sind, die sie ausführen. Führung wird beobachtbar, indem sie jemand anderer (nicht) versucht, die Kontingenz von Entscheidungen und Sinnzuschreibungen wird wieder sichtbar, indem ein anderer entscheidet.

> Ein guter Stellvertreter fällt nicht weiter auf. – Ein guter Stellvertreter macht auf sich aufmerksam.

Eng verbunden mit dem vorangegangenen Punkt ist die Beziehung von Stellvertretung und Karriereerwartung in Organisationen. Nicht selten wird die Position des Stellvertreters als Stelle für die Führungskräfteentwicklung genutzt. »Da kann er schon mal im Kleinen üben, wie es ist, Führungskraft zu sein!« Und nicht selten sehen sich Stellvertreter in einer Phase aktiver Stellvertretung der Aufforderung gegenüber, jetzt doch einmal zeigen zu können, was in ihnen stecke. Dass solche Aufforderungen einen weitreichenden Vertrauens- und Loyalitätskonflikt zu dem Stelleninhaber mit sich bringen, liegt auf der Hand. Soweit es sich »nur« um Aufforderungen von höheren Vorgesetzten – oder allgemeiner: der Organisation – handelt, wird sich ein Stellvertreter mit Verweis auf die eigene Loyalität zu seiner Führungskraft diesen Angeboten noch erwehren können. Nicht selten aber kommen solche

Aufforderungen auch aus den Reihen der Kollegen, jetzt doch endlich mal die Dinge für das Team zu klären, die der Chef so lange schon hat liegen lassen. Dann werden Sitzordnungen geändert, Kaffeemaschinen beschafft und Arbeitsaufteilungen neu und vermeintlich gerechter geregelt, mit der Auffassung, dass der Vorgesetzte dagegen doch nun wirklich nichts haben könne. Die Rückkehr des Stelleninhabers bringt dann alle Beteiligten in eine schwierige Position: Der Stelleninhaber kann die Entscheidungen seines Stellvertreters nicht leicht wieder rückgängig machen, weil er diese Themen selbst lange nicht bearbeitet hat, er kann die Entscheidungen aber auch nicht einfach unkommentiert lassen – und zwar aus dem gleichen Grund.

Ein Stellvertreter entscheidet für die Führungskraft, sonst wäre er kein Stellvertreter. – Ein Stellvertreter entscheidet nicht für die Führungskraft, sonst wäre er kein Stellvertreter.

Führungspositionen werden insbesondere deshalb eingerichtet, weil sie als Stellen benötigt werden, um Entscheidungen zurechnen zu können. Welcher Kunde wird zuerst beliefert, welches Projekt nicht weiter verfolgt … All dies sind Fragen, die nur entschieden werden können, das heißt, die Konsequenzen der unterschiedlichen Antworten liegen in der Zukunft und sind prinzipiell unbekannt (Uerz u. Vogel, 2013, in diesem Band). Es braucht Entscheidungen in Organisationen, und es braucht Stellen, auf die diese Entscheidungen zugerechnet werden können. Ist eine solche Stelle temporär unbesetzt, muss ein Stellvertreter nun für den Stelleninhaber Entscheidungen treffen – sonst wäre er ja kein Vertreter, sondern allenfalls ein Platzhalter. Wenn er aber die Entscheidungen trifft, ist er kein Stellvertreter mehr, sondern eine Führungskraft. Auch hier gilt: Ein Stellvertreter muss Entscheidungen selbst treffen, aber immer auch deutlich machen, dass nicht er selbst es ist, dem die Entscheidungen zugerechnet werden dürfen.

Führungskräfte erweitern mit Hilfe von Stellvertretern ihren Machtbereich. – Führungskräfte verringern mit Hilfe von Stellvertretern ihren Machtbereich.

In Zeiten, in denen die Anforderungen an die Selbststeuerung der Mitarbeiter weiter steigen, die Führungsspannen größer und die Anzahl der Hierarchiestufen weniger werden, ist es für Führungskräfte nicht leicht, den Ansprüchen ihrer Rollenvorgabe gerecht zu werden. Sie sollen auf der einen Seite als Entscheider zur Verfügung stehen, auf der anderen Seite müssen sie oft so viele Projekte und Themen verantworten, dass sie sich nicht allem in gleicher Weise widmen können. Stellvertreter sind hier oft Mittel der Wahl – mit der durchaus paradoxen Wendung, dass Führungskräfte dann Führungskräfte sind, wenn sie Entscheidungen treffen, dies aber nur tun können, wenn sie einen anderen für sich entscheiden lassen.

> Stellvertreter dürfen führen, wenn sie nicht führen. Oder: Als stellvertretende Führungskraft muss man in erster Linie ein guter Kollege sein.

Die Funktionen eines formalen Vorgesetzten in Organisationen sind vielfältig (siehe im Vorangegangenem).»In dieser schwierigen Lage kann die Sozialordnung ihn nicht ohne Hilfe lassen. Sie muss ihm das Durchhalten ambivalenter Situationsauffassungen ermöglichen und ihn darin institutionell schützen« (Luhmann, 1999, S. 214). Ein besonderer Status, das Recht zur Situationsdefinition und zur Geheimhaltung bestimmter Informationen und allgemein die Möglichkeit, Anweisungen und Entscheidungen zu formalisieren (d. h. ihre Anerkennung zur Mitgliedschaftsbedingung zu machen), sind Formen dieser Hilfestellung, die Organisationen ihren Führungskräften an die Seite stellen. Letztlich ist es die Macht, Fehlverhalten sanktionieren zu können (Organisationsmacht) und auf mögliche Karriereentwicklungen bei den Mitarbeitern Einfluss nehmen zu können (Personalmacht), die Führungskräften ihren Einfluss sichern (Luhmann, 2003). Für Crozier und Friedberg ist es die Kontrolle der Unsicherheitszonen, die Macht verleiht (Crozier u. Friedberg, 1979): Führungskräfte kontrollieren zentrale Unsicherheitszonen ihrer Mitarbeiter, indem sie Umweltkomplexität durch Entscheidungen absorbieren und auf sich beziehen. Sie selbst werden dadurch zu einer zentralen Quelle der Unsicherheit, wenn Mitarbeiter nicht genau wissen, wie die Führungskraft entscheiden wird.

Und Stellvertreter? Eine vergleichbare formale Anerkennung wie den Führungskräften bleibt ihnen verwehrt (sonst wären sie ja keine Stellvertreter). Macht ist jedoch nicht die einzige Möglichkeit, Einfluss auszuüben – wenn auch vielleicht die bedeutendste. In »Die Politik der Gesellschaft« nennt Luhmann auch noch Autorität und Tausch als mögliche Einflussformen (Luhmann, 2002). Macht beschreibt die Möglichkeit, negativ sanktionieren zu können, Autorität meint die Unterstellung, Entscheidungen im Zweifel gut begründen zu können und mit Tausch ist die Möglichkeit zur positiven Sanktion gemeint.

Da ihm die formalen Machtgrundlagen in der Regel fehlen, können sich die Einflussmöglichkeiten des Stellvertreters nur auf die beiden anderen Varianten stützen. Nicht selten ist es dann auch der fachlich Versierteste, der zum Stellvertreter gemacht wird, da er mit entsprechender Autorität ausgestattet ist und darüber hinaus über Tauschpotenziale gegenüber den Mitarbeitern verfügt, nämlich im Zweifel, beim nächsten Problem, die kollegiale Hilfestellung zu verweigern. Autorität und Tausch haben allerdings entscheidende Nachteile gegenüber formaler Macht – sie können nicht per Entscheidung übertragen werden. Autorität muss zugeschrieben werden, und zwar von demjenigen, gegenüber dem sie wirken soll. Und Tauschmöglichkeiten laufen ins Leere, wenn ein möglicher Tauschpartner auf die mögliche positive Sanktion verzichtet. Stellvertreter dürfen also die Führungsposition ausüben, wenn ihre Kollegen sie lassen – in der Regel achten Kollegen sehr genau auf mögliche Einflussverschiebungen untereinander (Luhmann, 1999, S. 314 ff.) und gewähren Einfluss ihrerseits nur auf Tauschbasis (z. B. indem sich der Stellvertreter im Vertretungsfall dem längst fälligen Kaffeeautomaten widmen muss).

Stellvertreter sind also dann gute Führungskräfte, wenn sie keine Führungskräfte sind. Und die formale Bürokratie sichert sich auch noch gegen ihre eigene Sicherungsmaßnahme ab, indem sie eine Position schafft, deren Einfluss auf informellen Zugeständnissen unter Kollegen beruht und schon allein deshalb nicht auf Dauer gestellt werden kann.

Ordnung aus der Außer-Ordentlichkeit: Zu den Funktionen von Stellvertretung in Organisationen

Die Liste möglicher Dilemmata und Paradoxien im Zusammenhang mit Stellvertretung ist lang und vermutlich nicht einmal abgeschlossen. Es ist auf jeden Fall aber bemerkenswert, mit welchem Konfliktpotenzial diese Positionen ausgestattet sind und wie unspektakulär diese möglichen Friktionen behandelt werden. Da stellt sich schon die Frage, wozu sich solche Stellen in Organisationen überhaupt ausbilden und worin ihre *Funktionen* bestehen. Nur als Absicherung für die formale Hierarchie?

Allerdings soll nicht unerwähnt bleiben, dass der Begriff der Funktion nicht unproblematisch ist, die Kritik am soziologischen Funktionalismus ist umfangreich (Martin, 2012). In diesem Kontext wird hier daher eine pragmatische Lösung vorgeschlagen: Allgemein könnte man sagen, dass die Funktion von Stellvertretungspositionen in der Bearbeitung und Handhabbarmachung von Folgeproblemen einer formalen, hierarchischen Stellenordnung besteht. Das Interessante daran ist, dass Stellvertreterpositionen selbst Teil der formalen Ordnung sind. Alvin Gouldner verdankt die Organisationstheorie die Entdeckung solcher latenten Rollen (Gouldner, 1957, 1958). Die primäre Funktion solcher Rollen liegt in der Erbringung von Beiträgen für die Organisation, die sich nicht direkt aus dem Erreichen des Organisationszweckes legitimieren lassen.

Über den Stellvertreter hält man die hierarchischen Entscheidungswege ein und kann sie zugleich umgehen

Eine solche Funktion wurde bereits angesprochen – mit der Besetzung einer Stelle kommt der Person des Stelleninhabers eine gewisse Prominenz zu. Will man der legalen, also formalen Ordnung folgen, so muss man diese Person beteiligen, wenn Entscheidungen in deren Entscheidungsbereich getroffen werden sollen. Mit Hilfe eines Stellvertreters lässt sich diese Person aber auch völlig legal umgehen – man muss nur warten können, bis der Stelleninhaber einmal im Urlaub ist, und die Entscheidung dann mit nötigem Zeitdruck versehen. Auch im Urlaub mobil erreichbar zu sein, nutzt nicht nur der Organisation …

Kollegiale Beratung in Organisationen

Eine Konsequenz einer formalisierten Führungsrolle ist die relative Einsamkeit ihres Besitzers. Nicht selten klagen Führungskräfte über mangelnde Möglichkeiten zum Austausch und zur Beratung. Mit dem eigenen Chef mag nicht jeder über seine eigenen Schwierigkeiten im Führungsalltag diskutieren, die Kollegen auf gleicher Ebene fallen je nach Führungskultur ebenfalls aus und längere Gespräche mit einzelnen Mitarbeitern fallen auf und bedürfen der Legitimation. Zweiergespräche sind in der Gesellschaft und erst recht in Organisationen sehr außergewöhnlich. Normalerweise läuft das Geschehen immer unter Beobachtung eines Dritten ab (Kühl, 2008). Gespräche zwischen Führungskraft und Mitarbeiter, insbesondere wenn sie häufiger und nicht durch den direkten Arbeitsablauf gerechtfertigt sind, werden besonders beobachtet und müssen gesondert begründet werden. »Es gibt – von der Einflussordnung her gesehen – keine isolierbaren Beziehungen zweier Mitglieder untereinander, die andere nichts angehen. Solche Beziehungen sind möglich und für die faktische Machtsituation nicht ohne Gewicht; aber sie werden von der formalen Organisation als ›außerhalb‹ ihrer Grenzen liegend, als rein persönlich definiert. Sie sind nicht formalisierbar« (Luhmann, 1999, S. 127).

Über die Installierung eines Stellvertreters gelingt aber deren Legitimation! Ein Stellvertreter ist keine Führungskraft aus einer anderen Abteilung, er ist aber auch kein normaler Mitarbeiter und kann sich gerade deshalb im Gespräch mit seiner Führungskraft auch zu seinen direkten Kollegen unbefangener äußern.

Akquirierung von »kollegialen Motivations- und Führungsleistungen«

Formale Führungspositionen sind mit formaler Macht ausgestattet (siehe im Vorangegangenem), die Bedeutung des Machteinsatzes wird von Luhmann allerdings eher gering eingeschätzt (Luhmann, 2003). Der Macht des Vorgesetzten zur negativen Sanktionierung sieht er die Macht der Mitarbeiter zum Entzug von Kooperation entgegengestellt. Insbesondere in Kontexten, in denen Entlassungen und Versetzungen sehr unwahrscheinlich sind, läuft Machteinsatz ins Leere. Hier kann die Autorität eines Stellvertreters weiterhelfen: Selbst als guter Kollege profiliert, steht er nicht im Verdacht, für die Führung der Organisation zu argumentieren, und die Organisation versorgt sich so über zusätzliche, nicht hierarchische Einflusspotenziale. Als Kollege kann ein Stellvertreter seine Kollegen zu Leistungen motivieren, wie es einer Führungskraft kaum gelingen kann.

Eine Stelle für Ausnahmen aller Art

Schon mehrfach wurde darauf hingewiesen, dass Stellvertretung von der Ausnahme her gedacht wird. Dieser Umstand lässt sich für Organisationen allerdings noch ausweiten. Nicht nur für die temporäre Führungsaufgabe in der Abwesenheit der Führungskraft lässt sich diese Position nutzen, sondern für temporäre Aufgaben insgesamt. Sonderaufgaben, die nur ausnahmsweise anfallen, lassen sich leichter an einen Stellvertreter delegieren als an einen normalen Mitarbeiter: Die Auswahl muss nicht weiter begründet werden. Dies gilt übrigens auch für das anerkennende Fachgespräch unter Experten im Dienste der Sache über die Abteilungsgrenzen hinweg, was unter Führungskräften so unter Umständen nicht ohne persönliche Vorbehalte möglich wäre. Während ein Mitarbeiter mit Verweis auf seine Arbeitsplatzbeschreibung eine Sonderaufgabe prinzipiell auch ablehnen kann, ist diese Möglichkeit bei einem Stellvertreter deutlich herabgesetzt.

Fazit: Stellvertretung als eine außer-ordentliche Position

Natürlich ist die Sammlung möglicher Funktionen von Stellvertretung weder vollständig noch erhebt sie den Anspruch auf absolute Richtigkeit in der Argumentation. Vielmehr ging es in diesem Beitrag darum, einer unscheinbaren Position in ihrer Zwiespältigkeit und ihrer darin liegenden Funktion näher zu kommen.

Mit Luhmann (1999, S. 214) könnte man vielleicht das Fazit ziehen, dass es auch für die Organisationswissenschaft nicht so sehr darauf ankommt, Zweideutigkeiten ganz zu vermeiden oder auszuräumen, sondern vielmehr die strategischen Punkte des Systems zu ermitteln, an denen sie notwendig auftreten und funktional sinnvoll sind. Mit der Position des Stellvertreters könnte genau so ein Punkt gefunden sein.

Stellvertreterpositionen sind Teil einer formalen Ordnung, liefern ihren Beitrag zu deren Stabilität aus der Außer-Ordentlichkeit einer Zwischenposition heraus. Weil sie für die Ausnahme gedacht ist, lässt sich diese Position nur rudimentär formalisieren und *muss* fast zwangsläufig die paradoxen Widersprüche auf sich ziehen, um sich jenen Spielraum zu schaffen, den es braucht, um die Folgeprobleme der Oben-unten- und Rechts-links-Unterscheidungen der Hierarchie zu bearbeiten.

Die Entfaltung dieser Paradoxie wird in Organisationen den Personen der Stellvertreter und ihren persönlichen Beziehungen übertragen.

Luhmann schreibt als ein Fazit zur Vorgesetztenrolle in Organisationen: »Die Führungsrolle verwandelt demnach gewisse Ordnungsprobleme in ein persönliches Dilemma, um damit neue Techniken der Problemlösung zu mobilisieren, die dem sozialen System sonst nicht zur Verfügung ständen« (Luhmann, 1999, S. 214). Im Anschluss an dieses Zitat und mit Blick auf die widersprüchlichen Aufträge lässt sich dieses Fazit sicher auch für den Stellvertreter ziehen.

Literatur

Baecker, D. (1999). Mit der Hierarchie gegen die Hierarchie. In D. Baecker, Organisation als System (S. 198–236). Frankfurt a. M.: Suhrkamp Taschenbuch Wissenschaft.

Baecker, D. (2010). Niklas Luhmann und die Manager. In W. Burckhardt (Hrsg.), Luhmann Lektüren (S. 15–34). Berlin: Kulturverlag Kadmos.

Besio, C., Pronzini, A. (2008). Niklas Luhmann as an empirical sociologist: Methodological implications of the system theory of society. Cybernetics And Human Knowing, 15 (2), 9–31.

Crozier, M., Friedberg, E. (1979). Macht und Organisation: Die Zwänge kollektiven Handelns. Berlin: Athenäum-Verlag.

Gouldner, A. W. (1957). Cosmopolitans and locals: Toward an analysis of latent social roles. I. Administrative Science Quarterly, 2 (3), 281–306.

Gouldner, A. W. (1958). Cosmopolitans and locals: Toward an analysis of latent social roles. II. Administrative Science Quarterly, 2 (4), 444–480.

Graen, G. B., Cashman, J. F., Ginsburg, S., Schiemann, W. (1977). Effects of linking-pin quality on the quality of working life of lower participants. Administrative Science Quarterly, 22 (3), 491–504.

Höhn, R. (1964). Die Stellvertretung im Betrieb. Bad Harzburg: Verlag für Wissenschaft, Wirtschaft und Technik.

Kühl, S. (2008). Dyaden, Gruppen und Teams: Die Rahmungen von Coachings und Supervisionen. Gruppendynamik und Organisationsberatung, 39 (4), 477–498.

Kühl, S. (2011). Organisationen. Eine sehr kurze Einführung. Wiesbaden: Wiesbaden: VS Verlag für Sozialwissenschaften.

Luhmann, N. (1968). Die Knappheit der Zeit und die Vordringlichkeit des Befristeten. Die Verwaltung, 1 (1), 3–30.

Luhmann, N. (1999). Funktionen und Folgen formaler Organisation. Mit einem Epilog 1994 (5. Aufl.). Berlin: Duncker & Humblot.

Luhmann, N. (2002). Die Politik der Gesellschaft. Frankfurt a. M.: Suhrkamp.

Luhmann, N. (2003). Macht (3., unveränderte Aufl.). Stuttgart: UTB.

Martin, A. (2012). Die Macht der Funktionen. In S. Duschek, M. Gaitanides, W. Matiaske, G. Ortmann (Hrsg.), Organisationen regeln (S. 163–193). Wiesbaden: VS Verlag für Sozialwissenschaften.

Ortmann, G. (2003). Regel und Ausnahme. Frankfurt a. M.: Suhrkamp.

Romeike, F., Hager, P. (2009). Erfolgsfaktor Risiko-Management 2.0. Methoden, Beispiele, Checklisten. Praxishandbuch für Industrie und Handel (2. Aufl.). Wiesbaden: Gabler Verlag.

Schaede, S. (2004). Stellvertretung: Begriffsgeschichtliche Studien zur Soteriologie. Tübingen: Mohr Siebeck.

Schlippe, A. von (2009). Das Auftragskarussell als Instrument der Fallsupervision. In H. Neumann-Wirsig (Hrsg.), Supervisions-Tools (S. 226–233). Bonn: ManagerSeminare Verlag.

Sieyes, E. J. (1981). Politische Schriften 1788–1790: mit Glossar und kritischer Sieyes-Bibliographie (2. Aufl.). München u. Wien: Oldenbourg.

Simon, F. B. (2001). Fokussierung der Aufmerksamkeit als Steuerungsmedium. In T. M. Bardmann, T. Groth (Hrsg.), Zirkuläre Positionen. 3. Organisation, Management, Beratung (S. 247–267). Opladen: Westdeutscher Verlag.

Sofsky, W., Paris, R. (1991). Figurationen sozialer Macht. Opladen: Leske & Budrich.

Tally, S. (1992). Bland ambition: From Adams to Quayle – The cranks, criminals, tax cheats, and golfers who made it to vice president. San Diego: Harcourt.

Tuckermann, H. (2013). Paradoxien im Wandel – Wandel als Paradoxie: Beispiel Krankenhaus. In M. Vogel (Hrsg.), Organisation außer Ordnung. Außerordentliche Betrachtungen organisationaler Praxis (S. 146–158). Göttingen: Vandenhoeck & Ruprecht.

Uerz, G., Vogel, M. (2013). Zukunft in Organisationen – Ordnung aus der Außerordentlichkeit. In M. Vogel (Hrsg.), Organisation außer Ordnung. Außerordentliche Betrachtungen organisationaler Praxis (S. 178–196). Göttingen: Vandenhoeck & Ruprecht.

Weibler, J. (1994). Führung durch den nächsthöheren Vorgesetzten. Wiesbaden: DUV.

Weiß, J. (1984). Stellvertretung. Überlegungen zu einer vernachlässigten soziologischen Kategorie. Kölner Zeitschrift für Soziologie und Sozialpsychologie, 1, 43–55.

Weiß, J. (1998). Handeln und handeln lassen: Über Stellvertretung. Opladen: Westdeutscher Verlag.

Harald Tuckermann

Paradoxien im Wandel – Wandel als Paradoxie: Beispiel Krankenhaus

Organisation im Wechselspiel von Ordnung und Außer-Ordnung

Traditionell verbinden wir mit Organisationen eine möglichst verlässliche Bearbeitung eines bestimmten Zwecks. Zum Beispiel sollen Schulen Kinder auf ihre spätere Laufbahn verlässlich vorbereiten. Unternehmen sollen wirtschaftlichen Nutzen stiften und Krankenhäuser sollen immer wieder unsere Leiden heilen oder lindern helfen. In gleicher Weise strebt die Organisation in ihrem Innenleben nach ordentlichen Verhältnissen, nach Verlässlichkeit und Erwartbarkeit. Ordnung ist ein entscheidendes Kriterium für den Fortbestand von Organisationen. Vielleicht deshalb fällt es dann mitunter schwer, sich in Organisationen mit Phänomenen auseinanderzusetzen, die außerhalb dieser, ihrer eigenen, historisch gewachsenen und bis anhin bewährten Ordnung stehen.

Jedoch scheinen Außer-Ordentlichkeiten immer häufiger aufzutreten, sogar zunehmend zum Alltag zu gehören. Der heute allgegenwärtige Wandel von Organisationen ist ein Beispiel dafür. Um im internationalisierten Wettbewerb bei steigender technologischer Entwicklungsgeschwindigkeit bestehen und mit zunehmend stärker ausdifferenzierten Erwartungen an die Organisation umgehen zu können, müssen sich Organisationen fortlaufend verändern. Die Ordnung wird fortlaufend umgebaut, um sie aufrechtzuerhalten.

Diese kontinuierliche Veränderung zur Stabilisierung von Ordnung ist ein widersprüchliches Vorhaben, das Organisationen vorwiegend über interne Ausdifferenzierung handhaben. Sie bilden neue Abteilungen, Divisionen und Bereiche, gehen Kooperationen ein und vieles mehr. Der Vorteil ist, dass sich die jeweiligen Einheiten mit ihrem abgegrenzten Gebiet genau und kompetent beschäftigen können, um mit der fortlaufenden Entwicklung jedes Teilgebietes mitzuhalten. Der Nachteil besteht im Risiko einer zunehmenden Fragmentierung. Die einzelnen Teile einer Organisation werden gleichzeitig autonomer und interdependenter. Die Folge ist, dass die jeweiligen Teilbereiche einer Organisation mit jeweils eigenen Identitäten »blind gegenüber Entscheidungen anderer Stellen [werden], was die Intransparenz und Widersprüchlichkeit im System steigert« (Neuberger, 2000, S. 181).

Der Umgang mit Widersprüchen wird insbesondere bei Veränderungsinitiativen relevant. Hier kommt herausfordernd hinzu, dass solche Bemühungen bei »laufendem Motor« stattfinden (Wimmer, 2004). Es geht darum, die Organisation zu verändern, während sie weiter ihre Leistung erbringt. Diese beiden Aspekte – Veränderungsvorhaben und die Widersprüchlichkeit der Binnenkomplexität sowie die weiterlaufende Leistungserbringung während ihrer Veränderung – umreißt grob, warum Veränderungsvorhaben in Organisationen so anspruchsvoll sind. Auch und gerade weil Veränderungen zur Normalität werden, sind sie doch außerordentliche Anstrengungen. Wir folgen damit dem Führungs- und Organisationsforscher Oswald Neuberger (1992). Er findet »Widersprüche in Ordnung«, weil sie (eben doch) zu der Ordnung gehören, die wir als Organisation bezeichnen.

Um die Außer-Ordentlichkeit von fast schon alltäglich anzutreffenden Veränderungsinitiativen zu verdeutlichen, lautet die These dieses Beitrags: Organisationale Veränderungen stellen die Entfaltung einer Paradoxie dar. Demgegenüber gehen eher traditionelle Sichtweisen (siehe dazu Weick u. Quinn, 1999) von der prinzipiellen Plan- und Kontrollierbarkeit von Veränderungsvorhaben aus. Hier laufen Wandelprozesse linear ab und bestehen zusammengefasst darin, ein vorab definiertes Ziel zu erreichen. Die auf dem Weg noch auftretenden Überraschungen werden dann oft als Widerstand klassifiziert und einseitig denjenigen zugerechnet, die von solchen Initiativen betroffen sind.

Versteht man demgegenüber Veränderungsvorhaben als paradox, dreht sich die Sichtweise um: Zwar bleibt Planung als Aktivität erhalten, aber die Verantwortlichen gehen eher davon aus, dass Überraschungen, unerwartete Reaktionen seitens der Organisation und Rückwirkungen auf die Verantwortlichen durch ihre eigenen Interventionen normal sind (Wimmer, 2004). Dadurch eröffnen sich andere Handlungsalternativen im Umgang mit der Dynamik von Veränderungsprozessen. Darum geht es in diesem Beitrag.

Paradoxien im Wandel als Ausdruck dieses Wechselspiels

Die grundlegende Paradoxie bei der Durchführung von Veränderungsinitiativen besteht darin, die Strukturen einer Organisation mit eben diesen Strukturen zu verändern (Simon, 2007), gerade weil Veränderungen bei fortlaufender Leistungserbringung durchgeführt werden. Wenn man Veränderungsvorhaben initiiert, dann nehmen sie Bezug auf die Organisation. Es wird das Ziel ausgerufen, in Zukunft anders zu organisieren als bisher. Wie man jedoch zur Praxis dieser idealen Organisation kommt, ist neben den mit Veränderungen einhergehenden neuen Aufgaben, Einflusssphären und Macht- und Statusfragen auch aus folgenden Gründen herausfordernd: Erstens hat das zukünftige Bild, anders als die bisherige Praxis, noch keine Legitimation. Das *Alte* wird praktiziert und hat soweit funktioniert. Das *Neue* ist diesen Beweis noch schuldig geblieben. Zweitens hängt mit der Praxis ein entsprechendes Verständnis zusammen. Oft wird daher das *Neue* im Kontext und vor dem Hintergrund des *Alten* verstanden, öfters auch missverstanden. In Anlehnung an von Weizsäcker (1986) darf das *Neue* gar nicht so neu sein, um anschlussfähig zu sein. Zudem entwickelt sich ein neues Verständnis mit einer entsprechend neuen Praxis, beides entsteht parallel (Barrett, Thomas u. Hocevar, 1995). Schließlich und viertens bedeutet eine paradoxale Sichtweise auf organisationale Veränderungsprozesse, dass sich nicht nur die Organisation verändert. Gleichzeitig lässt sich zeigen, dass auch das Projekt sich im Zeitverlauf wandelt (Tuckermann, 2007). Beide stehen miteinander in einer wechselseitig konstituierenden Beziehung. Das Wandelprojekt ist nötig, weil die Organisation meint, nur so zukunftsfähig zu bleiben. Umgekehrt ist die zu verändernde Organisation der Ausgangs- und Legitimationspunkt der Wandelinitiative.

Was in diesem Beitrag mit Paradoxie gemeint ist, geht über Widersprüche hinaus. Eine sogenannte operative Paradoxie fokussiert darauf, dass Widersprüche in der Organisation aktiv produziert und reproduziert werden. Formal heißt das: die Bedingungen der Möglichkeit einer Operation implizieren gleichzeitig ihre Unmöglichkeit (Ortmann, 2004). Praktisch sieht das beispielsweise folgendermaßen aus: In einem Krankenhaus wird jemand beauftragt, Führung und Kommunikation in einem Pflegebereich zu wandeln. Denn beide Funktionen verflüchtigen sich in der gegenwärtigen Organisationspraxis und gefährden die pflegefachliche Arbeit. Das Wandelvorhaben erfordert aber Führung und Kommunikation, um zu gelingen. Zusammengenommen ergeben der organisationale Alltag und das Wandelvorhaben die folgende Paradoxie: Die historisch gewachsene Alltagspraxis erfordert Veränderung. Zugleich behindert dieselbe Alltagspraxis das Wandelvorhaben. Verkürzt gesagt sind Führung und Kommunikation nötig, um in und mit der Organisation Führung und Kommunikation zu entwickeln. Das Ergebnis wird zu seiner eigenen Vorbedingung. Im Alltag umschreibt man eine solche operative Paradoxie mit dem Ausspruch: »Da beißt sich die Katze in den eigenen Schwanz (und dreht sich im Kreis).«

Die Handhabung von Paradoxien wird zunehmend als wichtige Kompetenz von Management angesehen: Für den Management-Forscher Charles Handy (1994) ist das Zeitalter der Paradoxien angebrochen. Die Handhabung von Paradoxien wird zur Kernaufgabe von Management, nicht zuletzt angesichts steigender

Umwelt- und Organisationskomplexität und ihrer damit einhergehenden Widersprüchlichkeit (Clegg, Vieira da Cunha u. Pina e Cunha, 2002). Entsprechend stellen Denison, Hooijberg und Quinn (1995) an der Kompetenz, Paradoxien zu handhaben, den wesentlichen Unterschied zwischen Erfolg und Misserfolg von Organisationen fest; ebenso Peters und Waterman (1982, S. 91): »The excellent companies have learned how to manage paradox.« Neuberger (2000, S. 173) sieht in der Handhabung von Paradoxien und Dilemmata sogar die Rechtfertigung von Management. Denn Management entscheidet das Unentscheidbare (von Foerster, 1994). Management übernimmt die Funktion, Verantwortung für die Organisation als Ganzes zu übernehmen (Baecker, 2003, S. 237), obwohl und gerade weil sie »nicht in einem geradlinig-kausalen Sinne gesteuert werden kann« (Simon, 1997, S. 125).

Wie sich die hier bereits skizzierte Paradoxie von Führung und Kommunikation konkret zeigen kann und wie die Beteiligten mit ihr umgegangen sind, wird im Folgenden auf der Basis einer umfassenden Fallstudie (Tuckermann, 2007) dargestellt. Anhand dieses Falls werden wirkungsvolle Prinzipien zum Umgang mit Paradoxien in Veränderungsprozessen festgehalten und in der Schlussfolgerung zusammengefasst, Management verstärkt auch als Selbstbeobachtung in der Organisation zu verstehen.

Die Handhabung von Paradoxien am Beispiel Krankenhaus

Für die folgenden Überlegungen bieten sich Krankenhäuser aus drei Gründen an: Erstens sind diese Organisationen kontinuierlich mit Veränderungen konfrontiert. Meist weniger prominent sind dabei die fortlaufenden Entwicklungen im Bereich medizinischer oder pflegerischer Praktiken zur Anamnese, Diagnose und Therapie. Im Vordergrund der öffentlichen Aufmerksamkeit steht vielmehr die Frage danach, wie einerseits die Kosten überschaubar bleiben oder werden können und wie andererseits die Behandlungsqualität zumindest aufrechterhalten, wenn nicht sogar gesteigert werden kann.

Zweitens zeichnen sich Krankenhäuser in ihrer Wertschöpfung dadurch aus, dass sie ein hohes Maß an Stabilität und Sicherheit bieten sollen, um etwaige Fehler möglichst zu vermeiden. Dies gilt vor allem für Patientinnen und Patienten, aber genauso auch für die mit ihnen arbeitenden Pflegekräfte, Ärztinnen und Ärzte.

Drittens können Krankenhäuser als sogenannte pluralistische Organisationen charakterisiert werden (Denis, Langley u. Rouleau, 2007). Im Kern bedeutet dies, dass Krankenhäuser ein mehr oder weniger lose gekoppeltes Netzwerk weitgehend autonomer Akteure darstellen. Die einzelnen Fachbereiche, Kliniken, Abteilungen und Institute funktionieren möglichst unabhängig voneinander. Darüber hinaus haben sich Professionen und Disziplinen herausgebildet, die nicht nur ein zunehmend unterschiedliches Verständnis von guter Patientenbetreuung entwickelt haben. Vielmehr geht damit auch eine je andere Sichtweise auf die eigene Organisation und ihr Funktionieren einher. Je nachdem, ob man einen Internisten oder einen Chirurgen nach seinem Verständnis von Organisation, von Führung und von Entscheidungsfindung fragt, erhält man andere Antworten.

Zusammengenommen bringen diese Aspekte Paradoxien hervor: Einerseits soll alles bleiben, wie es ist, aber andererseits soll es sich verändern (siehe Aspekte 1 und 2). Wenn sich aber etwas verändern soll, dann trifft diese Veränderung auf ganz unterschiedliche Sichtweisen und auf ein hohes Maß an Autonomie (Aspekte 1 und 3). Veränderungsvorhaben geraten dann oft an Grenzen und scheitern in der Mehrzahl der Fälle (McNulty u. Ferlie, 2004). Ihr Scheitern, so eine Grundprämisse dieses Beitrags, liegt mitunter in der paradoxalen Herausforderung derartiger Veränderungen.

Im Umgang mit dem Widerspruch aus ökonomischer Effizienz und medizinisch-pflegerischer Effektivität entsteht für Krankenhäuser eine Paradoxie: Historisch hat sich die Organisation vor allem auf die fachliche Dimension gelingender Patienteninteraktionen und die professionale Wissens- und Kompetenzentwicklung konzentriert. Die heutigen Herausforderungen erfordern es aber, verstärkt Themen zu bearbeiten, die bislang als weitgehend selbstverständlich vorausgesetzt wurden (Glouberman u. Mintzberg, 2001). Es geht um die Herstellung guter Kontextbedingungen für die Behandlungsinteraktion, die Formen der Führung und Zusammenarbeit jenseits fachlicher Hierarchie oder den Blick auf die Organisation als Ganzes. Diese Themen zur Organisation sind traditionellerweise am Rand der Aufmerksamkeit oder in ihrem blinden Fleck zu finden. Während für fachliche Fragen beispielsweise diverse Rapporte existieren, scheint es für Fragen des Organisierens und Führens kaum Entsprechendes zu geben.

Der Kontext gelingender Behandlungsarbeit wird als sogenannte Administration zu Randzeiten erbracht, innerhalb der Ärzteschaft tendenziell an untere Hierarchieebenen delegiert oder an Pflege und Verwaltung ausgelagert. Die Verknappung zeitlicher, personeller und finanzieller Ressourcen führt ihrerseits verschärfend dazu, dass die Möglichkeit für eine nachhaltige Bearbeitung organisationaler Themen weiter schwindet. Zugleich steigern Ressourcenverknappung, komplexere Patientenerwartungen, Re-Integration medizinischer Leistungen und Entwicklung in Pflege und Verwaltung aber den Bedarf zur Bearbeitung dieser Themen. Das Zusammenspiel dieser Entwicklungen mit dem traditionell gewachsenen Organisieren erfordert eine veränderte Perspektive auf die Organisation. Gleichzeitig wird ein solches Vorhaben behindert, weil derartige Themen tendenziell ausgeblendet werden. Um also eine andere Perspektive auf die Organisation zu entwickeln (Ergebnis), bedarf es dieser Perspektive ein Stück weit (Voraussetzung).

Um eine derartige Paradoxie ging es bei der Fusion von zwei Pflegebereichen im Zuge der Bildung eines Krankenhausverbundes. Die beteiligten Krankenhäuser sahen im Verbund eine Möglichkeit, mit der widersprüchlichen Anforderung ökonomischer Effizienz und medizinisch-pflegerischer Effektivität umzugehen. Es galt, Rationalisierungs- und Qualitätsgewinne zu realisieren.

Dies erforderte vor allem in einem der beiden Pflegebereiche sowohl fachliche als auch organisatorische Veränderungen. Fachlich ging es um die Einführung und Angleichung entsprechender Standards. Aus Organisationssicht hatte der Wandelprozess zum Ziel, die Führungsarbeit und die Kommunikationsstrukturen auf den Ebenen von Stations- und Pflegeleitung zu stärken. Trotz sich über die Jahre verknappender Ressourcen konnte zwar der Pflegebetrieb aufrechterhalten werden, jedoch sank zunehmend die Möglichkeit, mit der fortlaufend erforderlichen Wissensentwicklung Schritt zu halten. Die Kritik der Ärzteschaft an der pflegerischen Arbeit häufte sich. Die Mitarbeitenden waren oft überlastet und häufiges Improvisieren untergrub einen halbwegs berechenbaren Arbeitsalltag. Die erforderlichen Abstimmungen zwischen den Stationen und mit anderen Bereichen verlagerten sich auf informelle Netzwerke. Der Pflegebereich wurde zunehmend unführbar. Für die Pflegefusion entstand folgende Paradoxie: Um Kommunikation und Führung im Pflegebereich zu entwickeln (Ergebnis) bedurfte es Führung und Kommunikation (Voraussetzung).

Zur Handhabung des Widerspruchs wurde neben Investitionen, Schaffung neuer Stellen und Personalwechseln intensiv an einer Neugestaltung der Zusammenarbeit gearbeitet. Sie betraf zum einen innerhalb des Pflegebereichs die Stationen und die Pflegeleitung und zum anderen die Zusammenarbeit mit den Kliniken und den sogenannten Unterstützungsbereichen (wie beispielsweise Küche oder Wäscherei).

Im Zeitverlauf gelang der Veränderungsprozess über unterschiedliche miteinander verwobene Elemente: die Strukturierung von Kommunikation, die Einbettung pflegerischer Veränderungen in die Gesamtorganisation, die Ausdifferenzierung der Weisungsbefugnis mit der Ärzteschaft und die Suspendierung von Veränderung.

Die *Strukturierung von Kommunikation* bestand im systematischen Aufbau neuer und in der Optimierung vorhandener kommunikativer Plattformen (Meetings, Rapporte, regelmäßige Gespräche): Innerhalb des Pflegebereichs wurde ein morgendlicher Rapport eingerichtet, an dem sich Vertreter aller Stationen über

Besonderheiten der zurückliegenden Nacht, über die jeweilige Auslastung und über Möglichkeiten gegenseitigen Aushelfens austauschten. Auf Leitungsebene fanden wöchentliche Einzelgespräche zwischen Stations- und Pflegeleitung zu aktuellen Fragen zur Leitung der Stationen statt. Vierzehntätig erfolgte ein Treffen von Pflegeleitung mit allen Stationsleitungen, in dem fachliche und führungsbezogene Themen des Gesamtbereichs Pflege bearbeitet wurden. Neben dieser Strukturierung von internen Kommunikationsplattformen dienten regelmäßige Treffen zwischen Pflegeleitung und Kliniken dazu, zeitnah und systematisch Fragen zur Gestaltung der Zusammenarbeit zu klären.

Zugleich wurde an der Gesprächspraxis gearbeitet. Konkret ging es in Meetings, Rapporten, beim täglichen Stationsbesuch und in den Gesprächen mit Mitarbeitenden unter anderem darum, den Gesprächsfluss in den Kontaktsituationen zu strukturieren. Beispielsweise unterschied die Pflegeleitung in der vierzehntägigen Sitzung von Pflege- und Stationsleitungen, welche Entscheidungen sie allein und welche sie gemeinsam mit den Beteiligten gefällt hatte. Genauso wurde die Weitergabe von Informationen an die Stationen oder eine vorbereitende Diskussion von Entscheidungen herausgestellt. Mit der Zeit entwickelte sich in dieser Kontaktsituation ein Raum, in dem die Beteiligten Führung als strukturierte Entscheidungsfindung praktizieren konnten. Das Praktizieren veränderter Entscheidungen im Kontext der Leitungssitzung eröffnete die Möglichkeit, dass sich die Praxis auf die Teamsitzungen der Stationen übertragen konnte und in der Pflegeorganisation verankerte.

Die Anstrengungen zur Strukturierung von Kommunikation förderten bei Mitarbeitenden und Stationsleitungen eine höhere Erwartungssicherheit. Es konnten sowohl Herausforderungen der internen Zusammenarbeit und Führung als auch der Kooperation mit anderen Bereichen fortlaufend abgearbeitet werden. Dies schuf eine Form von Öffentlichkeit zu Fragen der Zusammenarbeit und Aufgabenverteilung, die ohne derartige Plattformen auf der persönlichen Ebene informeller Netzwerke verblieben wäre.

In Hinblick auf die *Einbettung pflegerischer Veränderungen in die Gesamtorganisation* konnten Kliniken und Unterstützungsbereiche an den Pflegeleitungstreffen teilnehmen. Zum Beispiel zog die Optimierung pflegerischer Arbeitszeiten eine Verschiebung der Essenszeiten nach sich. Anstatt dass die Pflegeleitung allein mit der Leitung der Küche verhandelte, nahm die Küchenleitung am Pflegeleitungstreffen teil. Den Beteiligten aus der Pflege wurde deutlich, was ihr Vorhaben für die Küche bedeutete. Wechselseitige Abhängigkeiten und Auswirkungen sowie Möglichkeiten und Grenzen der Entwicklung des pflegerischen Arbeitsalltags konnten in die Überlegungen der Pflege einfließen. Die Auswirkungen der eigenen Entscheidungen auf andere Bereiche des Krankenhauses konnten zeitnah erkannt werden. Auf dieser Grundlage ließ sich systematisch eine für alle Beteiligten angemessene Lösung erarbeiten.

Der Einbezug anderer Perspektiven verhalf der Pflege zu einer Form der Selbstbeobachtung, bei welcher der Beobachtungskontext vom eigenen Bereich in Richtung einer breiteren Perspektive auf andere Bereiche der Organisation erweitert wird. Der Einbezug von Gästen fand nicht nur situativ und auf Initiative der Pflege statt. Die Krankenhausleitung und alle Abteilungen erhielten sowohl die Tagesordnungspunkte künftiger wie auch die Protokolle zurückliegender Sitzungen. Sie konnten sich selbst zu den Leitungstreffen der Pflege einladen. Diese Form der Strukturierung von organisationaler Kommunikation lässt es zu, Beteiligte anderer Bereiche frühzeitig und systematisch in die eigene Entwicklungsarbeit einzubeziehen. Dies verringert erstens Überraschungen für die Kooperationspartner der Pflege. Zweitens sichert dieses Vorgehen, dass pflegeinterne Maßnahmen in den Kontext der Gesamtorganisation eingebettet und legitimiert werden.

Eng verwoben mit der Strukturierung von Kommunikation und dem Einbezug von anderen Bereichen in den Wandel der Pflegeorganisation waren die *Entwicklung der Zusammenarbeit mit den Kliniken*. Die Professionalisierung von Pflegestandards, Führung und Kommunikation transportierte gleichsam eine höhere Eigenständigkeit der Pflege gegenüber der Ärzteschaft. Zwar war die Pflege nach wie vor bei fachlichen Fragen individueller Patientenbetreuung (Behandlungspflege) an die Weisung von Ärzten gebunden, bei Fragen interner Weiterbildung, Organisation des Stationsbetriebs, Leitung des Pflegebereichs oder Strukturierung des Tagesablaufs war sie aber autonomer. Diese Unterscheidung zwischen fachlicher Abhängigkeit und organisationaler Unabhängigkeit galt es, in der Zusammenarbeit mit einigen Klinikvertretern noch zu entwickeln. Erstens war hierbei ein regelmäßiger Austausch zu Fragen der Zusammenarbeit zwischen Pflege- und Klinikleitung entscheidend. Zweitens wurden die Pflegestationen angehalten, keine organisationalen Weisungen von Ärzten mehr entgegenzunehmen, sondern die Ärzte vielmehr an die Pflegeleitung zu verweisen. Das entlastete Stationsmitarbeitende zunehmend von solchen Anfragen, was deren Arbeitsalltag beruhigte. Zudem gelang es der Pflegeleitung mit der Zeit, sich als zentrale Anlaufstelle für die interprofessionelle Zusammenarbeit zu positionieren. Dies wiederum erlaubte eine systematische und auf den Pflegebereich insgesamt abgestimmte Entwicklung der Zusammenarbeit mit den jeweiligen Kliniken.

Diese ersten drei Momente zur Entfaltung der Paradoxie folgten zeitlich der *Suspendierung von Veränderung*. Zunächst ging es im Pflegebereich im Angesicht der bisherigen Organisationspraxis darum, diese zu stabilisieren. Improvisation, veraltete Infrastruktur und überforderte Mitarbeitende haben wesentliche Voraussetzungen für eine erfolgreiche Veränderungsarbeit untergraben. Mitarbeitende waren vollständig mit der Aufrechterhaltung der täglichen Patientenbetreuung unter diesen Bedingungen absorbiert. Alltägliche Organisationsarbeit wie Dienstplanungen wurden aufgrund von einem hohem Krankenstand, einem hohen Anteil an Teilzeitkräften sowie hohen Fluktuationsraten zu hoch anspruchsvollen Routinearbeiten. Mangelhafte Ausstattung und veraltete Infrastruktur trug ihrerseits dazu bei, einen geregelten Arbeitsablauf zu untergraben. Daher lag trotz angekündigter Veränderungsbemühungen zunächst der Fokus darauf, den bisherigen Arbeitsalltag zu stabilisieren. Konkret unterstützten die Verantwortlichen für den Veränderungsprozess die Mitarbeitenden fachlich in der Patientenpflege oder bei den Dienstplanungen der Stationen. Die anstehenden Veränderungen wurden dementsprechend suspendiert, was zur Folge hatte, dass einerseits die Veränderungsverantwortlichen Akzeptanz bei den Mitarbeitenden fanden. Andererseits honorierte die Stabilisierung den zu verändernden Organisationsalltag.

In allen vier Momenten kommt ein fünftes Erfolgsmoment zur Handhabung von Paradoxien zum Ausdruck, die *Selbstähnlichkeit von Prozess und Inhalt*. Das angestrebte Ergebnis (Inhalt) spiegelte sich in der Art und Weise seiner Entwicklung (Prozess). Die Einrichtung und Entwicklung von Kommunikationsplattformen war sowohl Teil der Entwicklung von Kommunikation und Führung als auch Teil des Ergebnisses eines solchen Prozesses. Die Form der Inszenierung des Wandels ließ das angestrebte Ergebnis für die Beteiligten erfahrbar werden. Diese Übereinstimmung zwischen Prozess und Ergebnis erlaubte es den Beteiligten, die Entwicklung als Übungsraum für eine veränderte Alltagsorganisation zu nutzen. Darüber konnte ein Verständnis für die veränderten Führungs- und Kommunikationsstrukturen entstehen, was über konkrete und positive Erfahrungen zu dessen Legitimierung beitrug.

Mit diesen fünf Momenten konnte der Pflegebereich seine Führungs- und Kommunikationsfähigkeit über die Zeit hinweg stärken, die fachlich notwendigen Entwicklungen vornehmen und die eingängige Paradoxie entfalten. Die Paradoxie wurde damit nicht einfach aufgelöst und zum Verschwinden gebracht, sondern erforderte es, mit dem historisch gewachsenen Organisationsverständnis und in der fortlaufenden bisherigen Alltagspraxis eine Veränderung herbeizuführen. Unterstützend wirkten dabei zusammengefasst die fünf Prinzipien:

- die Strukturierung von Kommunikation,
- die Einbettung pflegerischer Veränderungen in die Gesamtorganisation,
- die Ausdifferenzierung der Weisungsbefugnis der Ärzteschaft,
- die Suspendierung von Veränderung und
- die Selbstähnlichkeit von Prozess (dem Wie) und Inhalt (dem Was).

Zentral an den fünf Momenten erscheint, Kommunikation zu Themen des Organisierens und Führens achtsam zu strukturieren. Mit der gezielten Gestaltung kommunikativer Arrangements lassen sich Organisationsthemen wie Management, Strategie, Führung, Zusammenarbeit etc. dann systematisch bearbeiten. Dabei sind zwei Ebenen zu unterscheiden: Die *Mikroebene* betrifft das einzelne Gespräch oder Meeting bzw. den einzelnen Workshop. Die *Makroebene* verweist auf die Vernetzung dieser einzelnen kommunikativen Plattformen. Auf der Mikroebene besteht die Möglichkeit, in der Interaktion Paradoxien und deren Handhabung auszuloten. Auf der Makroebene können diese Handhabungsmöglichkeiten experimentell weiter erprobt werden, um über die Zeit zur Paradoxieentfaltung beizutragen. Im illustrierten Fall ging es auf beiden Ebenen darum, veränderte Kommunikations- und Führungspraktiken zu entwickeln. Dies zeigte sich darin, wie einzelne Plattformen geführt und dokumentiert wurden (Mikroebene) und wie diese Plattformen über Protokolle, Einladungen, Rhythmik wechselseitig aufeinander bezogen wurden (Makroebene). Im konkreten Fall unterstützte die Strukturierung von Kommunikation die Beteiligten dabei, den eigenen Organisationsalltag und den laufenden Veränderungsprozess zu beobachten und beides zu verändern.

Etwas allgemeiner kann die hier skizzierte Strukturierung von Kommunikation eine Möglichkeit darstellen, die eingängigen Herausforderungen zu handhaben, die Veränderungsvorhaben als außer-ordentliche Phänomene mit sich bringen: Das prekäre Verhältnis zwischen einem durch Praxis legitimierten *Alten* und dem anzustrebenden *Neuen* kann entfaltet werden. Denn für das *Neue* – im obigen Fall die Praxis von Führung und Kommunikation – stellen Kommunikationsplattformen einen von der weiterlaufenden Alltagspraxis abgeschirmten Übungsraum dar. Sobald sich darin zeigt, dass und wie mit aktuellen und spezifischen Alltagsfragen besser umgegangen werden kann, entwickelt sich Legitimation und der Anreiz, die geübte neue Praxis auch in anderen Bereichen der Organisation zu übernehmen.

Gleichzeitig geht damit ein Verständnis für das *Neue* einher, so dass es nicht mehr oder zunehmend weniger im Kontext des *Alten* (miss-)verstanden wird. Jedoch besteht im Übergang eine Zeitspanne, in dem auf beide Verständnisse Bezug genommen wird. Die einen argumentieren (noch) aus der Sicht des Bisherigen, die anderen mit dem Verständnis des *t*. Dadurch ergibt sich systematisch Ambiguität, die wiederum innerhalb einer achtsam strukturierten Kommunikation thematisiert und bearbeitet werden kann. Dies kann dazu führen, dass nicht nur Veränderungen in der Organisation, sondern auch im Veränderungsvorhaben erfolgen. Was dann vor allem für Stabilität sorgt, sind die Beziehungen zwischen den Beteiligten, die wiederum als Teil der Strukturierung von Kommunikation mit verfertigt werden. Stabilisierend wirkt zudem der Prozess selbst, gerade wenn Veränderungen ergebnisoffen angelegt sind (Wimmer, 2004). Denn dann lassen sich auch die sich abzeichnenden Inhalte immer wieder hinterfragen und weiterentwickeln.

Zusammengefasst bedeutet die Strukturierung von Kommunikation, Veränderungsvorhaben als Möglichkeit einer zweiten Beobachtungsebene in der Organisation anzulegen. Sie zielt darauf ab, miteinander und systematisch die Veränderung in den Blick zu nehmen, während sie vollzogen wird. Dies erlaubt das frühzeitige Erkennen möglicher Herausforderungen und die diesbezügliche Justierung des Veränderungsvorhabens.

Paradoxieentfaltung: Auf dem Weg in ein reflexives Management

In diesem Beitrag ging es darum, anhand eines empirischen Beispiels zu illustrieren, wie Paradoxien als Teil von Veränderungsprozessen in Organisationen produktiv umgegangen werden kann. Der Blick auf und der Umgang mit Paradoxien stellen wesentliche Gründe dafür dar, warum viele Veränderungsbemühungen scheitern. Konkret gilt es, die Strukturen der Organisation mit eben diesen Strukturen zu verändern. Die dabei verwendete systemtheoretische Perspektive (Luhmann, 2000) bietet ein Grundgerüst für den Umgang mit Paradoxien und anderen Außer-Ordentlichkeiten. Systemtheoretisch gehören Paradoxien zu der Normalität oder zu der Ordnung, die Organisationen ausmachen.

An Paradoxien kristallisiert sich die Komplexität von Organisationen insbesondere dann, wenn Management interveniert. Solche Eingriffe in komplexe Systeme folgen normalerweise keiner linear-kausalen Ursache-Wirkungs-Beziehung, wie wir sie von einfachen mechanischen Maschinen kennen. Stattdessen bekommen wir es mit Rückwirkungen aus der Organisation zu tun und werden als Eingreifende selbst zum Teil der von uns vorgenommenen Intervention. Traditionell kann man das als Widerstand pauschalisieren. Das muss nicht falsch sein, ist aber manchmal zu einfach, weil dabei übersehen wird, dass das Management Teil des Problems, der Herausforderungen und der Möglichkeiten ist, die es bearbeiten will. So hat der Management- und Organisationsforscher Karl Weick pointiert ausgeführt: »Probleme, die nie gelöst werden, werden deshalb nie gelöst, weil die Manager fortwährend mit allem herumexperimentieren, außer mit dem, was sie selbst tun und denken« (1979, S. 279).

Die im Zitat angedeutete Selbstbeobachtung in Organisationen findet schon immer statt, aber meist am berühmt-berüchtigten Watercooler oder in der Kaffeepause. Wie im obigen Fall kann man Selbstbeobachtung über eine achtsame Strukturierung von kommunikativen Arrangements als Fähigkeit in der Organisation insgesamt stärken. Es geht dann um die Wiedereinführung der Organisation in die Organisation und damit um Management als solches (Baecker, 2003). Ein solches Vorhaben, eine Parallelorganisation für die Selbstbeobachtung zu entwickeln, erlaubt es, die gegenwärtige Organisation und das Management als kontingent, also als auch anders möglich, zu betrachten. Diese Selbstreflexion von Organisation beinhaltet, Management als ihren Teil anzuerkennen. Diese Einsicht gilt sowohl für die Organisation als auch für ihr Management.

Der Fokus auf Paradoxien bringt Fragen in den Blick, für die es keine Lösungen gibt. Es sind diese Entscheidungen, die dem Management einer Organisation zugeschrieben werden. Es gilt, das Unentscheidbare zu entscheiden (von Foerster, 1994). Nur das lässt sich entscheiden. Damit laden Paradoxien zum Handeln ein (Beech, Burns, Caestecker, MacIntosh u. MacLean, 2004) auf Basis einer reflektierenden Rekonstruktion der eigenen Alltagspraxis. Paradoxien lösen sich damit nicht auf. Sie lassen sich entfalten, in andere Paradoxien transformieren, um darüber wieder ein Stück weiter zu kommen auf dem Weg in eine ungewisse Zukunft.

Literatur

Baecker, D. (2003). Organisation und Management. Frankfurt a. M.: Suhrkamp.

Barrett, F., Thomas, G. F., Hocevar, S. (1995). The central role of discourse in large-scale change: a social constructionist perspective. Journal of Applied Behavioural Science, 31 (3), 352–372.

Beech, N., Burns, H., Caestecker, L. D., MacIntosh, R., MacLean, D. (2004). Paradox as invitation to act in problematic change situations. Human Relations, 57 (10), 1313–1332.

Clegg, S., Vieira da Cunha, J., Pina e Cunha, M. (2002). Management paradoxes: A relational view. Human Relations, 55 (5), 483–505.

Denis, J.-L., Langley, A., Rouleau, L. (2007). Strategizing in pluralistic contexts: Rethinking theoretical frames. Human Relations, 60 (1), 179–215.

Denison, D. R., Hooijberg, R., Quinn, R. E. (1995). Paradox and performance: Toward a theory of behavioral complexity in managerial leadership. Organization Science, 6 (5), 524–540.

Foerster, H. von (1994). Wissen und Gewissen. Frankfurt a. M.: Suhrkamp.

Glouberman, S., Mintzberg, H. (2001). Managing the care of health and cure of disease – part I: Differentiation. Health Care Management Review, 26 (1), 56–70.

Handy, C. (1994). The Age of Paradox. Boston: Harvard Business School Press.

Luhmann, N. (2000). Organisation und Entscheidung. Wiesbaden: VS Verlag für Sozialwissenschaften.

McNulty, T., Ferlie, E. (2004). Process transformation: Limitations to radical organizational change within public service organizations. Organization Studies, 25 (8), 1389–1412.

Neuberger, O. (1992). Widersprüche in Ordnung. In R. Königswieser, C. Lutz (Hrsg.), Das Systemisch Evolutionäre Management (2. Aufl., S. 146–167). Wien: Orac.

Neuberger, O. (2000). Dilemmata und Paradoxa im Managementprozess. Grenzen der Entscheidungsrationalität. In G. Schreyögg (Hrsg.), Funktionswandel im Management: Wege jenseits der Ordnung (S. 173–220). Berlin: Duncker & Humblot.

Ortmann, G. (2004). Schmuddelkinder der Logik. Berliner Debatte Initial, 15 (1), 18–27.

Peters, T. J., Waterman, R. H. (1982). In search of excellence. New York: Harper & Row.

Simon, F. B. (1997). Die Kunst, nicht zu lernen. Und andere Paradoxien in Psychotherapie, Management, Politik … Heidelberg: Carl-Auer Verlag.

Simon, F. B. (2007). Einführung in die systemische Organisationstheorie (2. Aufl.). Heidelberg: Carl-Auer Verlag.

Tuckermann, H. (2007). Organisationaler Wandel als Entfaltung von Paradoxien – systemtheoretische Rekonstruktion einer Krankenhausfusion. St. Gallen: PhD thesis St. Gallen University.

Weick, K. E. (1979). The social psychology of organizing (2nd ed.). New York: Mc Graw-Holl.

Weick, K. E., Quinn, R. E. (1999). Organizational Change and Development. Annual Review of Psychology, 50, 361–386.

Weizsäcker, E. U. von (1986). Erstmaligkeit und Bestätigung als Komponenten der Pragmatischen Information. In E. U. von Weizsäcker (Hrsg.), Offene Systeme I. Beiträge zur Zeitstruktur von Information, Entropie und Evolution (S. 82–113). Stuttgart: Klett-Cotta.

Wimmer, R. (Hrsg.) (2004). Organisation und Beratung. Heidelberg: Carl-Auer Verlag.

Jens O. Meissner und Silke Seemann

Unternehmenserneuerung zwischen Innovationssystemen und Systeminnovationen

Vorbemerkung

In diesem Beitrag werden die Ideen des Innovationssystemdenkens und der System-innovation diskutiert und ihr Einfluss für die Unternehmenserneuerung zuge-spitzt dargestellt. Als grundsätzliche Ausgangsfrage, wie Neues in Organisationen entsteht, nehmen die Autoren grundsätzlich eine Outside-in-Perspektive ein. Die Entstehung des Neuen wird also vorerst von außen im Unternehmen angeregt und nicht zuerst dort erfunden und vermarktet. Diese Perspektive bringt verschiedene Implikationen mit sich, welche zu erläutern Hauptanliegen dieses Artikels ist.

Innovation: Worum es geht

Organisationen erneuern sich alltäglich. Dennoch laufen diese Veränderungen in der Regel unbewusst und unbemerkt ab – meist im Rahmen ihrer sogenann-ten *lokalen Theorien* (Baitsch, 1993). Und nur gelegentlich wird diese permanente Veränderung der Organisation thematisiert, zum Beispiel durch eine Innovations-initiative oder die Einrichtung eines (teilweise beliebig zu wählenden) Manage-mentkonzepts wie Innovations-, Wissens- oder Qualitätsmanagement etc. Zwar ist Innovation ein Schlüsselwort und gehört sicher zu den meist erwähnten in der Managementliteratur, den Geschäftsberichten und den Unternehmensbroschü-ren. Dennoch dürfen wir behaupten, dass es lediglich eine bedingte Antwort auf die Frage gibt, wie das Neue in die Organisationswelt kommt.

Die Welt der Innovation ist so vielfältig wie ein Fingerabdruck. Produktinnova-tionen (z. B. Post-it-Blöcke, organische LED-Displays, Bionade, iPod) fallen ebenso unter diesen Begriff wie Prozessinnovationen (z. B. die Produktionssysteme von Toyota, Dell oder Ikea), Dienstleistungsinnovationen (z. B. elektronische Handels-plattformen oder die Leasing-Finanzierung) und sozial getriebene Innovationen (beispielsweise das Business-Netzwerk XING oder das »mobile computing«). So ist im Grunde jede Neuerung eine Innovation, wenn sie sich auf ihrem relevan-ten Anwendungsfeld behaupten kann. Als Feld wird meist *der Markt* verstanden,

es kann aber auch der *Bürgerservice,* die *öffentliche Gesundheit, Sicherheit* oder
ähnliches sein. Die ganz praktische Idee des Innovationsmanagements ist also
alles andere als neu. Letztlich muss jede produktive Einheit des Gesellschaftssys-
tems (was immer sie auch herstellt) einmal zumindest so innovativ gewesen sein,
dass es zu ihrer Entstehung gekommen ist. Bei einem anscheinend so breiten Feld
lässt sich zu Recht fragen, worüber hier eigentlich gesprochen wird. Wir machen
es uns einfach und erläutern im Folgenden lediglich den Fall des Unternehmens,
nicht den anderer Unternehmenstypen.

Erste unternehmensrelevante Ansätze zur Erläuterung von Produktentwicklun-
gen gehen bis in die Mitte des 19. Jahrhunderts zurück. Prozessinnovation wurde
es zwar Anfang des 20. Jahrhunderts noch nicht genannt, aber es ist offensichtlich, dass das Scientific Management von Frederick W. Taylor eine erste unter-
nehmerische Prozessinnovationstheorie darstellt (Taylor, 1911/2006). Als Tay-
lors unternehmerischer Counterpart setzte der Unternehmer Henry Ford diese
Prinzipien dann in der Automobilproduktion praktisch äußerst erfolgreich um.
Zu dieser Umsetzung berücksichtigte Ford jedoch bereits bestimmte organisatorische Anreize, um seinem Produktionssystem Flügel zu verleihen. Eins davon
war das Vorzugsrecht für Mitarbeiter, zu den ersten Besitzern eines T-Modells zu
gehören. Bis heute ist die Organisationstheorie vom Phänomen der Prozessinnovation fasziniert. Dies liegt an der klassischen, von Nordsieck (1932) vorgenommenen Unterteilung der Organisationslehre in Aufbau- und Ablauforganisation.
Während der Nutzen der Aufbauorganisation unmittelbar logisch und für jedermann nachvollziehbar war und ist, sind die zu unternehmenden Bemühungen
im Bereich der Ablauforganisation weitaus umfassender.

So entstand über die Jahrzehnte hinweg eine regelrechte Prozessmanagement-
Industrie, welche sich auf die Strukturierung, Gestaltung und Optimierung von
Abläufen spezialisierte. Mit dieser Entwicklung differenzierte sich auch das Instru-
mentarium zum Prozessmanagement weiter aus, seit den 1970er Jahren mit deut-
lichem Rückenwind der Softwareentwicklung. Der Theorie zur Prozessinnovation
kann heute ein äußerst reichhaltiges Arsenal an unternehmerisch erfolgreichen
Fallstudien bescheinigt werden. Trotzdem finden wir im Fragebereich, wie man
Prozesse systematisch erneuert, mehr Fragen als Antworten vor. Die Welle der
Business-Process-Reengineering-Ansätze seit den 1980er Jahren war hoch, dennoch fiel die praktische Bilanz der von oben angeordneten Prozesszersplitterung
und -wiederanordnung eher schlecht aus. Eine auffällige Anzahl an Erfolgsgeschichten lässt sich hier aber bei Unternehmen feststellen, welche neu gegründet
wurden und schnell wuchsen, wie zum Beispiel bei Toyota in der Nachkriegszeit,
bei Dell oder im Smart-Produktionssystem. Hier konnte man während des Auf-
und Ausbaus der Leistungserstellung bereits die neuen, prozessorientierten Kri-

terien anwenden und umsetzen. Weil es sie nicht gab, konnten die sogenannten *defensiven Routinen* der bestehenden Strukturen nicht greifen und einen Wandel der Unternehmensprozesse somit auch nicht verhindern.

Die beiden Grundideen der Produkt- und Prozessinnovation bilden den Kern der meisten bekannten, anwendungsorientierten Innovationsmanagementkonzepte. Denn Produkte sind die marktfähigen Ergebnisse eines Unternehmens und Prozesse unabdingbar notwendig zu ihrer Erstellung. Dennoch reichen diese beiden Grundbegriffe nicht aus, Innovation als Phänomen voll umfänglich zu erfassen. Wie beispielsweise soll man eine Strategie zur Produktinnovation verfassen, wenn nicht das regionale und intellektuelle Umfeld des Unternehmens systematisch in die Betrachtung mit einbezogen wird? Oder wie soll ein Innovationsprozess definiert werden, wenn nicht zuvor geklärt wird, aus welchen materiellen und immateriellen Eigenschaften das Gesamtsystem (die Produkt-Dienstleistungs-Kombination) besteht. Diese Fragen nach den systemischen Bezügen zu klären ist also notwendig, um systematisch, umfassend und nachhaltig innovieren zu können. Im folgenden Unterkapitel soll eine Horizonterweiterung des Innovationsmanagements um Konzepte der Unternehmenserneuerung stattfinden. Anschließend werden die weiterführenden Konzepte des Innovationssystems und der Systeminnovation erklärt und durch ein Fallbeispiel veranschaulicht.

Die Idee der Unternehmenserneuerung

Daten – Informationen – Wissen – Nichtwissen

Die Dreiteilung von Daten, Informationen und Wissen ist eine klassische, die nicht zuletzt durch die rasante informationstechnologische Entwicklung tief in den Alltagsgebrauch eingedrungen ist. Wie es auch bei den Stichworten Kommunikation, Führung, Risiko etc. vorkommt, wird auch beim Wissen der Begriff und seine Bedeutung häufig bis ins schmerzvollste verkürzt. So ist dann und wann im Internet oder gar in informierterer Literatur zu lesen, Wissen sei aus dem Internet zu beziehen oder gar *downloadbar*. Dabei unterstellen die Autoren ein sogenanntes entitatives, also dingliches Wissensverständnis. Wissen wird als Gegenstand verstanden, welcher wie andere physische Objekte behandelt werden kann. Dass diese Annahme irrig ist, haben viele Sozialwissenschaftler herausgestellt (z. B. Luhmann, 1984; Vaassen, 1996).

Dennoch liegt die Verlockung klar auf der Hand: Was dinglich behandelt werden kann, kann systematisch verwaltet (eingelagert, verkauft etc.) und somit kontrolliert werden. Die Kehrseite beschreibt jedoch Fritz Simon, wenn er kritisch über die Wissensvermittlung in Schulen schreibt und behauptet, Wissen werde als *Stroh* verstanden, welches man aus einem Kopf heraus und in einen anderen Kopf hineinstecken könne (Simon, 1999). Dabei wird über das Wesen von Wissen bereits einiges deutlich, wenn man eine einzige Annahme ernst nimmt: Wissen ist immer kontextabhängig! Wenn dies so ist, dann lässt Wissen sich nicht beliebig konfigurieren, sondern entsteht in der jeweilig einzigartigen Situation – es emergiert, und dieser Prozess ist autopoietisch, das heißt selbstgesteuert (Probst, Raub u. Romhardt, 1999; Willke, 1998; Wolf u. Hilse, 2009).

Nach diesem Verständnis wären Daten einzelne Unterscheidungskalküle und Informationen das, was ein Kommunikationsbeteiligter unter einer selbst erkannten Datenkonfiguration versteht. Nur mit diesen eher komplizierten Begriffen ist dem komplexen Phänomen Wissensmanagement gebührend Rechnung zu tragen. Das erklärt auch, weshalb Wissensmanagement-Initiativen so häufig durch organisationale Strukturen im Keim erstickt werden. Organisationen mögen zu viel Komplexität nicht und reduzieren sie auf das, womit sie umgehen können (vgl. Wimmer, 1998; Dievernich, 2009). So wird aus einem pädagogisch-didaktischen Anspruch ein einfacher Lehrplan, aus einem multimorbiden Patienten eine Krankenhausfallpauschale und aus einer neuen Produktidee zuerst einmal ein Patent. In der Praxis ist dieser Vereinfachungsprozess häufig hinter einem Messbarkeitsanspruch verborgen – »what you cannot measure, you cannot control« ist ein berühmter Ausspruch aus der Managementlehre. Dass bei diesem Übersetzungsprozess das Bewusstsein für das, was man nicht (mehr) weiß, verloren geht, fällt vorerst gar nicht auf. Ein blinder Fleck entsteht oder vergrößert sich, den man nicht mehr sehen kann. Viel mehr noch: Man sieht nicht mehr, dass man den Fleck nicht sieht (von Foerster u. Pörksen, 1998). Das jedoch bleibt für kein soziales System ohne Folgen – auch nicht für das Management von Unternehmenserneuerung. Weil sich hinter der Komplexitätsreduktion eines Unternehmens immer innovative Produkt- und Prozessideen verbergen, kommt man als Experte daher nicht umhin, etwas über ihre eigene Unkenntnis – also das *Nichtwissen* der Organisation – erfahren zu müssen.

Vom Wissen zu Kernkompetenzen

Verbunden mit der Frage nach dem Wissen einer Organisation ist immer auch das Erkennen der sogenannten *Kernkompetenzen* eines Unternehmens. Diese sind bekanntlich die Fähigkeiten eines Unternehmens, ein nachhaltiges Alleinstellungsmerkmal auszuprägen und durch die dadurch entstehende strategische Erfolgsposition Wettbewerbsvorteile zu nutzen (Prahalad u. Hamel, 1990). Zu diesen ist wichtig, dass Unternehmen dann erst eine echte Kernkompetenz herausgebildet haben, wenn sie um ihren blinden Fleck wissen; wenn sie also zwischen ihrem Wissen und ihrem Nichtwissen unterscheiden können.

Ein einfaches Beispiel für die Verschiebung der Grenze zwischen Wissen und Nichtwissen (blinder Fleck) ist Nintendos Spielekonsole Wii. Diese verfügt über ein Eingabegerät mit eingebautem Beschleunigungs- und Lagesensor, womit ein Benutzer seine eigenen Bewegungen als Steuerungsimpuls für Spiele verwenden kann. Diese Technik entwickelte sich in den letzten Jahren so stark, dass man das Gerät heute nicht nur zum Spielen, sondern auch sehr erfolgreich als Fitnesstrainer verwenden kann. Nintendo war in der Lage, sich die Unterscheidung zwischen Spielekonsole und Fitnessgerät zu vergegenwärtigen und die Grenze zu verschieben. Ähnliches ließe sich von Apples iPad behaupten, welches hinsichtlich seiner multimedialen Fähigkeiten zur ernsten Konkurrenz für tragbare Videoabspielgeräte, E-Book-Lesegeräte oder auch manuelle Terminagenden wurde. Oder auch – um ein Beispiel aus dem nichtinformationstechnischen Bereich zu wählen – von der University of Phoenix, welche weltweit führend im E-Learning ist und die Grenzziehung zwischen klassischer Universitätspräsenzlehre und virtuellem Distanzlernen verschieben konnte.

Das Wissen um die selbst getroffenen Unterschiede und ihre Außenseite – dem Nichtwissen – ist also untrennbar mit der Ausprägung einer Kernkompetenz verbunden.

Theorie des organisationalen Lernens

Wer von Innovation spricht und einen Rahmen damit meint, der auch die Organisation selbst einbezieht, der spricht von Unternehmenserneuerung. An dieser Stelle kommt man jedoch nicht umhin, Theorien der Organisationsentwicklung oder des organisationalen Lernens heranzuziehen. Man könnte auch aus Richtung *Technologieentwicklung* beginnen. Das aber machen die meisten Innovationslehrbücher und produzieren somit einen blinden Fleck, der in der Regel nicht reflektiert wird. Wenn wir diesen Selektionsfehler schon nicht vermeiden können, wollen wir diesen aber zumindest anders machen.

Die wohl bekannteste Theorie zum Thema organisationaler Veränderung verbirgt sich hinter dem Stichwort *Organisationsentwicklung* (Wimmer, 2004; French u. Bell, 1990; Trebesch, 2000). Diese entstand aus den verhaltensorientierten Ansätzen der Managementlehre, welche in den 1930er Jahren aufkamen. Diesen Ansätzen liegt zugrunde, dass die menschliche Produktivität nicht nur als Rädchen im Getriebe von großtechnischen Produktionsprozessen zu verstehen ist. Als wichtige, der Produktivität förderliche Faktoren gelten vielmehr die Mitgliedschaft zur Gruppe/zum Unternehmen (die Identifikation), die Aufmerksamkeit seitens der

Vorgesetzten sowie das Berücksichtigen von informellen Strukturen. Die Theorie der Organisationsentwicklung griff diese Erkenntnisse auf und formte eine Lehre daraus. In den 1960er Jahren prägte sie auch die soziotechnische Schule (Emery u. Trist, 1965). Nach dieser stehen in Organisationen die Faktoren Mensch, Technik und Organisation als gleichwertige Konfigurationselemente nebeneinander und sind je nach Problemstellung aufeinander auszurichten. Letztlich wurde auch der zunehmenden Strategieorientierung in der Managementlehre Rechnung getragen, als man Organisationsentwicklung eine Betonung des »strategic change« beimaß (Palmer, Dunford u. Akin, 2009). Bei all dieser Theorieentwicklung darf man jedoch nicht vergessen, dass die ursprünglich aufgestellten Grundprinzipien im Kern des Konzeptes nicht verändert wurden: Die Organisationsentwicklung (OE) geht dabei nach Beckhard (1969) von folgenden Annahmen aus:

- Die OE ist eine geplante Aktivität, welche die systematische Diagnose des gesamten Organisationssystems, einen daraus abgeleiteten Verbesserungsplan und die Bereitstellung der notwendigen Ressourcen vorsieht.
- Die Unternehmensspitze steht hinter dem Wandelprozess.
- OE zielt auf die Steigerung der Effektivität des Unternehmens ab.
- OE verfolgt eine vergleichsweise langfristige Perspektive und erwartet nachhaltige Umsetzungserfolge erst nach zwei oder drei Jahren.
- Die OE ist handlungsorientiert.
- Die OE fokussiert auf die Haltung und das Verhalten der Wandelbeteiligten.
- Die OE beruht auf dem Konzept des erfahrungsbasierten Lernens, welches in kleinen Schritten vorgeht und durch schnelles Feedback möglichst direkte Korrekturen im Wandelprozess hervorrufen möchte.
- Die OE fokussiert auf die Gruppe oder das Team als zentraler Einheit des Wandels.

Über diese Grundhaltung ist auch die moderne OE-Theorie nicht weit hinaus gekommen. Auch heute betont sie Imperative wie »Betroffene zu Beteiligten machen« oder »Kein Wandel ohne Unterstützung des Topmanagements«. Dennoch bleibt die Theorie dem grundsätzlichen Dreischrittmodell des Auftauen–Verändern–Einfrieren (Lewin, 1947) treu und unterscheidet sich in ihrem Grundverständnis hierdurch von anderen Wandelverständnissen.

Als besonders prominentes alternatives Wandelkonzept ist die Theorie des organisationalen Lernens zu nennen (Argyris u. Schön, 1978). Diese beruht auf zwei zentralen Teilkonzepten. Erstens nehmen die Autoren an, dass Lernen auf verschiedenen Ebenen stattfindet. Außer dem reinen Verbesserungslernen (»single loop learning«) gäbe es demnach ein Veränderungslernen (»double loop learning«), welches auch das Auswechseln des Bezugsrahmens der Veränderung mit einbeziehe. Beispielsweise verändert ein Einkaufssachbearbeiter nicht nur den eigentlichen Einkaufsprozess (Verbesserungslernen), sondern auch sein grundlegendes Verständnis weg vom Sachbearbeiter hin zum internen Dienstleister für die Produktion (Veränderungslernen).

Zweitens macht die Theorie einen Unterschied zwischen den bekundeten Theorien (»espoused theories«) und den tatsächlich verwendeten Theorien (»theories-in-use«). Unternehmensangehörige würden demnach zwar auf Nachfrage eine bestimmte Überzeugung äußern, in ihrem Verhalten jedoch eine ganz andere Botschaft übermitteln. Hier verweist die Theorie auf die informellen Hintergrundprozesse, welche bei Wandelprozessen immer ans Tageslicht geraten und für teilweise massive Prozessstörungen sorgen.

Diese beiden Teilkonzepte der Lernebenen und der impliziten Organisation lassen ahnen, dass eine Wandeltheorie komplexer sein muss als von der OE angenommen. Wir möchten diese Theoriegeschichte um Konzepte des organisationalen Wandels abkürzen und stattdessen auf die einschlägige Organisations- und Managementliteratur verweisen (z. B. Schreyögg, 2000; Wolf, 2003). Anstelle dieser Ausführungen möchten wir die Gelegenheit nutzen und auf den Zusammenhang zwischen Wandel und Paradoxieentfaltung zu sprechen kommen (Tuckermann, 2013, in diesem Band).

Wandel und Paradoxieentfaltung

Beim genaueren Blick auf tiefgreifende organisationale Lernprozesse fällt auf, dass im Wandel an grundlegenden Ordnungs- und Orientierungsmustern der Organisation gearbeitet wird. Organisationen geraten im Wandel außer Ordnung. Dieser Prozess bzw. das Überwinden alter Muster hin zu neuen ist sehr häufig *paradox*. Das Standardbeispiel ist hier der Monopolbetrieb, der sich für den durch eine Marktöffnung bevorstehenden Wettbewerb zu rüsten versucht. Die Mitarbeiter folgten bisher den Prinzipien, ihren Job gut und genau zu machen (natürlich ist dies ein Idealfall!) und im Regelfall so viel Zeit und Mühe zu investieren, bis die Leistung stimmte. Die Beurteilung dieser Leistung fand – wie bei allen Monopolbetrieben üblich – nicht nach kundenorientierten Kriterien statt. In der neuen marktwirtschaftlichen Situation sind die Mitarbeiter aufgefordert, ihren Job nicht mehr perfekt zu machen, sondern so ressourcensparend, aber kundenorientiert wie möglich.

Anders ausgesprochen: Perfektion wird nun nicht mehr in der bestmöglichen, sondern in der effizientesten Aufgabenerfüllung erreicht. Eine solche Anspruchsveränderung hat massive Auswirkungen auf die Berufswelt des Unternehmens, da sie Widersprüchlichkeiten ans Tageslicht bringt. Besonders stechen diese Spannungsfelder hervor, wenn Organisationen in verschiedenen Domänen (Wirtschaft, öffentliche Verwaltung etc.) operieren, zum Beispiel bei Krankenhäusern und Hochschulen. In Wandelprozessen sind bei diesen Organisationen nicht nur die Aktivitäten betroffen, welche sie umsetzen (Innenseite der Unterscheidung), sondern auch die, welche sie – mehr oder weniger bewusst – unterlassen (Außenseite der Unterscheidung). Das bedeutet, dass ein Wandelvollzug vorrangig in der aktiven Paradoxiebearbeitung stattfindet.

Verdeutlicht wurde dies am Fallbeispiel des Kantonsspitals St. Gallen, in dem zu sehen ist, dass der organisationale Wandelprozess durch mehrere Phasen mit der Entfaltung verschiedener Paradoxien ging (Tuckermann, 2008). Nach jedem Phasendurchschritt entstanden weitere Paradoxien, die wiederum durch Mitarbeiter und Management bearbeitet werden mussten. Dabei lässt sich im Nachhinein nicht feststellen, ob die Verschiebung der einen Paradoxie nun besser oder schlechter gewesen wäre, als wenn eine andere Paradoxie bearbeitet oder die Paradoxie anders bearbeitet worden wäre. Fest steht allerdings, dass das Kantonsspital – und auch die vom Wandel betroffenen Bereiche – weiterhin ein funktionierendes Organisationsgefüge aufweisen.

Wenn man einen solchen, die Organisationskomplexität betonenden Wandelbegriff verwendet, dann muss man sich von der Messbarkeitsvorstellung von Wandel distanzieren. Wohl aber wendet man sich einem kritischen Organisations- und Wandelverständnis zu, welches die Erneuerungsereignisse in Unternehmen und Institutionen besser erklärt als andere. Daher lohnt sich im Folgenden ein genauerer Blick auf zwei grundsätzliche Begriffe des Innovationssystemdenkens.

Innovationssystemdenken: Das Unternehmen plus X

Der Gedanke, dass die Umwelt für die Unternehmung und ihre Innovationsaktivitäten von größter Wichtigkeit ist, ist nicht allzu alt. Zum einen liegt dies an der generellen *Spätzündung* der Managementwissenschaften, die Organisationsumwelt als relevante Einflussgröße zu erkennen und zu verstehen. Dies wurde im Grunde erst seit den 1960er Jahren erkannt, als systemtheoretische Betrachtungsweisen der Organisation entwickelt wurden (vgl. Bertalanffy, 1968; Maturana u. Varela, 1980). Endgültigen Einzug fand die systematische Umweltbetrachtung durch den situativen Ansatz, der die systematische Situationsanalyse der Organisation zum Kernbestandteil hat.

In der Theorie des Innovationsmanagements fand das Umdenken in Umweltkategorien ausdrücklich erst in den 1980er Jahren Eingang (Braczyk, Cooke u. Heidenreich, 1998). Ein Innovationssystem besteht aus vielfältigen Institutionen mit einem thematischen oder räumlichen Zusammenhang zum Zwecke gemeinsam gestützter Erneuerungsaktivität. Je nach Ausrichtung spricht man von branchenorientierten Clustern, beispielsweise zu den Life-Sciences (siehe Abbildung 1), oder von regionalen Innovationssystemen.

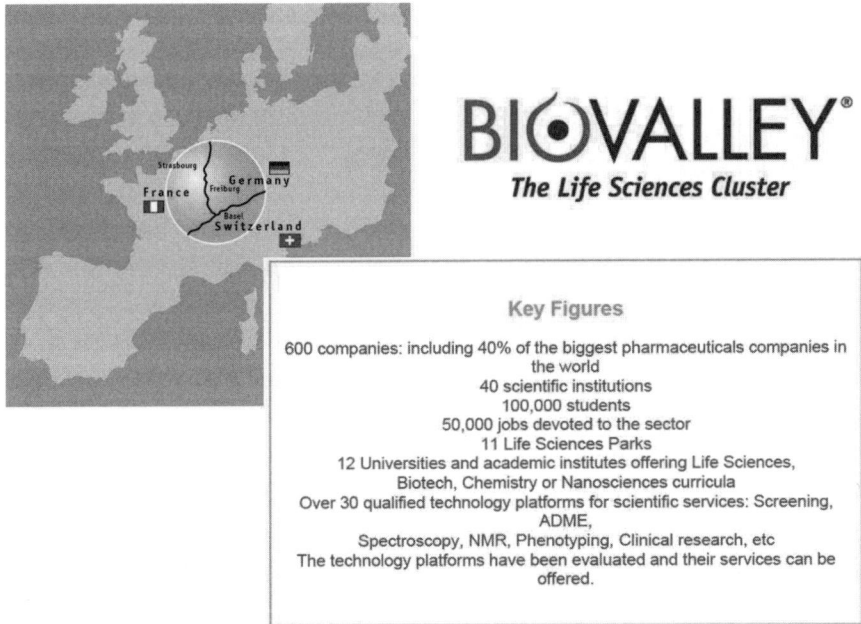

Abbildung 1: Das Life-Science-Cluster Biovalley

Gelegentlich fallen diese beiden Kategorien zusammen, wie bei den berühmten IT-Cluster-Beispielen Silicon Valley in den Vereinigten Staaten oder Sophia Antipolis in Frankreich. Zu diesen Innovationssystemen gehören in der Regel nicht nur Unternehmen, sondern auch deren Verbände (Wirtschafts- und Gewerbeverbände, Handels- und Handwerkskammern, Lobbyorganisationen), wissenschaftliche Institutionen (Hochschulen, Studenten, Science Parks, private Forschungseinrichtungen), öffentliche Einrichtungen (Büros zum Wissens- und Technologietransfer, Wirtschaftsförderungen) sowie die Zulieferer des gesamten Systems. Von der Betrachtungsperspektive her hat man im Innovationssystemdenken also erkannt, dass das Unternehmen in einen größeren Zusammenhang eingebettet ist und die Erneuerungsfähigkeit ganz wesentlich von den Wissensaustausch- und -erzeugungsprozessen im Innovationsnetzwerk abhängt. Da diese Wissensprozesse sich zwar von selbst ergeben können, aber nicht müssen, kann ein Innovationssystem verschiedene Formen von *Intermediären* etablieren. Hier lassen sich zwei Akteurstypen unterscheiden: Promotoren und Vermittler (siehe Abbildung 2).

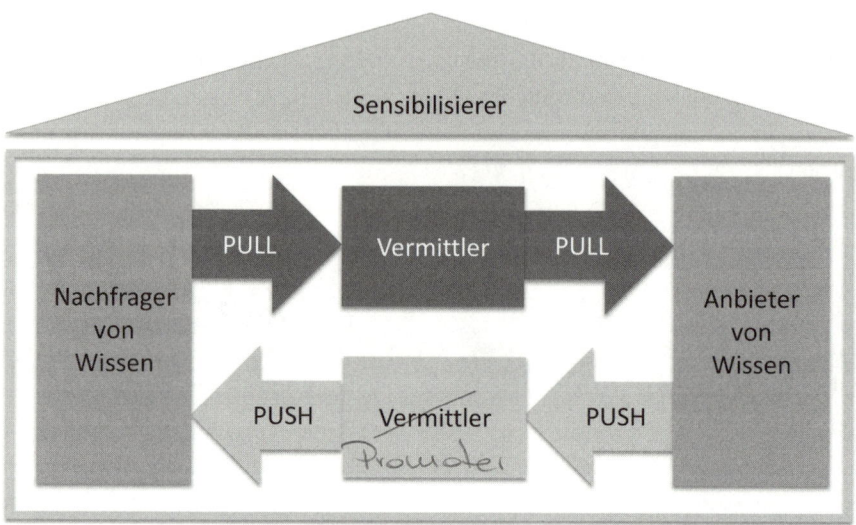

Abbildung 2: Akteurstypen in Innovationssystemen

Promotoren sind demnach Institutionen, welche für den *Push* von erzeugten Informationen und/oder Wissensbezügen zuständig sind. Sie klären im System also darüber auf, was in den *Elfenbeintürmen* entwickelt, erforscht oder konzeptionell entwickelt wurde. Vermittler sind diejenigen, welche im *Pull*-Verfahren die Bedürfnisse der Wissensnachfrager auf die Agenda bringen und von ihrer Perspektive aus versuchen, eine Passung der richtigen Interessen herzustellen. Man kann sich vorstellen, dass bereits diese wenigen Funktionen im System für ausreichend Irritation und Unordnung sorgen können, damit die meisten beteiligten Institutionen mit ausreichenden Anregungen versorgt werden. In diesen komplexen Wechselwirkungen wird es schnell unübersichtlich und die Frage ist bis heute nicht geklärt, wer denn nun als ordnende Hand der Aktivitäten fungieren soll. Wir sind der Meinung, dass diese Funktion nicht benötigt wird, wenn innerhalb des Systems für Transparenz und schnelle Informationsvermittlung gesorgt wird – denn so entsteht ein interner Markt, der die Erneuerungsimpulse schnell weitergibt. Es gibt massive Hinweise darauf, dass intelligent gestaltete, organisationsübergreifende Events maßgeblich dazu beitragen.

Das Innovationssystemdenken leidet in seiner Konzeption leider darunter, dass es einen sehr gegenständlichen Systemcharakter zugrunde legt. Auf Kommunikationsbeziehungen selbst legt es (von der Theorie her) weniger Wert, obwohl dies ja mit den Push- und Pull-Funktionen genau des Pudels Kern darstellt. Wie auch immer, dem Innovationssystemdenken sind viele Initiativen zu verdanken, die zu substanziellen Verbesserungen der Innovationsfähigkeit von Branchen und

Regionen geführt hat (Porter, Borner, Weder u. Enright, 1991). Die Einrichtung von Intermediäreinrichtungen – die es in anderen Kultur- und Wirtschaftskreisen beispielsweise gar nicht gibt – sind hier nur eine nennenswerte, lohnenswerte Maßnahme. Das Innovationssystemdenken hat aber auch dazu geführt, Innovationen als größeren Zusammenhang zu verstehen, der im seltensten Fall von einer Organisation allein gemanagt werden kann. Am Fall von Systeminnovationen wird dies im nächsten Abschnitt ganz deutlich.

Systeminnovationsdenken: Von Communities und Standards

Unter den üblichen Verdächtigen der Innovationsarten fällt die Systeminnovation etwas aus dem Rahmen. Denn diese verbindet verschiedene Innovationsaspekte, um in der Regel besonders nachhaltige Zweck-Mittel-Kombinationen durchzusetzen (Grün, Hauschildt u. Jonasch, 2008). Zudem kann die Systeminnovation hinsichtlich ihres Fokus variieren. Tabelle 1 zeigt einige konkrete Beispiele.

Tabelle 1: Beispiele für Systeminnovationen

Systemfokus	Beispiel
Produkt oder Dienstleistung	– Nespresso-Kaffee – Brennstoffzellenheizung – Outdoorküchen und Gasgrills – 5er BMW – Billigflieger

Wertschöpfungskette	– iPhone Application Store
	– medizinische Diagnoseapparate
	  (z. B. Computertomograph)
	– 20-Fuß-Container
	– GPS-gesteuerte Landwirtschaft
	– Systemgastronomie (z. B. Burger King)
	– Banken/Versicherungsplattform
	  (z. B. Smarx)

Gesellschaft	– Road-Pricing-Systeme – Massen-Online-Spiele – Riester-Rente (in Deutschland) – Wahlautomat

Systeminnovationen schaffen dadurch Mehrwert, dass sie einzelne, an und für sich nicht unbedingt neuartige soziale, technologische und rechtliche Elemente in eine neue Zweck-Mittel-Kombination überführen. Immer durch eine deutliche Verhaltensänderung auf Nutzerseite begleitet, weisen Systeminnovationen ein nachhaltigeres Wertschöpfungspotenzial auf als die reinen Produkt- und Prozess-innovationen eines Unternehmens (Grün et al., 2008). Zudem sind Systeminno-vationen vergleichsweise resistent gegenüber Nachahmerstrategien (Aeschbacher, 2005). Echte Kundenorientierung, so weit gehen manche, kann man gar erst mit Systeminnovation ermöglichen, welche sich weder an vorgegebenen Strukturen noch an technischen Lösungen orientiert (Weisshaupt, 2007). Nachfolgend wer-den die wichtigsten Merkmale der Systeminnovation im Detail erläutert.

Die Innovatorengemeinschaft

Bei der sogenannten Enabler-Community handelt es sich um ein Netzwerk viel-fältiger, rechtlich und wirtschaftlich unabhängiger Akteure (Grün et al., 2008). Diese entdecken gemeinsam ein Interesse an einer nachhaltigen und organisa-tionsübergreifenden Problemlösung und setzen die Systeminnovation in einem inter-organisationalen Arrangement um (vgl. »multi-organization innovation«, Grün et al., 2008). Die Innovatorengemeinschaft ermöglicht eine neue, prozess-orientierte Strukturierung der Aufgabenstellungen für einen bestimmten klar segmentierten, relevanten Markt mit klar differenzierbaren Marktanforderun-gen (Weisshaupt, 2008). Als Promotoren wirken hier insbesondere neue Akteure, welche außerhalb der bestehenden Strukturen – zum Beispiel der Marktverhält-nisse – eine Nischenposition oder neuartige Lösungsmuster suchen (Konrad u. Scheer, 2004). Die Innovatorengemeinschaft muss sich zur Projektdefinition und -abstimmung koordinieren. Je nach Fokus der Systeminnovation kann dies in Organisationen oder auf einem breiter sozial abgestützten Parkett vonstattengehen. Häufig ist ein kleines Innovatoren-Kernteam Quell und Treiber dieses Prozesses.

Die Nutzergemeinschaft

Hinsichtlich der Nutzer bzw. verschiedener Nutzergruppen und -communities, ist bei einer Systeminnovation stets das *Game Changing* als nachhaltige Änderung des Nutzerverhaltens mit großer Reichweite zu beobachten (Grün et al., 2008). Dabei können bei einer Systeminnovation ganze zuvor ignorierte oder überse-hene Nutzergruppen unvorhergesehen auftreten und der Innovation wichtigen Rückenwind geben. So zum Beispiel die Gruppe der *Flash-Mobber,* welche sich durch die SMS-Technologie besser koordinieren kann, oder das Kundensegment der Senioren für das iPhone, weil dessen Bedienung auch für diese nachvollzieh-bar und vergleichsweise einfach ist.

Das Governanceumfeld

Systeminnovationen sind in dieser Hinsicht radikale Innovationen, da sie so gut wie immer bestehende Nutzungspraktiken und institutionalisierte Verhaltensweisen wie beispielsweise gängige rechtliche Regelungen in Frage stellen. Nicht selten kommt es bei der Durchsetzung einer Systeminnovation zu Änderungen von nationalen und internationalen Produkt- und Prozessstandards. So trug beispielsweise die Einführung einer ISO-Norm in den 1960er Jahren maßgeblich dazu bei, dass der 1934 von Malcolm McLean erfundene 20-Fuß-Container heute zur weltweit führenden Logistikeinheit aufsteigen konnte (Grün et al., 2008). Durch Einflussnahme auf Ebene nationaler und internationaler Rechte und Standards wird also die Machtverteilung im relevanten Anwendungsfeld nachhaltig zugunsten der Systeminnovation verschoben. Ist der Kippeffekt erreicht, so stabilisiert sich die neue Nutzungspraktik und die Systeminnovation wird umgesetzt. Der Hinweis auf Machtverschiebung bedeutet, dass bei einer Systeminnovation die oft mühseligen und langwierigen Verhandlungen mit verschiedensten wirtschaftlichen, politischen und juristischen Akteuren normal und zentral sind. Systeminnovatoren agieren somit in einem Netzwerk verschiedener Interessen und bringen hochkomplexe Interaktionsprozesse in Gang, um die Rahmenbedingungen zu verändern oder eine gemeinsame Nutzung von Wissen und Einfluss zu bewirken (Konrad u. Scheer, 2004). Einfach gesagt, bohren Systeminnovatoren *dicke Bretter* mit langfristiger Perspektive. Eine Auseinandersetzung mit der Politik oder mit politisch agierenden Stakeholdergruppen (z. B. Umweltaktivisten) findet dabei fast immer statt. Häufig geht die Innovatorenperspektive über die der Politik oder der Gesellschaft hinaus, wodurch Systeminnovationsprojekte nicht in das gängige Schema von Förderinstitutionen passen. Dies kann man zum Beispiel bei den Kriterien ans Projektmanagement erkennen. Bei Systeminnovationen sollte dies flexibel und agil gehalten sein, Geldgeber erwarten jedoch meist einen durchkalkulierten und festgelegten Projektplan.

Technologie als Enabler

Techniken und Technologien spielen beim Management der Systeminnovation eine eher untergeordnete Rolle, da Systeminnovationen primär nutzergetrieben sind. Es dominiert sozusagen die organisatorisch-informatorische Leistung die technische (Grün et al., 2008). Jedoch wird die veränderte Nutzungsoption häufig erst durch Entwicklungen eines komplexen Technologieverbunds – meist noch durch Einfluss aus anderen Branchen oder Kulturen beeinflusst – möglich (Konrad u. Scheer, 2004). Beispielsweise profitierte der »Application Store« des iPhone von den technologischen Entwicklungen in Open-Source-Programmierung, IT-Infrastruktur und Community-Vernetzung. Technologische Entwicklungen geben somit häufig den Anstoß für eine Systeminnovation und verändern die bestehenden Geschäftsprozesse (Aeschbacher, 2005).

Systeminnovation als komplexester Innovationsvorfall

Systeminnovationen weisen immer eine vergleichsweise komplexe Architektur auf. Sie ermöglichen technologische und soziokulturelle Veränderungen (Konrad u. Scheer, 2004) und katalysieren somit organisatorische Transformation und soziale Innovationen unter der intelligenten Nutzung neuer Technologien.

Dabei ist das Phänomen Systeminnovation an sich nicht neu. Bereits die Fordsche Massenproduktion des T-Modells in den 1920er Jahren kann als Innovation der gängigen Massentransportsysteme bezeichnet werden. Jedoch ist bemerkenswert, dass die heutigen Definitionen von Produkt- und Prozessinnovationen die gesellschaftlichen Entwicklungen nicht mit einschließen. Und soziale Innovationen vernachlässigen den oftmals produkt- und prozesshaften Charakter, welcher mit dem sozialen Wandel einhergeht.

Der Systeminnovationsbegriff schließt also tiefgreifende Veränderungen gesellschaftlicher Funktionssysteme (Konrad u. Scheer, 2004) bzw. das kreative, intuitive Zusammenfassen und Erneuern der gesamten Architektur eines Systems (Aeschbacher, 2005) in seine Definition mit ein. Hier zeigt sich auch die Begründung für die erheblich ausgeweitete Zeitperspektive von der Erfindung bis zur Durchsetzung, für welche Grün et al. (2008) rund 50 Jahre angeben.

Fallbeispiel Lanserhof: Systeminnovation Medical Wellness oder die neue Branche Gesundheitstourismus

Systeminnovationen schaffen also dadurch einen Mehrwert, dass sie einzelne, an und für sich nicht unbedingt neuartige soziale, technologische und rechtliche Elemente in eine neue Zweck-Mittel-Kombination überführen. Darüber hinaus ist es Systeminnovatoren möglich, sich Unterscheidungen zu vergegenwärtigen und die Grenze zu verschieben.

Echten Innovatoren ist gemeinsam, dass man sie vor dem Durchbruch ihrer Innovation für *Spinner* hält. Das ist ein sicheres Zeichen, dass die Umwelt die Grenzverschiebung noch nicht nachvollziehen kann und es sich um eine wirkliche Innovation handelt. Andreas Wieser galt lange als Spinner und ist heute ein international nachgefragter Berater, wenn es um Gesundheitstourismus oder *Medical Wellness* geht.

Anfang der 1980er Jahre übernahm der in Lausanne ausgebildete Hotelier, nachdem er für Robinson die ersten Klubdörfer im Schnee aufgebaut hatte, den Lanserhof bei Innsbruck. Das Haus war von den Vorbesitzern nach dem Ende der Olympischen Spiele in einen eher trostlosen Zustand herabgewirtschaftet worden. Verkehrstechnisch ungünstig in einem Wohngebiet gelegen, architektonisch unschön aus mehreren Häusern zusammengelegt, stellte der Bau eine echte Herausforderung dar. Der sportbegeisterte Wieser verstand all diese eher entmutigenden Rahmenbedingungen als besondere Motivation und Anreiz für seine Kreativität. Er stellte zusätzlich zu dem klassischen Hotelpersonal einen Arzt und einen Trainer ein. Mit ihnen schneiderte er ein spezielles Angebot zum Fasten. Zunächst nutzte nur ein kleiner Teil der Gäste die Möglichkeit, sich in drei Wochen grundlegend zu regenerieren. Mit den Jahren aber begeisterte Wiesers Konzept immer mehr Menschen. Besonders Künstler und Kreative, später dann auch Manager und Unternehmer verwendeten den Rückzug zur intelligenten Gesundheitsvorsorge und damit zu einer Investition in die eigene Zukunft.

In den ersten Jahren waren es Vorreiter wie Rudolf Augstein, der einmal im Jahr mit seinem engsten Mitarbeiterkreis zum Fasten und kreativen Arbeiten nach Lans kam und für einen breiteren Bekanntheitsgrad sorgte. Wieser stellte weitere Ärzte und Therapeuten ein, engagierte Sportwissenschaftler und Ernährungsexperten. Seine Küchenmannschaft ließ sich zu Diätköchen ausbilden und setzte ihren ganzen Ehrgeiz in die Aufgabenstellung, eine gesunde und zugleich schmackhafte Kost anzubieten. Dinge, die heute selbstverständlich scheinen, wurden in den 1980er und 1990er Jahren von Wiesers Kollegen mit großer Skepsis betrachtet. Hoteliers verstanden nicht, was Ärzte in einem Hotel zu suchen hätten, und Ärzten erschien das Arbeiten in einem Hotel wenig seriös. Was sollten ein Hotel und eine Klinik miteinander gemeinsam haben und warum sollten Menschen ihren Urlaub in einem Haus verbringen, das weder ein Hotel noch eine Klinik war. Bis heute ist es nicht gelungen eine wirklich treffende Bezeichnung zu finden. Das »Gesundheitszentrum Lanserhof« trifft es noch am besten.

Nach mehreren Umbauten und einem systemischen Organisationsentwicklungsprozess ist der Lanserhof heute ein international besuchtes Regenerations- und Präventionszentrum in der Fünf-Sterne-Kategorie. Die Gästeliste liest sich wie das *Who is who* der globalen Wirtschaft. Der Lanserhof ist ein *Hideaway*, ein Ort der Kontemplation und des Rückzugs. Hier können Menschen loslassen, auf deren Schultern große Verantwortung lastet. Das Haus ist eine strahlungsfreie Zone, in der Mobiltelefone, Laptops und andere Verbindungsmedien ausgeschlossen bleiben. Hier finden überlastete Manager eine ganz andere Art von Stress. Sie bekommen bei der Anreise nach dem ersten Arztbesuch einen prall gefüllten Terminplan, der sie in alle Winkel ihres Lebens schauen lässt, die im Alltag unberührt bleiben.

Heute sind im Lanserhof sechs Ärzte und zeitweise vierzig Therapeuten beschäftigt. Das Haus ist zu über 90 Prozent ausgebucht, der Stammgastanteil liegt bei über 80 Prozent, das sind Daten von denen Mitbewerber aus dem Tourismus träumen. Viele der Gäste kommen seit über 15 Jahren und schätzen, dass die Geschichte ihrer Gesundung an einem Ort zentral nachzuverfolgen ist. Die Medizin schlägt inhaltlich eine Brücke von der klassischen Schulmedizin der Innsbrucker Universitätskliniken, mit denen der Lanserhof eng kooperiert, über Formen der traditionellen Alternativmedizin bis hin zu hochmodernen Formen der Informations- und Energiemedizin.

Die Unterscheidung zwischen Klinik und Hotel wurde von Wieser so weit verschoben, dass seine Kreation weder als das eine noch als das andere zu erkennen ist. Durch stete Produkt- und Dienstleistungsinnovationen versteht er sich nachhaltig von Nachahmern abzusetzen. Die hohe Kunst besteht darin, wie ein Dirigent in einem Orchester die unterschiedlichen Stimmen und Stimmungen, also die unterschiedlichen Kulturen der Heil- und Kochkunst sowie die Praktiken des Heilens und Dienens, zu einer Polyphonie zusammenzuführen, ohne die Protagonisten zu einem Sichverbiegen zu zwingen. Der grundlegende Charakter jedes Gewerkes ist unbedingt zu erhalten und zu respektieren. Das bedeutet die Auseinandersetzung mit unweigerlich entstehenden Paradoxien. Ein wunder Punkt war jahrelang die erbitterte Auseinandersetzung zwischen serviceorientiertem Hotelpersonal und gesundheitsorientiertem medizinischen Personal. Erstere waren es gewohnt, dem Gast jeden Wunsch zu erfüllen, im Interesse der Gesundheit des Gastes kann es aber zu Anordnungen der Ärzte kommen, die dem entgegenstehen. So lange diese Konflikte im spezifischen Einzelfall behandelt wurden, zogen sich die Gräben zwischen den Akteuren immer tiefer. Erst ein Workshop und eine Untersuchung zu den ethischen Hintergründen hoben die Konflikte auf eine abstrakte Ebene und ließ die kulturell bedingten Paradoxien deutlich werden. Damit war ein blinder Fleck für die Organisation sicht- und bearbeitbar geworden.

Heute kämpft Wieser in den eigenen Reihen mit Widerstand gegen seine Innovationsfreude. Das Unternehmen ist eindeutig aus der Pionierphase in eine stabile strategiegeleitete Phase eingetreten. Es haben sich *defensive Routinen* gebildet, die bemüht sind, einen Wandel der Unternehmensprozesse zu verhindern. Immer wieder kommt der Verweis auf die hervorragenden Geschäftsergebnisse und die vielfach durch Preise und Auszeichnungen bestätigte Vorreiterrolle.

Als echter Visionär wendet sich Wieser neuen Aufgaben zu. Der Tourismus hat sich verändert. Die Gesellschaft hat sich verändert und auch die Arbeit ändert sich. Medical Wellness ist eine neue Branche geworden, die sich an die Top-Performer einer globalen Wirtschaft wendet. Burnout droht heute bereits knapp Dreißigjährigen und Investitionen in die eigene Gesundheit sind kein Luxus, sondern Notwendigkeit. Wieser arbeitet bereits an neuen Konzepten für *Integrale Gesundheit und Lebensführung.* Er plant Zentren, in denen man neue (gesündere) Lebens- und Arbeitsgewohnheiten trainieren kann. Dazu arbeitet er mit Architekten, Möbeldesignern, Psychologen, Organisationsexperten, Ärzten und Therapeuten zusammen. Es bilden sich wie bereits beschrieben Innovationssysteme.

Fazit oder: Ein Plädoyer für Managementquerulanten

Produkt- und Prozessinnovationen bildeten den Ausgangspunkt dieses Artikels. Nach einer anfänglichen Definition wurde auf zentrale Konzepte des Innovationsmanagements und den Grundgedanken zur Unternehmenserneuerung eingegangen. Die Begriffe Innovationssystem und Systeminnovation bildeten die Kernbestandteile der Unterkapitel. Abschließend verdeutlichte das Fallbeispiel zum Lanserhof die praktische Relevanz der zuvor angerissenen Konzepte und Ideen.

Systemdenken im Innovationsmanagement bedeutet in seiner radikalen Konsequenz das Herauskitzeln der *Außenseite der Unterscheidung,* um es formentheoretisch zu formulieren. Innovatoren bringen es immer wieder zustande, bestehende Unterscheidungen ins Spiel zu bringen, zu hinterfragen und zu verschieben. Oder, etwas platter: Es bedeutet, den beteiligten (und manchmal auch sich unbeteiligt glaubenden) Akteuren Zugänge zur bestehenden Wirklichkeit zu ermöglichen. Diese alternativen Sichtweisen helfen, andere Unterscheidungen zu setzen – also die üblichen Differenzkalküle auf den Kopf zu stellen und die Dinge nachhaltig außer Ordnung zu bringen.

Unordnung wird somit zur zentralen, aber paradoxen Bedingung für Innovation und Innovativität. Daher sind Innovatoren für die Unternehmung gleichzeitig eine kritische Unterstützungsressource, aber auch eine enorme Belastung. Fritz Simon verkündete im Vorfeld der X-Organisationen-Konferenz 2007 in Berlin per Video: »Organisationen sind keine Spielplätze.« Wir stellten zudem anfangs die Behauptung auf, dass Organisationen Komplexität nicht gut vertragen können. An beidem halten wir fest, wenn wir zum Schluss bemerken, dass Unternehmen auf neue Quergeister – sozusagen *Managementquerulanten* – angewiesen sind. Diese dürfen leider nicht nur in den Forschungs- und Entwicklungsabteilungen an der kurzen Leine gehalten, sondern müssen im Management strategisch positioniert werden.

Heute können wir jedoch beobachten, dass sich insbesondere die sehr groß gewachsen Unternehmen äußerst intelligent im Sozialisieren des Managements verhalten (Dievernich, 2009). Unternehmen entwickeln eine *Hornhaut* gegen Irritation. Oder anders: Unternehmen haben gelernt, mit Irritationen nicht nur reak-

tiv, sondern reflexiv umzugehen. Somit dürfte die Annahme nicht zu weit herge-
holt sein, dass diese Aufgabe für Unternehmen und ihre Stakeholder aktuell und
zukünftig umfangreicher sein wird, als wir derzeit erahnen.

Literatur

Aeschbacher, R. (2005). Systeminnovationen. Basel: Aeschbacher Consulting.

Argyris, C., Schön, D. A. (1978). Organizational learning: A theory of action perspective. Reading:
Addison-Wesley.

Baitsch, C. (1993). Was bewegt Organisationen? Selbstorganisation aus psychologischer Perspektive.
Frankfurt a. M.: Campus.

Beckhard, R. (1969). Organization development: Strategies and models. Reading: Addison-Wesley.

Bertalanffy, L. von (1968). General system theory. Foundations, development, applications. New
York: Braziller.

Braczyk, H., Cooke, P., Heidenreich, M. (Hrsg.) (1998). Regional innovation systems. London: UCL
Press.

Dievernich, F. E. P. (2009). Changemanagement 2.0. Verändert über Changemanagement nachden-
ken. Lernende Organisation, 49 (2), 12–23.

Emery, F., Trist, E. (1965). The Causal Texture of Organizational Environments. Human Relations,
18 (1), 21–32.

Foerster, H. von, Pörksen, B. (1998). Wahrheit ist die Erfindung eines Lügners. Gespräche für Skep-
tiker. Heidelberg: Carl-Auer Verlag.

French, W., Bell, C. Jr. (1990). Organization development: Behavioral science interventions for organization improvement (4th ed.). Englewood Cliffs, NJ.: Prentice-Hall.

Grün, O., Hauschildt, J., Jonasch, M. (2008). Systeminnovationen als Multi-Organization Innovation
(MOI), Zeitschrift Führung + Organisation, 77 (3), 177–185.

Konrad, W., Scheer, D. (2004). Experten-Workshop »Analyse und Praxis von Systeminnovationen«,
Heidelberg: Institut für ökologische Wirtschaftsforschung.

Lewin, K. (1947). Frontiers in group dynamics: Concepts, method and realtity in social science, social
equlibria and social change. Human Relations, 1, 5–41.

Luhmann, N. (1984). Soziale Systeme. Grundriss einer allgemeinen Theorie. Frankfurt a. M.: Suhrkamp.

Maturana, H. R., Varela, F. J. (1980). Autopoiesis and Cognition: The Realization of the Living. Boston: D. Reidel.

Nordsieck, F. (1932). Die schaubildliche Erfassung und Untersuchung der Betriebsorganisation. Stuttgart: Poeschel.

Palmer, I., Dunford, R., Akin, G. (2009). Managing organizational change – A multiple perspectives
approach. New York: McGraw-Hill.

Porter, M. E., Borner, S., Weder, R., Enright, M. J. (1991). Internationale Wettbewerbsvorteile: Ein
strategisches Konzept für die Schweiz (International Competitive Advantage: A New Strategic
Concept for Switzerland). Frankfurt a. M. u. New York: Campus Verlag.

Prahalad, C. K., Hamel, G. (1990). The core competence of the corporation. Harvard Business Review,
May–June, 78–90.

Probst, G., Raub, S., Romhardt, K. (1999). Wissen managen: Wie Unternehmen ihre wertvollste Ressource optimal nutzen. Frankfurt a. M.: Gabler.

Schreyögg, G. (2000). Organisation: Grundlagen moderner Organisationsgestaltung (3. Aufl.). Wiesbaden: Gabler.

Taylor, F. W. (1911/2006). The principles of scientific management. New York: Cosimo.

Trebesch, K. (2000). Organisationsentwicklung. Konzepte, Strategien, Fallstudien. Stuttgart: Klett-
Cotta.

Tuckermann, H. (2008). Organisationaler Wandel als Entfaltung von Paradoxien. Bamberg: Difo-Druck.

Tuckermann, H. (2013). Paradoxien im Wandel – Wandel als Paradoxie: Beispiel Krankenhaus. In M. Vogel (Hrsg.), Organisation außer Ordnung. Außerordentliche Betrachtungen organisationaler Praxis (S. 146–158). Göttingen: Vandenhoeck & Ruprecht.

Vaassen, B. (1996). Die narrative Gestalt(ung) der Wirklichkeit. Braunschweig u. Wiesbaden: Vieweg.

Weisshaupt, B. (2007). Mit Systeminnovation die Welt neu entwerfen. io new management, 76 (6), 46–48.

Weisshaupt, B. (2008). It's time for change. Swiss Engineering STZ, 10, 2–3.

Willke, H. (1998). Systemisches Wissensmanagement. Stuttgart: Lucius und Lucius.

Wimmer, R. (1998). Wider den Veränderungsoptimismus – Möglichkeiten und Grenzen einer radikalen Veränderung von Organisationen. In E. Krainz, R. Simsa (Hrsg.), Die Zukunft kommt – wohin geht die Wirtschaft? Gesellschaftliche Herausforderungen für Management und Organisationsberatung (S. 97–120). Wiesbaden 1998.

Wimmer, R. (2004). OE am Scheideweg. Organisationsentwicklung, 1, 6–39.

Wolf, J. (2003). Organisationen, Management, Unternehmensführung: Theorien und Kritik. Wiesbaden: Gabler.

Wolf, P., Hilse, H. (2009). Wissen und Lernen. In R. Wimmer, J. O. Meissner, P. Wolf (Hrsg.), Praktische Organisationswissenschaft. Lehrbuch für Studium und Beruf (S. 118–143). Heidelberg: Carl-Auer Verlag.

Gereon Uerz und Martin Vogel

Zukunft in Organisationen – Ordnung aus der Außer-Ordentlichkeit

Zur Funktion von Zukunft bei Entscheidungsprozessen in Organisationen

Vorbemerkungen

Die Zukunft ist ein relativ neues Phänomen – zumindest die aktive Beschäftigung mit ihr. Zwar lässt sich der Mensch anthropologisch bestimmen als das (einzige) Lebewesen, das um seine Zukunft (und damit seine Endlichkeit) weiß.[1] Die Vorstellung jedoch, dass die persönliche Zukunft sowie auch die der gesamten Welt nicht determiniert ist, dass man Zukunft selbst gestalten und ihren Lauf in der Gegenwart beeinflussen kann, ist vergleichsweise jung: »Die Geschichte der Zukunft reicht nicht sehr weit zurück« (Luhmann, 1990, S. 119; vgl. Uerz, 2006). In traditionellen, vormodernen Gesellschaften wurde Sinn primär bzw. sogar ausschließlich über den Bezug auf eine gemeinsam geteilte Vergangenheit hergestellt. Das ändert sich mit dem Zusammenbruch der stratifizierten Ordnung des Mittelalters in der Neuzeit. Die Utopien der Renaissance illustrieren Lebensräume in einem *Anderswo* und später auch einem *Anderswann,* die von der erfahrenen Gegenwart der Zeitgenossen sehr stark abweichen und – und das ist entscheidend – in denen allein Menschen (und nicht Gott) die gesellschaftlichen Zustände verantworten (vgl. Uerz, 2006, siehe Abbildung 1).

In dem Maße, wie die Vorstellung von göttlicher Ordnung und Vorsehung nachlässt, entsteht nicht nur die Möglichkeit zur Gestaltung eigener Zukunftsperspektiven, sondern in gewissem Maße auch die Pflicht dazu. Während es bis dahin noch ausreichte, auf den Heilsplan Gottes zu verweisen, wurde es nun notwendig, selbst Ziele für sein Leben zu benennen. Sich und seinem Leben einen Sinn zu geben, war in der bis dahin völlig vorbestimmten Welt schlicht nicht notwendig. Die Operation hierzu ist das Setzen von Zwecken.

Zwecke lassen sich beschreiben als eine Art »in die Zukunft ausgelagerte Verlegenheiten, die es erlauben, Entscheidungsketten anzuhängen und darauf, auch wenn die Entscheidungen längst vergangen sind, wieder und wieder Bezug zu

---

1 »Durch seine auf die Ferne gerichteten Organe und seine Fähigkeit zu verzögerten Reaktionen lebt der Einzelne in der Zukunft und kann sein Leben im Hinblick auf diese Zukunft planen« (Mead, 1968, S. 138).

ewige Wiederkehr des Immergleichen	Wiederkehr Christi auf die Erde	Verwirklichung der Zukunft durch	Vielzahl innerweltlicher Zukunftsvorstellungen
Götter, Geister und Dämonen verantworten die Zukunft	Fluchtpunkt: Jenseits Gott ist Schöpfer von Vergangenheit, Gegenwart und Zukunft	Menschen auf der Erde das Diesseits nach eigenen Plänen gestalten	und Glaube an die Vorhersagbarkeit und Planbarkeit die Zukunft vorab erkennen, um sie zu gestalten

| Antike | Judentum/Christentum | Neuzeit | (Post-)Moderne |

Abbildung 1: 10.000 Jahre (westliche) Zukunft – vom zyklischen Weltbild zur linearen Zukunftsvorstellung

nehmen. Sie sind strukturgebende Momente eines Systemgedächtnisses, das es ermöglicht, Vergangenheit *und* Zukunft jeweils gegenwärtig zu synchronisieren« (Luhmann, 2000, S. 165).

So ließe sich eine Parallele zwischen diesen gesellschaftlichen Entwicklungen und dem Entstehen erster Organisationen konstruieren. In der Ständegesellschaft gab es nur wenige organisationsähnliche Einheiten, etwa die Hanse, die Fugger, Zünfte oder die katholische Kirche. Mit der nun frei werdenden Zukunft und der Möglichkeit, selbst gesetzte Ziele zu verfolgen, weitet sich auch die Möglichkeit *und* Notwendigkeit zur Organisationsbildung aus. Aus dieser Perspektive könnte man also sagen, dass Organisationen ihre Existenz der Entdeckung einer gänzlich unbestimmten und deshalb zu entwerfenden Zukunft verdanken.

Wenig überraschend sind dann auch die Begriffe Zeit, Zukunft und Strategie Schlüsselbegriffe der Organisationstheorie. Mit der Zukunftsforschung existiert nun eine eigene Disziplin, die sich einem Forschungsgegenstand widmet, den es real noch nicht gibt, der jedoch als Vorstellung und als zeitlich nach vorn gesetztes Ziel (als Zweck), die Gegenwart – etwa über Visionen, Utopien, Leitbilder – durchaus machtvoll zu beeinflussen vermag. In der Praxis hat *Corporate Foresight,* wie die Zukunftsforschung[2] für und in (Groß-)Unternehmen häufig bezeichnet wird, in den vergangenen zwanzig Jahren an Bedeutung gewonnen. Entsprechend ist die Literatur zu den Methoden und Werkzeugen der Zukunftsforschung bzw.

---

2   Zur Terminologie: Im Folgenden werden die Begriffe *Corporate Foresight* und *Zukunftsforschung* (als Zukunftsforschung, die *für* und *von* Organisationen/Unternehmen systematisch betrieben wird) trotz existierender Unterschiede in Selbstverständnis und Aufgaben synonym verwendet. Als Zukunftsvorausschau wird die Praxis/Aktivität der Organisation im Bereich der systematischen Befassung mit Zukunft verstanden. Zur Definition vgl. auch Popp (2012).

des Corporate Foresight (etwa zu Trendanalyse, Szenarien, schwachen Signalen) stark angewachsen. Die Frage nach der spezifischen Funktion von Zukunft und Zukunftsforschung bei der Stiftung von Ordnung und Unordnung in Organisationen sowie der organisationstheoretische Aspekt von Corporate Foresight sind selbst jedoch stark unterbelichtet geblieben (abgesehen von Neuhaus, 2006).

Unser Beitrag versucht daher sowohl der Frage nach dem Warum als auch nach dem Wie von Zeit und Zukunft in Organisationen in sozial-konstruktivistischer und systemtheoretischer Perspektive nachzugehen sowie einen Einblick in die Methoden und die Praxis strategierelevanter unternehmerischer Zukunftsforschung mit nachzuzeichnen.

Schlüsselbegriffe

Organisation

Aus der Sicht der neueren Systemtheorie bestehen soziale Systeme aus Kommunikationen (vgl. Luhmann, 1991, S. 191 ff.). »Auf dieser Theoriegrundlage können organisierte Sozialsysteme begriffen werden als *Systeme, die aus Entscheidungen bestehen und die Entscheidungen, aus denen sie bestehen, durch die Entscheidungen, aus denen sie bestehen, selbst anfertigen.* Mit ›Entscheidung‹ ist dabei nicht ein psychischer Vorgang gemeint, sondern eine Kommunikation; nicht ein psychisches Ereignis, eine bewusstseinsinterne Selbstfestlegung, sondern ein soziales Ereignis« (Luhmann, 1988, S. 166).

Bei Entscheidungen handelt es sich im Prinzip um eine Wahl zwischen verschiedenen Alternativen. »Dabei wird schon vorher überlegt, wie die Entscheidung nach der Entscheidung zu rechtfertigen sein wird« (Luhmann, 2005, S. 34). Ein Konkurrenzunternehmen kann hinzugekauft werden, oder eben nicht – man kann die eine wie die andere Entscheidung bereuen oder auch im Nachhinein für richtig halten: In jedem Fall führt die Entscheidung ihre nicht gewählten Alternativen immer mit sich. Man kann sich daran erinnern, dass man auch anders hätte entscheiden können.

Zeit

Die Zeit als solche ist als diffuses Hintergrundrauschen immer gegeben (unabhängig von der philosophischen Frage, was Zeit eigentlich ist – vgl. Augustinus, 2000). Die Schwierigkeit im Umgang mit Zeit ist, dass sie nicht beobachtbar ist – zumindest so lange nicht, wie kein Beobachter die Unterscheidung von Vorher und Nachher einführt. Es bedarf also eines Ereignisses, eines Zeitpunkts, der diese Unterscheidung möglich macht. Die Gegenwart bietet sich da förmlich an, als Übergang von *Noch nicht* in *Nicht mehr* markiert sie zugleich die Unterscheidung von Vergangenheit und Zukunft. »Zeit ist demnach für Sinnsysteme die Interpretation der Realität im Hinblick auf eine Differenz von Vergangenheit und Zukunft« (Luhmann, 1991, S. 116). Hier zeigt sich allerdings die Zeit-Paradoxie: Die Unterscheidung von Vorher und Nachher bedarf zum einen eines Punkts außerhalb der Zeit, der diese Unterscheidung überhaupt erst möglich macht – und zum anderen bedarf es eben dieser Unterscheidung, um jenes Ereignis überhaupt aus dem ständigen Zeitfluss herauszulösen. Die Gegenwart existiert eben nur als Differenz von Vergangenheit und Zukunft, »sie hat keinen Platz in der Welt« (Luhmann, 2000, S. 154).

Zeit wird also erst in der Differenz von Vergangenheit und Zukunft beobachtbar, durch eine Wiedereinführung in sich selbst: »Dieses Schema [Vergangenheit – Gegenwart – Zukunft; MV] kann man aber nur benutzen, wenn man von der Zukunft Neues erwartet. Wie eingangs angedeutet, ist dies erst ab der Neuzeit und nur in modernen Gesellschaften der Fall. Das Unbekanntsein der Zukunft ist, wie immer wieder gesagt wird, eine unerlässliche Bedingung der Möglichkeit von Entscheidungen. Die Zukunft ist nicht nur anders als die Vergangenheit, sondern stellt Neuheit als Überraschung, als Information in Aussicht« (Luhmann, 2000, S. 153).

Zeit in Organisationen

Über den Entscheidungsbegriff bekommt man einen Zugang zur Zeit in Organisationen. Über Entscheidungen wird nicht nur die Zeit in die Zeit eingeführt, das heißt, Zeit wird durch das *Vor* und das *Nach* einer Entscheidung beobachtbar (das setzt übrigens voraus, dass die Entscheidungen selbst *zeitfest* gebaut sind, also vor der Entscheidung die gleichen sind wie nach der Entscheidung), sondern Entscheidungen richten Zeit selbst in Vergangenheit und Zukunft ein. Das klingt kompliziert, ist aber leicht verständlich, wenn man sich die Frage vor Augen führt, wann und unter welchen Umständen Entscheidungen überhaupt möglich bzw. notwendig sind. Zunächst würde man Entscheidungen immer dann für notwendig halten, wenn es gilt eine Wahl zwischen mindestens zwei Alternativen treffen zu müssen. Der Bezug zur Zeitdimension wird hier nicht sofort deutlich und dennoch ist er gegeben. Denn wenn man eine Wahl treffen muss, so geht man davon aus, dass sich die Dinge in der Zukunft anders entwickeln werden, je nachdem, ob man die Entscheidung so oder anders trifft. Die Zukunft liegt gewissermaßen gestaltbar (und leer) vor uns.

Bezogen auf die Vergangenheit belegt allein die Tatsache, vor einer Entscheidung zu stehen, dass die gegenwärtige Situation eben nicht durch die Vergangenheit kom-

plett determiniert ist. Entscheidungen wären in diesem Falle gar nicht möglich oder
zumindest nicht notwendig. Über die Möglichkeit zur Entscheidung scheint man
einen gewissen Spielraum in der Zeit zu gewinnen – die Zukunft erscheint gestaltbar,
obwohl unbekannt und noch unbeobachtbar, die Vergangenheit ist zwar unabän-
derlich, aber doch interpretierbar. »Entscheidungen zeichnen sich dadurch aus, dass
sie […] eine andere Zeit in die Zeit hineinkonstruieren. Die Unabänderlichkeit der
Vergangenheit wird nicht in Frage gestellt, aber zugleich wird sie so gedeutet, dass
sie für die Gegenwart Optionen offen lässt. Die Zukunft ist und bleibt unbekannt,
aber zugleich kann man Unterscheidungen in sie hineinprojizieren. […] Man lässt
die Zeit nicht einfach laufen. Die Zeithorizonte Vergangenheit und Zukunft werden aufeinanderbezogen und dadurch integriert. Das ändert nicht das Geringste
daran, dass die Entscheidung die Vergangenheit nicht ändern und die Zukunft nicht
bestimmen kann. Und trotzdem beginnt dank dieses Wiedereintritts der Zeit in
die Zeit mit jeder Entscheidung eine neue Geschichte« (Luhmann, 2005, S. 35 f.).

Zeitliche Ordnungen in Organisationen

Zeit in diesem Sinn, so lässt sich hier festhalten, stiftet Ordnung. Sie tut dies selbst
notwendig wiederum (1) innerhalb der Zeit und (2) über die Zeit hinaus, indem
sie Zeit auf je bestimmte Weise – nämlich qua Entscheidung – strukturiert und
damit auch Vergangenheit (vor und nach der Entscheidung) erzeugt. Während
somit Zeit, inklusive der jeweiligen *Eigenzeit* der Organisation/des Systems, der
Synchronisierung verschiedener Eigenzeiten innerhalb einer Organisation (Abteilung A ist schnell, Abteilung B langsam etc.) und den ebenfalls notwendigen zeitlichen Sukzessionen/Prozessen (erst Schritt A, dann Schritt B, dann Schritt C …),
strukturgebend für Systeme wie Organisationen ist, ist die Zukunft (im Sinne von
selbst gesetzten Zwecken) *sinnstiftend*. Man kann also sagen: *Zeit schafft Struktur, Zukunft stiftet Sinn.*

Unmittelbar einleuchtend wird dies mit Blick auf (zweckbezogene) Leitbilder,
Missionen, Visionen oder Szenarien, die alle mit Blick und Verweis auf Zukunft
(zukünftige Gegenwart) in der Gegenwart bedeutsam – nämlich handlungs-, deu-
tungs- und wahrnehmungsleitend – werden (vgl. Hoebel, 2013, in diesem Band). In
eben diesem Sinne sind sie gegenwärtige Zukunft und tragen im Hier und Jetzt der
Organisation maßgeblich zur Deutung von und Kommunikation über die gegenwärtige Gegenwart bei. Die vorgestellte Zukunft bildet den Hintergrund, vor dem
Gegenwart gelesen und gedeutet wird. Die Organisation bzw. die Entscheidungen, die in ihr getroffen werden, bestimmt sich eben nicht nur aus dem, was sie
war und ist, sondern vor allem aus dem, was sie zu werden beabsichtigt: ihrem zu
erfüllenden Zweck. Und so begründet Zukunft Entscheidungen in der Gegenwart.

Zukunft in Organisationen

Damit wird aber auch eines klar: Unabhängig von der undifferenzierten Weltzeit kommt Zukunft in Organisationen immer nur als entschiedene Zukunft vor – als eine (sozial) konstruierte und eine, über die entschieden wurde. In der Praxis ist dies so evident, dass es von den Mitgliedern der Organisation kaum noch wahrgenommen wird: Bestimmte Zukunftsvorstellungen – man kann sogar sagen, die allermeisten – sind ausgeschlossen: Entsprechende Zukunftsbilder/Visionen dürfen nicht offiziell thematisiert werden und finden höchstens in der informellen Kommunikation ihren Platz. Eine Hauptleistung von Organisationen ist es damit, zu entscheiden (oder: auszuhandeln), welche Zukunftsvorstellungen legitim und welche illegitim sind. Auch hier ist nicht entscheidend, ob die zukünftige Gegenwart (das, was tatsächlich in der Zukunft geschehen wird) so eintreten wird oder nicht (worüber zum Zeitpunkt der Aussage über die Zukunft niemand eine wahre Aussage machen kann), sondern allein, dass die gegenwärtige Zukunft als Orientierungspunkt am Horizont hilft, Zwecke zu setzen, Entscheidungen in der Gegenwart (leichter) zu treffen und die getroffenen Entscheidungen zu begründen.

Vom Sinn der Zukunft

Der Blick in die Zukunft entscheidet auch über Vergangenheit, denn wann immer über Zukunft entschieden wird, bleibt auch die Vergangenheit nicht das, was sie gewesen ist. Sie wird in den stets gegenwärtig durchzuführenden Rekursionen nur selektiv erinnert, also auch selektiv vergessen. So mag es angesichts einer unbekannten Zukunft nützlich sein, aus der Vergangenheit Trends herauszulesen. Lakonisch lässt sich mit Blick auf diese Trends dann (ex post) feststellen: »Man hat überlebt, und das genügt« (Luhmann, 2000, S. 164).

Auch Vergangenheit ist damit eine (soziale) Konstruktion bzw. selektive Erinnerung und nicht objektiv gegeben. Die Zukunft existiert ohnehin nicht – und wird auch nie existieren (vgl. Luhmann, 1990). Deshalb kann man Vergangenheit und Zukunft auch gemeinschaftlich erzeugen – und stabil halten, weil beide inaktuell sind.

In dieser Form als entschiedene Zukunft stiftet Zukunft Sinn. Sinn als ordnende Kriterien für die Gegenwart, für die Interpretation der Vergangenheit und im Rückbezug in der Projektion für die Zukunft. In erster Linie werden damit Erwartungen stabilisiert, die Strukturen für zukünftiges Handeln bereitstellen und ein Handeln in der Gegenwart ermöglichen. Überraschungen – als Enttäuschungen von Erwartungen – sind dann jene Ereignisse, über die in der Vergangenheit, also in vergangenen Gegenwarten als seinerzeit nur mögliche zukünftige Gegenwarten, nicht entschieden wurde.

Foresight in der Praxis von Großorganisationen

Bei aller sozialen Konstruktion gibt es natürlich Konstanten in unserem Leben genauso wie in Organisationen. Die Nordsee war gestern schon da und wird vermutlich auch morgen und in zehn Jahren noch da sein. Nur ist die Existenz der Nordsee keine Frage von Entscheidungen. Wenn ich aber beginne, in der Nordsee nach Öl zu bohren, dann schaffe ich qua Entscheidung eine Nische in dieser natürlichen Existenz. Und »je mehr sich die Gesellschaft auf Nischen dieser Art einstellt, desto offensichtlicher wird, dass in der Zukunft weitere Entscheidungen fällig werden. Da aber auch mit diesen Entscheidungen eine jeweils neue Geschichte beginnen wird, potenziert die Entscheidungsperspektive das für sie unerlässliche Unbekanntsein der Zukunft. Entgegen allem, was die Natur- und Kulturphilosophen seit Bacon und Vico lehren, ist die Geschichte eben deshalb unvorhersehbar, weil (oder maßvoller: soweit) sie von Menschen gemacht wird. Und es liegt auf der Hand, dass dem nicht durch Information abzuhelfen ist, sondern nur durch Imagination« (Luhmann, 2005, S. 37).

Dieses *imaginäre Wissen* über die Zukunft zu liefern ist die Geschäftsgrundlage von Corporate Foresight. Nicht nur wird orientierendes *Zukunftswissen* vom Management als Entscheidungsgrundlage verlangt, sondern auch die Organisation benötigt eine handlungsleitende und sinnstiftende Imagination des Zukünftigen, mithin eine Fiktion (synonym: große Erzählung, Sinnhorizont), die sie immer wieder aufs Neue erzeugt.

Dabei kann jedoch die Form, in der dieses Zukunftswissen in Organisationen vorkommt bzw. nachgefragt wird, sehr unterschiedlich sein.

Bezieht man das bisher Gesagte nun auf die beobachtbare Entscheidungspraxis in Organisationen, so lassen sich Organisationen ihrerseits anhand ihres Umganges mit Zukunft im Zusammenhang mit Entscheidungsprozessen beobachten und charakterisieren.

Mit Blick auf die aktuelle Foresight-Literatur (Müller u. Müller-Stewens, 2009; Schwarz, 2011) und unter Rekurs auf eigene Erfahrungen in (der Beratung von) Großunternehmen lassen sich einige zentrale Fragen formulieren, deren Beantwortung Aufschluss über den Umgang mit Zukunft und damit auch mit Entscheidungsprozessen verspricht.

- Erwartet die Organisation überhaupt etwas Neues von der Zukunft?
- Für wie unsicher hält die Organisation die (eigene) Zukunft?
- Für wie möglich und notwendig wird die Gestaltung der Zukunft erachtet?
- Wie ausgeprägt sind die Kompetenzen zur Beobachtung der Zukunft? (vgl. Day u. Shoemaker, 2005).

Nach unserer Erfahrung können als Antwort auf diese Frage einige idealtypische Formen bzw. Strategien des Umgangs mit Zukunft in Organisationen skizziert werden. Keine dieser Formen lässt sich vermutlich in Reinform finden, aber sie können bei der Einordnung eigener Organisationserfahrung hilfreich sein.

1. *Dethematisierte Zukunft – Zukunft kommt in der Organisation (offiziell) nicht vor:* In der offiziellen Kommunikation der Organisation spielt die Zukunft keine Rolle. Dies kann etwa der Fall sein, wenn die Organisation mit ihren internen Prozessen so beschäftigt ist, dass keine Zeit für Zukunft bleibt.[3] Insbesondere die Fokussierung auf die Optimierung von Prozessen kann dazu führen, dass der Blick *nach außen* (Umfeld) und *nach vorn* (Zukunft) vollständig verloren geht. Auch Organisationen, in denen aufgrund des langen Bestehens in einer Umwelt/einem Markt mit relativ geringer Wettbewerbsintensität (geringe Verhandlungsstärke von Lieferanten und Kunden; fehlende Wettbewerber und fehlende Gefahr von Ersatzprodukten bzw. -dienstleistungen) die Auffassung vorherrscht, in der eigenen Existenz auf lange Sicht nicht bedroht zu sein, tendieren zu einer schwach ausgeprägten bzw. fehlenden systematischen Beschäftigung mit strategisch relevanten Langfristfragen bei gleichzeitig geringer Innovationsfreudigkeit. Beispiele solcher Organisationen sind (natürlich mit den üblichen Ausnahmen) Verwaltungen und (ehemalige) Monopolisten.

2. *Outgesourcte Zukunft – die Organisation lässt andere die Zukunft entwickeln und erproben:* Organisationen mit höherer Innovationsnotwendigkeit und -fähigkeit, in denen auch die Beschäftigung mit strategisch relevanten Zukunftsfragen (etwa in Form strategischer Planung) systematisiert ist, können *die* Zukunft von anderen erproben lassen. In der Praxis bedeutet dies etwa, dass die Ressourcen für die Wettbewerbsbeobachtung deutlich größer sind als für die Zukunftsvorausschau. Denn diese, insbesondere bei Großunternehmen verfolgte Strategie bedeutet, dass man die Entwicklung innovativer Produkte und Dienstleistungen gewissermaßen dem Mitbewerber überlässt. Durch gute Wettbewerbsbeobachtung bei gleichzeitig sehr hoher Finanzkraft ist man in der Lage, bei Bedrohung durch die entsprechende Innovation oder deren sehr guten Erfolgsaussichten, sich die Neuerung anzueignen – sei es durch Imitation, Verfeinerung oder Akquisition. Insbesondere im Umgang mit kleinen, hoch innovativen Start-Up-Unternehmen ist die Akquisition oder strategische Partnerschaft noch immer das beliebteste Mittel. Das Unternehmen spart die Entwicklungskosten und springt erst dann auf den fahrenden Zug auf, wenn der bereits genügend Fahrt aufgenommen hat.

---

3 Vgl. dazu die noch immer einschlägigen Ausführungen von Michael Porter in »What is strategy?« (1996), der darauf hinweist, dass *operative Exzellenz* häufig mit Strategie verwechselt wird.

3. *Extemporierte Zukunft:* Eine weitere, nach unserer Erfahrung in Organisationen verbreitete Strategie ist es, über die zeitliche Ausdehnung von Entschei-
dungssituationen, Zeit zu gewinnen, Zukunft gewissermaßen zu verzögern
oder temporär zu suspendieren. Man könnte sagen, es wird versucht, die Zeit
(der Entscheidung) anzuhalten. In der Praxis der Organisation bedeutet dies
zum Beispiel häufig, dass anstehende Entscheidungen – auch wenn über die
Entscheidung (deren Notwendigkeit, Angemessenheit etc.) Konsens unter den
Entscheidungsträgern besteht – (noch) nicht getroffen werden und stattdessen weitere (zumeist externe) Expertise eingeholt wird, um die Entscheidung
(noch besser) abzusichern und um die Zurechenbarkeit der Entscheidung im
Falle einer nachträglich als falsch bewerteten Entscheidung zu verunklaren
oder auf mehr und andere Beteiligte zu verteilen (»Alle Berater waren damals
der Auffassung, dass …«). Je wichtiger die Entscheidung, desto intensiver wird
versucht Zeit zu gewinnen – desto länger wird die Entscheidung aufgescho-
ben. Sollte sich die Entscheidung während dieser Ausdehnung erübrigen, etwa
weil sich der Wettbewerber überraschend anders verhält als in den eigenen
Annahmen vorausgesetzt oder sei es, weil sich im Umfeld eine unerwartete
Veränderung ergeben hat, ist die Entscheidung erfolgreich ausgesessen worden.
Oftmals ein durchaus erwünschter Effekt von Verzögerungen …

4. *Extemporalisierte und externalisierte Zukunft:* Im Gegensatz zur vorherigen
Strategie bezieht sich die Extemporalisierung oder Externalisierung nicht
primär auf den Moment der Entscheidung/des Entscheidungsprozesses. Vielmehr wird für die Lösung eines Problems/das Erledigen einer Aufgabe eine
begrenzte Zahl von Mitgliedern der Organisation zeitlich befristet unter Tem-
poral-, Berichts- und Entscheidungsaspekten intern externalisiert. Geordnet,
so lässt sich sagen, wird etwas aus der Ordnung (der Organisation) herausgelöst
und eine zeitlich befristete, alternative, außer-ordentliche Ordnung etabliert.

Die bekannteste Form ist das Projekt. Im Falle von Projekten ist es organisational gewünscht und daher legitim, dass eine temporäre und partielle Ent-
koppelung des Projekts (und damit der beteiligten Mitglieder der Organisation) von der (Gesamt-)Organisation erfolgt. Temporal und mit Blick auf die
Entscheidungsfindung formuliert bedeutet dies schlicht: Projekte mit kurzen
Berichtswegen und wenig organisationaler *Schlacke* erlauben in ansonsten eher
trägen Organisationen eine Akzeleration (zu der die umgebende Organisation
weder willens noch in der Lage wäre). Die Popularität von projektförmiger
Arbeit und von Projektorganisationen in den vergangenen Jahren erklärt sich
aus eben dieser Beschleunigung, die durch eine temporäre Extemporalisierung (das Herausnehmen eines abgegrenzten Teils der Organisation aus den
Temporalstrukturen der gesamten Organisation) erreicht wird.

Die beiden wichtigsten Nebeneffekte, wenn nicht sogar die eigentlich intendierten Hauptzwecke, sind, dass (1) die umgebende Gesamtorganisation nicht oder kaum in ihrer Eigenzeit und -logik irritiert wird und (2) die Folgen eines Projekts relativ folgenlos ignoriert oder zurückgenommen werden können, indem sie als *Experiment* klassifiziert werden. »Wir haben das nur mal ausprobiert ...« Es werden nur Teile der Organisation mit Zukunft konfrontiert – der Rest darf gegenwärtig so weiterarbeiten wie gewohnt. Dies ermöglicht die friedliche Koexistenz von zwei Geschwindigkeiten – die einen schnell und agil, die anderen langsam und träge. »Wenn man keine Möglichkeit hat, die eigene Zukunft im Kopierverfahren zu projizieren, muss ihre Unsicherheit gewissermaßen semantisch akzeptiert und in den Reformvorschlag eingebaut werden. Deshalb werden Reformen häufig als ›Experimente‹ bezeichnet [...]. Damit wird der Eindruck erzeugt, es werde nichts festgelegt und alles sei offen und reversibel je nach dem, zu welchen Ergebnissen das Experiment kommt. [...] Eher scheinen Reformexperimente dazu zu dienen, dem Eifer der Reformer entgegenzukommen und zugleich den normalen Betrieb gegen die Effekte abzuschirmen« (Luhmann, 2000, S. 340).

5. *Systematische Zukunftsvorausschau:* Eine weitere Strategie zum Umgang mit Zukunft in Organisationen, welche dabei die zuvor angeführten keineswegs ausschließt, besteht in der Schaffung einer auf Zukunftsvorausschau/Foresight spezialisierten Organisationseinheit. Der Unterschied zu Strategie 3 besteht darin, dass nicht nur der (direkte) Wettbewerb – also das unmittelbare eigene Umfeld in derselben Branche – beobachtet wird, sondern vielmehr eine systematische breite Beobachtung und Analyse des (evtl. nur mittelbar relevanten) Umfeldes, mithin von relevanten Veränderungen in sämtlichen gesellschaftlichen Teilsystemen (etwa: Gesellschaft, Technik, Wirtschaft, Recht, Kunst) mit Blick auf mögliche Auswirkungen auf die eigene Organisation erfolgt. Der Unterschied zu 3 lautet also zugespitzt: Beobachtet man dort, was als potenzielle Bedrohung (Wettbewerber, Lieferant etc.) – als künftiger Unordnungsstifter – bereits identifiziert ist, sucht man hier nach noch unbekannten Auslösern/Quellen künftiger Chancen und Herausforderungen, die auch und gerade aus völlig anderen Bereichen oder Teilsystemen herrühren können und nicht aus dem direkten Umfeld bzw. derselben Branche der Organisation.[4] Die Herausforderung besteht hierbei nicht zuletzt darin, oftmals nicht

---

4 Ein Beispiel aus der Energieversorgung kann dies illustrieren: Aufgrund der hohen Bedeutung von IuK-Technologien ist es heute vorstellbar, dass ein Unternehmen wie Google im Bereich intelligenter Netze für einen Energieversorger als Quereinsteiger eine größere Bedrohung darstellt als ein direkter Wettbewerber.

zu wissen, wonach man mit Blick auf kommende Chancen und Herausforderungen eigentlich sucht.

Zukunftsvorausschau in Organisationen als kreative Auflösung von Spannungsfeldern

In der organisationalen Praxis findet sich eine systematische Zukunftsvorausschau in mehreren Spannungsfeldern wieder, deren kreative Auflösung über den Erfolg oder Misserfolg, Akzeptanz oder Ablehnung von Zukunftsvorausschau in der Organisation entscheidet. Die folgenden drei Spannungsfelder erscheinen uns dabei mit Blick auf das Verhältnis von Ordnung und Außer-Ordentlichkeit besonders relevant und sollen daher kurz umrissen werden.

Spannungsfeld Langfristorientierung und Kurzfristorientierung

Eine wesentliche Aufgabe von Foresight besteht darin, in Organisationen eine Langfristorientierung in strategischen Fragen zu etablieren bzw. eine temporale Perspektive zu verankern, die über die operativen Planungshorizonte, Wahlperioden, die Quartals- und Jahresberichte oder die durchschnittlichen Produktzyklen weit hinausreicht (Zeithorizont +25 Jahre). Hierbei kann es nicht darum gehen, beide Zeithorizonte gegeneinander in Stellung zu bringen, sondern es kann nur um die Wahl der für die jeweilige Aufgabenstellung adäquaten Perspektive und um die Komplementarität der Perspektiven gehen. Was Alvin Toffler in den 1970er Jahren als *Adhokratie* bezeichnete, bestimmt vielfach noch heute die Arbeitsweise in Organisationen: Auf Ad-hoc-Anfragen (der Hierarchie) zu *Zukunftsthemen*, die aus Foresight-Perspektive oftmals eher *Modethemen* darstellen, generieren die angefragten Organisationseinheiten Daten und Informationen, die kurzfristig durchaus als angemessene Antworten auf die gestellten Fragen akzeptiert werden, jedoch aus strategischer Langfristperspektive das Thema im besten Fall unterkomplex behandeln und im schlechten Fall eine beliebige, kontextfreie und unreflektierte Auswahl vorhandener Daten- und Informationspartikel darstellen.

Systematische Zukunftsvorausschau ist hierbei hinsichtlich ihres Selbstverständnisses und der eigenen Strategie mit der Frage konfrontiert, ob eine Rolle als *Informationsdienstleister* bzw. *Informationsveredler* angestrebt bzw. akzeptiert wird oder ob über die Gewinnung von Orientierungswissen hinaus der Anspruch besteht, auch entscheidungsrelevantes Wissen zu generieren und einen Beitrag zum Strategiediskurs der Organisation zu leisten. Darüber hinaus legt auch eine Positionierung als interner Think Tank die Betonung weniger auf die Beschaffung und Aufbereitung von Informationen, sondern vielmehr auf die kritisch-reflexive Analyse von Entwicklungen im relevanten Umfeld.

Nach unserer Erfahrung ist es sinnvoll, in diesem Spannungsfeld eine Position *rechts der Mitte* einzunehmen – orientiert an einem imaginären Zeitstrahl, mit den Zeitpunkten *heute* links und *übermorgen* rechts auf der Abszisse. Der Schwerpunkt der Aktivitäten und die grundsätzliche temporale Orientierung sollte in einem Zeitraum etwa zwischen t +15 bis t +25 liegen, wobei insbesondere die Orientierung an der demografischen Definition einer Generation (25 Jahre) für die Bearbeitung gesellschaftlicher Fragestellungen sinnvoll erscheint. Das Selbstverständnis, als ein Informationsdienstleister (unter anderen) für Zukunftsthemen für die Organisation zu fungieren, schließt nach unserer Erfahrung die Rolle eines ernstzunehmenden Ansprechpartners bei strategischen Fragestellungen nicht aus. Beides gehört letztlich zusammen, da es Entscheidungsträgern nur durch die kritische Selektion von Informationen in einem stetig komplexer und unübersichtlicher werdenden Umfeld überhaupt ermöglicht wird, den Blick auf die relevanten Fragen zu richten. Dies gilt auch für die zeitliche Perspektivierung: Die Anforderung, die an Foresight gestellt wird, auch für kurz- und mittelfristig virulente Fragestellungen Impulse zu liefern, lässt sich dann am besten erfüllen, wenn aus der Langfristperspektive heraus die Selektion und die Bewertung der kurz- und mittelfristigen Fragestellungen erfolgen.

Spannungsfeld Kreativität und Wissenschaftlichkeit

Orientierungs- und Entscheidungswissen wird in Organisationen (zumeist) in Form kausal-logischer Argumentationsketten, basierend auf naturwissenschaftlich oder quasi naturwissenschaftlich begründbaren Verfahren des Erkenntnisgewinns, akzeptiert. Dabei herrschen im Allgemeinen ein positivistischer Wissenschaftsbegriff, linear-kausales Denken und ein physikalisch-materialistisches Weltbild vor. Indifferentes und Undeterminiertes, Ambivalentes und ungerichtet Erscheinendes, Außer-Ordentliches, Unfertiges und Spielerisches erscheinen in diesem Kontext eher als unerwünscht und als zu beseitigende Schwächen denn als Bedingungen, die Kreativität, Wandel und Invention ermöglichen. Dies gilt auf der Ebene der Wahrnehmungs- und Deutungslogiken häufig auch für eine sozialkonstruktivistische und systemische Perspektive, die kaum anschlussfähig erscheint. Als Bedingungen für kreatives, schaffendes und experimentelles Denken ist jedoch ein Blick auf die Welt notwendig, der diese als kontingent und damit auch immer als anders möglich als durch menschliches Handeln zu gestalten begreift – ebenso wie die Akzeptanz, ja sogar die Anregung zur *kreativen Ver(w)irrung* notwendig ist, um sich bei maximalen Freiheitsgraden auf die ergebnisoffene Suche nach radikal neuen Ideen zu begeben.

Wie Müller und Müller-Stewens (2009) gezeigt haben, werden Foresight-Methoden im Management zunehmend als Instrumente der Unterstützung bei der strategischen Entscheidungsfindung bzw. Langfristplanung genutzt. Gleichzeitig ist es zumeist das erklärte Ziel unternehmensinterner Foresight-Abteilungen, nicht nur Orientierungswissen, sondern auch Entscheidungswissen für das Top-Management in Bezug auf Strategieentscheidungen anzubieten. Diese Anforderung bzw. Zielsetzung birgt Stoff für Spannungen, da die Organisation sowie das externe Umfeld oftmals eine *Cutting-Edge*-Erwartung äußerster Kreativität an Foresight herantragen. Die Organisationseinheit und ihre Mitglieder erwarten – anders als das Top-Management – dabei meist weniger strategierelevante Beiträge als vielmehr Informationen mit hohem Neuigkeits- bzw. Unterhaltungswert.

Nach dem Phasenmodell von Müller und Müller-Stewens (2009) sowie Becker (2003) und Niemeyer (2004) besteht die erste Phase des strategischen Entscheidungsprozesses in der Irritation, basierend auf *antizipativer Intelligenz* und – so unsere Ergänzung – auf kreativer Verunsicherung. Nur wo verunsichert wird, entsteht Raum und Offenheit sowohl für neue, andere Lösungen als auch für strategische Anpassungshandlungen an ein sich veränderndes Umfeld.

Zukunftsforschung sieht sich dabei oftmals mit der Erwartung konfrontiert, unkonventionell zu denken und ungewohnte Blickwinkel einzunehmen sowie mit methodischen Neuerungen aufzuwarten. Gleichzeitig werden – oftmals im Vorfeld einer Entscheidung, sich kreativ mit einem Themenfeld auseinanderzusetzen – wissenschaftlich abgesicherte Evidenzen gefordert, die zuallererst begründen sollen, weshalb die Auseinandersetzung mit einem bestimmten Thema überhaupt erfolgen solle.

Grundsätzlich empfiehlt sich hier eine themen- und adressatenbezogene Herangehensweise: Es gilt zu klären, wo und für wen eine kreative, Perspektiven eröffnende Vorgehensweise angebracht und erfolgversprechend erscheint und für welche Themen und Adressaten eine stark evidenz- und faktenbasierte Perspektive die adäquate Unterstützung darstellt. Voraussetzung hierfür ist die genaue Vorklärung der konkreten Fragestellung und der Ziele des Auftraggebers sowie die gemeinsame Einschätzung, ob und in welchem Maße Kreativität tatsächlich zugelassen wird und gewünscht ist. Gleichzeitig muss sichergestellt sein, dass die eigene Theorie und Praxis zur Unterstützung von Kreativität, etwa in Gestalt von Workshops zur Ideengenerierung, auf der Höhe der aktuellen wissenschaftlichen Erkenntnisse zum Thema Kreativität ist. Nur wo fundiertes Wissen über und eigene Praxis zu Kreativitätstechniken vorhanden sind, kann eine Unterstützung solcher Kreativitätsprozesse durch Foresight überhaupt erfolgen.

Spannungsfeld Irritation und Konfirmation

Foresight befindet sich notwendigerweise in kritischer Distanz zur Organisation – sie tritt einen Schritt zurück und versucht aus der Perspektive eines teilnehmenden Beobachters einen Blick (gewissermaßen in kritischer Solidarität) auf die (eigene) Organisation, deren Grenzen und andere gesellschaftliche Funktionssysteme zu werfen.

Die Umfeldperspektive und die sich aus der Perspektivwahl ergebenden Konsequenzen erzeugen Differenz zu den meisten anderen Teilgliederungen der Organisation. Gegenüber einer wahrnehmungs- und entscheidungsdominanten Inside-out-Perspektive[5] versucht Foresight mit einer Outside-in-Perspektive[6] die (zukünftigen) Herausforderungen und Chancen für die Organisation mit Blick auf die Veränderungen des Umfeldes zu evaluieren und zu begründen. Diese Fokussierung auf den Kontext, das Umfeld einer Organisation, und die Ableitung von Transformationsanforderungen aus der Perspektive sich wandelnder Umfeldbedingungen stellt häufig eine (noch) ungewohnte Perspektive für die Entscheidungsträger in Organisationen dar, da sie die Gestaltungsfreiheiten der Organisation zu reduzieren scheint und dem Selbstverständnis heroischen Managements zuwiderläuft.

Aus der Wahl der Umfeldperspektive (Outside-in) für Foresight ergibt sich, dass beispielsweise das Produkt oder die Dienstleistung nicht primär oder ausschließlich in seinen (zukünftigen) technischen und gestalterischen Entwicklungsmöglichkeiten in den Fokus genommen wird. Stattdessen werden Produkt oder Dienstleistung (und die Organisation) als Resultat, gewissermaßen als Kristallisationspunkt, technischer, gesellschaftlicher, kultureller, politischer, ökologischer und ökonomischer Prozesse verstanden. Dieser simplen Dialektik – »die Organisation formt die Gesellschaft und die Gesellschaft formt die Organisation« –, notwendig verbunden mit einer systemischen Perspektive, gilt es in der Organisation immer wieder Geltung zu verschaffen, auch gegen Widerstände.

Die Rolle systemisch orientierter Foresight besteht somit unseres Erachtens eher in der Formulierung relevanter Fragen, auf welche die Organisation aktuell noch keine verbindlichen Antworten parat hat, von deren Beantwortung aber nach Auffassung der Fragenden der künftige Unternehmenserfolg abhängen kann, sowie

---

5   Die Beobachtung des Umfeldes und die Bewertung von Relevanz erfolgt ebenso wie die Entscheidungsfindung ausgehend vom Kern der Organisation, etwa den existierenden Produkten und Prozessen.

6   Die Organisation wird von ihrem Umfeld aus betrachtet (von außen nach innen), wobei Veränderungen im (mittelbaren und unmittelbaren) Umfeld der Organisation eine hohe Bedeutung für mögliche künftige Veränderungen in der Organisation zukommt.

in der Erzeugung von Irritationen, die geeignet sind, eine tiefergehende Reaktion auf den gesetzten Impuls auszulösen. Auch dies setzt Foresight oftmals in Differenz zu einer dominanten Organisationskultur, die Antworten den Vorzug vor Fragen gibt und Bestätigung (Konfirmation) den Vorzug vor Verunsicherung (Irritation). Hier gilt das Bonmot Dirk Baeckers: »Wer eine Lösung sucht, hat ein Problem.«

Timing, Erfahrungswissen und Beharrlichkeit als unterschätzte Erfolgsfaktoren

Als Fazit des Dargestellten lässt sich – so unsere praktische Erfahrung – als zentrale Anforderung an Foresight in Organisationen formulieren, dass Zukunftsforschung, die sowohl strategisch relevant ist als auch kreative Impulse zu setzen vermag, die skizzierten Spannungsfelder kreativ bewältigen muss. Um dies leisten zu können, sind neben den erwähnten Erfolgsfaktoren noch einige weitere Eigenschaften vonnöten, von denen die meisten in der akademischen Literatur zum Thema Foresight sowie in der gängigen Literatur zum Innovationsmanagement selten thematisiert werden. Zu diesen wenig thematisierten Eigenschaften zählen nach unserer Erfahrung Timing, Erfahrungswissen und Persistenz.

Timing

Unter Timing verstehen wir die erfolgskritische Fähigkeit, aufgrund von Informationen (oftmals aus informellen Gesprächen gewonnen) und Erfahrung den geeigneten Zeitpunkt in Bezug auf die Aufnahmebereitschaft der Organisation für relevante (Umfeld-)Informationen oder für eine Irritation, resultierend aus antizipatorischer Intelligenz im Sinne Müller und Müller-Stewens (2009), zu finden. Als geeigneter Zeitpunkt kann hier, ähnlich eines Kairos, jene Phase bzw. jener Moment verstanden werden, in dem von Seiten der Organisation die größtmögliche Offenheit zur Thematisierung oder Irritation besteht. Diese Empfänglichkeit stellt die Ermöglichungsbedingung für Prozesse dar, als deren Ergebnis tiefgreifende Transformationen oder radikale Innovationen erreicht werden sollen.

In aktuellen Ansätzen des Innovationsmanagements (vgl. Meissner u. Seemann, 2013, in diesem Band) werden im Zusammenhang mit dem Begriff der *Absorptive Capacity*[7] Fragen nach Methoden zur Erhöhung bzw. Verbesserung der Perzeptivität gegenüber Neuem breit diskutiert. Foresight kann hier nicht nur metho-

---

7   Nach Cohen und Levinthal (1990) ist die Absorptive Capacity einer Organisation definiert als »ability to recognize the value of new information, assimilate it, and apply it to commercial ends«. Vgl. dazu auch: http://www.daimler-benz-stiftung.de/cms/uploads/images/service/downloads/Essay_Absorptive%20Capacity_2.pdf

dische Beiträge zur Verbesserung der Absorptive Capacity liefern, sondern auch zur Generierung jener Informationen/Inhalte dienen, mittels derer die Wahrnehmungs- und Aufnahmebereitschaft der Organisation kritisch geprüft werden kann. Peripheres Sehen, wie von Day und Shoemaker (2005) ausgeführt, stellt hierbei eine Voraussetzung dar, da im Rahmen organisational verankerter Foresight die Fähigkeit zur Wahrnehmung (und Analyse) jener Phänomene und Umfeldveränderungen ausgeprägt sein muss, die von anderen Teilen der Organisation entweder als irrelevant eingeschätzt oder gar nicht erst wahrgenommen werden.

Um erfolgreiche Foresight-Prozesse und -Projekte durchzuführen, bedarf es auf Seiten der handelnden Akteure eines guten Gespürs für den geeigneten Zeitpunkt zu ihrer Initiierung. Gleichfalls muss das Bewusstsein über die unterschiedlichen Eigenzeiten (und Eigenlogiken) unterschiedlicher Unternehmensteile bzw. Marken – sowie über den Umgang damit – vorhanden sein, um zum richtigen Zeitpunkt relevante Informationen oder Irritationen einzubringen.

Erfahrungswissen

Erfahrungswissen stellt in diesem Zusammenhang eine wichtige Ressource dar. Erfahrungsgemäß wird mit Verweis auf Erfahrung oftmals versucht, radikale Innovationsideen und Veränderungsimpulse mit Verweis auf das vergangene Scheitern ähnlicher oder vergleichbarer Überlegungen abzuwehren. Dennoch sind gescheiterte ebenso wie erfolgreiche Prozesse/Projekte eine wertvolle Quelle für Erfahrungswissen, wenn im Nachgang die kritischen Faktoren des Gelingens oder Scheiterns reflektiert und eventuell nötige Veränderungen vorgenommen werden.

Da für Foresight der Transfer der gewonnenen Erkenntnisse ebenso wichtig ist wie das Erkennen relevanter Umfeldveränderungen, ist die nach innen, in die Organisation gerichtete Aufmerksamkeit und die Einschätzung der aktuellen Perzeptivität bezüglich eines Themas (aber auch einer Methode) von großer Bedeutung. Und eben an diesem Punkt wird das Wissen erfahrener Mitglieder der Organisation mit Blick auf die Einschätzung der Erfolgschancen eines Impulses oder einer Irritation bedeutsam. Im Gegensatz zu Beratern und anderen organisationsexternen Partnern in Foresight- und Innovationsprozessen vermögen die Mitglieder der Organisationseinheit die Akzeptanzfähigkeit und Aufnahmebereitschaft der Organisation im Hinblick auf Ungewohntes und Neues aufgrund ihrer Erfahrungen oftmals gut zu beurteilen.

Neben *Seismographen* oder *Sensoren* für Umfeldveränderungen benötigt Foresight in Unternehmen auch einen sehr gut ausgeprägten Wahrnehmungsapparat, der sich nach innen richtet. Je höher der Vernetzungsgrad und je ausgeprägter die Fähigkeit zur Kommunikation – insbesondere die Fähigkeit des Fragenstellens und aktiven Zuhörens – innerhalb bzw. mit der Organisation und je größer der Erfahrungsschatz der Mitglieder, auf den bei der Einschätzung der jeweils gegebenen Absorptive Capacity bezüglich eines Themas zurückgegriffen werden kann, desto höher sind die Chancen, erfolgreich relevante Impulse zu setzen.

Persistenz

Unter Persistenz, im Sinne von Beharrlichkeit, verstehen wir jene Fähigkeit, die es ermöglicht, über längere Zeiträume hinweg den Versuch zu unternehmen, die Organisation mit denjenigen Inhalten (und Methoden) zu konfrontieren, die aufgrund der Beobachtung und Analyse des Umfeldes als bedeutsam für die Organisation erscheinen. Ein buchstäblich langer Atem ist vonnöten, wenn kommunikativ (noch) kaum anschlussfähige Inhalte immer wieder in den Diskurs der Organisation eingespeist werden müssen. Dies stellt in der Praxis eben jene schweißtreibende Aktivität dar, die sich in Anlehnung an Thomas A. Edisons Diktum wie folgt formulieren lässt: »Innovation ist ein Prozent Inspiration und 99 Prozent Transpiration.«

Mit Bezug auf den Faktor Timing geht es in der Praxis der Foresight bei der Fähigkeit (und Notwendigkeit), mit Beharrlichkeit Themen und Fragen immer wieder zu formulieren, nicht zuletzt darum, die unterschiedlichen Eigenzeiten, Reaktions- und Verarbeitungsgeschwindigkeiten der unterschiedlichen (internen) Anspruchsgruppen in Rechnung zu stellen. Für die Foresight-Praxis bedeutet dies unter anderem auch, die Haltung eines »Wir haben es schon immer gesagt (aber es wurde ja nicht auf uns gehört)« zu vermeiden. Da eine hohe Zahl an mitunter radikalen Überlegungen bzw. Innovationen bei ihrer ersten Artikulation nicht im gewünschten Sinne *zünden,* sondern – sofern überhaupt – lange Inkubations- und Latenzphasen benötigen, würde aus dem Anspruch, die eingespeisten Themen müssten auf unmittelbare Resonanz stoßen, im organisationalen Alltag nichts als Frustration folgen. Qualität und Potenzial einer neuen Idee oder eines neuen Impulses lassen sich in diesem Fall selten an der Reaktionsgeschwindigkeit der Organisation bemessen. Der passende Zeitpunkt, der die Perzeptivität entscheidend mitbestimmt, ist nach unserer Erfahrung mindestens so entscheidend wie die Qualität der Idee.

Fazit: Zukunftsforschung als kreative Entfaltung des Paradoxons geordneter Unordnung

Organisationen, die in der Lage sind, die hier thematisierte Differenz von Vergangenheit und Zukunft zu meistern, dabei (Vergangenheit) selektiv vergessen können um (aus der Zukunft) zu lernen und das Unentscheidbare (auf Grundlage unvollständiger Informationen) zu entscheiden, zeichnen sich nach unserer Erfahrung vor allem dadurch aus, die angedeuteten Paradoxien kreativ entfalten zu können. Insbesondere vermögen sie es, Außer-Ordentliches (nämlich die Zukunft) auf die bestehende Ordnung (nämlich die Vergangenheit) zu beziehen, um in der gegenwärtigen Kommunikation schließlich die Emergenz neuer Ordnungen zu ermöglichen. Diese Bewegung lässt sich als *geordnete Unordnung* oder *Konfirmation durch Irritation* bezeichnen, da es im Kern darum geht, Unordnung und Irritation als notwendige Grundlage von Entscheidungen, die (zwangsläufig) in die Zukunft reichen bzw. die Zukunft erst *machen* und damit neue Ordnung stiften (oder alte Ordnung immer wieder neu herstellen) zu betrachten. Luhmann (2005, S. 36 f.) fasst diesen Tatbestand wie folgt: »Entscheidungen stützen sich hauptsächlich darauf, dass niemand wissen kann, wie die Zukunft aussieht. Deshalb hat es wenig Sinn, die Entscheidung einem ›Subjekt‹ zuzurechnen. Zwecke kann man nur setzen, weil man nicht weiß, wie das aussehen wird, was die Zukunft verhüllt.«

Foresight in Organisationen trägt nach dieser Lesart dazu bei, Unentscheidbares (ordentlich) entscheidbar zu machen, indem über die Emergenz neuer Ordnung aus der eingeführten Unordnung eine Grundlage für Entscheidungen bereitgestellt wird, die in der Gegenwart zunächst nicht weiter hinterfragbar ist, da sie sich auf eine zukünftige Gegenwart bezieht. Foresight liefert damit das Schmiermittel jeder Organisation, da sie über die Einführung von imaginierten Zukünften (als in Vorstellungen, Bildern, Zwecken gegenwärtigen Zukünften) Entscheidungsprozesse am Laufen hält: »Was Zukunft betrifft, heißt Autopoiesis, dass keine Entscheidung einen abschließenden Systemzustand, einen Ruhezustand erzeugt, sondern jede Entscheidung eine Zukunft mit weiteren Entscheidungen vor sich sieht. Wahrscheinlich sollte man besser sagen: hinter sich sieht; denn die Entscheidung entwindet sich der Vergangenheit und operiert mit dem Rücken zur Zukunft« (Luhmann, 2000, S. 181).

Was die zeitliche Orientierung in (Groß-)Organisationen anbelangt, scheint auch hier der kreative Umgang mit Paradoxien wie *langsamer Beschleunigung* oder *Gleichzeitigkeit des Ungleichzeitigen* Bestandteil einer organisationalen Temporalisierungsstrategie zu sein. Notwendig erscheint ein Umgang mit Temporalisierungsfragen, der es vermag, weder in der Komplexität und Wechselhaftigkeit ständig neuer, als relevant behaupteter Trends zu ersticken noch durch radikale Ignoranz relevanter Umfeldveränderungen und extrem lange Reaktionszeiten den Anschluss zu verlieren.

Literatur

Augustinus, A. (2000). Was ist Zeit? (Confessiones XI/Bekenntnisse 11). Eingeleitet, übersetzt, mit Anmerkungen versehen von Norbert Fischer. Hamburg: Felix Meiner Verlag.

Becker, P. (2003). Corporate foresight in Europe: A first overview. European Commission Community Research Working Paper. Luxembourg: European Commission.

Burmeister, K., Neef, A., Beyers, B. (2004). Corporate Foresight – Unternehmen gestalten Zukunft. Hamburg: Murmann.

Cohen, W. M., Levinthal, D. A. (1990). Absorptive capacity: A new perspective on learning and innovation. Administrative Science Quarterly, 35 (1), 128–152.

Hoebel, T. (2013). Prophezeiungen, die Organisationen zerstören: Northern Rock und DaimlerChrysler im Vergleich. In M. Vogel (Hrsg.), Organisation außer Ordnung. Außerordentliche Betrachtungen organisationaler Praxis (S. 197–222). Göttingen: Vandenhoeck & Ruprecht.

Luhmann, N. (1988). Organisation. In W. Küpper, G. Ortmann (Hrsg.), Mikropolitik: Rationalität, Macht und Spiele in Organisationen (S. 165–186). Opladen: Westdeutscher Verlag.

Luhmann, N. (1990). Die Zukunft kann nicht beginnen. Temporalstrukturen der mordernen Gesellschaft. In P. Sloterdijk (Hrsg.), Vor der Jahrtausendwende: Berichte zur Lage der Zukunft (Bd. 1, S. 119–150). Frankfurt a. M.: Suhrkamp.

Luhmann, N. (1991). Soziale Systeme: Grundriss einer allgemeinen Theorie (4. Aufl.). Frankfurt a. M.: Suhrkamp.

Luhmann, N. (2000). Organisation und Entscheidung. Opladen: Westdeutscher Verlag.

Luhmann, N. (2005). Entscheidungen in der »Informationsgesellschaft«. In G. Corsi, E. Esposito (Hrsg.), Reform und Innovation in einer unstabilen Gesellschaft (S. 27–40). Stuttgart: Lucius & Lucius.

Mead, G. H. (1968). Geist, Identität und Gesellschaft aus der Sicht des Sozialbehaviorismus (C. W. Morris, Hrsg.) (1–2. Tsd.). Frankfurt a. M.: Suhrkamp.

Meissner, J. O., Seemann, S. (2013). Unternehmenserneuerungen zwischen Innovationssystemen und Systeminnovationen. In M. Vogel (Hrsg.), Organisation außer Ordnung. Außerordentliche Betrachtungen organisationaler Praxis (S. 159–177). Göttingen: Vandenhoeck & Ruprecht.

Müller, A. W., Müller-Stewens, G. (2009). Strategic Foresight: Trend- und Zukunftsforschung in Unternehmen; Instrumente, Prozesse, Fallstudien. Stuttgart: Schäffer-Poeschel.

Porter, M. E. (1996). What is strategy? Harvard Business Review, 74 (6), 61–80.

Schwarz, J. O. (2011). Quellcode der Zukunft: Literatur in der strategischen Frühaufklärung. Berlin: Logos-Verlag.

Uerz, G. (2006). ÜberMorgen. Paderborn: Fink.

Thomas Hoebel

Prophezeiungen, die Organisationen zerstören: Northern Rock und DaimlerChrysler im Vergleich

Gefährliche Gerüchte

Im März 2008 befindet sich der Finanzplatz London in heller Aufregung. Unter den hiesigen Investmentbanken war zuvor gezielt das Gerücht gestreut worden, dass Großbritanniens größte Hypothekenbank HBOS in naher Zukunft zahlungsunfähig sei. Der Börsenkurs des Instituts verliert infolge bis zu 20 Prozent an Wert, der Handel mit dem Papier wird zeitweise ausgesetzt. Vor dem Hintergrund der seit 2007 bestehenden Kreditkrise hat die Nachricht offensichtlich eine gewisse Glaubwürdigkeit. Dennoch gelingt es den Bankangestellten, das Gerücht zu zerstreuen; nicht zuletzt, weil sich gleichzeitig der Verdacht erhärtet, dass Händler, die auf fallende Aktienkurse spekulieren, die Nachricht gezielt lanciert haben, um aus dieser Manipulation Gewinn zu schlagen. Die staatliche Finanzaufsicht beginnt zu ermitteln (Handelsblatt vom 22.03.2008).

Wenige Tage, nachdem die Gerüchte aufkamen, erholt sich der Aktienkurs der HBOS. Die Episode gibt uns jedoch ein Rätsel auf, vor allem dann, wenn wir bedenken, dass Gerüchte als solche – wie jede andere Aussage auch – nicht per se negativ für die Organisation sind, auf die sie sich beziehen.[1] Man könnte sie ja auch einfach abtun, so dass sie ohne nennenswerte Konsequenzen bleiben. Die Gefährlichkeit von Aussagen ist keine Qualität der Aussagen selbst, sondern ein Effekt dessen, wie sie verstanden werden und welche Handlungen aus ihnen folgen.

Unser Rätsel besteht im Kern aus der Frage, warum sich aus Behauptungen aller Art in manchen Fällen ein zerstörerisches Potenzial für formale Organisationen entwickelt, in anderen jedoch nicht. Gibt es also bestimmte Mechanismen, durch die Organisationen wie zum Beispiel eine Bank nur aufgrund eines Gerüchts *außer Ordnung* geraten können? Im Fall der HBOS ist die Angelegenheit

---

1 Wir können genauso gut danach fragen, warum ein Gerücht negative Konsequenzen für eine Person, eine Familie, eine Nachbarschaft hat, je nachdem, auf wen oder was sich sein Inhalt bezieht. Das Interesse des Beitrags liegt jedoch auf formalen Organisationen, die *außer Ordnung* geraten, so dass wir uns hier und im weiteren Verlauf auf diesen besonderen Typ sozialer Systeme konzentrieren.

zwar glimpflich für das Institut ausgegangen. Doch was wäre geschehen, wenn es nicht gelungen wäre, das Gerücht wirksam zu zerstreuen?

Zwei auch über die Disziplin hinaus bekannte Angebote aus der soziologischen Forschung, um diese Fragen zumindest ein Stück weit zu bearbeiten, sind das Konzept der selbsterfüllenden Prophezeiung und ihr logisches Gegenteil, die selbstzerstörende Prophezeiung. Der Clou der beiden Konzepte ist, dass wir mit ihnen ein analytisches Werkzeug in der Hand haben, um erklären zu können, warum Organisationen unter bestimmten Bedingungen *außer Ordnung* geraten oder sogar komplett den Betrieb einstellen müssen.[2] Ordnungsverluste oder Prozesse des Scheiterns sind in dieser Perspektive entweder gleichbedeutend damit, dass sich eine Prophezeiung über die betreffende Organisation entweder erfüllt oder zerstört. Als eine Prophezeiung können wir dabei jede Aussage über das Eintreten eines bestimmten Ereignisses oder eines bestimmten Zustands von etwas begreifen, im Fall von HBOS zum Beispiel der materielle Gehalt des Gerüchts, das Institut sei bald insolvent. Das Gerücht hätte sich dabei zu einer selbsterfüllenden Prophezeiung entwickeln können, nämlich dann, wenn es genug Geschäftspartner und Kunden des Instituts gegeben hätte, die wegen des Gerüchts ihre Aktien der Bank verkauft oder ihre Geschäftsverträge gekündigt hätten. Der Gedanke ist folglich, dass die Prophezeiung bestimmte Personen, die für das Fortbestehen der Bank eminent wichtig sind, zu einem geschäftsschädigenden Handeln motiviert, das aus Sicht der Einzelpersonen jedoch völlig einleuchtend ist – und sich die Prophezeiung dadurch erfüllt (Merton, 2010, S. 91).

Ein hypothetisches Beispiel für eine selbstzerstörende Prophezeiung sind demgegenüber Wahlprognosen, aufgrund derer Personen ihre ursprüngliche Wahlabsicht ändern, so dass das faktische Wahlergebnis schließlich erheblich von der Vorhersage abweicht (Mijic u. Scheve, 2010, S. 86). Gegenüber dem Verlauf, den ein Geschehen ohne die Vorhersage genommen hätte, verändert ihre Kenntnis das Verhalten einer kritischen Masse von Personen in der Weise, dass sich ihr Inhalt nicht bestätigt (Merton, 2010, S. 91). In unserem hypothetischen Beispiel ist durchaus denkbar, dass allgemein bekannte Prognosen eine Partei gehörig *außer Ordnung* bringen können, nämlich dann, wenn das Missverhältnis zwischen Prognose und Ergebnis zu erheblicher Enttäuschung unter den Parteiaktivisten führt und nach Schuldigen für die Misere gesucht wird.

Die Konzepte der selbsterfüllenden und der selbstzerstörenden Prophezeiung sind jedoch keine Selbstläufer, um zu verstehen, unter welchen Bedingungen eine

---

2   Ordnungsverluste und Scheitern sind dabei gleichwohl nur zwei mögliche Vorgänge, die mit den Konzepten erklärt werden können. Es gibt unter anderem Untersuchungen zur Rassendiskriminierung, über unerwartete Lernerfolge, über die Wirksamkeit von Placebos und über den Glauben an bestimmte soziologische Theorien (Biggs, 2009, S. 298; Merton, 2010, S. 94–99).

Aussage über eine Organisation deren Fortsetzung gefährdet. Erstens ist ihr Einsatz wesentlich anspruchsvoller, als es die beiden hypothetischen Beispiele nahelegen (Biggs, 2009, S. 299). Allein die Frage, warum aus einer Prophezeiung eine von vielen Personen geteilte Situationsdefinition entsteht, zum Beispiel über die Situation einer Bank, bedarf der genauen Analyse (Florian, 2006, S. 173). Wir können nicht einfach behaupten, dass eine Personengruppe eine bestimmte Wahrnehmung teilt, sondern müssen diesen Sachverhalt nachweisen. Und was hat es eigentlich mit dem Wortbestandteil *selbst-* auf sich? Inwiefern können Prophezeiungen ihre eigene Erfüllung oder Zerstörung vorantreiben? Zweitens besteht zwischen den Autorinnen und Autoren, die sich in den vergangenen Jahrzehnten (genauer gesagt: seit der Soziologe Robert K. Merton sich 1948 detaillierter mit selbsterfüllenden Prophezeiungen auseinandergesetzt hat) bemüht haben, das Konzept zu präzisieren, keinesfalls Konsens über die Bedingungen, Potenziale und Grenzen seiner Verwendung (Biggs, 2009, S. 295; Florian, 2006, S. 171; Krishna, 1971, S. 1104; Mijic u. Scheve, 2010, S. 86). Auffällig ist drittens, dass sich das Modell in der Forschung über bestandsgefährdete oder scheiternde Organisationen kaum niedergeschlagen hat, sondern andere Ansätze vorherrschen (für einen Überblick vgl. Anheier u. Moulton, 1999).

Das zentrale Ziel dieses Beitrags ist daher, mit Hilfe von zwei empirischen Fällen, Northern Rock und DaimlerChrysler, zu zeigen, wie Prophezeiungen formale Organisationen zerstören können, um auf dieser Basis besser zu verstehen, wie die beiden Konzepte die Analyse von scheiternden Organisationen befruchten. Meine erste These ist daher, dass die britische Bank Northern Rock an einer selbsterfüllenden Prophezeiung gescheitert ist. Anders als der HBOS ist es dem Institut nicht gelungen, sich gegen eine für sie kritische Situationsdefinition zu behaupten. Meine zweite These ist, dass wir das Scheitern der Fusion von DaimlerChrysler zumindest im Ansatz durch die Selbstzerstörung der Prophezeiung, es fusionierten zwei Gleiche (»merger of equals«), erklären können.[3]

Während selbsterfüllende Prophezeiungen allerdings ein vergleichsweise gut studiertes Phänomen sind, trifft das für ihr logisches Gegenteil, selbstzerstörende Prophezeiungen, nicht zu (Biggs, 2009, S. 295). Darüber hinaus verfügen wir für selbsterfüllende Prophezeiungen über theoretische Modelle, in denen die Effekte von Situationsdefinitionen auf die Leistungsfähigkeit von Organisationen nachgezeichnet werden (Biggs, 2009, S. 297; Florian, 2006, S. 174–175; Masuch, 1985, S. 17–18). Für selbstzerstörende Prophezeiungen sind Studien und Modelle mit

---

3   Die Auswahl der Fälle Northern Rock und DaimlerChrysler ist dabei durchaus pragmatisch zu sehen. Bei beiden ist die Datenlage aufgrund von deskriptiven Fallstudien und Reportagen sowie einer vergleichsweise intensiven Medienberichterstattung recht günstig.

explizitem Organisationsbezug dagegen Fehlanzeige (vgl. jedoch Seibel, 2002, der den Ausdruck der selbstzerstörenden Prophezeiung allerdings eher metaphorisch nutzt).

Der Beitrag ist daher mit einem zweiten Ziel verbunden, das theoretischer Natur ist. Der Vergleich zwischen den beiden Prozessen, die – im übertragenen Sinn – Northern Rock und DaimlerChrysler erfassen, soll es uns ermöglichen, das Konzept der selbstzerstörenden Prophezeiung genauer herauszuarbeiten, indem wir testen, welche analytischen Elemente wir von seinem logischen Gegenteil, den selbsterfüllenden Prophezeiungen, für Organisationsanalysen übernehmen können. Mein damit verbundener konzeptioneller Vorschlag, der nicht zuletzt eine Konsequenz aus dem bereits angedeuteten Dissens der Fachgemeinschaft in Sachen Bedingungen, Potenziale und Grenzen der Prophezeiungs-Konzepte ist, besteht darin, die ursprünglich religionssoziologische Idee der Realitätsverdoppelung in die beiden Prophezeiungs-Konzepte einzubauen (Esposito, 2007; Luhmann, 2002, S. 58–64).

Realitätsverdoppelung meint dabei in erster Linie, dass etwas in die Welt tritt, das nicht im eigentlichen Sinne als real gilt, zum Beispiel ein Roman, den sich eine Autorin ausgedacht hat, oder ein Gerücht. Mit Hilfe dieser Idee können wir erkennen, dass die Prozesse der Selbsterfüllung und der Selbstzerstörung von Prophezeiungen im Grunde auf der Konkurrenz von zwei Situationsdefinitionen über den gleichen Sachverhalt basieren. In dieser Perspektive gewinnen selbsterfüllende Prophezeiungen ihre zerstörerische Kraft für Organisationen dadurch, dass sich die Schere zwischen zwei konkurrierenden Situationsdefinitionen schließt, während sie sich bei selbstzerstörenden Prophezeiungen öffnet. Der Prozess*verlauf* ist der entscheidende Unterschied, wie ich in den folgenden Abschnitten zeigen möchte.

Selbsterfüllende Prophezeiungen, die Organisationen zerstören: Der Fall Northern Rock

Banken sind immer wieder beliebte Beispiele, die dazu genutzt werden, das Konzept der selbsterfüllenden Prophezeiung besser zu verstehen. Als Merton das Konzept erstmals der Fachöffentlichkeit vorstellte, nutzte er zur Erläuterung eine Parabel über die fiktive Last National Bank und ihren Präsidenten Cartwright Millingville (Merton, 2010, S. 89–90). Millingville ist verblüfft, als eines Morgens Hunderte Arbeiter aus den umliegenden Fabriken den Schalter belagern und ihre Konten räumen wollen. Das Gerücht hat die Runde gemacht, die Bank sei zahlungsunfähig – obwohl sie zu diesem Zeitpunkt strukturell gesund ist und, wäre ein ganz normaler Geschäftstag mit dem üblichen Besucheraufkommen, allen

Kunden ihr Geld auszahlen könnte. Am Ende des Tages ist das Institut jedoch tatsächlich pleite. Zu viele Anleger haben dem Gerücht Glauben geschenkt. Millingville konnte sich – als Einzelperson – nicht gegen die Kraft dieser allgemein geteilten Behauptung über die Situation seiner Bank stemmen.

Die Vorgänge rund um Northern Rock im Spätsommer und Herbst 2007 erinnern stark an die Tragik von Millingville (Mijic u. Scheve, 2010, S. 83). Innerhalb weniger Tage entziehen Sparer der Northern Rock mehrere Milliarden Pfund (BBC News vom 17.09.2007). Im Dezember 2007 sind schließlich nur noch 10,4 der 24,4 Milliarden Pfund des Vorjahrs übrig, umgerechnet 42,6 Prozent der ursprünglichen Einlagen, während die Verbindlichkeiten der Bank in diesem Zeitraum kaum gesunken sind (Shin, 2009, S. 108 f.).

Was ist passiert? Am 13. September 2007 berichtet die BBC, dass die Geschäftsführung von Northern Rock die Bank of England um Hilfskredite gebeten hat. Am Folgetag, einem Freitag, bilden sich vor den Northern-Rock-Filialen lange Schlangen besorgter Kunden, die ihr Geld abheben. Gleichzeitig fällt das Online-Banking aus, weil zu viele Anfragen auf einmal die Serverkapazitäten übersteigen.

Analysten sind sich einig, dass Northern Rock durchaus noch zahlungsfähig gewesen sei, als die Geschäftsführung beginnt, mit der Zentralbank Hilfen zu verabreden (Handelsblatt vom 14.09.2007); nicht zuletzt, weil Northern Rock bereits seit August 2007 mit der Bank of England und der britischen Bankenaufsicht zusammenarbeitete, da sie im Sommer des Jahres bereits einen Bankensturm institutioneller Anleger überstehen musste (Shin, 2009, S. 102, 109). Infolge des Ansturms besorgter Privatkunden, die den nahenden Konkurs des Instituts befürchten, büßt sie ihre Zahlungsfähigkeit jedoch tatsächlich ein (Mijic u. Scheve, 2010, S. 83). Nach langem Hin und Her, inklusive rapider Kursverluste der Bankaktie, wird Northern Rock im Februar 2008 vorläufig verstaatlicht.

Die Erklärung für den Kollaps von Northern Rock liegt auf der Hand. Die Bank und ihr bestehendes Geschäftsmodell scheitern an einer Situationsdefinition, die viele Kunden teilen. »Mir ist egal, ob das Risiko gering ist. Es gibt viele andere Orte, wo ich mein Geld aufheben kann«, erklärt ein Kunde, der infolge des Berichts der BBC die Northern-Rock-Filiale in Sheffield ansteuert (Handelsblatt vom 15.09.2007). Angenommen, der betreffende Kunde ist kein Einzelfall, dann erwartet eine kritische Masse von Einlegern bei Northern Rock, dass sie ihr Vermögen einbüßt, wenn sie es nicht unverzüglich abhebt. Sie trotzt dabei gegenteiligen Beteuerungen der Bank und der britischen Regierung.

Ist die Erklärung so einfach? In kritischer Auseinandersetzung mit Mertons Originaltext und Ansätzen, die ihn weiterverarbeiten (Hedström u. Swedberg, 1998), argumentiert Michael Florian, dass das Konzept der selbsterfüllenden Prophezeiung nur dann als Erklärungsansatz für bestimmte Ereignisse (z. B. das Schei-

tern von Organisationen) funktioniert, wenn wir vier Fragen beantworten können. Er plädiert dabei dafür, das Augenmerk auf soziale Mechanismen zu legen,
um Antworten auf diese Fragen zu erarbeiten.

- Wie kommt es, dass eine bestimmte Menge an Personen einen Sachverhalt in
  ähnlicher Weise definiert? Wir fragen somit nach dem »die Situationswahr-
  nehmung strukturierende[n] Mechanismus« (Florian, 2006, S. 177), kurz: nach
  dem *situationalen Mechanismus* (Stinchcombe, 1991, S. 371). Für den Fall der
  Bank Northern Rock heißt das, zunächst einmal nachzuweisen, warum die Einleger eine prophetische Situationsdefinition über den Zustand der Bank teilen.
  Florian kritisiert Merton in diesem Punkt scharf. Merton problematisiere nicht,
  wie ein Gerücht eigentlich seine Glaubwürdigkeit gewinne. Denn erst wenn
  wir diese Frage beantworten könnten, hielten wir den ersten Schlüssel in Händen, um zu erschließen, wie eine ursprünglich falsche Vorhersage die Bedingungen dafür schafft, dass sie schließlich eintritt (Florian, 2006, S. 169–170).
  Schließlich hat nicht jede beliebige Aussage die gleiche Überzeugungskraft.
- Warum entwickelt sich aus dieser Menge eine kritische Masse von Personen,
  die in ähnlicher Weise handeln? Der Blick richtet sich also auf den *handlungsgenerierenden Mechanismus*. Denn ein Glaube an etwas ist nicht gleichbedeutend mit der Handlung, dieses gewisse Etwas zu erreichen oder zu vermeiden.
  Warum versuchen also zahlreiche Kunden von Northern Rock, innerhalb
  weniger Tage ihr Vermögen abzuheben? Nicht nur am 14. September 2007
  bilden sich lange Schlangen vor den Filialen, sondern auch in den Folgetagen.
- Inwiefern wirkt das Handeln der Beteiligten in der Weise zusammen, dass das
  soziale Ereignis, das uns interessiert, passiert? Peter Hedström und Richard
  Swedberg, an die Florian anschließt, nennen diesen Vorgang den *transformationalen Mechanismus* (Hedström u. Swedberg, 1998, S. 23). Erst aus der Menge
  und Wechselwirkung der individuellen Handlungen entsteht in der Konsequenz das soziale Ereignis, das in der Regel niemand beabsichtigt hat (wie
  den Autobahnstau, den Urlauber erzeugen, obwohl sie doch nur ihr Ferienziel
  erreichen möchten). Im Fall von Northern Rock ist somit zu klären, wie das
  Räumen der Konten genau mit der Verstaatlichung der Bank zusammenhängt,
  das wir als Scheitern einer privatwirtschaftlichen Fortsetzung des Geschäfts-
  modells interpretieren können.
- Inwiefern wohnt dem durch den situationalen Mechanismus in Gang gekom-
  menen Prozess eine Eigendynamik inne, damit der Wortbestandteil *selbst*
  in der Bezeichnung selbsterfüllend überhaupt Sinn macht? Merton spricht
  zwar vom »Teufelskreis« der selbsterfüllenden Prophezeiung (Merton, 2010,
  S. 92). Wie sich jedoch dieser Kreis schließt und sich gleichzeitig aus sich
  selbst heraus erneuert (was der Ausdruck schließlich impliziert), erläu-

tert er nicht. Auch bei Hedström und Swedberg findet sich kein Hinweis. Indem sie die Handelnden isoliert voneinander betrachten, lassen die beiden schlicht unberücksichtigt, dass die Beteiligten sich aufeinander beziehen könnten. Aus ihrer Sicht ist das Erklärungsmodell mit situationalem, handlungsgenerierendem und transformationalem Mechanismus bereits komplett. Florian macht demgegenüber geltend, dass es zusätzlich einen *reflexiven Mechanismus* geben muss, um erklären zu können, wie der Prozess der selbsterfüllenden Prophezeiung an Kraft gewinnt und sich sogar für einen bestimmten Zeitraum selbst verstärkt. »Mechanismen werden reflexiv dadurch, daß sie auf sich selbst angewandt werden« (Luhmann, 1966, S. 2). Die Selbsterfüllung einer Prophezeiung endet schließlich erst dann, wenn das vorausgesagte Ereignis eingetreten ist. Warum bilden sich demnach über Tage hinweg Schlangen von Kunden vor den Bankschaltern, die ihr Geld abheben möchten? Immerhin teilt die britische Bankenaufsicht bereits am 14. September 2007 mit, Northern Rock sei solvent (Handelsblatt vom 14.09.2007); am 17. September, dem darauf folgenden Montag, garantiert Schatzkanzler Alistair Darling zudem die Sicherheit aller privaten Einlagen bei Northern Rock (BBC News vom 17.09.2013).

Selbsterfüllende Prophezeiungen als Bündel sozialer Mechanismen

Die Erklärung eines sozialen Phänomens mit Hilfe des Konzepts selbsterfüllender Prophezeiungen ist in dieser Sicht äußerst anspruchsvoll. Vier generative Mechanismen müssen Florian zufolge zusammenspielen, damit wir davon sprechen können, dass sich eine Prophezeiung selbst erfüllt und dadurch eine bestehende Organisation zerstört. Erst die Verknüpfung *erzeugt* das interessierende Phänomen (Florian, 2006, S. 166). Für die genaue Analyse ist dabei erforderlich, das Geschehen in Zwischenschritte zu gliedern (was zugegebenermaßen etwas künstlich anmutet): die Entstehung der Prophezeiung über eine Organisation – das Handeln von Personen, das die betreffende Organisation unmittelbar betrifft – die Reflexivität des Handelns – das Ereignis, durch das sich die Prophezeiung aus dem kumulierten Handeln der Beteiligten heraus erfüllt (Florian, 2006, S. 173).

Im Fall Northern Rock können wir plausible Kandidaten für jeden der vier Mechanismen herausarbeiten und damit die These begründen, dass die Bank an einer selbsterfüllenden Prophezeiung gescheitert ist. Richten wir das Augenmerk zunächst auf den situationalen Mechanismus: Warum entwickeln auf einmal so viele Kunden die Sicht, ihre Bank sei aktuell oder in Kürze zahlungsunfähig? Als Strategie, um eine Antwort zu finden, empfiehlt Florian, die »raumzeitliche Verortung« des Geschehens zu betrachten (Florian, 2006, S. 170), wobei für uns vor allem die Berichterstattung der BBC über Northern Rock interessant ist: Am 13. September 2007 senden die Abendnachrichten, dass Northern Rock die Bank von England um Hilfe gebeten hat; am nächsten Morgen gibt die Zentralbank bekannt, dass Northern Rock eine Liquiditätsspritze erhält (Shin, 2009, S. 101).

Dafür, wie eine Information aufgenommen wird, ist es keinesfalls beliebig, wann, wo und von wem eine Nachricht kommuniziert wird und ob sie einen vergleichsweise breiten Empfängerkreis hat. Im Fall Northern Rock müssen wir daher zum einen berücksichtigen, dass seit Juli 2007 die Liquidität auf dem globalen Geldmarkt faktisch ausgetrocknet war; ausgehend von der Erwartung, dass zweitklassige Hypotheken auf dem US-Immobilienmarkt von den Schuldnern nicht mehr bedient werden können. Seit Anfang August 2007 waren die Kreditmärkte, elementar für die Refinanzierung von Northern Rocks Geschäftsmodell, faktisch geschlossen (Handelsblatt vom 15.09.2007). Der Bank gelingt es ab diesem Zeitpunkt nicht mehr, sich auf dem Interbankenmarkt einigermaßen bezahlbares Geld zu leihen; die Banken begannen zu horten, um ihre eigenen Verbindlichkeiten zu bedienen. Es war zum anderen bekannt, dass Northern Rock wie alle anderen britischen Institute in engem Kontakt mit der nationalen Bankenaufsicht stand, sich quasi unter intensiver Beobachtung befand (Maisch, 2007a, 2007b). Zum anderen handelt es sich bei der BBC um einen renommierten Berichterstatter mit einer vergleichsweise hohen Position und Resonanz im Feld der öffentlichen Nachrichten. Ihre Nachricht, Northern Rock habe die britische Zentralbank um Hilfskredite gebeten, hat in der Situation eines krisengeschüttelten Finanzmarktes hohe Glaubwürdigkeit. Die Beteuerungen von Regierungsstellen, die Einlagen der Kunden seien sicher, erweisen sich dabei als zusätzlich kontraproduktiv für das Ansehen der Bank. »Because the government have guaranteed it, it implies something really serious is going on«, erklärt Daniel Rind, während er bereits in einer Schlange vor einer Northern-Rock-Filiale in Nord-London steht (Geoghehan, 2007). Die Garantien verstärken den Eindruck nur, dass Northern Rock bald zahlungsunfähig sein könnte.

Hinzu kommt, dass die von der BBC autorisierte Information über Northern Rock mehrdeutig ist. Es ist daher von der Sendung der Nachrichten nur ein kleiner Schritt dahin, dass einige Kunden verunsichert sind, ob sie ihre Einlagen je wieder zurückerhalten. Damit sind wir bei der Frage nach dem handlungsgenerierenden Mechanismus. Sie ist hier, im konkreten Fall der Northern Rock, eng mit der Frage verknüpft, warum die Kunden aufgrund der glaubwürdigen Information, die Bank brauche staatliche Hilfe, ihre Erwartungen an die Bank ändern.

Der Sozialpsychologe Kurt Lewin hat bereits vor Jahrzehnten argumentiert, dass die Handlungen, die Gefühle und die Moral eines Menschen in jedem Augenblick von seiner totalen Zeitperspektive abhingen, das heißt von seiner konkreten Situation, genauer: davon, wie er die erlebte Vergangenheit und die erwartete Zukunft bewertet und welche Bedeutung er gegenwärtigen Ereignissen sowie der eigenen Tätigkeit in diesem Kontext von vergangenen und zukünftigen Ereignissen beimisst (Lewin, 1953, S. 153–156). Entgegen der rein technischen Vorstellung, dass gegenwärtiges Handeln unmittelbar aus vergangenem Handeln resultiere, macht Lewin geltend, dass Menschen zu jedem Zeitpunkt neue Überzeugungen über sich selbst und die Situation, in der sie sich befinden, entwickeln können, abhängig davon, wie sie gegenwärtige Ereignisse in ihrer Umgebung interpretieren. Interessant für uns ist in dieser Perspektive eine Studie Lewins über die menschliche Ausdauer. Das Durchhaltevermögen einer Person hänge dabei von zwei wesentlichen Faktoren ab: erstens, wie stark der Wunsch ist, ein bestimmtes Ziel zu erreichen; zweitens, wie die Zukunftsaussicht gesehen wird, das Ziel erreichen zu können (Lewin, 1953, S. 158).

Warum halten es also viele Kunden der Northern Rock nicht aus, ihr Geld auf ihren dortigen Konten zu belassen? Nun, der Wunsch, auch in Zukunft ohne Einbußen über die Einlagen, bei denen es sich nicht selten um Ersparnisse eines Arbeitslebens handelt, verfügen zu können, ist sicher bei vielen, wenn nicht sogar bei allen Kunden von Northern Rock groß. Menschen sind verlustscheu, wenn auch in unterschiedlichem Maße (Kahneman, 2012, S. 349). Spätestens die Nachricht der BBC, aus deren Inhalt auf einen desolaten Zustand des Instituts geschlossen werden kann, berührt die totale Zeitperspektive der Kunden in der Weise, dass sie die Aussicht, sich diesen Wunsch mit der Northern Rock erfüllen zu können, als ungewiss bewerten und einen Verlust erwarten. Ein Teil von ihnen verliert relativ kurzfristig das Vertrauen in die Bank. Sie suchen die für sie zuständige Filiale auf oder loggen sich in ihren Online-Account ein.

Die Suche nach handlungsgenerierenden Mechanismen läuft leicht Gefahr, Personen isoliert voneinander zu betrachten. Das hieße, ihre *Gesellschaft,* in der sie sich faktisch befinden, einfach auszublenden. Ebenfalls entsteht bei dieser Suche schnell der Eindruck der Gleichmacherei der Beteiligten, die handelten, als wären sie Roboter, drückt man nur den richtigen Knopf.

Für die Kunden von Northern Rock können wir nur in einem Punkt gesichert Gleichheit annehmen: Sie stehen alle in einer Geschäftsbeziehung mit der Bank. Was die Geschäftsbeziehung jedoch im Einzelfall umfasst, variiert bereits erheblich: die Höhe der Einlagen, Verzinsung und Gebühren, zusätzliche Dienstleistungen; ganz zu schweigen von der Dauer der Geschäftsbeziehung und der Zufriedenheit mit der bisher erfahrenen Rendite, Beratung und Betreuung. Darüber hinaus sind die Kunden unterschiedlich alt, gebildet, berufserfahren und vieles mehr.

Wie können wir dennoch, trotz dieser erheblichen Variation der Kunden, die relative Gleichförmigkeit ihres Handelns erklären? Mehr noch, wie können wir erklären, dass es von Tag zu Tag immer mehr Kunden werden, die sich in die Schlangen vor den Northern-Rock-Filialen einreihen, um ihr Geld abzuheben? Schließlich treffen sie ja nicht alle gleichzeitig bei der Bank bzw. auf deren Kontoservern ein. Der Prozess gewinnt vielmehr sukzessive an Dynamik.

Instruktiv, um die Frage der stetigen Zunahme besorgter Kunden zu bearbeiten, ist wiederum Florians Auseinandersetzung mit Mertons Studie. Sein soziologischer Kerngedanke ist, dass die Einleger nicht unabhängig voneinander beginnen, der Liquidität einer Bank zu misstrauen. Entscheidend ist nicht allein die sachliche Nachricht, ein Institut sei womöglich in Kürze zahlungsunfähig, sondern auch die soziale Information, dass andere ebenfalls Konsequenzen aus der Nachricht ableiten. Unter der Voraussetzung, dass sich die bereits verunsicherten Kunden wechselseitig beobachten können, setzt sich spätestens dann eine Misstrauensspirale in Gang, wenn es eine kritische Masse besonders verlustscheuer Einleger gibt, die versuchen, ihr Geld zu sichern. Sie signalisieren damit unbeabsichtigt anderen Kunden, deren Schwelle zur Initiative höher liegt (Granovetter, 1978, S. 1421), dass womöglich Handlungsbedarf besteht, um auch weiter uneingeschränkt über das eigene Vermögen verfügen zu können. Diese anderen Kunden werden, so die theoretische Annahme, ebenfalls verunsichert, weil das Vertrauen von Kunden in eine Bank generell keine lineare Beziehung ist (Kunden vertrauen einer Bank), sondern eine reflexive: Kunden vertrauen einer Bank, weil sie dem Vertrauen von anderen Kunden in die Bank vertrauen (Florian, 2006, S. 188). Wird dieses Vertrauen erschüttert, werden sie aktiv.

Reflexivität ist somit der entscheidende Punkt, um den Banksturm auf Northern Rock zu verstehen: Banken operieren in soziologischer Sicht nicht einfach auf der Basis von Vertrauen, sondern auf der Basis von Vertrauen in Vertrauen. Erodiert in kurzer Zeit das reflexive Vertrauen einer Mindestzahl von Kunden a_1, können wir dann mit einem Prozess sozialer Ansteckung rechnen, wenn es genügend Kunden der Menge a_2 gibt, die aufgrund der Existenz von a_1 ebenfalls Verluste erwarten und beginnen, der betreffenden Bank zu misstrauen, und wiederum genügend Kunden der Menge a_3, die sich von der Existenz von $a_1 + a_2$ beeinflussen lassen usw. Mark Granovetter nennt diese Ansteckung den »bandwagon-effect« (Granovetter, 1978, S. 1424).

Das reflexive Konzept des »bandwagon-effect« ist hilfreich, ein relativ gleichförmiges Handeln bei gleichzeitiger Variation der beteiligten Personen zu verstehen. Diese Variation kriegen wir durch die Annahme in den Griff, dass Personen unterschiedliche Schwellenwerte haben, wann sie sich einer bestimmten Anzahl anderer Personen anschließen, dasselbe wie sie zu tun, zum Beispiel einer Bank nicht mehr zu vertrauen. In dieser Sicht verlängert sich der fast eine Woche

andauernde Banksturm von Privatkunden auf Northern Rock an jedem neuen
Tag nicht trotz, sondern aufgrund der Vielfalt der Kunden! »Wenn es erst mal so
weit wie jetzt gekommen ist, kann man eine Kettenreaktion nicht mehr ausschlie-
ßen, und ich werde ganz sicher nicht der letzte in der Kette sein«, erläutert der
Rentner Peter Walsh, der am 14. September 2007 vor einer Northern-Rock-Filiale ansteht (Handelsblatt vom 14.09.2007). Die Kette ist eine passende Metapher,
um nachzuzeichnen, warum nach und nach immer mehr Kunden bei Northern
Rock vorstellig werden, um ihre Mittel abzuziehen. Für manche muss die Kette
nur kurz sein, um sich anzugliedern; für andere vielleicht länger. Niemand will
jedoch das letzte Glied sein und womöglich leer ausgehen.

Das Vertrauen in das Vertrauen anderer in eine Bank ist ein reflexiver Mechanismus, der weithin unbemerkt funktioniert. Dass seine Existenz keinesfalls selbstverständlich ist, offenbart sich erst dann, wenn er mit einer für die Organisation
negativen Situationsdefinition konkurriert. Insofern diese Definition überzeugend wirkt, ist die Wahrscheinlichkeit hoch, dass Personen, die etwas zu verlieren haben, wenn die Bank nicht mehr ihre eigene Fortsetzung sicherstellen kann,
den Eindruck gewinnen, eben jene Fortsetzung sei gefährdet.

Im Fall von Northern Rock wendet sich der Mechanismus reflexiven Vertrauens gegen das Institut, weil der sukzessive Entzug von Vertrauen gleichbedeutend
mit sukzessivem Entzug von privaten Einlagen ist. Reflexiver und transformatio-
naler Mechanismus, der in letzter Konsequenz dazu führt, dass sich die Prophezeiung selbst erfüllt, sind hier organisatorisch verknüpft, indem bankintern ein –
kybernetisch gesprochen – positiver Feedback-Loop zwischen Kundenvertrauen
und Liquidität in Gang kommt (Masuch, 1985, S. 18). Positives Feedback bedeutet
im Fall von Northern Rock: Die wechselseitige Verstärkung abnehmenden Vertrauens und abnehmender Zahlungsfähigkeit verringert die Überlebenschancen
des Instituts. Im Februar 2008 übernimmt schließlich die britische Regierung
die Bank, nachdem sich zuvor kein seriöser Käufer hat finden lassen (Handelsblatt vom 17.02.2008).

Realitätsverdoppelung

Das Konzept der selbsterfüllenden Prophezeiung hat einen hohen Erklärungswert,
um das Scheitern der Northern Rock zu begreifen. Folgen wir dem Argument von
Florian, dass zu einer vollständigen Erklärung der Nachweis von vier generativen
Mechanismen gehört, können wir jeden dieser Mechanismen herausarbeiten, um
das Scheitern von Northern Rock zu erklären: In aller Kürze (und Verkürzung)
sind das eine hinreichend autorisierte Nachricht im zeitlichen Umfeld einer Ban-

kenkrise (situational), Verlustscheu (handlungsgenerierend), Vertrauen in Vertrauen (reflexiv) und Abfluss von Einlagen (transformational). Das Scheitern von Northern Rock liegt dabei nicht in der kompletten Auflösung der Bank, sondern in ihrer Verstaatlichung.

Gleichzeitig hat das Konzept der selbsterfüllenden Prophezeiung eine zentrale Schwäche. Sowohl in der Fassung von Merton als auch der von Florian steht und fällt das Konzept mit der Annahme, dass die Prophezeiung, die sich schließlich erfüllt, zunächst falsch ist, um dann wahr werden zu können (Merton, 2010, S. 91; Florian, 2006, S. 169–170). Wie können wir aber im Nachhinein feststellen, ob eine Situationsdefinition falsch gewesen ist? (Mijic u. Scheve, 2010, S. 86). Im Fall Northern Rock können wir keinesfalls sicher sein, ob sie am 13. September 2007 nicht tatsächlich kurz vor der Pleite stand. Darüber hinaus ist zu bedenken, dass wir eine Definition nur dann als richtig oder falsch bezeichnen können, wenn sie sich auf eine Situation bezieht, die unabhängig von ihr ist (Krishna, 1971, S. 1105). Sowohl im Fall der Last National Bank als auch bei der Northern Rock gestaltet die Definition der Situation, in der sich die Banken jeweils befinden, diese Situation faktisch mit. Und unterstellt nicht das Begriffspaar richtig/falsch ein Set an objektiven, allgemein gültigen Kriterien, anhand derer wir den epistemischen Status einer Aussage messen können (Hood, Jr., 2011, S. 29)?

Aber brauchen wir überhaupt die Annahme, eine Situationsdefinition sei ursprünglich falsch, um mit dem Konzept der selbsterfüllenden Prophezeiung zu arbeiten? Ich denke nicht. Denn mit dem ursprünglich religionssoziologischen Konzept der Realitätsverdoppelung verfügen wir über eine Alternative, die methodisch und erkenntnistheoretisch weniger problembehaftet ist. Der Grundgedanke dieses Konzepts ist, dass wir nur dann etwas als real bezeichnen können, wenn wir es von etwas unterscheiden können, das nicht real ist, sondern imaginiert, fiktiv, transzendent, unfassbar, statistisch – es gibt viele mögliche Gegenbegriffe. Erst im Vergleich zu einer eher fluiden Welt der Imagination könne Realität quasi gehärtet werden, argumentiert Niklas Luhmann (Luhmann, 2002, S. 59). Gleichzeitig ist unsere Vorstellung über etwas ja selbst etwas sehr Reales. Sie existiert, indem wir sie *machen;* einzeln am Schreibtisch, wenn wir zum Beispiel einen Roman schreiben (Esposito, 2007, S. 17), oder gemeinsam während eines Rituals, wenn wir zu jemandem beten, der selbst gerade nicht anwesend ist (Luhmann, 2002, S. 189–190). Harte Realität und Imagination sind also in dieser Sicht beide real, es gibt insofern eine reale und eine fiktive Realität; wenn man so will ein »Überangebot an Realitäten« in der modernen Gesellschaft (Esposito, 2007, S. 68).

Das Konzept der Realitätsverdoppelung ist eine pragmatische Alternative zur Unterscheidung von richtigen und falschen Situationsdefinitionen, weil wir, anstatt nachweisen zu müssen, eine Situationsdefinition sei eindeutig falsch, einfach mit der These arbeiten können, dass der Prozess der selbsterfüllenden Prophezeiung aufgrund der Konkurrenz von zwei Situationsdefinitionen anläuft. Es reicht dann, dass wir belegen können, dass in einem Zeitraum zwei Vorhersagen über den zukünftigen Zustand von X (in unserem Fall: einer Organisation) existieren. Das ist im Fall von Northern Rock offensichtlich: Regierungsstellen und Bankvertreter beteuern einerseits, das Institut sei weiterhin liquide. So schaltet Northern Rock am Dienstag, 17. September 2007, die Anzeige: »Your money is safe with us.« Andererseits gibt es eine kritische Masse an Kunden, die ihre Einlagen bedroht sehen und diesen Beteuerungen nicht trauen.

Die These ist folglich, dass am Anfang einer selbsterfüllenden Prophezeiung eine Realitätsverdoppelung im Sinn einer Konkurrenz von Situationsdefinitionen über den gleichen Gegenstand steht. Ist dieser Gegenstand eine formale Organisation (wie in unserem Fall eine Bank), ist die Verdoppelung für eine Organisation dann gefährlich, wenn die Situationsdefinition, die Organisation stecke in Schwierigkeiten, die Glaubwürdigkeit ihrer in der Regel älteren Konkurrentin, alles liefe ohne nennenswerte Probleme, Stück für Stück untergräbt. Im Fall von Northern Rock sorgt das Zusammenspiel der vier diskutierten Mechanismen genau für das: die Unterminierung der Sicht, Northern Rock sei liquide oder zumindest zu retten. Diese Sicht löst sich im Zuge der Selbsterfüllung der Prophezeiung, die Bank sei bald zahlungsunfähig, faktisch auf (siehe dazu zusammenfassend Abbildung 1). Zusätzlich zur (bisher) realen Realität, in diesem Fall der bewährten Sicht der Kunden, man könne mit der Solvenz von Northern Rock jederzeit rechnen, entstand eine fiktive Realität. Die Kunden ahnten die Zahlungsunfähigkeit der Bank. Beide Realitäten existierten zunächst nebeneinander her, bis die Ahnung schließlich selbst reale Realität wurde, weil sich eine steigende Zahl von Einlegern an der fiktiven Realität orientierte.

Selbstzerstörende Prophezeiungen, die Organisationen zerstören: Der Fall DaimlerChrysler

Das Konzept der Realitätsverdoppelung ist nicht nur methodisch weit weniger problematisch als die Gegenüberstellung von richtigen und falschen Situationsdefinitionen. Es hilft uns zusätzlich, das logische Gegenteil von selbsterfüllenden Prophezeiungen, die Organisationen zerstören, zu konzipieren: selbstzerstörende Prophezeiungen, die Organisationen zerstören. Eine Vorhersage schafft die Bedingungen dafür, dass sie sich nicht erfüllen kann (Merton, 2010, S. 91). Sie gefährdet dadurch jedoch die Organisation, auf die sie sich bezieht.

Rein konzeptionell ist der Grundgedanke recht einfach: Die Realitätsverdop-

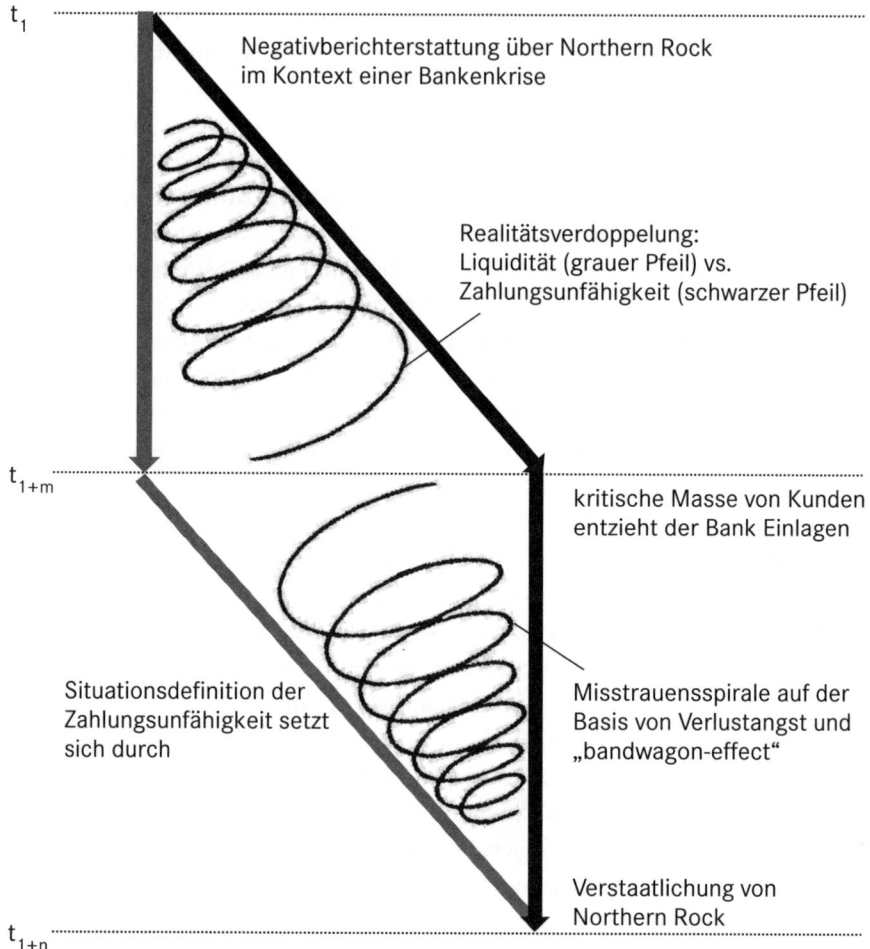

t_1 — Negativberichterstattung über Northern Rock im Kontext einer Bankenkrise

Realitätsverdoppelung:
Liquidität (grauer Pfeil) vs.
Zahlungsunfähigkeit (schwarzer Pfeil)

t_{1+m} — kritische Masse von Kunden entzieht der Bank Einlagen

Situationsdefinition der Zahlungsunfähigkeit setzt sich durch

Misstrauensspirale auf der Basis von Verlustangst und „bandwagon-effect"

Verstaatlichung von Northern Rock

t_{1+n}

Abbildung 1: Die Zerstörung von Northern Rock durch eine selbsterfüllende Prophezeiung (eigene Darstellung)

pelung steht nicht am Beginn, sondern am Ende des Zerstörungsprozesses, der wiederum die vier bekannten Typen generativer Mechanismen verknüpft. Die theoretische Erwartung ist also, dass eine Organisation in letzter Konsequenz daran zerbricht, dass sich zwei konkurrierende Situationsdefinitionen nicht mehr vereinbaren lassen.

Meine These ist, dass das Konzept der selbstzerstörenden Prophezeiung zumindest im Ansatz erklären kann, warum die Fusion der deutschen Daimler-Benz AG und der US-amerikanischen Chrysler Corporation zur DaimlerChrysler AG gescheitert ist. In jedem Fall ermöglicht das Beispiel DaimlerChrysler, den Gesamtprozess und die Mechanismen selbstzerstörender Prophezeiungen in ihren Grundzügen besser zu verstehen und damit ein Konzept zu erarbeiten, das auch für die Analyse weiterer Situationen geeignet ist.

Eine Erklärung *zumindest im Ansatz* bedeutet dabei vor allem, dass ich mich bei der Analyse der Daimler-Chrysler-Fusion nicht mit dem ganzen Zeitraum der Zusammenarbeit (1998–2007) auseinandersetze. Vielmehr beschränke ich mich auf die Frage, warum wenige Monate nach dem formalen Zusammengehen im November 1998 ein freiwilliger Exodus von Führungskräften, Designern und Produktionskräften des vormaligen Chrysler-Konzerns einsetzt (Paul, 2008, S. 14; Weber u. Camerer, 2003, S. 401). Die Frage ist deswegen von Relevanz, weil dieser Vorgang ein zentrales Puzzleteil ist, um das Scheitern der Fusion insgesamt zu erklären. Dahinter steht die organisationstheoretische Annahme, dass durch diesen Exodus die generelle Anpassungsfähigkeit des Chrysler-Unternehmensteils infrage steht, und zwar in einem sich zeitgleich mit der Fusion verschlechternden Marktumfeld für den Absatz von Chrysler-Produkten (Paul, 2008, S. 16). »Every segment Chrysler played big in was under attack« (Vlasic u. Stertz, 2000, S. 293–294). Indem ein Teil des Personals die Organisation verlässt, gehen sowohl implizites Wissen als auch funktionierende Arbeitsbeziehungen und Routinen verloren. Beides ist jedoch entscheidend, um eine Organisation oder eine Abteilung neu justieren zu können, wenn sich ihre Umweltbedingungen rapide ändern (Haveman, 1992, S. 71; Luhmann, 2000, S. 350). Diesen Zusammenhang herauszuarbeiten würde jedoch eine Studie über DaimlerChrysler nötig machen, die weitaus vertiefender ist als hier möglich. Er steht damit nur als Vermutung am Horizont und ist selbst nicht Gegenstand der weiteren Überlegungen.

Es gibt viele Beschreibungen der Vorgänge bei DaimlerChrysler (Jansen, Meyer, Rukstad u. Coughlan, 2002; Köhler, 2009; Morosini u. Rädler, 2003; Paul, 2008; Vlasic u. Stertz, 2000; Eckdaten finden Sie im Kasten 1 zusammengestellt). Wenn in Einzelfällen der Versuch unternommen wird, zu erklären, warum die vormals eigenständigen Unternehmensteile nie so richtig zueinander gefunden haben, finden sich vor allem organisationskulturelle Argumente. Kulturelle Differenzen seien entscheidend dafür gewesen, dass keine funktionierende Organisationsstruktur geschaffen wurde (Köhler, 2009, S. 309, 313; Vlasic u. Stertz, 2000, S. 303; Weber u. Camerer, 2003, S. 401). Das Problem der organisationskulturellen Perspektive ist jedoch, dass der Mechanismus, warum sich aus den Differenzen negative Konsequenzen für ein Unternehmen ergeben, merkwürdig unterbelichtet bleibt. Demgegenüber besteht die Erklärungskraft des Konzepts der selbstzerstörenden Prophezeiung darin, diese Mechanismen sowie ihr Zusammenspiel aufzuspüren und dabei die organisationskulturelle Perspektive mit in die Argumentation aufnehmen zu können.

Tabelle 1: Eckdaten der DaimlerChrysler-Fusion (Jansen et al., 2002; Paul, 2008; Vlasic u. Stertz, 2000)

April 1995 – Während Chryslers CEO Bob Eaton versucht, eine Übernahme des Unternehmens durch die Tracinda Corporation von Kirk Kerkorian abzuwenden, erhält er von Helmut Werner (Mercedes Benz) einen Anruf, in dem er Hilfe offeriert. Kurz darauf kommt es in New York zu einem geheimen Treffen von Top-Managern beider Unternehmen.
August 1995 – Chrysler beginnt, in Projektgruppen die Alternativen Q-Star (Joint Venture mit Mercedes Benz) und Lone Star (Globalisierungsstrategie ohne Partner) zu prüfen. Im Januar 1996 empfiehlt James Holden, der Q-Star verantwortet, dem Vorstand von Chrysler, das Projekt nicht weiterzuverfolgen. Die Konzerne seien zu unterschiedlich, die Vertriebsstruktur von Daimler passe nicht zu den Chrysler-Produkten, wegen des unklaren Marktpotenzials sei das Timing für ein Zusammengehen nicht gut.
18. November 1997 – Rüdiger Grube präsentiert Jürgen Schrempp und Eckhard Cordes das Ergebnis einer Studie über Partner einer neuen Wachstumsstrategie von Daimler-Benz. Er empfiehlt Chrysler als perfekte Lösung.
12. Februar 1998 – Eaton und Gary Valade treffen sich mit Schrempp und Cordes in Genf und vereinbaren, dass Cordes und Valade zusammen mit einem kleinen Kreis von Helfern einen »Business Case« für eine mögliche Fusion ausarbeiten sollen. Fünf Tage später beginnen in New York die Verhandlungen.
7. Mai 1998 – Eaton, Valade, Schrempp und Cordes unterzeichnen im Londoner Dorchester Hotel die Verträge zur Fusion von DaimlerChrysler. Eaton und Schrempp geben die Fusion öffentlich als »merger of equals« bekannt.
Sommer 1998 – Es folgt Meeting auf Meeting, um die Post-Merger-Integration zu vollziehen.
17. November 1998 – Day One: Die Fusion wird offiziell vollzogen.
24. Oktober 1999 – DaimlerChrysler berichtet eine insgesamt positive Geschäftsentwicklung.
2000 – Der Chrysler-Konzernteil beginnt, Verluste zu erwirtschaften. Im November wird Dieter Zetsche, ursprünglich Manager bei Mercedes, als neuer Chrysler-CEO angekündigt.
2002 – Chryslers Geschäfte entwickeln sich wieder positiv, doch im 2. Quartal 2003 berichtet der Konzernteil einen operativen Verlust von einer Milliarde Euro und gibt eine Gewinnwarnung für 2003 heraus.
14. Mai 2007 – DaimlerChrysler gibt den Verkauf von 80,1 Prozent der Chrysler-Anteile an Cerberus bekannt.

Der Ansatzpunkt der These, dass DaimlerChrysler nicht zuletzt an einer selbstzerstörenden Prophezeiung gescheitert ist, liegt in der Formel der »Fusion von Gleichen«, die von Eaton und Schrempp während der Pressekonferenz am 7. Mai 1998 in London verwendet wird (und auch bei späteren Gelegenheiten immer wieder in öffentlichen Stellungnahmen der beiden zu finden ist; Vlasic u. Stertz, 2000, S. 251, 281). Es handelt sich bei der Formel nicht nur um einen rhetorischen Kniff während eines »Vorderbühnenspektakels« (Stephan Fuchs), um eine interessierte Öffentlichkeit zu beeindrucken, zu der auch das bis zu diesem Zeitpunkt nicht eingeweihte Gros der Beschäftigten beider Konzerne gehört. In dem vergleichsweise kleinen Kreis der Protagonisten, die die Fusion vorbereiten und im Lauf des Jahres vorantreiben, wird die Situation ebenfalls immer wieder so definiert, dass sich zwei Firmen als Gleiche vereinigen.

Erstens handelt es sich bei der Formel »merger of equals« um eine Bedingung der Chrysler-Seite, die nicht verhandelbar ist. Eaton fordert, eine Fusion von Gleichen zu realisieren, indem der zukünftige Vorstand zu gleichen Teilen aus Führungskräften von Chrysler und Daimler-Benz zusammengesetzt wird (Vlasic u. Stertz, 2000, S. 198–199; Jansen et al., 2002, S. 2). Während der Vorverhandlungen stimmt Schrempp uneingeschränkt zu: »Of course we will be equals.« Die Formel dient damit zweitens zusätzlich der Beschwichtigung, um potenzielle Zweifel an der Fusion gar nicht erst aufkommen zu lassen. Drittens nutzt Eaton die Formel als Argument, um sein Gegenüber davon zu überzeugen, Chrysler gebühre der vordere Platz im neuen Firmennamen. Wenn das Unternehmen schon eine deutsche Aktiengesellschaft werden soll (was vorher verabredet worden war), dann müsse der neue Konzern Chrysler-Daimler Benz heißen. »That implies a merger of equals. Chrysler should go first« (Vlasic u. Stertz, 2000, S. 205 f.). Bekanntermaßen wird Eaton sich nicht durchsetzen. Viertens erscheint die Formel in einem 10-Punkte-Katalog normativer Verhaltenserwartungen, wie die Beschäftigten beider Konzerne zukünftig zusammenarbeiten sollen (Morosini u. Rädler, 2003, S. 7).

Der Katalog wird bald nach dem grundsätzlichen Beschluss im Mai 1998, man werde fusionieren, durch das Gremium festgelegt, das die Detailfragen der Integration erarbeitet: durch den Chairmen's Integration Council (CIC). »There is neither a ›German‹ nor an ›American‹ side«, heißt es unter Punkt 3. Dass sich das Dokument in Punkt 9, »listen to the other side at all times«, in dieser Erwartung selbst widerspricht, wird offensichtlich übersehen. Ziehen wir die vier Verwendungen der Formel zusammen, ist fünftens erkennbar, dass die Formel einen starken Zukunftsbezug hat. Sie enthält ein Versprechen, »to be willing to merge as equals from the start«, wie ein ehemaliger Daimler-Benz-Manager 1999 erläutert (Morosini u. Rädler, 2003, S. 5). Im übertragenen Sinn ist die Formel damit eine Prophezeiung, dass man sich auf Dauer als Gleiche begegnen werde, bis die Differenz von Daimler-Benz und Chrysler nur noch im Konzernnamen, nicht mehr aber im Alltag eine Rolle spielt.

Die »Fusion der Gleichen« ist nicht nur eine äußerst robuste Situationsdefinition über das Zusammengehen zweier Großkonzerne, die bei zahlreichen Gelegenheiten kommunikabel ist. Sie wird darüber hinaus zu einer formalen Erwartung an die Beschäftigten beider Konzerne. Zunächst wird sie von Personen, die aufgrund ihrer Vorstandsposten in dem durch Fusionsverhandlungen und -verabredungen entstandenen sozialen Feld einen hohen Status haben, wie ein Mantra wiederholt. Durch den offiziell verabschiedeten Verhaltenskatalog kann schließ-

lich keine Mitarbeiterin und kein Mitarbeiter mehr die Situationsdefinition ignorieren. Die Beschäftigten müssen vielmehr damit rechnen, an der Norm »do not
look for ›DaimlerBenz‹ or ›Chrysler‹ decisions« gemessen und im Zweifel mit
dem Verdacht konfrontiert zu werden, man handle nicht entsprechend (zu diesem organisatorischen Mechanismus der Sicherung von Konformität Luhmann,
1964, S. 36). In dieser durch organisatorische Autorität unterfütterten Erwar-
tungskommunikation finden wir einen zentralen situationalen Mechanismus,
durch den die Prophezeiung der »Fusion von Gleichen« ihre Überzeugungskraft
gewinnt und so zwangsläufig die totale Zeitperspektive der jeweiligen Organisationsmitglieder berührt.

Die Malaise für DaimlerChrysler beginnt einige Wochen später damit, dass
mit der Sicht, Daimler-Benz habe Chrysler faktisch übernommen, langsam eine
zweite Situationsdefinition über die Fusion zu reifen beginnt. Meine These ist,
dass sie aus der organisatorischen Trägheit der beiden Konzerne entsteht. Organisatorische Trägheit adressiert hier das, was im Allgemeinen Organisationskultur genannt wird. Trägheit ist allerdings präziser, als nur von Kultur zu sprechen.
Der Ausdruck lenkt nämlich den Blick darauf, dass jedes organisierte Sozialsystem
Handlungsroutinen hat, die sich immer wieder aufs Neue bewähren und nicht
so einfach aufgegeben werden (Luhmann, 2000, S. 250). Jede Organisation entwickelt dabei jeweils ganz eigene Routinen, was sich vor allem bei Fusionen als
Integrationshürde erweist, wie Roberto Weber und Colin Camerer experimentell
nachweisen. Firmen haben in dieser Sicht eine je eigene Sprache, um organisatorische Probleme zu lösen, die sich im Zuge einer Fusion nicht so schnell für andere
übersetzen lässt. Konflikte und wechselseitige Schuldzuweisungen, warum die
Zusammenarbeit nicht so einfach gelingt, sind die wahrscheinliche Folge (Weber
u. Camerer, 2003, S. 412).

Bei Daimler-Benz einerseits, bei Chrysler andererseits können wir eine jeweilige Trägheit insofern feststellen, als zumindest die höheren Führungskräfte in der
Regel so weiterarbeiten, wie sie es gewohnt sind.[4] Fusionen setzen ein gehöriges
Maß an wechselseitiger Lernfähigkeit und Kompromissbereitschaft voraus (Vlasic u. Stertz, 2000, S. 319). Bill Vlasic und Bradley Stertz' Studie über die Geburt
von DaimlerChrysler vermittelt zwar nicht den Eindruck, dass es daran auf beiden Seiten grundsätzlich mangelte; auch wenn das Beharren der Mercedes-Vor-
stände, aus Gründen der *Markenreinheit* möglichst keine gemeinsamen Plattfor-

---

4   Es sind allein methodische Gründe, dass das Augenmerk hier nur auf der Organisationsspitze
     liegt. Die zentrale Grundlage der Analyse ist die ethnografische Studie »Taken for a Ride« der
     beiden Journalisten Bill Vlasic und Bradley Stertz, die eine sehr stark personalisierte Geschichte
     der Fusion im Zeitraum von 1995 bis 1999 erzählen und sich dabei im Wesentlichen auf die Vor-
     stände der beiden Unternehmen fokussieren.

men und Produktionsstätten für Benz- und Chrysler-Modelle zu entwickeln, in diese Richtung deuten mag (Vlasic u. Stertz, 2000, S. 300 f.). Insgesamt scheint es jedoch eher so gewesen zu sein, dass Reibungen vor allem dadurch entstanden, dass bestehende Routinen und Arbeitsstile nicht so leicht abgeschüttelt werden konnten, verbunden damit, dass ja neben allen Integrationsanforderungen auch noch das laufende Tagesgeschäft bewältigt werden musste (Morosini u. Rädler, 2003, S. 8).

»Chrysler was everything Daimler wasn't: fast, lean, informal, and daring. Daimler prized meticulous attention to detail, structured management, and painstaking research« (Vlasic u. Stertz, 2000, S. 250). Schon bald nach der Fusionsvereinbarung im Mai 1998 zeigt sich, dass die Manager der jeweiligen Konzernteile weiter wie gewohnt agieren. Einige Beispiele: Die Deutschen haben von Anfang an einen detaillierten »game plan«, die Amerikaner nicht (Vlasic u. Stertz, 2000, S. 253). Für jeden neuen und noch so kleinen Integrationsschritt haben die Deutschen bereits eine verschriftlichte Lösung parat, die Amerikaner nicht (Vlasic u. Stertz, 2000, S. 272). »You might work late, but you don't work smart«, hält Tony Cervone, Chef von Chryslers interner Kommunikationsabteilung, seinem deutschen Gegenüber vor: Während die Amerikaner pünktlich nach Hause gehen, arbeiten die Deutschen lang bis in die Nacht (Vlasic u. Stertz, 2000, S. 303). Mit internationalen Einsätzen vertraut, melden sich viele Deutsche freiwillig, nach Auburn Hills zu ziehen, wo die alte Chrysler-Zentrale steht. Kaum ein Amerikaner möchte jedoch im Gegenzug nach Stuttgart übersiedeln (Vlasic u. Stertz, 2000, S. 319). Gleichzeitig erweist es sich als nicht besonders förderlich, dass alle deutschen Vorstände gut Englisch sprechen, aber nur ein amerikanischer gut Deutsch (Vlasic u. Stertz, 2000, S. 249). Hinzu kommt, dass sowohl das Management Board des neuen Gesamtkonzerns als auch der CIC von Anfang an mit weniger Amerikanern als Deutschen besetzt ist. Das Verhältnis ist 7:10 und 3:5 (Jansen et al., 2002, S. 8–9; Vlasic u. Stertz, 2000, S. 299). Vorahnungen wie die der Analystin Maryann Keller, DaimlerChrysler erweise sich bald als Mixtur aus Öl und Wasser, finden damit recht bald Bestätigung (Vlasic u. Stertz, 2000, S. 249). Die Diskrepanz zwischen Prophezeiung und faktischer Zusammenarbeit ist enorm.

Nun ist es in vielen Organisationen aller Art ziemlich normal, dass Reden und Handeln nicht deckungsgleich sind; genauer: dass offizielle Stellen erklären, man handele in bestimmter Weise (oder habe es vor), was dann aber gar nicht der Fall ist. In der Regel ist diese »Scheinheiligkeit«, wie der schwedische Managementforscher Nils Brunsson (2003) nachweist, für die betreffende Organisation völlig unproblematisch. Sie ist meist sogar recht nützlich, um Erwartungen nicht erfüllen zu müssen oder innere Konflikte abzumildern (Kühl, 2011, S. 142–145).

Inwiefern löst die Formel »Fusion der Gleichen« also eine Realitätsverdoppelung aus, die dazu führt, dass sich die Situationsdefinition schließlich selbst zerstört? Der zentrale Ausgangspunkt, um die Frage der Selbstzerstörung für den Fall DaimlerChrysler zu bearbeiten, ist die Tatsache, dass einige besonders prominente Führungskräfte der Chrysler-Seite den Dienst innerlich (Bob Eaton; Vlasic u. Stertz, 2000, S. 299, 308) oder offiziell quittieren (Steve Harris; Vlasic u. Stertz, 2000, S. 304). Sie reagieren nicht mit Loyalität oder Widerspruch, sondern mit Abwanderung (vgl. zu dieser mittlerweile klassischen Trias Hirschman, 1974). »It's going to feed the perception that this is an acquisition, not a merger«, äußert Eaton einmal im kleinen Kreis, nachdem Standard & Poor's am 1. Oktober 1998 entschieden hat, dass DaimlerChrysler nach der noch anstehenden formalen Fusion nicht mehr im besonders reputierlichen S&P 500 Stock gelistet wird, weil der Konzern eine Mitgliedschaftsregel nicht erfüllt: Als deutsche AG ist er kein US-amerikanisches Unternehmen mehr (Vlasic u. Stertz, 2000, S. 272).

Der Fall Harris ist gleichsam instruktiver, um nachzuvollziehen, welche Erfahrungen viele Chrysler-Manager auf höheren und mittleren Ebenen damit machen, dass beide Konzernteile »organisational träge« weiterarbeiten (Vlasic u. Stertz, 2000, S. 272). Harris, altgedienter Chef von Chryslers Public-Relations-Abteilung, und seine Leute geraten bereits vor der formalen Fusion permanent mit ihren deutschen Kollegen aneinander, weil sich ihre Arbeitsstile sowie ihre *zeremoniellen Vorstellungen* erheblich unterscheiden. Die Daimler-Benz-Leute setzen auf eine standardisierte Produktreklame, arbeiten dabei jedoch langwierig und kontrollsüchtig, warten mit Absprachen und liefern manchmal erst auf den letzten Drücker. Sie zögern auch nicht, kostspielige Geschenke an alle Mitarbeiter zu verteilen, um die Fusion zu feiern. Harris' Leute dagegen arbeiten spontan, offen und an kostengünstigen Lösungen (Vlasic u. Stertz, 2000, S. 274, 302–303). Man begegnet sich hier in keiner Weise als Gleiche. Als Harris schließlich erfährt, dass er in der neuen konzernübergreifenden PR-Abteilung nur zweiter Mann wird, kündigt er im Februar 1999, zumal er ein lukratives Angebot von General Motors hat. Während seiner Abschiedsfeier mit seinen Mitarbeitenden kommt es zu Tränen. Seine engsten Mitarbeiter, Tony Cervone und Tom Kowaleski, folgen ihm bald nach und gehen ebenfalls zu GM (Vlasic u. Stertz, 2000, S. 302, 317).

Die freiwilligen Abwanderungen von Harris, Cervone und Kowaleski bleiben nicht die einzigen. Auburn Hills wird vielmehr zu einem Tummelplatz für Headhunter. Bei Chrysler setzt ein massenhafter Exodus ein (Paul, 2008, S. 14), womit wir wieder zur Ausgangsfrage dieser Fallrekonstruktion kommen: ob und inwiefern ihr Exodus mit einer Prophezeiung zusammenhängt. Der Exodus basiert, so meine These, insofern auf der Selbstzerstörung der Situationsdefinition einer Fusion der Gleichen, als eine konkurrierende Situationsdefinition sowohl handlungsgenerierend als auch reflexiv wirkt: die Definition der Situation als feindliche Übernahme. »We should have never called this a ›merger of equals‹«, gibt Harris' Vorgänger Bud Liebler den Gefühlen vieler Chrysler-Beschäftigter Ausdruck. »It was an acquisition, and by calling it something else, we confused a lot of people on both sides of the Atlantic« (Vlasic u. Stertz, 2000, S. 317). Die mit der »Fusion der Gleichen« konkurrierende Situationsdefinition der feindlichen Übernahme ist für viele zunehmend überzeugend – und enttäuschend.

Enttäuschung bildet das zentrale Erklärungsmoment für den Exodus. Die organisationssoziologische Überlegung dahinter ist, dass sowohl Enttäuschung als auch Zufriedenheit reflexive Mechanismen sind, auf deren Basis Organisationen ihre Fortsetzung besser oder schlechter sicherstellen können. Organisationsbezogene Zufriedenheit und Enttäuschung sind in dieser Sicht keine Wahrnehmungen isolierter Personen, sondern ein reflexives Phänomen, das auf einem Miterleben der Erfahrungen anderer beruht. Die eigene Zufriedenheit hängt neben der Motivation über Geld, Einflusschancen etc. (Kühl, 2011, S. 37–48) somit auch davon ab, ob die Kolleginnen und Kollegen zufrieden erscheinen. Dies gilt vice versa für Enttäuschung. Im Fall von DaimlerChrysler erscheint der Exodus daher als ein enttäuschungsbasierter »bandwagon-effect«, durch den sich die Sicht der feindlichen Übernahme zunehmend durchsetzt und den epistemischen Status ihrer Konkurrentin »Fusion von Gleichen« untergräbt. Immer mehr Ex-Chrysler-Beschäftigte zeigen anderen ihre Enttäuschung durch Abwanderung an, wodurch sich weitere Enttäuschung über den Zustand des Unternehmens breit macht. Wenn sich die Vorgesetzten und Nebenleute nicht mehr kooperativ verhalten, warum sollte man selbst kooperativ bleiben; nicht zuletzt, wenn bei Ford und General Motors interessante Beschäftigungsmöglichkeiten winken (Paul, 2008, S. 14)?

Nimmt die Enttäuschungsspirale bei DaimlerChrysler, zusammenfassend in Abbildung 2 dargestellt, aber wirklich ihren Ausgang in der Situationsdefinition der Fusion von Gleichen, wie es das Konzept der selbstzerstörenden Prophezeiung impliziert? Mit Blick auf ihr logisches Gegenstück, die selbsterfüllende Prophezeiung, macht Michael Biggs geltend, die What-if-Frage zu stellen (Biggs, 2009, S. 296). Was wäre gewesen, wenn die Prophezeiung nicht formuliert worden wäre? Wären die Chrysler-Leute dennoch massenhaft abgewandert? Gut möglich. Dennoch sollten wir zwei Aspekte berücksichtigen. Erstens: Hätte Schrempp seinem Gegenüber Eaton nicht zugesichert, man werde als Gleiche zusammengehen, wäre die Fusion vermutlich gar nicht zustande gekommen. Zweitens: Durch die explizite Kommunikation der Erwartung, sich als Gleiche zu begegnen, wird eine zusätzliche Sensibilität für Abweichungen geschürt. Zumindest in diesen beiden Hinsichten entfaltet die Formel der »Fusion von Gleichen« Wirkung. Eine einfache Kausalbeziehung zwischen Prophezeiung und Exodus anzunehmen, wäre

natürlich naiv. Aber davor sollen die vergleichsweise anspruchsvollen Konzepte
der selbsterfüllenden und der selbstzerstörenden Prophezeiung ja gerade schützen.

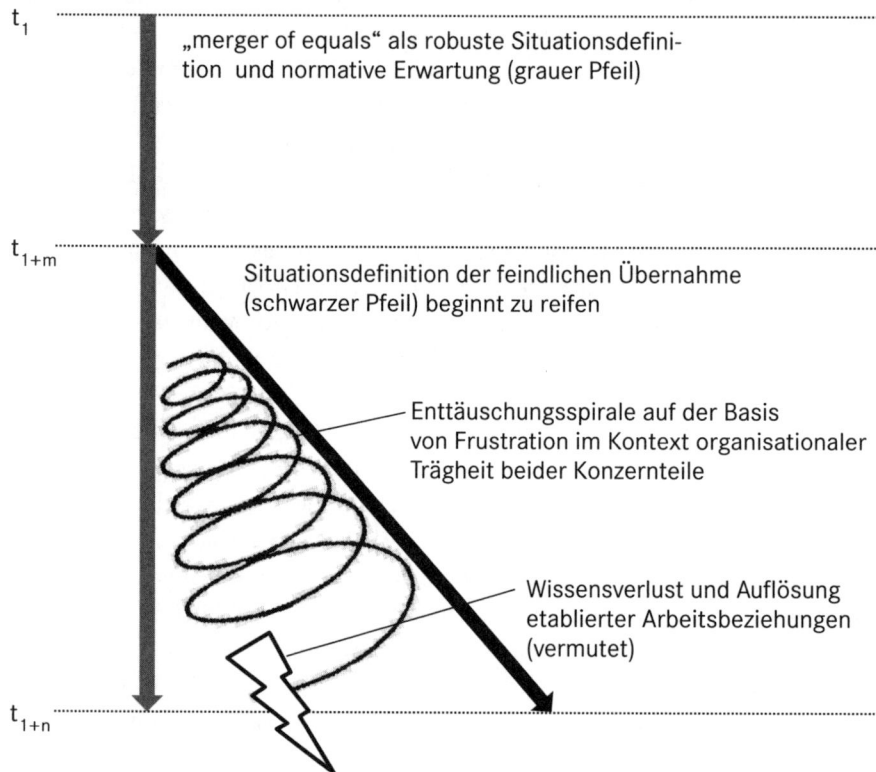

Abbildung 2: Der Chrysler-Exodus aufgrund einer selbstzerstörenden Prophezeiung (eigene Darstellung)

Außer-Ordnung: Prophezeiungen und die Grenzen ihrer Organisierbarkeit

Im Ergebnis sind die Konzepte der selbsterfüllenden und der selbstzerstörenden
Prophezeiung kraftvoll, um die Zerstörung von Organisationen bzw. der Arbeitsbeziehungen, auf deren Basis sie operieren, zumindest im Ansatz zu erklären. Ihre
Stärke gewinnen die Konzepte vor allem dadurch, dass sie konkrete Zusammenhänge zwischen diversen Phänomenen, die Teil des Geschehens sind, sichtbar
machen, zum Beispiel zwischen Vertrauenskrisen und Liquiditätskrisen, wie im
Fall von Northern Rock. Oder zwischen normativen Erwartungen der Geschäftsführung eines Unternehmens und einer Enttäuschungsspirale unter den Beschäf-

tigten, wie im Fall DaimlerChrysler. Die Ergebnisse der zwei Fallrekonstruktionen mit Hilfe der beiden Konzepte sind in Tabelle 2 noch einmal stark verkürzt zusammengestellt.

Tabelle 2: Die Fälle Northern Rock und DaimlerChrysler im Vergleich

Fall	Northern Rock	DaimlerChrysler
Fragestellung	Wie kommt es zum Bankensturm auf das Institut?	Wie kommt es zum Exodus zahlreicher Führungs- und Fachkräfte des Chrysler-Konzernteils?
Erklärung	selbsterfüllende Prophezeiung	selbstzerstörende Prophezeiung
situationaler Mechanismus	Negativberichterstattung im Kontext einer Bankenkrise	normative Erwartung des Managements
handlungsgenerierender Mechanismus	Verlustangst	Frustration im Kontext organisationaler Trägheit beider Konzernteile
reflexiver Mechanismus	Entzug von Vertrauen in das Vertrauen anderer Kunden	Enttäuschung über die Enttäuschung der Kolleginnen und Kollegen
transformationaler Mechanismus (»Scheitern«)	Entzug von Einlagen	Wissensverlust und Auflösung etablierter Arbeitsbeziehungen (vermutet)
Realitätsverdoppelung	steht am Anfang: Liquidität versus Zahlungsunfähigkeit	entsteht im Zuge des Prozesses: Fusion von Gleichen versus feindliche Übernahme

Das Kernstück beider Konzepte, um mit ihnen Organisationen zu analysieren, sind in dieser Sicht Realitätsverdoppelungen, die einen jeweils entgegengesetzten Verlauf nehmen. Im Fall der selbsterfüllenden Prophezeiung konkurrieren zwei Situationsdefinitionen von Beginn an, wobei die eine von der anderen schließlich *geschluckt* wird. Im Fall der selbstzerstörenden Prophezeiung ist es andersherum. Die Konkurrenz von Situationsdefinitionen entsteht erst nach und nach, wodurch dann die Überzeugungskraft der anfänglichen Prophezeiung ebenfalls faktisch untergraben wird. In beiden Fällen können Organisationen erheblich *außer Ordnung* geraten, insofern der materielle Gehalt der betreffenden Prophezeiungen nur begrenzt organisierbar ist, also in einigermaßen gelenkten Bahnen auch erreicht werden kann.

Auf der präsentierten Basis ist es sicherlich verfrüht, aus den Fallrekonstruktionen bestimmte Schlussfolgerungen für die organisatorische Praxis zu ziehen. Führen wir uns jedoch vor Augen, dass Prophezeiungen in der Organisationspraxis oftmals nur anders heißen, nämlich Visionen, dann haben wir zumindest einen Schlüssel in Händen, weiter über diese Frage nachzudenken. Stehen Visionen in Konkurrenz zu anderen relativ plausiblen Situationsdefinitionen über den gleichen Sachverhalt, erscheint vor allem in zwei Fällen Vorsicht geboten: zum einen, wenn sich die Visionen auf Organisationen beziehen, die elementar auf das Vertrauen der Kunden untereinander angewiesen sind. Zum anderen, wenn sie sich auf Organisationen beziehen, die wissensintensiv sind und sich nicht leisten können, das Personal, an das dieses Wissen gebunden ist, nachhaltig zu enttäuschen.

Der Beitrag impliziert jedoch keineswegs, dass Prophezeiungen bzw. Visionen per se gefährlich für Organisationen sind. Zum einen zeigt der Fall der HBOS, dass sich Organisationen gegen Gerüchte über sie behaupten können. Zum anderen belegen Studien über Sekten wie die Zeugen Jehovas, dass die Kooperation zwischen den Mitgliedern auch dann fortbesteht, wenn sich Prophezeiungen nicht realisieren (Zygmunt, 1970). In der vergleichenden Untersuchung dieser unerfüllten Prophezeiungen, die Organisationen, auf die sie sich beziehen, weitgehend unberührt lassen, liegt eine interessante Forschungsperspektive, um die Robustheit von Organisationen gegen Vertrauensverluste und enttäuschte Erwartungen besser zu verstehen.

Methodische Notiz

Die Rekonstruktion der Vorgänge rund um Northern Rock in den Jahren 2007 bis 2008 und um DaimlerChrysler in einem weit längeren Zeitraum (1995–2007) basiert im Fall der britischen Bank auf der Berichterstattung der BBC und des Handelsblatts, die auch heute noch im Internet verfügbar ist. Im Fall von Daimler-Chrysler habe ich wesentlich auf die genannte Monografie von Vlasic und Stertz sowie auf Fallstudien zurückgegriffen, die vornehmlich aus betriebswirtschaftlicher Sicht geschrieben sind. Damit ist meine Analyse davon abhängig, dass die hier jeweils präsentierten Informationen stimmen und gewissenhaft zusammengestellt wurden.

Literatur

Anheier, H. K., Moulton, L. (1999). Studying organizational failures. In H. K. Anheier (Ed.), When things go wrong. Organizational failures and breakdowns (pp. 273–290). Thousand Oaks: Sage.

Biggs, M. (2009). Self-fulfilling prophecies. In P. Hedström, P. Bearman (Eds.), The Oxford Handbook of Analytical Sociology (pp. 294–314). Oxford u. New York: Oxford University Press.

Brunsson, N. (2003). Organized hypocrisy. In B. Czarniawska, G. Sevón (Eds.), The northern lights. Organization theory in Scandinavia (pp. 201–222). Malmö: Liber.

Esposito, E. (2007). Die Fiktion der wahrscheinlichen Realität. Frankfurt a. M.: Suhrkamp.

Florian, M. (2006). Die Self-Fulfilling Prophecy als reflexiver Mechanismus. Überlegungen zur Reflexivität sozialer Praxis. In M. Schmitt, M. Florian, F. Hillebrandt (Hrsg.), Reflexive soziale Mechanismen (S. 165–201). Wiesbaden: VS Verlag für Sozialwissenschaften.

Geoghehan, B. (2007). Fear remains for golders green savers. BBC News, September 18. London.

Granovetter, M. (1978). Threshold models of collective behavior. American Journal of Sociology, 83 (6), 1420–1443.

Haveman, H. A. (1992). Between a rock and a hard place: Organizational change and performance under conditions of fundamental environmental transformation. Administrative Science Quarterly, 37 (1), 48–75.

Hedström, P., Swedberg, R. (1998). Social mechanisms. An introductory essay. In P. Hedström, R. Swedberg (Eds.), Social mechanisms. An analytical approach to social theory (pp. 1–31). Cambridge u. New York: Cambridge University Press.

Hirschman, A. O. (1974). Abwanderung und Widerspruch. Tübingen: Mohr.

Hood, Jr., R. W. (2011). Where prophecy lives: Psychological and sociological studies of cognitive dissonance. In D. Tumminia, W. H. Swatos (Eds.), How prophecy lives (pp. 21–40). Leiden: Brill.

Jansen, S. A., Meyer, R., Rukstad, M. G., Coughlan, P. J. (2002). DaimlerChrysler post-merger integration (A). Boston: Harvard Business School.

Kahneman, D. (2012). Schnelles Denken, langsames Denken. München: Siedler.

Köhler, H.-D. (2009). From the marriage in heaven to the divorce on earth: The DaimlerChrysler trajectory since the merger. In M. Freyssenet, The second automobile revolution: Trajectories of the world carmakers in the 21st century (pp. 309–331). London u. New York: Palgrave.

Krishna, D. (1971). »The Self-fulfilling prophecy« and the nature of society. American Sociological Review, 36 (6), 1104–1107.

Kühl, S. (2011). Organisationen. Eine sehr kurze Einführung. Wiesbaden: VS Verlag für Sozialwissenschaften.

Lewin, K. (1953). Zeitperspektive und Moral. In K. Lewin, G. W. Lewin, H. A. Frenzel (Hrsg.), Die Lösung sozialer Konflikte. Bad Nauheim: Christian-Verlag.

Luhmann, N. (1964). Funktionen und Folgen formaler Organisation. Berlin: Duncker & Humblot.

Luhmann, N. (1966). Reflexive Mechanismen. Soziale Welt, 17 (1), 1–23.

Luhmann, N. (2000). Organisation und Entscheidung. Opladen: Westdeutscher Verlag.

Luhmann, N. (2002). Die Religion der Gesellschaft. Frankfurt a. M.: Suhrkamp.

Maisch, M. (2007a). Ein Hauch von Weltwirtschaftskrise. Handelsblatt vom 14.09.2007. Handelsblatt Online.

Maisch, M. (2007b). Chronik einer angekündigten Krise. Handelsblatt vom 15.09.2007. Handelsblatt Online.

Masuch, M. (1985). Vicious circles in organizations. Administrative Science Quarterly, 30 (1), 14–33.

Merton, R. K. (2010). Die Self-Fulfilling Prophecy. In S. Neckel, A. Mijic, C. von Scheve, M. Titton (Hrsg.), Sternstunden der Soziologie. Wegweisende Theoriemodelle des soziologischen Denkens (S. 88–107). Frankfurt a. M.: Campus.

Mijic, A., Scheve, C. von (2010). Omen est nomen. Robert K. Merton: »Die self-fulfilling prophecy«. In S. Neckel, A. Mijic, C. von Scheve, M. Titton (Hrsg.), Sternstunden der Soziologie. Wegweisende Theoriemodelle des soziologischen Denkens (S. 83–87). Frankfurt a. M.: Campus.

Morosini, P., Rädler, G. (2003). DaimlerChrysler: The post-merger integration phase. Case Study, IMD Lausanne.

o. N. (2007). Kunden stürmen Northern-Rock-Filialen. Handelsblatt vom 15.09.2007. Handelsblatt Online.

o. N. (2007). Northern Rock besieged by savers. BBC News vom 17.09.2007, London.

o. N. (2008). Northern Rock wird vorübergehend verstaatlicht. Handelsblatt vom 17.02.2008. Handelsblatt Online.

o. N. (2008). Falsche Gerüchte erschüttern Börsen. Handelsblatt vom 22.03.2008. Handelsblatt Online.

Paul, H. (2008). DaimlerChrysler: Lessons in post-merger integration. Beds u. Wellesley: ecch database.

Seibel, W. (2002). Politische Lebenslügen als Self-Destroying Prophecies. Die Treuhandanstalt im Vereinigungsprozess. In H.-G. Soeffner, D. Tänzler (Hrsg.), Figurative Politik. Zur Performanz der Macht in der modernen Gesellschaft (S. 225–251). Opladen: Leske + Budrich.

Shin, H. S. (2009). Reflections on Northern Rock: The bank run that heralded the global financial crisis. The Journal of Economic Perspectives, 23 (1), 101–120.

Stinchcombe, A. L. (1991). The conditions of fruitfulness of theorizing about mechanisms in social science. Philosophy of the Social Sciences, 21 (3), 367–388.

Vlasic, B., Stertz, B. A. (2000). Taken for a ride. How Daimler-Benz drove off with Chrysler. New York: William Morrow.

Weber, R. A., Camerer, C. F. (2003). Cultural conflict and merger failure: An experimental approach. Management Science, 49 (4), 400–415.

Zygmunt, J. F. (1970). Prophetic failure and chiliastic identity: The case of Jehovah's Witnesses. American Journal of Sociology, 75 (6), 926–948.

Volker Bauer und Martin Vogel

»Nur gucken – nicht anfassen!« Zum Management von Organisationskulturen

> »Damit nähern wir uns dem Modethema ›Organisationskultur‹.«
> (Luhmann, 2000, S. 240)

Organisationskultur – die versteckte Ordnung der Organisation

Die formale Ordnung ist nur die halbe Wahrheit der Organisation. Die offizielle Stellenstruktur, die Aufgabenbeschreibungen der Prozesshandbücher, die Abteilungszuschnitte und formalen Kommunikationswege oder Verhaltensvorschriften und -programme sind allein bei Weitem nicht ausreichend, um sich in Organisationen zurechtzufinden. Das weiß jeder, der schon einmal eine neue Arbeitsstelle in einer ihm unbekannten Organisation angetreten hat. Schnell wird man mit Erwartungen konfrontiert, die keinerlei Entsprechung im eigenen Arbeitsvertrag oder der Arbeitsplatzbeschreibung finden. Das Spektrum reicht dabei von den kleineren Ritualen unter Kollegen (das Einstiegsfrühstück oder die gemeinsame Kaffeekasse, in die man auch als Teetrinker besser einzahlt …) und endet bei der Erwartung, auch *illegales* Verhalten zu decken (für brauchbare Illegalitäten vgl. Luhmann, 1999, S. 304 ff.). Es gehört zu den Allgemeinplätzen der Organisationspraxis, dass sowohl Organisationen als auch dort arbeitende Personen nicht weit kämen, wenn sie sich nur an die formalen Regelungen halten wollten. Der Alltag in Organisationen scheint also zunächst weit unordentlicher zu sein, als es die offiziellen Charts und Organigramme (die Schauseite für Nichtmitglieder, Kühl, 2011, S. 136 ff.) suggerieren. Doch auch als Neuling *fuchst* man sich irgendwann in die Prozesse der Organisation hinein, wird durch Kollegen nach und nach in die Praktiken des Alltags eingeführt und weiß letztlich die Spielräume der formalen Organisation für sich zu nutzen, sich bei Zuwiderhandeln nicht erwischen zu lassen und vor allem auch die eigene Führungskraft taktvoll in ihrer Selbstdarstellung als Kontrolleur zu stützen. Hinter der formalen Organisation scheint es also noch eine zweite Ordnungsebene zu geben, die, auch wenn nicht immer sofort sichtbar, für hinreichende Erwartungssicherheit im Alltag sorgt.

Seit den berühmten Hawthorne-Experimenten hat man hier die informelle Organisation (Barnard, 1938, S. 120; Roethlisberger u. Dickson, 1939) im Blick, das »Unterleben« der Organisation (Goffman, 1973, S. 169 ff.) bzw. das »Unterwachen« des Vorgesetzten (Luhmann, 1969). Oder aber man spricht von »Organisationskultur« (Smircich, 1983), die als kollektives Muster der Wahrnehmung und Interpretation der organisationalen Wirklichkeit das Verhalten in Organisationen maßgeblich prägt.

In der Historie dieses Begriffs wurde die Organisationskultur lange Zeit eher im Hinblick auf ihre behindernden Wirkungen diskutiert. Eine widerständige Basis, die *Lähmschicht* des mittleren Managements, Seilschaften und *Cliquenwesen* mit erstaunlichem Beharrungsvermögen galten als Ergebnisse der informellen Organisation und machten es dem Management schwer, die Organisation rational zu steuern (vgl. z. B. Whyte, 1956).

In den frühen 1980er Jahren änderte sich die Perspektive: Es herrschte eine fast euphorische Überzeugung, mit der Humanisierung der Arbeitswelt und der Gestaltung einer entsprechenden Organisationskultur positiv auf den Organisationserfolg einwirken zu können und zugleich die Arbeit menschengerechter zu gestalten (vgl. z. B. das 7-S-Schema von Peters und Waterman, 1982, das den klassischen harten Faktoren Strategie, Struktur, Systeme die vier weichen Faktoren Werte, Fähigkeiten, Personal und Stil zur Seite stellte).

Inzwischen ist die Begeisterung für das Thema der Organisationskultur etwas verflogen. Insbesondere die Erfahrung, dass sich Kulturveränderungen nicht einfach verordnen lassen, dürfte hier euphoriedämpfend gewirkt haben. Die umfangreichen Leitbildprozesse der 1990er und 2000er Jahre stehen hier sinnbildlich für die Desillusionierung, die sich inzwischen bezüglich der Gestaltbarkeit von Unternehmenskulturen eingestellt hat. Geblieben ist die Erkenntnis, dass das eigentlich Kulturbildende an diesen Projekten die Entwicklung der Leitbilder war. Nicht das Ergebnis, sondern die Entwicklung dahin macht Kultur sichtbar – und passt zugleich so gar nicht in die Projektlogik von Management und Beratungsindustrie. Sichtbar wird die Paradoxie der Kultur: Sie lässt sich nicht gestalten und wird dennoch von Moment zu Moment erzeugt und gemacht.

Ein systemtheoretisches Verständnis von Organisationskultur

> »Eine Organisationskultur entsteht wie von selbst.«
> (Luhmann, 2000, S. 243)

In Organisationen werden von Situation zu Situation zum Teil sehr unterschiedliche Verhaltensweisen gezeigt und beobachtet. Manche davon sind gezielt hervorgebracht, viele sind dem Zufall geschuldet. Wenn sich aber ein auf diese Weise evolutionär hervorgebrachtes Verhaltensmuster bewährt, so wird es dauerhaft beibehalten, durch Wiederholungen reproduziert und im Nachhinein (!) mit sinnvollen Bedeutungen belegt (Sensemaking, vgl. Weick, 1995). Insofern ist für die Entwicklung und Beibehaltung dieser Muster auch niemand konkret verantwortlich, sie werden vielmehr im Zusammenspiel des Verhaltens aller Akteure hervorgebracht, indem sie, zirkulär betrachtet, selbst die Grundlage eben dieses Verhaltens liefern. Luhmann bezeichnet daher die Organisationskultur auch als den Komplex der unentscheidbaren Entscheidungsprämissen (Luhmann, 2000, S. 240 ff.). Im Gegensatz zu den Entscheidungsprämissen der formalen Organisation (Programme, Personal, Kommunikationswege) ist bei der Kultur besonders, dass über sie selbst niemals entschieden wurde. Es wurde niemals darüber entschieden, ob die Organisation eine Kultur haben will, geschweige denn welche! Deshalb – und das ist hier zentral – kann über eine Änderung der Kultur auch nicht einfach entschieden werden! Die Kultur entzieht sich damit auch den Steuerungsversuchen Einzelner (Steinmann u. Schreyögg, 1993, S. 603).

Zugleich wird über das Konzept der unentscheidbaren Entscheidungsprämisse deutlich, worin die Funktionen einer Organisationskultur für die Organisation liegen: Die Kultur rahmt die in einer Organisation möglichen Entscheidungen, indem sie mitbestimmt, welche Entscheidungen mit welchen Alternativen hier thematisierbar sind. Sie bietet Wahrnehmungs- und Interpretationshilfen an, die ihnen zuverlässig Auskunft darüber geben, was in der Organisation relevant ist und was vernachlässigt werden kann, was als richtige und was als falsche Sichtweise gilt, was getan werden darf und was möglichst unterlassen werden sollte. Dieses kollektive Ordnungs- und Orientierungssystem »ermöglicht es dem Einzelnen, sich zu einer spezifischen Sinngemeinschaft zugehörig zu fühlen und sich mit ihr zu identifizieren« (Nagel, 2001, S. 24).

Edgar Schein bietet in seinem Drei-Ebenen-Modell der Organisationskultur ein Hintergrundbild zur Beschreibung dieser unsichtbaren und in Teilen unbewussten Wirkkräfte der Kultur (siehe Abbildung 1).

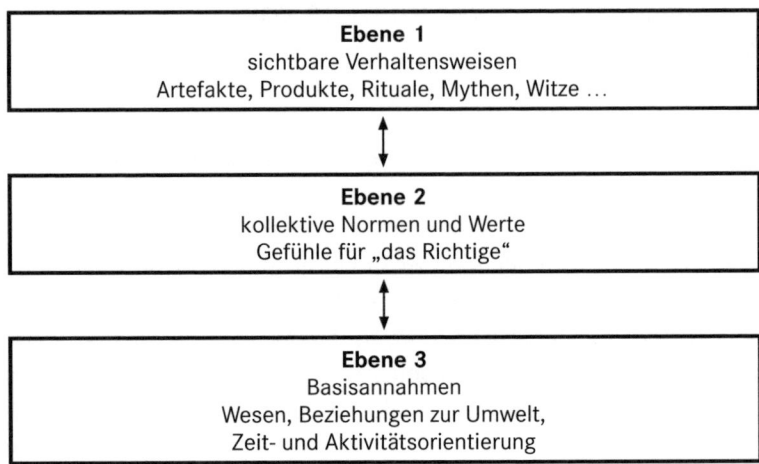

Abbildung 1: Das Drei-Ebenen-Modell der Organisationskultur (nach Schein)

Von Schein (1985) stammt auch das Bild des Seerosenteiches, in dem er seine drei Kulturebenen mit den Teilen einer Seerose vergleicht. Auf der ersten, der obersten Ebene sieht man die Blüten und Blätter der Seerose, das heißt, bezogen auf die Kultur einer Organisation sind hier die für jedermann eindeutig sichtbaren Artefakte gemeint. Die sind leicht zu erfassen und zu beobachten und umfassen *formale Elemente* wie Strukturen, Instrumente, Methoden, Verfahren, Technologien, Dienstleistungen oder Produkte (Müller u. Hurter, 1999, S. 7), aber auch *symbolische Elemente* wie Sprache im Allgemeinen, Jargons, Legenden, Anekdoten, Mythen, Klatsch, Rituale oder Witze (vgl. Vogel u. Kersting, 2013, in diesem Band). Diese Elemente stellen allerdings keine objektiven Faktoren einer bestimmten Kultur dar, sondern müssen vor ihrem jeweiligen Entstehungskontext interpretiert werden.

Mit der zweiten Ebene, den Stängeln der Seerose, beschreibt Schein die Werte und Normen, die in einer Organisation gelten. Das können explizit formulierte Verhaltenserwartungen sein, aber auch unformulierte und in Teilen geheime Spielregeln der Organisation (Scott-Morgan, 2008). Für die Kultur einer Organisation sind allerdings die tatsächlich gelebten Werte und Normen ausschlaggebend, die sich nicht selten von offiziellen Darstellungen (Leitbildern) unterscheiden. Solche Spielregeln können nun wiederum den Handelnden durchaus bekannt sein, manche aber werden erst bewusst, wenn sie verletzt werden. »Organisationskulturen grenzen sich ab und reproduzieren sich dadurch, dass ihre Regeln befolgt werden. Allerdings werden sie also so selbstverständlich vorausgesetzt, dass sie erst beobachtbar werden, wenn man ihnen nicht folgt. Die Konfrontation mit anderen kulturellen Regeln (z. B. in anderen Organisationen/Branchen/Ländern etc.) bringt die eigenen Regeln ins Bewusstsein. […] Sie werden aber, da sie nicht den offiziellen Zwecken der Organisationen dienen, oft nicht bewusst ins Kalkül gezogen. Sie und ihre Bedeutung fallen als gewohnte Alltagspraxis erst dann auf, wenn durch überraschendes Verhalten oder unerwartete Entscheidungen gegen sie verstoßen wird und sich immer lauter die Frage stellt, ob die Organisation noch ›die alte‹ ist« (Simon, 2009, S. 97).

Auf der dritten und untersten Ebene bzw. bei den Wurzeln der Seerose finden sich die Basisannahmen, die allem Handeln der Organisation stillschweigend zugrunde liegen. Es sind jene Grundüberzeugungen über die Organisation selbst, ihre Umwelt, ihre Kunden und Mitarbeiter und ihren Markt, die für jede Handlung vorausgesetzt werden. Diese Grundannahmen sind nicht leicht beobachtbar und lassen sich allenfalls über Interpretationen von Beobachtungen (Beobachtungen zweiter Ordnung, siehe weitere Ausführungen) erschließen.

Dieses Drei-Ebenen-Modell von Schein gilt inzwischen als klassisch und gehört zum Standardrepertoire der Management- und Beratungsausbildungen. Auch gilt als unstrittig, dass Veränderungsprojekte ebenso kultursensibel gestaltet werden sollen. Mehr noch – die Kultur einer Organisation gilt inzwischen nicht mehr nur als Kontextvariable, die Interventionsmöglichkeiten des Managements begrenzt und bei der man gut beraten ist, die eigenen Entscheidungen auf *Passung* hin zu überprüfen (zum Begriff der Passung bei Personalentscheidungen vgl. Ahrens, Vogel u. Mosblech, 2013, in diesem Band). Die Enttäuschungen der groß angelegten Kulturprojekte der 1980er und 1990er Jahre haben zwar zur Ernüchterung bezüglich der zielgenauen Gestaltung von Organisationskulturen beigetragen. Dennoch werden nach wie vor Kulturprojekte in Organisationen angestoßen. Man möchte fast sagen, wider besseres Wissen hält man an dem Glauben der Gestaltbarkeit und der Wirkmächtigkeit der Organisationskulturidee fest – warum eigentlich?

Einfach, autonom und selbstverständlich: Organisationskultur als Joker im Umgang mit Widersprüchen in komplexen Umwelten

> »Kultur ist die Art und Weise einer Gesellschaft,
> mit Überraschungen umzugehen.«
> (Douglas, 1989)

Eine Antwort auf die vorangegangene Frage erscheint einfach: Weil der Organisation nichts anderes übrig bleibt! – In einer sich immer schneller verändernden Umwelt, die immer weiter reichende und zum Teil widersprüchliche Entscheidungen fordert, in der sich Management wie Belegschaft an immer weniger Konstanten festhalten können, in der auch die nahe Zukunft immer unberechenbarer wird (was sie streng genommen immer schon war, dies aber jetzt bewusst erfahrbar wird, vgl. Uerz u. Vogel, 2013, in diesem Band), da fehlt es Organisationen zunehmend schlicht an Orientierung. Wie sollen Organisationen reagieren, wenn die Politik keinen Rahmen mehr vorgeben kann, wenn Märkte global und unberechenbar werden, wenn Kunden nicht nach stabilen Maßstäben entscheiden, sondern sich von temporären Moden und Designs treiben lassen? Wo findet sich hier noch die stabilisierende Ordnung, die genügend festen Boden verspricht, um von ihr ausgehend Entscheidungen für die Zukunft der Organisation zu treffen?

Auf diese Fragen gibt es heute keine eindeutigen Antworten mehr – Widersprüche, Dilemmata und Paradoxien sind die Gegenstände der Organisationstheorien der letzten Jahrzehnte (vgl. z. B. Handy, 1994), und die Hoffnung auf eine rationale, eindeutige und stabile Lösung wird zunehmend getrübt. »In dieser Situation [...] hilft nur noch die Umstellung des Unternehmens auf eine bewegliche, attraktive und lernfähige Unternehmenskultur, die so entworfen wird, dass sie sich weder auf die Traditionen der Vergangenheit noch auf unsichere Aussagen über mögliche Zukünfte verlassen muss« (Baecker, 2003, S. 199). Es hilft nur eine Kultur, die als Selbstverständnis der Organisation deren Basis liefert, aus der alles abgeleitet werden kann. Nicht die Einzelentscheidung des Top-Managements sorgt für Zukunftssicherheit im Unternehmen, sondern die »Mentalität« jedes einzelnen Mitarbeiters[1] im Zusammenspiel aller, so die Idee. »Wenn sich ein Unternehmen flexibel auf wechselnde Bedarfslagen, Gewinnchancen und Kundenanforderungen ausrichten können soll, dann kann diese Ausrichtung nicht von einer zentralen Planung, sondern nur vom Unternehmen selbst, das heißt: von allen seinen Stellen, vorgenommen werden« (Baecker, 2003, S. 200). Jeder Einzelne soll sich für die Organisation einsetzen, selbst wissen und auch entscheiden, was zu tun ist. Woher weiß aber jeder Einzelne, was zu tun ist? – Eben aus einer kulturellen Verbundenheit heraus, die genügend vage formuliert ist, um für unbekannte Zukünfte flexibel Orientierung zu liefern, und zugleich ausreichend emotionale Bezüge herstellt, um konsistent Verhaltenssicherheit in sich schnell verändernden Gegenwarten zu erzeugen.

In Anbetracht dieser unsicheren Situation geht es letztlich in Organisationen darum, sie von Moment zu Moment in eine geschäftsfähige Ordnung zu versetzen. Deshalb bleibt die Kultur einer Organisation relevant: »Der Kulturbegriff wird in jüngerer Zeit oft wie ein Joker verwendet. Man spielt ihn aus, wenn Brüche auf ihre

---

1   Im Fußball spricht man hier zum Beispiel von der »Gier« oder dem »absoluten Willen, siegen zu wollen«, vgl. zum Beispiel ein Interview mit dem Trainer Jürgen Klopp (Kramer, 2010).

Versöhnung oder auch nur Bewältigbarkeit hin betont werden sollen. Eine Kultur ist ein Waffenstillstand zwischen Unvereinbarem; und zwar ein Waffenstillstand, der Dinge in der Schwebe, im Uneindeutigen, im nur vorläufig Entscheidbaren lässt – und ihnen dort alle erforderliche Pflege zukommen lässt« (Baecker, 1999, S. 102). Die Widersprüche werden eben nicht aufgelöst oder gar negiert, sondern als solche handhabbar gemacht. Die Kultur einer Organisation wird also zum Joker, einer Spielkarte, die man sich zurückhält, solange man ohne auskommt, die aber Teil des Spiels, also der gegebenen Ordnung ist, sie aber zugleich hinreichend mit Außer-Ordentlichkeit versorgt. Man weiß, dass man sich auf sie verlassen kann, wenn auch noch nicht, worauf genau.

Damit aber erhält die Organisationskultur eine Ausdehnung in ihrer zeitlichen Bedeutung. Edgar Schein hatte Organisationkultur noch beschrieben als »das Muster grundlegender Annahmen, die eine bestimmte Gruppe erfunden, entdeckt oder entwickelt hat, um damit Probleme der Anpassung an die äußere Umgebung und der gruppeninternen Integration zu lösen. Es sind bewährte, als gültig betrachtete Methoden der Problembewältigung, die neuen Gruppenmitgliedern als die wahre Weise, etwas wahrzunehmen, zu fühlen und zu überdenken, gelehrt werden« (Schein, 1984, S. 3). Er hatte damit ihre komplexitätsreduzierenden Wirkungen für die Gegenwart im Auge. Jetzt aber soll Organisationskultur nicht nur die Widersprüche der Gegenwart entschärfen, sondern auch zwischen denen der Vergangenheit und den möglichen Zukünften vermitteln.

Was aber zeichnet eine Organisationskultur aus, die diese Bedingungen erfüllt? Michel Crozier, einer der herausragenden französischen Organisationstheoretiker, hat einmal versucht, eine solche Kultur in drei Regeln zu beschreiben (Crozier, 1994, zit. n. Baecker, 2003):
- Sie muss einfach sein.
- Sie muss Wert auf Autonomie legen.
- Und sie muss so viel Führung wie möglich auf die Ebene der Kultur verlagern.

Die effiziente Organisationskultur muss einfach sein, weil nur die Einfachheit in der Lage ist, mit der gestiegenen Komplexität umzugehen. Ross Ashby, einer der frühen Kybernetiker, hatte dafür sein Gesetz der »requisite variety« formuliert (Ashby, 1958): Systeme müssen eigentlich in ihrem Inneren eine Komplexität aufbauen, die der ihrer Umwelt entspricht, wenn sie angemessen auf sie reagieren wollen. Zugleich aber gilt, dass Systeme immer einfacher gebaut sind als ihre Umwelt, weil sie nicht die gesamte Komplexität der Umwelt in sich einbauen können. Ab einem gewissen Komplexitätsgrad, und das ist hier entscheidend, ist es nicht mehr sinnvoll, die Abläufe in der Umwelt verstehen zu wollen. Ashby schlägt vielmehr vor, sich auf die Ergebnisse zu fokussieren, die man haben will. Für Crozier (1994) sind nun die Menschen die einfachste Struktur, die wir kennen, die in der Lage ist, Komplexität zu verarbeiten. »Eine Unternehmenskultur kann nach dieser Überlegung nur wirtschaftlich effizient sein, wenn sie den Menschen als ihren Hauptakteur begreift, und dies in seiner Emotionalität und Intellektualität, mit seinen Sorgen, Hoffnungen und Befürchtungen, mit seiner Phantasie und seiner Begriffsstutzigkeit, mit seiner Vernunft und seiner strategischen Kompetenz, mit seinen Rücksichten und seiner Rücksichtslosigkeit. Nichts davon kann man fordern und dennoch muss man alles voraussetzen« (Baecker, 2003, S. 203).

Die gegenwärtigen Organisationsstrukturen setzen auf eindeutige, funktionale Ordnung und abstrahieren damit von den dort konkret arbeitenden Menschen. Die werden im Nachhinein über Stellenbeschreibungen, interne Qualifizierungen oder eben Kulturprojekte in diese Ordnung eingebaut. »Die erste Regel einer wirtschaftlich effizienten Unternehmenskultur lautet daher: Nichts ist komplizierter, also teurer, als die Substitution des menschlichen Einfallsreichtums durch formale Verfahren der Organisation; und nichts ist einfacher, also günstiger, als eine Struktur, die alles Weitere diesem Einfallsreichtum überlässt« (Baecker, 2003, S. 204).

Um auf die Herausforderungen der Umwelt flexibel reagieren zu können, muss eine zukunftsfähige Organisation zum Zweiten auf Autonomie Wert legen – und zwar im Inneren und nicht nur gegenüber ihrer Umwelt. Diese Forderung ist durchaus ungewöhnlich, weil sie den herkömmlichen Ordnungsideen klassischer Organisationstheorie widerspricht. Innerhalb einer Organisation soll ja gerade autonomes Handeln durch die Einordnung in eine hierarchische Entscheidungsstruktur verhindert werden, die Koordination der Einzelhandlungen läuft also klassisch über die Hierarchie. Eine Lösung des Flexibilisierungsproblems muss also mehr interne Autonomie bereitstellen und zugleich jene ordnungsstiftende und koordinierende Leistung bedienen, die bisher hierarchisch abgedeckt wurde. Der Vorschlag, den Crozier (1994) anbietet, ist nichts anderes als das Hineinkopieren marktwirtschaftlicher Prinzipien in die Organisation: Die interne Ordnung soll sich nicht mehr an einer vorgegebenen Hierarchie orientieren, sondern an Kunden-Lieferanten-Prinzipien. Unter der Maßgabe, dass in einer Organisation nichts getan werden soll, was nicht einem Kunden nutzt, entscheiden die Stellen nun autonom, wie sie die Wünsche ihrer (internen) Kunden befriedigen. Das Charmante an der Idee ist eine Autonomisierung der internen Prozesse innerhalb der Organisation bei gleichzeitigem In-Beziehung-Setzen mehrerer Stellen über solche autonom gestalteten Kunden-Lieferanten-Beziehungen. So entsteht bestenfalls Flexibilität in der Ordnungsbildung bei gleichzeitiger Absicherung einer Gesamtstruktur. »Die zweite Regel einer wirtschaftlich effizienten Unternehmenskultur heißt daher: Mach alle Struktureinheiten des Unternehmens zu autonomen Fraktalen; denn nur so ist ihre sparsame und wirkungsvolle Verknüpfungsfähigkeit gesichert« (Baecker, 2003, S. 207).

Wirtschaftlich effizient ist eine Organisationskultur dann, wenn sie sich von selbst versteht – das heißt, wenn man in eine Organisation hineinkommt und sofort arbeitsfähig ist, ohne zuvor die Mythen, Geschichten oder geheimen Spielregeln zu kennen. Oder anders formuliert: Ein Unternehmen, das ein »nicht-evidentes Selbstverständnis braucht, (hat) damit bereits eines seiner möglichen Probleme zu erkennen gegeben« (Baecker, 2003, S. 208).

Kulturelle Führung in dem hier diskutierten Sinne heißt, dass alle Einheiten der Organisation in der Lage sind, sich selbst zu führen, ohne dabei den Rückbezug auf alle anderen Organisationseinheiten aus dem Blick zu verlieren. Dazu ist aber zwingend erforderlich, dass die Kultur *selbst-verständlich* ist, also eben nicht von oben (Hierarchie) oder von außen (Beratung) gestaltet wird. »Die dritte Regel einer wirtschaftlich effizienten Unternehmenskultur lautet daher: Die beste Führung ist diejenige, die sich kulturell von selbst versteht« (Baecker, 2003, S. 210).

Die Kultur soll steuern, weil der Organisation nichts anderes übrig bleibt – weil das Management zunehmend weniger dazu in der Lage sein wird. Wie aber kommt eine Organisation zu einer Kultur, die auf diese Weise wirtschaftlich effizient wirksam wird, wenn man sie doch nicht »qua Entscheidung« machen kann? Man müsste sie gestalten, ohne sie zu gestalten …

Ein Versuch zur Gestaltung des Ungestaltbaren: Kulturprojekte in einem systemtheoretischen Change-Management-Verständnis

Wenn es um die Gestaltung und Veränderung der Kultur einer Organisation geht, so ist die Beschreibung des Problems nach wie vor überzeugender als jede Lösung, die bisher in Wissenschaft und Praxis entwickelt wurde. Auch die (systemtheoretische) Idee, dass Organisationskultur sich einfach entwickelt und schon allein deshalb nicht per Entscheidung zu verändern ist, eben weil über sie nie entschieden wurde, hilft für die Managementpraxis nur bedingt weiter: Denn was soll man denn jetzt machen? Irgendetwas muss man doch tun – oder?

Für Manager und Organisationsberater taucht Kultur nach wie vor als Projekt auf – allein schon deshalb, weil Berater wie Manager vom Selbstverständnis ihrer Profession auf die Lösung von Problemen und in ihrem Denken wie Handeln auf *Tun* und *Ziele erreichen* gepolt sind. Letztlich sind es auch die Erwartungen ihres Umfelds, die ihnen genau diese Perspektive nahelegen. Deshalb betrachten sie Kultur am liebsten als gestaltbaren Inhalt – mit Vorliebe als irgendeine Art Leitbild.

Beim Start eines Kulturprojekts wird gewöhnlich nicht ernsthaft mitgeliefert, warum die Organisation denn jetzt gerade ein neues Leitbild braucht. Das wäre auch nicht ganz ungefährlich, denn jede Form der Thematisierung einer Notwendigkeit für ein neues Leitbild kommuniziert implizit auch die Kritik an dem alten mit. Man müsste von höchster Stelle begründen, warum das Werte- und Verhaltensmuster der Vergangenheit falsch war, und vor allem, warum das Management dies dann so lange geduldet hat.

Jedes neue Leitbild stellt daher besonders die Führungskräfte der Organisation vor eine große Herausforderung: Wenn sie sich auf die Seite des neuen Leitbildes stellen, kritisieren sie die Zustände, die sie selbst (mit) hergestellt und verantwortet haben, wenn sie weitermachen wie bisher, stellen sie aber die Notwendigkeit für ein neues Leitbild und damit dieses selbst in Frage.

Nicht selten verschweigen daher die Auftraggeber von Kulturprojekten die Thematisierung der Probleme, die es mit einem Kulturwandel zu lösen gilt, und stellen den Wunsch nach einer neuen Kultur mit wohlwollendem Unterton in den Kontext einer ohnehin stattfindenden Umstrukturierung. In mehr oder minder aufwendigen Beteiligungsprozessen wird dann ein Projekt aufgesetzt, das die – neue – Kultur des Miteinander-Umgehens, der Kundenbeziehungen und des Selbstbildes entwickeln soll. Wie bei jedem Projekt wird das Ziel fokussiert – ironisch formuliert könnte man sagen: Wenn die Kultur dann fertig ist, wird sie verkündet und der Umsetzung anheimgegeben, die mal mehr, mal weniger ernsthaft begleitet wird. Ein beliebter Satz aus Vorstandsperspektive dazu heißt: »Seit Anfang des Jahres gilt unser neues Leitbild« – und jeder weiß eigentlich, dass dies nicht so einfach funktioniert. Denn sobald ein Leitbild erscheint, fokussiert es nicht nur die Aufmerksamkeit auf seine Inhalte, sondern macht zum anderen auch die Abweichungen von diesem (neuen) Ideal beobachtbar. Statt sich an dem neuen Leitbild auszurichten, sieht man vielmehr das, was eben noch nicht so ist, wie es sein soll (vgl. zur Macht von Bildern in Organisationen Hoebel, 2013, in diesem Band).

»Nichts tun (und nichts wird nicht getan)«:[2]
Kulturveränderung an einem praktischen Beispiel

> »Wenn unsere Auffassung des Problems zutrifft, ist die Schwierigkeit durch
> eine Schematik vorheriger Beteiligung und überhaupt auf institutionellem
> Wege nicht zu beheben. Sie erfordert Takt, das heißt Verhaltensstrategien, die
> darauf abzielen, die Selbstdarstellung und die Selbstdarstellungsgeschichte der
> Beteiligten nach Möglichkeit zu schonen und ihnen goldene Brücken zu bauen,
> auf denen sie das sichere Ufer des Gewesenen verlassen können.«
> (Luhmann, 1999, S. 147)

Wenn man in der Gestaltung einer effizienten Organisationskultur die drei Regeln
von Crozier (1994) ernst nehmen will, so taucht eine zentrale Schwierigkeit auf:
Man landet in pragmatischen Paradoxien (Watzlawick, Beavin u. Jackson, 1969):
Seid autonom! Entwickelt eine Kultur, die sich von selbst versteht! Das neue Leitbild ist Vorgabe des Vorstands, aber haltet euch freiwillig daran! etc.

Flammende Appelle und Kulturprojekte der klassischen Art können also nicht
die Lösung sein. Es muss anders gehen – im Folgenden wird von einem Versuch
berichtet, diese Paradoxien zu entfalten.[3]

Rahmenbedingungen

Bei der Organisation, von der hier die Rede ist, handelt es sich um ein führendes
Unternehmen der Dienstleistungsbranche. Wie viele andere Wirtschaftsbereiche
ist gerade dieses Segment im Umbruch begriffen. Mit dem Wandel der Informati-
ons- und Konsumgewohnheiten im Internet gerät das Feld unter massiven Verän-
derungsdruck. Die Konzernmutter steht auf dem Fundament alter Industriekultur.
Sie hat heute weit verzweigte und verschachtelte Konzernstrukturen und muss, von
der Zentrale in England aus gesteuert, durchaus unterschiedlichen Logiken ihrer
Quellmärkte gehorchen. Als Konsequenz ist der Konzern seit Jahren im Umbau,

---

2   In seinem Buch »Über die Wirksamkeit« stellt Francois Jullien (1999, Zitat S. 121 ff.) die beiden
    Denktraditionen der westlichen und chinesischen Welt gegenüber. Während die große Stärke des
    westlichen Denkens die Modellbildung und entsprechendes Handeln sei, stehe dem der Begriff
    des Situationspotenzials, des »Surfens« auf der Situation und das »Nichthandeln« der chinesi-
    schen Tradition gegenüber. Dieses »Nichthandeln« wurde jedoch meist als Passivität oder Desen-
    gagement fehlinterpretiert. Letztlich handelt es sich um eine Paradoxie der Wirksamkeit: Nichts
    tun, auf dass nichts nicht getan werde … (vgl. auch Jullien, 2006, S. 59 ff.).
3   In der wissenschaftlichen Diskussion werden Paradoxien gegenwärtig nicht mehr für lösbar
    gehalten – sie lassen sich aber entfalten (Clegg, da Cunha u. e Cunha, 2002; Neuberger, 2000;
    Tuckermann, 2013, in diesem Band).

der auch vor der deutschen Tochter nicht halt macht. Auf der Strukturebene der
Organisation hatte man in den vergangenen Monaten mit einer Vielzahl von Projekten zu Binnen- und Prozessstrukturen versucht, sich den veränderten Markt-
bedingungen anzupassen. Auch auf Managementebene wurde mit personellen
Änderungen auf die Entwicklungen reagiert. Zur Bündelung der Ausrichtung des
Wandels war in einem größeren Beteiligungsprozess ein neues Leitbild entstanden, das die Leitorientierung und die Werte des Unternehmens ausdrücken und
im gesamten Konzern Gültigkeit hat oder haben sollte.

Die Entwicklung der Strukturveränderung geschah in relativ kleinen Projektgruppen meist hinter verschlossener Tür, während sich draußen in der Organisation eher Sorge um den eigenen Arbeitsplatz und Orientierungslosigkeit breit
machten. Die Organisation war es durch ihren Erfolg der letzten Jahre nicht
gewohnt, in derart schwieriges Fahrwasser zu geraten. Radikale Umstrukturierungen und umfassender Personalabbau waren in der Vergangenheit undenkbar
gewesen. Entsprechend groß war die Sorge der Mitarbeiter um ihre eigene Zukunft
und um die Frage, ob denn die eigene Organisation noch »die alte« sei (Simon,
2009, S. 97, siehe im Vorangegangenem). Aus den Projektgruppen der Struktur-
Projekte kam daher immer wieder der Hinweis, doch auch diese Kulturthemen
zu bearbeiten. Doch erst einer der neuen Geschäftsführer der deutschen Tochter
nahm sich der Kulturdimension der laufenden Umstrukturierung an.

In Anlehnung an die drei Regeln für eine effiziente Organisationskultur von
Crozier (1994) wurde nach einem Interventionsdesign gesucht, das folgenden
Bedingungen genügen sollte:

– Es sollte ein einfaches Konzept sein, das dennoch in der Lage ist, die Komple-
   xität der Organisation als solche soweit wie möglich zu erfassen.
– Es sollte die Autonomie der Beteiligten unterstreichen und weniger auf die
   Intervention externer Experten setzen.
– Es sollte »selbst-verständliche« Ergebnisse hervorbringen, also von den Pro-
   tagonisten im eigenen Einflussbereich entwickelt.

Der Start von ... keinem Projekt

Beim ersten Gespräch mit dem neuen Geschäftsführer verständigten wir uns sehr
schnell darauf, dass dem Ruf aus dem vorlaufenden Strukturprojekt nach angemessener Berücksichtigung der Kulturaspekte nicht mit einem Kulturprojekt und
schon gar nicht mit einem dem Strukturprojekt zugeordneten neuen Leitbildpro-
jekt nachgekommen werden konnte. Eher ging es darum, die »Kulturparadoxien«
zu beobachten, um überhaupt erst mal ein Bild davon zu bekommen, worum es
eigentlich geht, wenn man in den Arbeitsgruppen nach angemessener Behand-

lung der Kulturfrage ruft. Die Frage war also: Was in der bestehenden Kultur ruft diesen Wunsch nach ihrer Veränderung hervor? Kultur kann man nicht gezielt gestalten und stellt sie zugleich mit jeder Handlung und Entscheidung tagtäglich her – so die grundlegende paradoxe Annahme.

Zwei Grundannahmen waren weiterhin handlungsleitend: Zum einen gilt die Basisannahme, dass man Kultur zwar nicht gezielt verändern, wohl aber gezielt beobachten kann – wenn auch wiederum nur vor dem Hintergrund der eigenen, kulturbedingten Unterscheidungen (ein Grund, warum es externer Beratung bedarf, um genau diese blinden Flecken benennen zu können). Und zum anderen, dass als Beobachtungsraster das bestehende Leitbild geeignet sein könnte. Auf beiden Annahmen basiert das Konzept des CultureClubs.

Das Konzept des CultureClubs

Der Geschäftsführer lud circa 15 Personen zu einem ersten Treffen ein (bekannt aus dem vorlaufenden Strukturentwicklungsprozess oder ein kluger Kopf oder Vertreter einer bestimmten Meinungsgruppe, …), die für ihn Schlüsselpersonen »in Sachen Kultur« waren, führte kurz ein und beauftragte den Berater mit der Moderation.

Zentral waren zunächst vier wichtige Ideen:

1. Wir haben verstanden, dass wir »was an unserer Kultur tun müssen«.
2. Wir legen kein neues Kulturprojekt auf.
3. Irgendwie werden Paradoxien eine Rolle spielen, weil wir zum Beispiel heute schon wissen, dass man Kultur nicht absichtsvoll machen kann (weil man sie ja so oder so und sowieso schon hat), wir aber trotzdem hier zusammenkommen, um daran zu arbeiten – und zwar mit Absicht.
4. Zunächst mal müssen wir beobachten, was unsere Kultur eigentlich ist – wohl wissend, dass wir sie dafür bereits voraussetzen.

Fürs Erste konnten sich alle darauf einlassen und die Gruppe verständigte sich darauf, einen fortlaufenden Prozess zu gestalten und jedenfalls mehrere Treffen abzuhalten, auch wenn zunächst noch keine/r so genau wusste, wo das hinführen würde, wenn man etwas Neues machte – aber eben kein Projekt – und wenn sich eine gemischte Gruppe von Führungskräften zu Kulturfragen treffen würde.

In den folgenden Sitzungen, die regelmäßig alle vier bis sechs Wochen mit guter Beteiligung stattfanden, schälte sich nach und nach über vier »Klärungsetappen« ein durch die Gruppe selbst getragenes Selbstverständnis eines nicht alltäglichen Diskursraumes heraus.

Erste Etappe: Die Stadtrundfahrt der Opfer

Dem ersten Workshop der Gruppe lag ein ziemlich einfaches Interventionskonzept zugrunde, das man so skizzieren kann: Wir verständigten uns darauf, was wir unter Kultur verstehen wollten.

Der Berater führte zwei Modellperspektiven von Organisationskultur ein: das Kulturmodell von Schein sowie die Idee der unentscheidbaren Entscheidungsprämisse (siehe im Vorangegangenem). Als gemeinsame Aufgabe für die Gruppe galt: Wir untersuchen die derzeitige Kultur im Sinne einer gesteuerten Beobachtung und lassen uns dabei durch die Kategorien des Leitbildes leiten.

Als erste Annäherung galt die *Rückseite* des gegebenen Leitbildes. Der Arbeitsauftrag hieß dementsprechend: Wir nehmen die Beschreibungen des Leitbildes auf die Vorderseite einer Pinnwand, drehen sie um und sammeln, wie diese Wertdimension (z. B. »gemeinsam gewinnen«) im konkreten Alltag gelebt wird (z. B. »Wir gewinnen gemeinsam und verlieren allein«). Für die Teilnehmerinnen und Teilnehmer war dieser Blick auf das Leitbild sehr energetisierend. Als Berater und außenstehende Beobachter erschien uns die Situation allerdings in gewisser Weise »lustvoll destruktiv«, als eine Art »Stadtrundfahrt des Jammerns und Anklagens«. Die Blickrichtung war auf »die anderen/die da oben« gerichtet, von eigenen Anteilen war keine Rede. Der Fokus des Diskurses war nicht auf die Beobachtungen, sondern auf die Erklärungen gerichtet. Über die Erklärungen der schwierigen Organisationslage war man sich – wenig überraschend – schnell einig. Eine entsprechende Rückmeldung führte zunächst zum Erschrecken – hatte aber nur kurze Wirkung.

Immerhin entstand am Ende der ersten Etappe der Begriff »CultureClub«, war doch klar geworden, dass es sich hier nicht um ein Projekt wie eines der vielen anderen in der Organisation, kein Projekt mit definiertem Anfang und Ende handelte und auch keine Maßnahmenpläne zur (Um-)Gestaltung der Kultur zu erwarten waren. Vielmehr wurde deutlich, dass hier nicht alltägliche, außer-ordentliche Gespräche in einer gemischten Gruppe von Führungskräften aller Hierarchieebenen über die Kultur des Hauses geführt würden, in denen die eigene Verstrickheit darin, aber auch das eigene Leiden daran in vertrauensvoller Atmosphäre kommunizierbar würde. Dennoch blieb die Ausrichtung weiterhin der herkömmlichen Projekt-Kultur verpflichtet – Fragen nach dem Ziel des CultureClubs, nach dem vermuteten Ende des *Nichtprojekts,* nach möglichen Maßnahmen blieben für viele Teilnehmer unbefriedigend und unbeantwortet.

Zweite Etappe: Beobachten statt Jammern

Eine neue Qualität in den Gesprächen des CultureClubs entstand, als eine Teilnehmerin und spätere Leiterin/Koordinatorin des Klubs formulierte:»Ich beginne langsam zu verstehen, dass wir keine Opfer, sondern auch Täter unserer Kultur sind – und seitdem komme ich noch viel lieber.« Die Führungskräfte im Klub begannen nun zu verstehen, dass sie selbst (auch) tagtäglich herstellen, was sie beklagen, und dass man im Zusammenhang mit »Kultur« nur dann gut über die Geschäftsführung meckern kann, wenn man zur Kenntnis nimmt, dass die eigenen Mitarbeiter über einen selbst vermutlich genauso meckern.

Damit war der Doppelcharakter der Kultur bezeichnet, der darin besteht, dass Kultur sowohl den Rahmen (der Organisation und ihrer – oberen – Führung) darstellt als auch dessen Gegenstand ist (wie Führungskräfte selbst meinen Mitarbeitern gegenübertreten und wirken; Schein, 1986). Führung ist immer beides: Produkt und Produzent von Organisationskultur.

Mit diesem Schritt war gleichzeitig die Erkenntnis gewachsen, dass der CultureClub keine Projektgruppe war, sondern zunächst *nur* ein internes, in sich geschlossenes Beobachtungsforum. Wenn diese Beobachtungen jedoch auch für die Organisation Relevanz gewinnen sollten, so musste über die Grenzen des Klubs hinaus kommuniziert werden. Im Kontext dieser Erkenntnis formte sich das Selbstverständnis des Klubs also als internes Beobachtungsforum mit Rückmeldeauftrag nach außen (siehe Abbildung 2).

Der CultureClub ist **kein** Projekt und erstellt keine neue Hochglanzbroschüre.

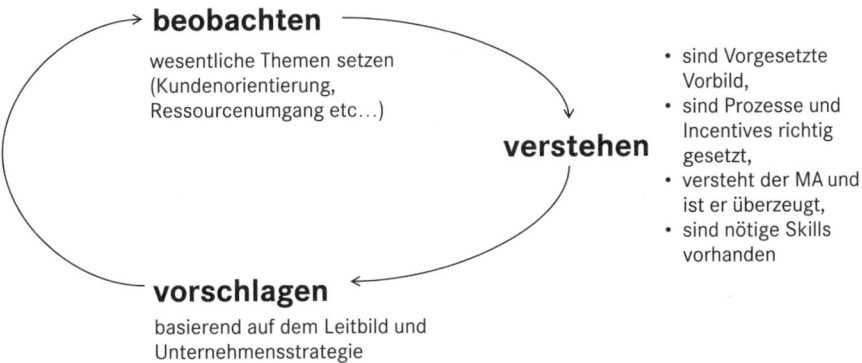

beobachten
wesentliche Themen setzen
(Kundenorientierung,
Ressourcenumgang etc…)

verstehen

• sind Vorgesetzte
Vorbild,
• sind Prozesse und
Incentives richtig
gesetzt,
• versteht der MA und
ist er überzeugt,
• sind nötige Skills
vorhanden

vorschlagen
basierend auf dem Leitbild und
Unternehmensstrategie

Abbildung 2: Zum Vorgehen – das »CultureClub-Ei«

Drei Interventionsbühnen wurden für den CultureClub für diesen Auftrag relevant: die Geschäftsführungsrunde, die HR-Abteilung und den durch die Klub-
mitglieder selbst verantworteten Führungshorizont bzw. deren eigene Teams. Der
Klub verstand sich jedoch nicht als Entscheidungsgremium – es wurden lediglich
Empfehlungen an die Geschäftsführung weitergegeben, während der Geschäftsführer selbst entschied, ob und wann er welches Thema für sich aufgriff.

Die Logik der Klubgespräche sah jetzt so aus, wie in Abbildung 3 dargestellt.

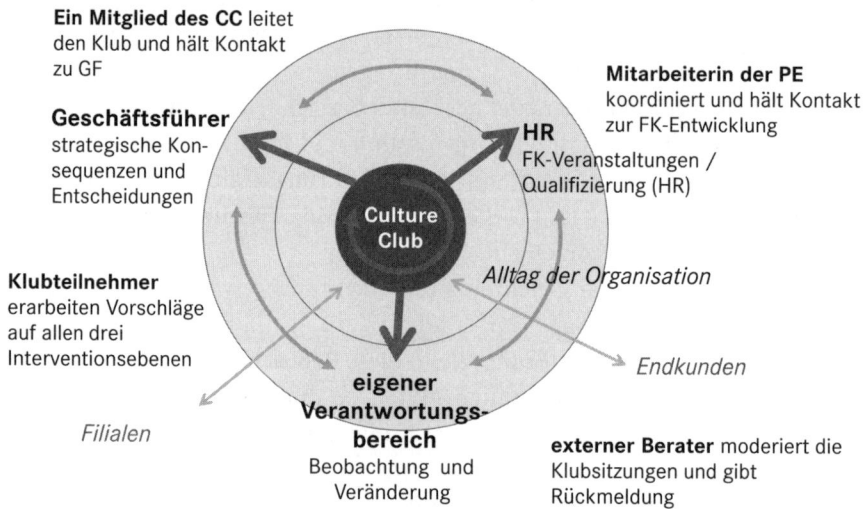

Abbildung 3: Rollen, Denk- und Interventionsebenen im CultureClub

Der Klub sammelte Beobachtungen, zum Beispiel im »Bordsteinfeedbackverfah-
ren«, das heißt, jeder brachte mit, was er zu aktuellen Ereignissen in der Organisation auf den Fluren, beim Essen oder in den Pausen an Reaktionen, Eindrü-
cken oder Emotionen beobachtete. Letztlich handelte es sich also um typische
Beobachtungen zweiter Ordnung (von Foerster, 1996), also um Beobachtungen
von anderen Führungskräften und Mitarbeitern, wie die ihren Alltag beobachteten und versuchten, sich auf die Veränderungen in ihrem Umfeld einen Reim
zu machen. Jede dieser Beobachtungen wurde mit folgenden Fragen reflektiert
(siehe Abbildung 4):

- Was davon sollte die Geschäftsführung in Interventionen umsetzen oder wel-
  ches Themas sollte sie sich annehmen?
- Was davon könnte oder sollte die HR-Abteilung weiterverfolgen?
- Was kann ich in meinem Team mit den hier besprochenen Themen anfangen?

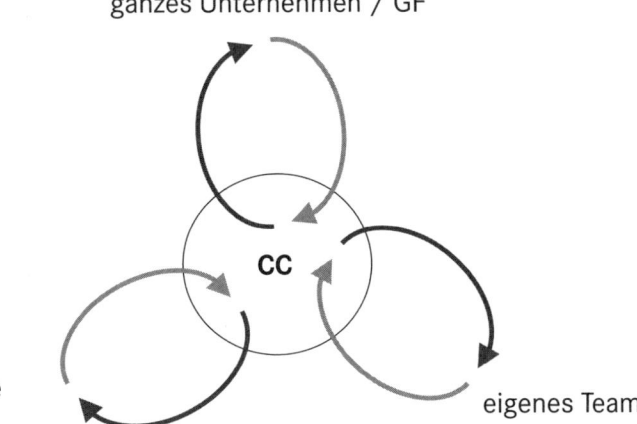

ganzes Unternehmen / GF

CC

Führungskräfte
aller Ebenen

eigenes Team

Im CC werden für alle drei Ebenen konkrete Schritte entworfen,
... ihre Umsetzung wird beobachtet
... und die Wirkung im Klub reflektiert.

Abbildung 4: Konkrete Schritte auf den Interventionsebenen

Dritte Etappe: Der Klub gibt sich eigene Regeln

Mittlerweile erregte der Klub Aufmerksamkeit und wurde seinerseits zum Gegenstand von Flurgesprächen. »Wer ist da eigentlich drin?«, »Kann ich da auch mitmachen?«, »Was soll uns das bringen?« und ähnlich skeptische Fragen landeten in den Klubsitzungen. Und in der Tat: Bisher war der Klub eine Veranstaltung eines Geschäftsführers, der die Mitglieder benannt und die Themen- und Deutungshoheit übernommen hatte.

Der Klub reagierte auf die irritierten Äußerungen und setzte sich jetzt sehr selbstbewusst eigene Regeln, die die Klubartigkeit sichern sollten:
1. Es ist ein Klub von Führungskräften aller Hierarchieebenen, der zu bestimmten Themen die Geschäftsführung und Kundige zu Einzelfragen einladen kann.
2. Der Klub beobachtet und diskutiert die Kulturphänomene im Umbau der Organisation und diskutiert seine Beobachtungen nach eigener Ordnung und Vorstellung auf drei Interventionsebenen: der Geschäftsführungsrunde (etwa alle zwei Monate), der HR-Abteilung (anlassbezogen) und im eigenen Team, das mit den Ergebnissen operiert.
3. Der Klub soll nicht größer werden als 15 bis 20 Teilnehmer, damit die offene Gesprächskultur erhalten bleibt.
4. Es sollen die verschiedenen Bereiche/Töchter der Organisation vertreten sein.

5. Die Mitgliedschaft muss von einem Mitglied des Klubs vorgeschlagen werden.
6. Alle entscheiden gemeinsam, wer aufgenommen wird.
7. Der Klub und seine Mitglieder passen auf, dass er nicht funktionalisiert wird.
8. Der Klub wird geleitet und moderiert von einem in Abstimmung mit der Geschäftsführung gefundenen Leiter.

Immer wieder wurde auch Funktion und Rolle des externen Beraters thematisiert, der nach den ersten Sitzungen die Moderation nur noch in Vertiefungsthemen übernahm. Die Hauptaufgabe bestand vielmehr in der Beobachtung der Kommunikation im Klub und deren Rückmeldung. Dabei ging es zwangsläufig immer darum, wie und wo im Klub genau die Kultur vorkommt, die er im gleichen Atemzug kritisierte. Der Berater wurde damit zum »Beobachter 3. Ordnung«, weil er die Beobachter (den Klub) beim Beobachten anderer Beobachter (anderer Führungskräfte, Mitarbeiter, …) beobachtete und die Beobachtungen den Beobachtern zur Verfügung stellte (als Beobachtung der Beobachtung der Beobachtung).

Soweit schien das Konzept ganz tragfähig und vor allem wirksam zu sein. Zudem setzte es auf die Autonomie der Teilnehmer, war einfach in den Rahmenbedingungen und zugleich in der Lage, unterschiedlichste Beobachtungen der Organisation abzubilden. Aber man handelte sich mit dieser Lösung – wie immer – auch Folgeprobleme ein: Das Konzept des CultureClubs war sehr fragil, denn auf den Projektbegriff zu verzichten und kein Endziel und Endtermin festzusetzen, löste das Problem der zeitlichen Dimension ja nicht. Wenn der Klub seine »kulturbewegende Irritationskraft« behalten wollte, durfte er auf der einen Seite nicht zur Gewohnheit werden. Zugleich wäre aber auch ein Rückfall in die Projektlogik (mit festgesetzten Zielen) problematisch gewesen. In der Organisation gab es zu dem Zeitpunkt eine Fülle von Projekten – ein weiteres Projekt zur Beobachtung der Strukturprojekte wäre mehr Desselben gewesen, also kein Unterschied, der einen Unterschied gemacht hätte.

Deshalb war die primäre Aufgabe des Beraters, zu beobachten, ob und wann die Projektlogik innerhalb der Klubsitzungen wieder Einzug hielt, im Sinne von: »Was machen wir denn jetzt damit? – Da muss man doch was tun!« In einer Kultur, die Veränderung über Projekte organisiert, ist die bloße Beobachtung und die schlichte Rückmeldung, die auf das Angebot sofortiger Alternativen bewusst verzichtet, zutiefst verstörend, erfordert viel Mut und ist nicht einfach durchzuhalten.

Als Berater wird der »Beobachter dritter Ordnung« wirkungslos, wenn ihm das nicht mehr auffällt oder er nicht den Mut hat, das zu benennen, was andere vielleicht nicht hören wollen (weil es sie in ihrer Kultur kritisiert).

Vierte Etappe: Doch ein Projekt?

Nach etwa einem halben Jahr trat der CultureClub zum ersten Mal auf einer Füh-
rungskräftekonferenz öffentlich auf. Während bis dahin nur die Geschäftsführung,
in Teilen die Personalentwicklung und sonst nur die eigenen Führungsbereiche von
den Mitgliedern des Klubs informiert wurden, wurde auf dieser Konferenz die Idee
und die Arbeitsweise des Klubs vor großem Publikum vorgestellt. Die Reaktionen
waren durchaus verhalten: Nur beobachten? Nur rückspiegeln? Und was soll dabei
herauskommen? Welches Ziel hat denn die Gruppe? – Wirklich nur beobachten?

Zudem erfolgte ein Wechsel an der Spitze der Organisation. Der neue CEO kam
selbst aus einer angelsächsischen Organisationskultur und stellte schnell deutliche Unterschiede zur deutschen Kultur fest. So bot er sehr schnell seiner ganzen
Organisation das »Du« an – und der CultureClub beobachtete, wie das wiederum
in der Kultur beobachtet wurde. Gleichzeitig setzte er nun ein Kulturprojekt auf,
genannt »Kultur und Kommunikation«, das Symbole für eine neue Kultur entwickeln und gemeinsam mit der Führungsmannschaft umsetzten sollte. Dieses
Projekt war zeitlich eng begrenzt und sollte schnell zu Ergebnissen führen. Die
Leiterin des CultureClub wurde zur Teilnahme an diesem Kulturprojekt eingeladen.

Übernahmefantasien und Frustration machten zunächst in der Kommunikation im CultureClub die Runde. Offenbar setzte sich der Gedanke »Kultur ist
machbar« nun doch durch, nun sollte offensichtlich doch ein Projekt alles richten,
obwohl man doch gerade begann zu verstehen, dass Kulturprojekte nichts nützen. Auch der Berater hatte Konkurrenzgefühle und anderen waren sie zumindest anzusehen.

Fortgang und vorläufiges Ende einer
außer-ordentlichen Kultur-Betrachtung

Die Auseinandersetzung mit diesem anderen Kulturprojekt führte interessan-
terweise allerdings nicht zum Konflikt. In einer »kultursensiblen« Beobachtung
wurde vielmehr deutlich, dass es vielleicht so kommen musste. Die Idee des CultureClubs für sich genommen war unter Umständen zu sehr außerhalb der gewohnten Ordnung, um den Titel des Bands zu bedienen. Der CultureClub als langfristi-
ges und in Teilen ziellos agierendes Beobachtungsforum allein war vermutlich zu
irritierend für einen Dienstleistungskonzern, dessen Kultur viele Ähnlichkeiten
mit seinem Produkt aufwies. Unter Umständen musste dieses neue Kulturprojekt
einfach zwangsläufig aufgelegt werden – denn nur so war das Thema der Kultur
in diesem Kontext thematisierbar. Und nur so, so könnte man im Nachhinein
sagen, wurden – quasi im Windschatten des *richtigen* Projekts – andere Formen

der Thematisierung wie im CultureClub möglich. Die Lösung beider Ansätze war also kein Kompromiss, der ja immer Abstriche von beiden Seiten verlangt, sondern eine Addition: Jede Position profitierte davon, dass es die andere gab. Der Klub hatte in dem Kulturprojekt eine neue Beobachtungsperspektive und weitere Beobachter, die nicht ihrerseits in Handlungsverantwortung standen; das Projekt konnte seinerseits Rückmeldung über seine Wirkung erhalten, die sonst, bei herkömmlichem Vorgehen, im Verborgenen geblieben wäre.

Gleichwohl war auch dies ein labiler Zustand zweier mit- und gegeneinander laufender Bewegungen, dessen weiterer Verlauf kritisch zu beobachten sein wird. Die Kulturentwicklung einer Organisation ist als solche ja nie abgeschlossen. Man wird also nicht die Erwartung haben können, dass stabile Zustände entstehen, die weitere Beobachtung überflüssig machten. Und darum eben geht es, wenn man sich Kultur zum Thema macht.

Fazit

Wenn man die Vorgaben von Michel Crozier und Dirk Baecker in Richtung einer effizienten, also einfachen, auf Autonomie setzenden und sich selbst verstehenden Kultur verfolgt, so scheint uns der »Klub« ein passendes Format zur Bearbeitung der Organisationskultur in der Organisation zu sein. Immer vorausgesetzt, er wird nicht zur Routine (unterschiedslos zur Organisation) bzw. er wird nicht elitär (verliert den Kontakt zur Organisation) und er nutzt die relevanten *Bühnen* der Organisation zur Rückmeldung seiner Reflexionen. Dabei kann ein Leitbild- oder anderes Kulturprojekt nicht schaden oder dagegen stehen, wenn klar unterschieden wird, was *Kultur machen* und *Kultur beobachten* meint. Die Grenzen zwischen beiden Ansätzen sollten jedoch klar sein: Es sollten nicht die gleichen Personen in beiden Feldern aktiv sein, weil dann die Gefahr besteht, dass die Paradoxie unsichtbar gemacht und zu einer Seite hin aufgelöst wird.

Beratung als Beobachtung dritter Ordnung scheint uns von Zeit zu Zeit unerlässlich, weil blind wird, wer nur im eigenen Saft schwimmt, was genau genommen bei der Thematisierung der eigenen Kultur immer der Fall ist. Zudem geht es im Zusammenhang mit der Kultur einer Organisation auch immer um Machtfragen oder zumindest um die spezifisch kulturprägende Rolle der Mächtigen, die ihrerseits Rückmeldung brauchen, die sie aber aus den gleichen machtbezogenen Gründen nur begrenzt aus den Tiefen ihrer Organisation bekommen. Beratung, die dieses Thema auf Augenhöhe mit den obersten Führungskräften behandeln kann, wird unerlässlich sein, wenn eine Organisation die eigene Kultur in den Blick bekommen will.

Nicht zuletzt, so scheint uns, ist die Zusammensetzung eines CultureClubs von entscheidender Bedeutung: Die Empfehlung wäre hier, sich für Führungskräfte zu entscheiden, die möglichst nicht in einer Linie stehen und damit den Charakter eines Netzwerkes ausbilden können und möglichst wenig *Hierarchiekultur* transportieren. Zur Entscheidung, nur Führungskräfte auszuwählen, hat uns die Schein'sche Überlegung bewogen, dass Führungskräfte durch die Art und Weise, wie sie ihre Beobachtungen kommentieren, wie sie Konflikte bewältigen und wie sie Personal auswählen und einstellen, die Kultur entscheidend prägen (Schein, 1986). Deshalb nur konnten wir die drei Interventionsbühnen (Geschäftsführung, HR und das eigene Team) in den Vordergrund stellen und als Handlungsfeld des CultureClubs zwischen den Klubtreffen definieren. Wie jedes Netzwerk funktioniert der CultureClub ausschließlich auf der Basis von Vertrauen und Tausch, indem die Offenheit und Verletzlichkeit des einen getauscht wird durch Offenheit und Verletzlichkeit der anderen. Die eigentliche Währung, die den Klub bis heute zusammenhält, ist das Vertrauen, dass man im Klub offen über sich und seine Sichtweisen reden kann und dass das Gesagte nur auf den verabredeten und abgestimmten Wegen nach außen dringt. Insofern hängt seine Existenz immer an dem seidenen Faden, den jede Teilnehmerin und jeder Teilnehmer in der Hand hält.

Damit kommen wir zum Fazit, das die Möglichkeit der Bearbeitung der Kultur einer hierarchisch gegliederten Organisation nur gegeben sein kann, wenn die Ressourcen des (heterarchischen) Netzwerkes genutzt werden können, das kreativer und innovativer sein kann als jede hierarchische Ordnungsstruktur.

Das eigentliche Veränderungspotenzial liegt dann in der Verknüpfung zwischen hierarchischen Entscheidungsstrukturen und heterarchischen Beobachtungsformaten wie dem CultureClub.

Literatur

Ahrens, B., Mosblech, T., Vogel, M. (2013). Passung ins System – Möglichkeiten einer systemischen Personalauswahl. In M. Vogel (Hrsg.), Organisation außer Ordnung. Außerordentliche Betrachtungen organisationaler Praxis (S. 110–126). Göttingen: Vandenhoeck & Ruprecht.

Ashby, R. (1958). Requisite variety and its implications for the control of complex systems. Cybernatica, 1 (2), 83–99.

Baecker, D. (1999). Ein Widerspruch kommt selten allein: Die Organisation und ihre Kultur. In D. Baecker (Hrsg.), Organisation als System (S. 102–112). Frankfurt a. M.: Suhrkamp Taschenbuch Wissenschaft.

Baecker, D. (2003). Drei Regeln einer wirtschaftlich effizienten Unternehmenskultur. In D. Baecker (Hrsg.), Organisation und Management (S. 198–217). Frankfurt a. M.: Suhrkamp Taschenbuch Wissenschaft.

Barnard, C. I. (1938). The functions of the executive. Cambridge, Mass.: Harvard University Press.

Clegg, S. R., da Cunha, J. V., e Cunha, M. P. (2002). Management paradoxes: A relational view. Human Relations, 55 (5), 483–503.

Crozier, M. (1994). L'entreprise à l'écoute: Apprendre le management post-industriel. Paris: Seuil.

Douglas, M. (1989). A typology of cultures. In M. Haller, H. J. Hollmann-Nowotny, W. Zapf (Hrsg.), Kultur und Gesellschaft (S. 85–97). Frankfurt a. M.: Campus Verlag.

Foerster, H. von (1996). Wissen und Gewissen: Versuch einer Brücke (3. Aufl.). Frankfurt a. M.: Suhrkamp Taschenbuch Wissenschaft.

Goffman, E. (1973). Asyle. Über die soziale Situation psychiatrischer Patienten und anderer Insassen. Frankfurt a. M.: Suhrkamp Taschenbuch Wissenschaft.

Handy, C. (1994). The age of paradox. Boston, MA: Harvard Business Press.

Hoebel, T. (2013). Prophezeiungen, die Organisationen zerstören: Northern Rock und DaimlerChrysler im Vergleich. In M. Vogel (Hrsg.), Organisation außer Ordnung. Außerordentliche Betrachtungen organisationaler Praxis (S. 197–222). Göttingen: Vandenhoeck & Ruprecht.

Jullien, F. (1999). Über die Wirksamkeit. Berlin: Merve Verlag.

Jullien, F. (2006). Vortrag vor Managern über Wirksamkeit und Effizienz in China und im Westen. Berlin: Merve Verlag.

Kramer, J. (2010). Fußball: Dortmunds Trainer Jürgen Klopp über den Erfolgshunger seiner jungen Profis. Der Spiegel, 44/2010, 128–130.

Kühl, S. (2011). Organisationen. Eine sehr kurze Einführung. Wiesbaden: VS Verlag für Sozialwissenschaften.

Luhmann, N. (1969). Unterwachung. Oder die Kunst, Vorgesetzte zu lenken. Bielefeld: unveröffentlichtes Manuskript.

Luhmann, N. (1999). Funktionen und Folgen formaler Organisation. Mit einem Epilog 1994 (5. Aufl.). Berlin: Duncker & Humblot.

Luhmann, N. (2000). Organisation und Entscheidung. Opladen: Westdeutscher Verlag.

Müller, W. R., Hurter, M. (1999). Führung als Schlüssel zur organisationalen Lernfähigkeit. In G. Schreyögg, J. Sydow (Hrsg.), Managementforschung 9: Führung – neu gesehen (S. 1–54). Berlin: de Gruyter.

Nagel, E. (2001). Verwaltung anders denken. Baden-Baden: Nomos.

Neuberger, O. (2000). Dilemmata und Paradoxa im Managementprozess. In G. Schreyögg (Hrsg.), Funktionswandel im Management: Wege jenseits der Ordnung (S. 173–219). Berlin: Duncker & Humblot.

Roethlisberger, F. J., Dickson, W. J. (1939). Management and the worker. An account of a research program conducted by the Western Electric Company, Hawthorne Works, Chicago. Cambridge, Mass.: Harvard University Press.

Schein, E. H. (1984). Soll und kann man eine Organisations-Kultur verändern? Organisationsentwicklung vor neuen Fragestellungen. GDI-Impuls, 2/84, S. 31–43.

Schein, E. H. (1985). Organizational culture and leadership. A dynamic view. San Francisco: Jossey-Bass.

Schein, E. H. (1986). Wie Führungskräfte Kultur prägen und vermitteln. GDI-Impuls, 2/86, 23–36.

Scott-Morgan, P. (2008). Die heimlichen Spielregeln: Die Macht der ungeschriebenen Gesetze im Unternehmen. Frankfurt a. M.: Campus Verlag.

Simon, F. B. (2009). Einführung in die systemische Organisationstheorie (2. Aufl.). Heidelberg: Carl-Auer Verlag.

Smircich, L. (1983). Concepts of culture and organizational analysis. Administrative Science Quarterly, 28 (3), 339–358.

Steinmann, H., Schreyögg, G. (1993). Management: Grundlagen der Unternehmensführung: Konzepte – Funktionen – Fallstudien (3. Aufl.). Wiesbaden: Gabler.

Tuckermann, H. (2013). Paradoxien im Wandel – Wandel als Paradoxie: Beispiel Krankenhaus. In M. Vogel (Hrsg.), Organisation außer Ordnung. Außerordentliche Betrachtungen organisationaler Praxis (S. 146–158). Göttingen: Vandenhoeck & Ruprecht.

Uerz, G., Vogel, M. (2013). Zukunft in Organisationen – Ordnung aus der Außerordentlichkeit. In M. Vogel (Hrsg.), Organisation außer Ordnung. Außerordentliche Betrachtungen organisationaler Praxis (S. 178–196). Göttingen: Vandenhoeck & Ruprecht.

Vogel, M., Kersting, J. (2013). Humor in Organisationen – Kommunikation, quer zur Ordnung. In M. Vogel (Hrsg.), Organisation außer Ordnung. Außerordentliche Betrachtungen organisationaler Praxis (S. 94–109). Göttingen: Vandenhoeck & Ruprecht.

Watzlawick, P., Beavin, J. H., Jackson, D. D. (1969). Menschliche Kommunikation. Formen, Störungen, Paradoxien. Bern: Huber.

Weick, K. E. (1995). Der Prozess des Organisierens (5. Aufl.). Frankfurt a. M.: Suhrkamp Taschenbuch Wissenschaft.

Whyte, W. H. (1956). The organization man. New York: Simon & Schuster.

Frank E. P. Dievernich und Patricia Wolf

Beratung außer-ordentlich

Vorbemerkungen

Beratungsverhältnisse sind für die involvierten Organisationen außer-ordentlich, das heißt sie konstituieren für alle Beteiligten Verhältnisse außerhalb der (gewohnten) Ordnung. Insbesondere lassen sie sich mit den normalen Ordnungsprinzipien, die in Organisationen gelten, die sich bewährt haben und *schon immer* angewandt werden, eben nicht mehr so abwickeln, dass man sie in den Griff bekommt, dass Ordnung entsteht.

In diesem Beitrag geht es um das Ausleuchten eines spezifischen außer-ordentlichen Verhältnisses, nämlich dem zwischen Unternehmensberatungen und Klientenorganisationen. Unsere Diskussion dieses Verhältnisses erfolgt unter dem Gesichtspunkt von Ordnung und Unordnung, von Ordentlichem und Außer-ordentlichem. Bevor wir jedoch damit beginnen, sei uns zunächst ein kurzer Blick auf die Ordnungsprinzipien von Organisationen gestattet.

Ordnungsprinzipien von Organisationen

Organisationen funktionieren systemtheoretisch betrachtet nach vier Ordnungsprinzipien. *Erstens* arbeiten sie mit dem Mechanismus von Inklusion und Exklusion (vgl. z. B. Kühl, 2011, S. 11 f.). Hierzu gebrauchen sie das Konstrukt der Mitgliedschaft: Wer zur Organisation gehört, ist Mitglied; alle anderen gehören nicht dazu. Wer nicht Mitglied in Organisationen ist, steht »am Rande der Gesellschaft« (Kaube, 2000). Wer dagegen Mitglied in einer Organisation wird, unterwirft sich ihren Regeln für die Dauer der Mitgliedschaft. (Baecker, 1995). Die Person ist dabei für die Organisation nur ein Strukturelement. Über Eintritte und Austritte entscheidet die Organisation, nicht die Person (Luhmann, 1975, S. 99).

Die Reproduktion des autopoietischen Systems der Organisation durch die Produktion von Entscheidungen und deren Anschluss an vorgängige Entscheidungen ist das *zweite* zentrale Ordnungsprinzip von Organisationen (Luhmann, 2000). Was sich innerhalb einer Organisation nicht als Entscheidung ausweisen kann, interessiert die Organisation nicht, stellt Rauschen dar, ist de facto nicht existent (Wolf u. Hilse, 2009). Entscheidungen markieren Relevanz. Nur so schafft es die Organisation, sich nicht mit allen Kommunikationen beschäftigen zu müssen, sondern sich auf das Wesentliche zu fokussieren; nur so bleibt ihr der »communication overkill« erspart (Kühl, 2011, S. 105). Wäre dies nicht so, müsste sie die Geschichte einer Mitarbeiterin über die Magenkrankheit ihres Hundes genau gleich behandeln wie die Entscheidung des CEO, die Hälfte der Belegschaft zu entlassen. Entscheidungen dürften als stärkstes Ordnungsprinzip von Organisationen gelten.

Der Zweck ist das *dritte* Ordnungsprinzip von Organisationen. So weist Niklas Luhmann bereits 1973 darauf hin, dass Organisationen, die versuchen würden, ohne einen Zweck auskommen, ein Höchstmaß an Irritation in- und extern auslösen würden (Luhmann, 1973, S. 87 ff.). Der Zweck ist also eng gekoppelt an die Identität von Organisationen.

Das *vierte* Ordnungsprinzip ist die Hierarchie. Hierarchie ermöglicht es, jederzeit zweifelsfrei entscheiden zu können, wer zu welchem Zeitpunkt, mit welchem Zweck und mit welchen Kompetenzen und Ressourcen ausgestattet welche Entscheidungen treffen und diesbezüglich miteinander kommunizieren darf oder sogar muss. Alles, was daneben, darüber oder dahinter geschieht, ist der informellen Organisation zuzurechnen und spielt erst einmal für die Organisation keine Rolle. Die Hierarchie ordnet sozusagen den autopoietischen Prozess der Entscheidung und ist selbst immer das Produkt von Entscheidungen.

Mit all dem bis hierhin Skizzierten wird deutlich, dass Organisationen ein starkes Gewicht auf formale Strukturen legen. Diese Strukturen manifestieren sich in ihnen als Konditional- und Zweckprogramme. Konditionalprogramme bestimmen sich durch eine Wenn-dann-Relation. Sie legen fest, was zu tun ist, wenn ein bestimmter Fall auftaucht. Mit genau diesem Instrumentarium sind akzeptierte Sanktionen auf Personenebene möglich. Zweckprogramme gehen von einem Ziel aus. Hier sind Handlungen ex post bestimmten Zwecken zuzuordnen. Die Freiheitsgrade erscheinen höher, weil die Wahl der Mittel freigegeben ist. Aber auch hier hat die Organisation ihr Durchgriffsrecht auf die Person sichergestellt, indem bei Nichterreichung von Zielen Konsequenzen gezogen werden können (Kühl, 2011, S. 102 ff.).

Für den Anfang ist es bis hierhin genug, was die prinzipielle Ordnung von Organisationen angeht. Was passiert nun, wenn Organisationen mit anderen Organisationen aus ihrer Umwelt in Kontakt kommen?

Außer-ordentliche Verhältnisse
und unorganisierte Realitäten

Gibt es Veränderungen auf dem Markt und Veränderungen des gesellschaftlichen Umfeldes, dann lautet die Frage, ob die bestehenden Ordnungen einer Organisation genug Toleranz für notwendigen Spielraum bieten, wenn auf diese Veränderungen reagiert werden muss. Was nützen Organisationen die beschriebenen Prinzipien, mit denen sie ihre innere Ordnung herstellen, wenn sie mit anderen Organisationen aus ihrer Umwelt in Kontakt geraten? Mehr denn je erhält die Frage der Anschlussfähigkeit Gewicht, wenn die Umwelt nicht mehr als stabil, sondern als instabil zu beschreiben ist. Für uns ist relevant, dass es mit Blick in die Wirtschaft zunehmend um außer-ordentliche Verhältnisse geht, die es zu organisieren gilt.

Organisationen benötigen eine eigene (Ordnungs-)Struktur, die sich von jener unterscheidet, mit der sie interne Ordnung herstellen, um auf Veränderungen in der Umwelt adäquat reagieren zu können. Dabei ist interessant zu beobachten, dass sie die beschriebenen Ordnungsprinzipien nicht aufgeben, sondern ihnen zusätzliche Organisationsformen zur Seite stellen, mit denen sie zum einen sich selbst irritieren und zum anderen genau dadurch wiederum die Grundstrukturen ihrer Stabilität beibehalten können. Zu nennen wären auf der einen Seite interne Differenzierungen und Temporalisierungen wie Team- und Projektstrukturen, auf der anderen Seite externe Kooperationen in Netzwerken oder eben der Beizug von (externen) Unternehmensberatungen.

Interne Differenzierungen sind, neben anderen Faktoren, stark darauf zurückzuführen, dass Organisationen auf die gesellschaftliche Zuschreibung der *wachsenden Bedeutung der ganzen Person* reagieren müssen. Dies ist ein Ergebnis gesellschaftlicher Veränderungen: Hat es vormals ausgereicht, die Person in der Organisation mit ihrer Funktion gleichzusetzen, so reicht diese Perspektive angesichts turbulenter und beobachtungssensibler Märkte nicht mehr aus. Der Organisation bleibt nichts anderes übrig, als sich für das Individuum, für den *ganzen* Menschen und seine Wahrnehmungen zu interessieren, weil sie vermutet, dass darin Quellen für die Ausrichtung organisationaler Entscheidungen liegen. Mit dieser Neubewertung der Person steigt nicht nur die kommunikative Dynamik im System, sondern zugleich die Anspruchshaltung, dass die Organisation die Person auch entsprechend würdigt und wahrnimmt. Solche gesellschaftlichen Veränderungen tragen zu ungeordneten Verhältnissen in der Organisation bei, weil sie auf Wahrnehmungen und Kommunikationen reagieren muss, deren Inhalte sie im Vorfeld nicht kennt. Mit dem Versuch, durch Differenzierung und Temporalisierung von Arbeitsaufgaben auf die ganze Person zu fokussieren und ihr entsprechende Räume innerhalb der Organisation zuzugestehen, versucht die Organisation letztendlich, auf markt- und gesellschaftliche Strömungen zuzugreifen, um die eigene Anschlussfähigkeit zu sichern.

Die Unordnung geht an jenen Stellen weiter, an denen – beispielsweise zur Innovationsproduktion – auf Netzwerke zurückgegriffen wird, um für die Käufer relevante Ideen zu generieren. Die Trennung, ob die Innovation nun eine der Organisation oder eben eine jenes Netzwerkes ist, wird auf diese Art und Weise grundsätzlich erschwert. Damit eng verknüpft sind die Fragen nach zurechenbarem Eigentum von Ideen, die ebenfalls nur noch schwer, und wenn, dann nur ex post zu beantworten sind. Ähnlich diffus präsentieren sich die alten Ideen von Zweck und Mittel in Netzwerken: Gerade hier verschwindet diese alte Unterscheidung, wenn das Mittel selbst zum Zweck wird. Es werden Kontakte generiert, nicht, um primär ökonomisches Kapital daraus zu schlagen, sondern des reinen Kontaktes, der reinen Potenzialität wegen. Ob und wie sich daraus etwas ergeben wird, ist unklar. In jedem Fall sichert ein großes Netzwerk die Option, in entsprechender Lage flexibel reagieren zu können. Die Verlagerung organisationaler Probleme in das Netzwerk zwecks ihrer Lösung verstärkt nur das Problem auf jener organisationalen Seite, die sich als ordentlich, als geordnet versteht.

Bleibt der dritte Fall, den wir angesprochen haben, der Beizug von Beratungsgesellschaften zur Problemlösung. Auf diesen Fall möchten wir uns nachfolgend fokussieren. Dabei sehen wir bewusst davon ab zu diskutieren, dass Unternehmensberatungen selbst Organisationen sind, die, im beschriebenen Sinne, mehr oder weniger ordentlich organisiert sind.[1] Uns interessiert generell die Struktur, die aus dem Sich-zueinander-ins-Verhältnis-Setzen eines den Auftrag erteilenden Unternehmens (Klient) und einer Beratungsorganisation entsteht. Davon ausgespart sind Einzelpersonenberatungen, wobei viele unserer nachfolgenden Argumentationen sich auch auf diese beziehen lassen würden.

Beratung außer Ordnung

Was geschieht, wenn eine Klientenorganisation die Dienste einer Beratungsgesellschaft in Anspruch nimmt? Müller, Nagel und Zirkler (2006) beschreiben, wie Beratungsmandate in relationalen Prozessen zwischen Klienten und Beratern ko-konstruiert werden. In reziproken Prozessen von Artikulation und Interpretation werden die Perspektiven von Beratendem und Klienten verändert, es wird

---

[1] Auch unterlassen wir hier eine detaillierte Unterteilung, um was für Beratungsleistungen es sich genau handelt.

also gelernt und (für die Involvierten) neue Ideen, aber auch neue Beziehungs-
erfahrungen entstehen. Jede Beziehungsepisode hinterlässt »Spuren im Selbstverständnis der Beziehungspartner, das die nachfolgenden Interpretationen und
Aktionen steuert. Sie determiniert nicht, was folgt, aber es ist auch nicht mehr alles
möglich« (Müller et al., 2006). Die nachfolgenden Beziehungsepisoden werden
sich selbst immer ähnlicher und konstituieren damit eine Beziehungsgeschichte
und Rollen in der konkreten Beziehung, die in darauf folgenden Interaktionen
reproduziert werden.

Die Beziehungsepisoden, in denen sich Klient und Berater engagieren, können
als Interaktionssysteme im Luhmann'schen Sinne klassifiziert werden. Die Interaktionen von Angesicht zu Angesicht konstituieren regelmäßig Interaktionssysteme und lösen sie wieder auf. Aus der Wiederholung in Beratungsprozessen »a
new system arises out of communication: the contact system of the consulting-re-
lationship« (Luhmann, 2005, S. 360). Auf relationaler Ebene beziehen sich Beziehungsepisoden als Mikroebenen – Prozesse auf frühere Beziehungsepisoden und
konstituieren dabei ein soziales System auf der Makroebene. Dieses neue System,
das Beratungssystem, ist für die Klientenorganisation außer-ordentlich, denn es
entwickelt eigene Selektionskriterien für Kommunikationen und definiert eigene
Grenzen zur Umwelt (Luhmann, 1984).

Außer-ordentlich ist entsprechend auch die Art und Weise, wie Beratung in
die Organisation integriert wird. Zwar gilt die Mitgliedschaft nach wie vor als zentrales Definitionskriterium der Zugehörigkeit zu einer Organisation, jedoch tauchen mit Inanspruchnahme von Beratung oft mitgliedschaftsähnliche Verhältnisse
auf. Gerade in größeren Mandaten verankern sich Beratungsgesellschaften mit
großen Teams für viele Monate in die Kundenorganisationen und nehmen dort
zum Teil Funktionen wahr, die vormals Mitarbeitenden, also Organisationsmitgliedern vorbehalten waren. Und auch wenn man immer noch formal die Trennung zwischen Mitglied und Nichtmitglied ziehen kann, so wird diese Abgrenzung in Bezug auf die Beeinflussung von Entscheidungen schwieriger, wenn zum
Beispiel Unternehmensberater in Entscheidungsgremien der Klientenorganisation
Platz nehmen oder diese massiv beeinflussen.

Beratungsgesellschaften sollen durch ihre Interventionen zur (Wieder-)Her-
stellung einer Ordnung beitragen, die unter Berücksichtigung alter Ordnungsvorstellungen nicht mehr zu haben ist. So sollen Beratungsgesellschaften Lösungen
generieren, die letztendlich alle darauf abzielen, sich auf dem Markt als erfolgreich, als anschlussfähig zu erweisen. Dass eine solche Integration erfolgreich
funktioniert, hat auch mit dem genannten Luhmann'schen Prinzip der Hierarchie
als Kernelement der Organisation zu tun. Auf den ersten Blick kann es anmuten,
dass auf organisationaler Ebene Unternehmensberatungen eingeführt werden,

um das hierarchische Prinzip von Anordnung und Ausführung durch die Hinzunahme einer weiteren Organisation wiederherzustellen, welches innerhalb der Klientenorganisation verloren gegangen zu sein scheint. Unternehmensberatungen führen das aus, wofür man sie geholt hat – so die idealtypische Sichtweise. Dabei kann die Unternehmensberatung zusätzlich für die Hierarchie des Unternehmens unterstützend wirken, da die Unternehmung möglicherweise einen Auftrag vergibt, der durch das interne Personal aus politischen Gründen nicht durchzuführen gewesen wäre. Daher ist jede Verlagerung der Exekution unangenehmer Aufträge an eine kurzzeitig eingeführte Fremdorganisation aus dieser Perspektive eine Entlastung für die interne Hierarchie.

Der Versuch, auf Unternehmensberatungen zuzugreifen, stellt für die Organisation in jedem Fall eine Variante dar, um sich entweder mit externen Perspektiven zu versorgen, um Anschlussfähigkeit in der Gesellschaft sicherzustellen oder um die interne Vielfalt, flankiert durch eine externe Kompetenzzuschreibung, in entscheidungsfähige Ordnungen zu transformieren. Dafür wird aber, und das ist die gegenläufige Perspektive, in Kauf genommen, dass Unternehmensberatungen in einem ersten Schritt die Unordnung im Klientensystem steigern. Auf der Makroperspektive können wir entsprechend zwei Schlussfolgerungen ziehen.

Die *erste Schlussfolgerung* lautet, dass Organisationen durch Unternehmensberatungen immer außer Ordnung gebracht werden. Das geschieht, da Unternehmensberatungen intervenieren und dadurch die bestehende Ordnung des Organisationssystems stören. Dabei ist es unerheblich, ob die Organisation über gestörte Verhältnisse verfügt, wenn sie Beratung in Anspruch nimmt. Störungen und Probleme haben sich aufgrund von Selbstorganisationsprozessen der Organisation eingestellt und stellen für das System in bestimmter Hinsicht auch immer eine Lösung für etwas dar, was vielleicht auf den ersten Blick nicht ersichtlich ist.[2] Daher darf jede Form der Intervention durch Beratung als außer-ordentliches Ereignis gesehen werden.

Die *zweite Schlussfolgerung* bezieht sich auf die danach – oder sogar bereits vor der Intervention – erfolgte Anpassungsreaktion der Organisation, die versucht, mit einer Intervention umzugehen, und diese zum Teil sogar steuern möchte. Genau das betrachten wir als Versuch, Ordnung wiederherstellen zu wollen.

Wir gehen mit dem Sensemaking-Modell von Karl Weick (1985) davon aus, dass aktuelle Beratungsgeschehen und deren Interventionen eingeordnet werden können, ihnen also Sinn zugeschrieben werden kann. Entweder tragen vormals getätigte Erfahrungen mit Unternehmensberatungen dazu bei oder Vorurteile und

---

2   Siehe zu dieser Argumentationslogik unter anderem die Arbeiten zur systemischen Familientherapie und Organisationsentwicklung, wie bei Selvini Palazzoli et al. (1995, 1977).

Geschichten über Unternehmensberatungen stellen einen Sinnkontext dar, um die aktuellen Erlebnisse mit Unternehmensberatungen sinnvoll einordnen zu können. So gesehen wird im Prozess der Sinnstiftung aus einem Moment der Unsicherheit ein strukturierender Moment der Sicherheit, der aktiv von der Klientenorganisation hergestellt wird. Das außer-ordentliche Verhältnis wird in ordentliche Bahnen gelenkt, wobei Ordnung hier eng an das Gefühl der Steuerung gekoppelt ist.

Auf einer Mikroebene erfolgt zwischen den in Beziehungsepisoden handelnden Personen ein Kontaktmanagement, welches aus gemeinsam definierten Beratungsphasen, aus Einigungen über zu verwendende Tools, aus Evaluationsschritten oder aus Statusberichten besteht, die sicherstellen, dass im außer-ordentlichen Verhältnis, also im und durch das sich neu ausdifferenzierende Beratungssystem, eine Ordnung entsteht, die für beide Seiten Sicherheit generiert. Im besten Sinne einer Ko-Konstruktion wird Ordnung durch ein Kontaktmanagement in der Klientenorganisation, in der Beratungsgesellschaft und im Beratungssystem generiert. Schauen wir uns im Folgenden im Einzelnen an, was in diesem außer-ordentlichen Verhältnis geschieht.

Zeitlichkeit

Dass das Verhältnis zwischen Klientenorganisation und Beratungsgesellschaft als außer-ordentlich anzusehen ist, dürfte bereits darin zu begründen sein, dass es als temporär und vor allem als *endlich* konzipiert ist. So wären natürlich ganz generell auch Kundenbeziehungen zu charakterisieren. Der fundamentale Unterschied liegt darin, dass der Beratungsgesellschaft zugestanden wird, in die Klientenorganisation zu intervenieren. In der Klientenorganisation besteht keine organisationale Struktur wie beispielsweise der Vertrieb oder die Kommunikationsabteilung, die vorrätig gehalten wird, um auf Beraterkommunikationen zu reagieren. Wer sich auf Beratung einlässt, muss gleichsam eine wie auch immer geartete und mehr oder weniger prophylaktische Kommunikationsstruktur einführen, um auf Kommunikationen aus dem Beratungssystem reagieren zu können – und das *parallel* zum Alltagsgeschehen des genuinen Geschäftes. Reagieren bedeutet in dem Fall jedoch nicht, dass alles, was aus dem Beratungssystem an die Klientenorganisation adressiert wird, als positiv handlungsrelevant angesehen wird. Der Klientenorganisation bleibt es als Handlungsoption freigestellt, Informationen auch als irrelevant abzulehnen oder zu ignorieren (Baecker, 1998).

Wenn man sich genau anschaut, wie viel Zeit Beratungsprojekte brauchen, dann ist die Idee nicht mehr aufrechtzuerhalten, dass sie eine beschleunigende Funktion hätten. Beratungen sind vor allem *Zeitverzögerer, Entschleuniger,* obwohl auf der operativen Ebene der Umsetzung oft zu erleben ist, dass *Hektik und Hyperventilation* regieren (zur Entschleunigungsfunktion von Beratung vgl. Fuchs, 2004). Die Zeitverzögerung tritt vor allem auf drei Ebenen auf. Zum einen wird auf der Ebene der Entscheidung der Prozess verzögert, weil durch die Beratung Bestehendes neu bewertet wird, Alternativen ins Spiel gebracht werden – und darüber muss die Klientenorganisation (neu) entscheiden. Der Zeitgewinn entsteht also vor allem auf der Ebene von Management- und Führungskommunikationen respektive Entscheidungen. Die Entscheidung, bestimmte Fragestellungen durch eine Unternehmensberatung bearbeiten zu lassen, führt dazu, diese Entscheidungen durch das Ausarbeiten von guten Argumenten für oder gegen eine bestimmte Vorgehensweise vorzubereiten.

Während die operative Ebene Beratungsprojekte parallel zum Alltagsgeschäft der Organisation erledigen muss, verschafft sich die Entscheidungsebene der Organisation Luft, bis eine Entscheidung getroffen wird. Das trifft zumindest für alle Formen der Organisationsberatung zu, weniger hingegen, wenn technische Beratungen eingekauft werden, die beispielsweise zur Aufgabe haben, ein neues IT-System zu implementieren. Aber auch hier ist eine potenzielle Entschleunigungsfunktion beobachtbar: Solange das IT-System von Externen in der Unternehmung eingeführt wird, steht es derselben offen, zu entscheiden, dass es doch nicht zur Klientenorganisation passt. Eine solche Entscheidung wäre für die Unternehmung gut begründ- und nachvollziehbar.

Wir haben es also generell eher mit der Einführung von Unordnung auf der operativen Ebene zu tun. Dabei besteht die Unordnung allein schon in dem Sachverhalt, dass die operative Ebene der Klientenorganisation nicht weiß, wie lange sie das Bestehende noch so handhaben darf wie bisher und wann das Neue greift respektive greifen soll.

Die dritte Ebene ist die Beziehungsebene, es braucht Zeit, bis zu den Beratenden Vertrauen entsteht – das betrifft die operative *und* die Entscheidungsebene. Gerade die Hektik auf der operativen Ebene des Beratungsalltages wird von Beratenden nur deshalb produziert, um schnell dem Auftraggeber beweisen zu können, dass man in seinem Sinne unterwegs ist und Ergebnisse produziert, die dann zu dem entsprechenden Vertrauen, zu der entsprechenden Wahrnehmung von Steuerungsvermögen und Ordnung beitragen. Ergebnisse dürften ein starker Marker sein, wenn es darum geht, zum einen die Beziehung zu pflegen und zum anderen Differenzen zu minimieren, also wieder (das Gefühl) von Ordnung sicherzustellen.

Das Paradoxe am Verhältnis zwischen Beratungen und den sie anstellenden Klientenorganisationen ist, dass Elemente des Außergewöhnlichen genutzt werden, um der Organisation ihre Stabilität sicherzustellen, also zum Beispiel Hierarchie,

Kommunikationswege, Zweck-Mittel-Rationalität und Entscheidungsfähigkeit. Bereits aus der Werbe- und Marketingforschung ist bekannt, dass Unternehmen sich der Leistung von kreativen Werbeagenturen bedienen, um auf dem Markt aktuell oder in sehr naher Zukunft als überraschend anders wahrgenommen zu werden. Um das sicherzustellen, gehen Unternehmen vertragliche Partnerschaften mit Agenturen ein, die nach völlig anderen Logiken arbeiten, als sie es selbst tun (und tolerieren würden). Für eine Weile geben sie die Steuerungen aus der Hand, um eben jene Überraschungsmomente einkaufen zu können, welche die Aufmerksamkeit der Endkunden sicherstellen. Da das Ordnungsprinzip innerhalb der Klientenorganisationen derart hoch ist, finden Steuerungsversuche statt, die letztendlich nach einer bestimmten Zeit den potenziellen Überraschungseffekt vorgeschlagener Kampagnen immer weiter abschleifen, bis sich nach einer neuen Werbeagentur umgeschaut wird, die wieder in der Lage ist, zu überraschen (vgl. z. B. Dievernich, 2002). Die Zuschreibung verminderter Kreativitätskompetenz erfolgt einseitig: vom Klienten in Richtung der Agentur.

Organisation von (Un-)Ordnung

Problematisch ist die häufig geäußerte Vorstellung, dass es bei einem Beratungsmandat trotz des beschriebenen außer-ordentlichen Verhältnisses immer um die Schaffung von Ordnung auf Seiten der Klientenorganisation geht. Dies ist mitnichten so. Ordnung ist als ein beobachterabhängiges Konstrukt zu sehen. Ordnung wird, wie Eigenschaften, einer Situation zugeschrieben. Wenn man jemanden beobachtet, der eine bestimmte Situation als *in Ordnung, ordentlich* oder *geordnet* beschreibt, dann weiß man weniger über die tatsächliche Situation als vielmehr über die Perspektive der Person, welche die Situation so wahrnimmt und beschreibt (vgl. von Foerster, 1987). Und dennoch geht es darum, in Beziehungsepisoden ein *intersubjektives* Verständnis einer Ordnung zu erhalten, welches es beiden Seiten, oder man könnte auch sagen, welche es dem Beratungssystem ermöglicht, koordiniert, also aufeinander bezogen und verlässlich, mit dem Gefühl, die Situation kontrollieren zu können, zu handeln.

Da also das Beratungsverhältnis als ein außer-ordentliches zu beschreiben ist, tauchen die Elemente von Ordnung und Unordnung parallel zu dem Prozess des Organisierens (vgl. Weick, 1995) dieses außer-ordentlichen Beratungsverhältnisses auf, um mit dieser Unordnung und Ordnung umgehen zu können. Wenn Beratung nun als Funktion verstanden wird, zwischen noch nicht entschiedenen Alternativen und Varianten zu moderieren oder diese erst gar entstehen zu lassen (bzw. jenen Streit zu moderieren, der nach Baecker, 2011, die Form aller Veränderung in Organisationen ist), dann besteht für die an dieser Situation Beteiligten die Chance, in dieser durch die Beratung geführte Moderation ihre Perspektive zu variieren und gegebenenfalls erst einmal zu finden. Das würde für die ordnende Funktion von Beratung sprechen.

Geschieht dies, dann produziert Beratung einen Unterschied, auf den die Klientenorganisation in irgendeiner Weise reagieren muss. Darauf kann man (strukturell) vorbereitet sein oder eben gerade nicht, und genau das ist maßgeblich dafür verantwortlich, inwiefern die Intervention als Unordnung wahrgenommen wird oder eher als ordnendes Element. Dirk Baecker hat also Recht, wenn er davon spricht, dass Beratung »die Grenzziehung zwischen der Veränderung und den Verhältnissen in den Verhältnissen, die verändert werden sollen, verfügbar« (Baecker, 2011, S. 66) macht. Weiter heißt es bei ihm, dass die Chance der Beratung darin liegt, »sowohl die Veränderung als auch die Verhältnisse im Hinblick darauf zu variieren, wie sie unterschieden und als Teil derselben Form aufeinander bezogen werden« (S. 67) können.

Sinnstiftung

Geschieht eine Variation der Verhältnisse in der Klientenorganisation, dürfte die daraus resultierende Veränderung in einem ersten Schritt als Unordnung gegenüber den (bisher) bestehenden Verhältnissen wahrgenommen werden, während die Form der zeitlichen Auseinandersetzung dazu führt, dass eine (neue) Ordnung entstehen kann, dass also die neuen Unterscheidungen anschlussfähig in das sinnstiftende Unterscheidungssystem der Klientenorganisation integriert werden. Damit das geschehen kann, ist Organisation des Beziehungssystems auf der Metaebene notwendig, da daraus die Ressource des Vertrauens entsteht, welche ermöglicht, die (kurzzeitige) Unordnung des Systems voranzutreiben und diese auch auszuhalten.

Wie wichtig dieses Beziehungsmanagement ist, erkennt man, wenn verstanden wird, dass die Funktion des Beratenden grundsätzlich eine andere ist als die des Managers in der Klientenorganisation. Sie besteht darin, dass der Beratende »die Differenzen, die der Manager setzt [...] mit anderen Differenzen vergleicht, die sich dadurch vergrößern, oder mit Differenzen, die mit einem geringeren Aufwand eine verlässlichere Steuerungswirkung hätten. Der Manager setzt, der Berater vergleicht Strukturen« (Baecker, 2003, S. 339). Genau dadurch produziert er mit dieser neuen Unterscheidung eine Unordnung, die durch das Klientensystem in Ordnung transformiert werden muss. »Die Beratung konterkariert genau jene Steuerungs- und Planungserwartungen, wegen derer sie, betriebswirtschaft-

lich motiviert, ihren Auftrag erhält« (Baecker, 2003, S. 344). Peter Fuchs fokussiert
Gesagtes noch ein wenig anders, wenn er sagt, dass Beratungen erst jene Krisenlagen schaffen, die sie zu lösen antreten (vgl. Fuchs, 2004). Das verweist sogar
noch schärfer auf die Produktion von Unordnung, die dann durch eine Lösung
als ordnendes Prinzip geordnet werden soll, wobei aus Perspektive des Klienten-
systems die Lösung in ihrer Umsetzung ebenfalls auch erst als Unordnung wahrgenommen wird.

Unter den dargestellten Perspektiven wird sehr schnell klar, dass das Bera-
ter-Kunden-Verhältnis weniger eine Sache von Ordnung und Unordnung ist als
vielmehr eine Beziehung, die auf Differenzsetzung und gleichzeitig deren Minde-
rung ausgelegt ist (vgl. Dievernich u. Wetzel, 2011; Luhmann, 1988). Genau dies
ist der Grund für die Notwendigkeit eines komplexen Beziehungsmanagements,
welches Grundlage für ein erfolgreiches, das heißt Anschlussfähigkeit ermögli-
chendes Beratungssystem darstellt. Denn genau in dieser Form findet die Bearbeitung der Differenz statt, die Ordnung erträglich werden lässt, da sie mit Unsicherheit verbunden ist und/oder zweitens Ordnung schafft, weil dieser Raum genau
jenen Kontext darstellt, in dem ein Sensemaking-Prozess stattfinden kann. Karl
Weick geht davon aus, dass der Sinngebungsprozess in jenen Kontexten entsteht,
die von Unsicherheit und Unordnung gekennzeichnet sind (vgl. Weick, Sutcliffe
u. Obstfeld, 2005).

Bezüglich des Beratungsverhältnisses dürfte – zumindest anfänglich – Unsicherheit und die Gefahr von Unordnung auf beiden Seiten (Klient und Beraten-
der) vorliegen. Der Klient kann im Vorfeld und auch während der Beratung nicht
exakt wissen, welche Interventionen zu welchen Reaktionen in der Organisation
führen und umgekehrt kann der Beratende auch nicht wissen, welche Interventionen und welche Erfahrungen der Vergangenheit sich im Kontext des Klienten
als anschlussfähig erweisen. Daher greift Sensemaking, verstanden als kommunikativer Prozess der Unsicherheitsreduktion, auf sinnvolle Rahmen und Frag-
mente einer Vergangenheit zurück, um dem aktuellen Prozess Sinn zu verleihen
und darin Unsicherheit zu reduzieren (vgl. Weick et al., 2005, S. 409).

Aus Perspektive des Beratungsunternehmens genauso wie aus Perspektive
der Klientenorganisation mag es in Bezug auf ihre eigenen Sichtweisen der Situation keine Inkonsistenzen geben. Der Klient glaubt sein Unternehmen und sein
Anliegen (Problem) zu kennen und das Beratungsunternehmen glaubt ebenfalls
an seine Kompetenz, Erfahrungen und Lösungen, die es anbietet. Der Prozess des
Sensemaking taucht in direkter Berührung beider Perspektiven auf, von denen
aufgrund des Kontaktes eher nicht mehr klar ist, ob sie so, wie sie in der Vergangenheit angewendet wurden, durchzuhalten sind. Wir sehen also, dass der Prozess
des Sensemaking ein Element ist, Ordnung wiederherzustellen, wobei die Ergeb-

nisse dieses Sensemaking-Prozesses auf anderer organisationaler Ebene wieder Unordnungen produzieren können (z. B. Veränderung der Beratungsleistungen, Veränderungen des Produktionsprozesses des Klienten).

Betrachten wir in diesem Zusammenhang etwas genauer die Logik und die Funktion des Kontakt- oder Beziehungsmanagements als einen Mechanismus, um die Differenz zu reduzieren und Ordnung einer außer-ordentlichen Beziehung herzustellen. Ein wichtiges Instrument der Berater sind direkte Begegnungen, zum Beispiel in Workshops, sowie die Moderation von Interaktionen (Besprechungen, Sitzungen, Veranstaltungen etc.) im Klientensystem, welche es erlauben, dichte Kommunikationsräume herzustellen. In diesen Räumen entstehen Formen des Sensemaking und Ordnungen, in denen Beziehungen hergestellt, Vergleiche vorgenommen, Verankerungen und Vorurteile überprüft werden. Im Idealfall wird ersichtlich, dass all diese Zustände kontingent sind und dass sie im Sinne einer noch zu findenden neuen Ordnung auch anders zusammengesetzt werden können. Wir sehen, dass auch diese Beziehungsräume zwischen Ordnung und Unordnung variieren und selbst als außer-ordentliche Verhältnisse anzusehen sind.

Steuerung des Außer-Ordentlichen: Erste Schlussfolgerungen und Vorschläge

Wenn Gesagtes stimmt, dann dürften nun auch die Wichtigkeit und die Funktion eines Beziehungsmanagements und seiner Instrumente in der für die Beteiligten unsicheren Beratungssituation klar sein. Um welche Instrumente geht es dabei? Grundsätzlich zählen hierzu alle Methoden und Vorgehensweisen, welche Beziehungsepisoden, also Interaktion und Direktkontakt, ermöglichen. Hierzu gehören erstens die bereits angesprochenen Moderationen von Interaktionen, direkte Besprechungen und Workshops.

Zweitens zählen dazu alle Formen von Evaluationssystemen, welche die Optionen des direkten Kontaktes und der Reflexion inne haben. Wer gemeinsam evaluiert, schafft einen dichten Kommunikationsraum, da man sich gegenseitig erklären kann, warum man tut, was man tut. Zu Beginn des Beratungsverhältnisses erweisen sich alle möglichen Formen von Auftragsklärungen als wichtig, da dort gemeinsam Ziele, Inhalte, Vorgehensweisen und Wege diskutiert und festgelegt werden und so beschrieben wird, wie man miteinander arbeiten will. Gerade dieses Instrument ist machtvoll, weil es Vertrauen in einer noch unordentlichen Beziehung schafft und erste Differenzen abbauen kann. Beide Parteien erarbeiten sich idealerweise durch Mandatsklärung und Festlegen von Qualitäts- und Bewertungskriterien für den vor ihnen liegenden Prozess das Gefühl, dass Steuerung als Ordnung möglich ist. Während des gesamten Beratungsprozesses sind zudem Instrumente und Methoden wichtig, die auf das Schaffen von Prozessen des Ins-Gespräch-Kommens und der Perspektivenübernahme ausgerichtet sind. Hierzu gehören zum Beispiel authentisches Fragen und Zuhören, Mitdenken, nicht abwertendes Kommunizieren und konsensorientiertes, verlässliches Verhalten. All das sind Vorgehensweisen, die in den Beziehungsepisoden, welche die Basis für das Beratungssystem schaffen, eine Nähe und Verbindung zum Gegenüber herstellen und die Voraussetzung dafür schaffen, dass ein gemeinsamer Sensemaking-Prozess entstehen kann. Sie zielen darauf ab, das außer-ordentliche Verhältnis zu steuern, um im Sinne einer Unsicherheitsabsorption die vorhandenen Sinndifferenzen zu glätten und dann parallel in einem mehr oder weniger turbulenten Wellengang die Klientenorganisationen mit neuen und anderen Unterscheidungen zu versorgen, so dass eine Reflexion und Entscheidung über die bisher durch das Management eingesetzten Unterscheidungen erfolgen kann (vgl. zu den Tools zu einer nachhaltigen Kontaktpflege Dievernich, 2011).

Unternehmensberatung – nun greifen wir wieder unsere anfänglichen Bemerkungen auf – übernimmt eine Mittlerfunktion zwischen gesellschaftlichen, organisationalen und individuellen (personalen) Trends respektive Trendbeschreibungen auf der einen und den Handlungslogiken der jeweiligen Klientenorganisation auf der anderen Seite. Beratung ist ein Katalysator in der Differenzminimierung zur Gesellschaft. Beratung verringert vorhandene und schafft gleichzeitig neue Differenzen. Denn: Erstens sind Beratungsgesellschaften selbst Organisationen und müssen sich à jour halten, also sich selbst mit Beobachtungen versorgen, um zeitgemäße Dienstleistungen anbieten zu können. Zu viel Unordnung würde auch hier stören, so dass sie diesen Zugang über Klientenaufträge regeln, welche wiederum die Voraussetzungen dafür sind, Beratung durchführen zu können (anschlussfähiger Kompetenzaufbau). Zweitens produzieren Beratungen Lösungen, die wiederum zur Unordnung in der Gesellschaft und in Klientenorganisationen beitragen können, also die Differenz zu diesen erhöhen. Wir sehen, dass auf außer-ordentliche Verhältnisse die daran Beteiligten nur mit Ausdifferenzierungen reagieren können, wollen sie in diesem gesellschaftlichen Spiel bleiben. Und wer das nicht kann, braucht wohl eine außer-ordentliche Beratung.

Was aber, wenn es diese gar nicht geben kann, wenn die bereits genannte Idee von Peter Fuchs – Beratungen schaffen erst jene Krisenlagen, die sie dann vorgeben zu lösen – in einer Ökonomie, deren Organisationen bereits den Einsatz von Unternehmensberatungen vorwegnehmen, Beratung unmöglich werden lässt, obwohl sie doch laufend stattfindet? Was kann dann noch die Funktion von Beratung sein? Beratung könnte, so wie es Dirk Baecker mal in Bezug auf die Kultur und Kommunikation gesagt hat, eine Joker-Funktion (Baecker, 2000; Baecker,

2001) übernehmen, in dem sie selbstorganisierte Veränderungen anregt, bevor sie auf den Plan getreten ist. Bereits die Kommunikation über den möglichen Einsatz von Unternehmensberatung kann in den potenziellen Klientenorganisationen dazu führen, dass Veränderungen ausgelöst werden, welche die Themen der Unternehmensberatungen anschlussfähig erscheinen lassen.

Die Praxis der Großkonzerne zeigt, dass der Einsatz von Unternehmensberatungen den Normalfall darstellt. Die Gestaltung organisationaler Prozesse, genauso wie die Durchführung von Veränderungsprojekten findet so gut wie nicht mehr ohne den Einsatz von Unternehmensberatungen statt. Folglich muss das gelten, was wir bereits bezüglich der Sensemaking-Prozesse mit Rückgriff auf Karl Weick gesagt haben. Es liegen – vermutlich – genügend Erfahrungen innerhalb der Klientenorganisationen mit Beratungsgesellschaften vor, dass ein möglicher Einsatz nicht zu einer unsicheren Situation führt, die nach Auflösung trachtet, sondern sogar eine Situation schafft, die Sicherheit produziert. Dies, weil nicht mehr unbekannt ist, was nun geschehen wird. Folglich können wir nun die Annahme formulieren, dass sich diese Organisationen mittlerweile in der Situation befinden, dass es für sie eine größere Intervention und Störung ist, nicht auf Beratung zurückgreifen zu können, als mit dieser kalkulieren zu müssen. Skizzenhaft wären daraus zwei Schlussfolgerungen zu ziehen.

Die Erste lautet, dass all jene (beratungsgewöhnten) Unternehmen Beratungen einsetzen sollten, die möchten, dass ihre Organisation die Möglichkeit hat, im Vorgriff und in eher evolutionären Schritten das System so zu gestalten, dass das, was das Unternehmen und die Beratungsgesellschaften in Ko-Produktion erarbeiten, auch integrierbar ist.[3] Die Rolle des Managements bestünde dann darin, genau darauf zu achten, ob diese selbstorganisierten Veränderungsprozesse ablaufen oder ob die Organisation lediglich ein Selbstmanagement betreibt, um Beratung unschädlich zu machen, in dem sie die Mitarbeit und die sich daraus ergebenden Veränderungen vorheuchelt (vgl. zur Figur der Hypocrisy Brunsson, 1989).

Die zweite Schlussfolgerung vermutet, dass es in einem solchen Fall hilfreich wäre, einem solchen Klientensystem die Beratung zu entziehen, so dass das System irritiert ist und dadurch mit einer unsicheren Situation umgehen muss, die es dazu befähigen kann, Kompetenzen und Veränderungen auszubilden. Aber auch hier muss das Management genau darauf achten, wie die Reaktion des Systems ausfällt. Es ist logischerweise nicht zielführend, würde das System in eine

---

3   Es sei angemerkt, dass dazu auch das Spiel der Ablehnung und Abstoßung von erarbeiteten Konzepten aus der Beratung gehört. Diese finden auf einer *Vorderbühne* (Goffman) statt, während hinter den Kulissen bereits die veränderte Organisation arbeitet. Wohl klar dürfte auch sein, dass es sich eher um Veränderungen in der Größenordnung evolutionärer Beobachtungskategorien handelt.

pfadabhängige Starre fallen, so dass keine notwendigen Anpassungsreaktionen mehr an die Umwelt erfolgen. Es bräuchte folglich die Begleitung dieses Systems respektive seiner Mitglieder, wie ein Selbstlernen, ein eigener Kompetenzaufbau ohne Beratung erfolgen kann.

Eine solche Sichtweise hat für die pragmatische Frage nach der Qualitätssicherung von Beratung massive Folgen. Der bereits weiter oben ausgeführte Gedanke, dass Beratung stets eine Ko-Produktion zwischen Auftraggeber und der Unternehmensberatung ist, sowie der an dieser Stelle ausformulierte Gedanke, dass vor allem das Management von Beratungseinsätzen im Hinblick auf die Weiterentwicklung der Organisation relevant wird, macht deutlich, dass, wenn an den Stellhebeln zur qualitativen Weiterentwicklung von Beratung angesetzt werden soll, dies vor allem beim Klienten und weniger bei den Beratungsunternehmen erfolgen muss. Es braucht das Verständnis über die in diesem Beitrag dargestellten Mechanismen von Beratung, die nur aufgrund der jeweiligen Situation bzw. vor dem Hintergrund und mit Kenntnis der Folie der Organisation, eingeschätzt werden kann. Es braucht letztendlich den außergewöhnlichen Umweg, Klienten über die Funktionsweisen von Beratung sowie über die Logiken zu informieren, um das Feld der Unternehmensberatungen in Form, Qualität und Inhalt weiterzuentwickeln.

Dies bestätigt auch eine Interviewstudie aus dem Jahr 2011 des Schweizer Forschungsprojekts »Exzellenz in der Beratung«[4], in der dreißig Klienten dazu befragt wurden, ob und mit welchen Instrumenten sie die Qualität von Beratungsprozessen in den Mandaten, die sie in Auftrag geben, sicherstellen. Die Befragungsergebnisse waren vor dem Hintergrund vorgängiger Erfahrungsberichte der zum Konsortium gehörenden Klienten und Beratenden nicht überraschend, aber in ihrer Eindeutigkeit frappierend: Klientenorganisationen sind danach in den allermeisten Fällen weder personell noch strukturell darauf vorbereitet, die Qualität von Beratungsprozessen systematisch zu evaluieren und Mandate damit dialogisch zu führen. Sie verfügen kaum über Instrumente zur Zwischen- oder Abschlussevaluation von Mandaten, die einen Anlass geben würden, gemeinsam mit den Beratenden darauf zu schauen, wo man steht, was erreicht wurde und wo man den Prozess vielleicht anpassen sollte. Zudem wünschen sich die befragten Klienten Instrumente zur Unterstützung bereits für die Phase vor Beginn des Beratungsmandates bei der Bedürfnisanalyse (Wozu brauche ich Beratung?), der Beraterauswahl (Wer passt zu mir?) und der Mandatsklärung (Was soll erreicht werden?). Im Moment werden Beratungsmandate sehr häufig so vergeben, dass man die Bera-

---

4   Informationen über das Projekt und ein Zugang zum Instrumentarium zur Kundenprofessionalisierung finden sich unter www.beratungsexzellenz.ch.

tenden kontaktiert, mit denen andere Personen aus dem privaten und beruflichen Netzwerk gute Erfahrungen gemacht haben. Eine ausführliche Vorbereitung vor dem ersten Kontakt findet genauso wie eine Zwischenevaluation in den seltensten Fällen statt und über Offerten wird vielerorts aus dem Bauch heraus entschieden.

In diesem Zusammenhang taucht wieder Zeitlichkeit als Thema auf: Obwohl den befragten Klienten bewusst ist, dass sowohl eine sorgfältige Vorbereitung und Mandatsklärung als auch regelmäßige (Zwischen-)Evaluationen ihnen die Möglichkeit zur (dialogischen) Steuerung der Qualität von Beratungsprozessen geben, weil diese einen Kontaktraum eröffnen, empfinden die Klienten den Zeitaufwand dafür im Tagesgeschäft häufig als zu hoch oder gar als Zusatzaufwand, der nicht zum eigentlichen Beratungsprozess gehört. Paradoxerweise wissen sie gleichzeitig, dass sie potenziell viel Zeit sparen könnten und bessere Ergebnisse aus dem Beratungsmandat erhalten würden, wenn sie in Mandatsvorbereitung und systematische Evaluation Zeit investieren würden. Trotzdem gibt es bisher noch keine Habitualisierung von Prozessevaluation in Beratungsprozessen, die vom Klienten ausgeht. Ein Grund dafür könnte sein, dass es bisher kein systematisches Instrumentarium gab, welches auf die Professionalisierung des Klienten zugeschnitten sowie für ihn einfach zugänglich war und dessen Anwendung als verbindlicher Qualitätsstandard in der eigenen Organisation geeignet wäre. Das oben erwähnte Projekt hat ein solches über die Projektwebsite öffentlich zugängliches Instrumentarium zur Kundenprofessionalisierung entwickelt.

Dieses oder ein ähnliches Instrumentarium in Klientenorganisationen ins Spiel zu bringen wird eine Herausforderung, eben weil diese Organisationen ein verändertes Verständnis auf der Ebene der Zeitlichkeit entwickeln müssten, um das Instrumentarium wie auch den Prozess, in dem es verwendet wird, strukturell als Qualitätsstandard in die Entscheidungsstrukturen ihrer Organisation einbetten zu können. Zur Unterstützung beim Aufbau eines solchen Verständnisses sind (auch) Beratende und Beratungsverbände gefragt, die sich professionelle Klienten wünschen, genauso wie Hochschulen, die Führungs- und Projektmanagementkompetenzen lehren – Beratungsmandate professionell zu führen ist eine der großen Herausforderungen einer Führungsrolle und sollte auch als solche kommuniziert und verstanden werden.

Literatur

Baecker, D. (1995). Durch diesen schönen Fehler mit sich selbst bekannt gemacht. Das Experiment der Organisation. In B. Heitger, C. Schmitz, P.-W. Gester (Hrsg.), Managerie. 3. Jahrbuch. Systemisches Denken und Handeln im Management (S. 210–230). Heidelberg: Carl-Auer Verlag.

Baecker, D. (1998). Zum Problem des Wissens in Organisationen. Zeitschrift für OrganisationsEntwicklung, 17 (3), 4–21.

Baecker, D. (2003). Was tut ein Berater in einem selbstorganisierenden System? In D. Baecker (Hrsg.), Organisation und Management. Frankfurt a. M.: Suhrkamp.

Baecker, D. (2011). Organisation und Störung. Frankfurt a. M.: Suhrkamp.

Brunsson, N. (1989). The organization of hypocrisy. Talk, decisions and actions in organizations. Chichester: Wiley.

Dievernich, F. (2002). Das Ende der Betriebsblindheit. München u. Mering: Rainer Hampp Verlag.

Dievernich, F. (2011). Beratung ist nicht Wissen, sondern Kontaktpflege. wissensmanagement, 13 (7), 48–49.

Dievernich, F., Wetzel, R. (2011). Der Tanz des Managements. Zeitschrift für OrganisationsEntwicklung, 1, 65–70.

Exzellenz in der Beratung (o. J.). Zugriff am 30.04.2013 unter http://www.beratungsexzellenz.ch.

Foerster, H. von (1987). Entdecken oder Erfinden – Wie lässt sich Verstehen verstehen? In W. Rotthaus (Hrsg.), Erziehung und Therapie in systemischer Sicht (S. 22–58). Dortmund: Verlag modernes Lernen.

Fuchs, P. (2004). Die magische Welt der Beratung. In R. Schützeichel, T. Brüsemeister (Hrsg.), Die beratene Gesellschaft. Zur gesellschaftlichen Bedeutung von Beratung (S. 239–257). Wiesbaden: VS Verlag für Sozialwissenschaften.

Kaube, J. (2000). Die Nachwachen der Bürodiener. Einlass in den Nachlass und die aktenkundigen Angestellten im System: Niklas Luhmann über Organisation und Entscheidung. FAZ vom 17.02.2000, S. 62.

Kühl, S. (2011). Organisationen. Wiesbaden: VS Verlag.

Luhmann, N. (1973). Zweckbegriff und Systemrationalität. Über die Funktion von Zwecken in sozialen Systemen. Frankfurt a. M.: Suhrkamp.

Luhmann, N. (1975). Macht. Stuttgart: Enke Verlag.

Luhmann, N. (1984). Soziale Systeme. Grundriß einer allgemeinen Theorie. Frankfurt a. M.: Suhrkamp.

Luhmann, N. (1988). Die Wirtschaft der Gesellschaft. Frankfurt a. M.: Suhrkamp.

Luhmann, N. (1990). Was tut ein Manager in einem sich selbst organisierenden System? Ein Gespräch mit Niklas Luhmann. gdi-impuls, 8 (1), 11–16.

Luhmann, N. (2000). Organisation und Entscheidung. Opladen: Westdeutscher Verlag.

Luhmann, N. (2005). Communication barriers in management consulting. In D. Seidl, K. H. Becker (Eds.), Niklas Luhmann and organization studies (pp. 351–364). Copenhagen u. Malmö: Copenhagen Business School Press and Liber.

Müller, W. R., Nagel, E., Zirkler, M. (2006). Organisationsberatung: Heimliche Bilder und ihre praktischen Konsequenzen. Wiesbaden: Gabler Verlag.

Selvini Palazzoli, M., Anolli, L., Di Blasio, P., Giossi, L., Pisano, J., Ricci, C., Sacchi, M., Ugazio, V. (1995). Hinter den Kulissen der Organisation. Stuttgart: Klett-Cotta.

Selvini Palazzoli, M., Bosocolo, L., Cecchin, G., Prata, G. (1977). Paradoxon und Gegenparadoxon. Stuttgart: Klett-Cotta.

Weick, K. (1985). Sensemaking in organizations. London: Sage.

Weick, K. (1995). Der Prozess des Organisierens. Frankfurt a. M.: Suhrkamp.

Weick, K. E., Sutcliffe, K. M., Obstfeld, D. (2005). Organizing and the process of sensemaking. Organization Science, 16 (4), 409–421.

Wolf, P., Hilse, H. (2009). Wissen und Lernen. In R. Wimmer, J. O. Meissner, P. Wolf (Hrsg.), Praktische Organisationswissenschaft. Lehrbuch für Studium und Beruf (S. 118–143). Heidelberg: Carl-Auer Verlag.

Die Autorinnen und Autoren

Barbara Ahrens, Diplom-Psychologin, arbeitet als selbstständige Management- und Karriereberaterin mit den Schwerpunkten Managementdiagnostik, Personalentwicklung und Coaching (www.barbara-ahrens.de).

Volker Bauer, Diplom-Psychologe, selbstständig als systemischer Organisationsberater und Coach, langjähriger Geschäftsführer der osb hamburg (www.osb-i.com) und Mitbegründer des NetzwerkX (www.netzwerkx.de). Er ist Lehrbeauftragter der ersten Stunde im Weiterbildungsstudium Arbeitswissenschaft an der Leibniz Universität Hannover (www.wa.uni-hannover.de).

Andreas Bergknapp, Prof. Dr., Sozial-Ökonom, ist Professor für Sozialwissenschaften, insbesondere Organisationsentwicklung und Personalmanagement an der Fachhochschule Nordhausen (www.fh-nordhausen.de) und Leiter des Instituts für Coaching und Organisationsberatung (ICO) in Augsburg (www.ico-online.de).

Frank E. P. Dievernich, Prof. Dr., Betriebswirt und Soziologe, ist Professor für Organisation, Führung und Personal an der Hochschule Luzern – Wirtschaft, Competence Center General Management (www.hslu.ch). Zuvor Managementfunktionen in Industrie und Beratung. Systemischer Businesscoach und Lehrtrainer. Partner an der Witten School of Management GmbH.

Markus Hänsel, Dr. sc. hum., Erziehungs- und Sozialwissenschaftler, Diplom-Musiktherapeut (FH), ist selbständig im Bereich Coaching, systemische Organisationsberatung und Führungskräfteentwicklung (www.professionelle-intuition.de).

Axel Haunschild, Dr. rer. pol., ist Professor für interdisziplinäre Arbeitswissenschaft und Direktor des Instituts für interdisziplinäre Arbeitswissenschaft an der Leibniz Universität Hannover.

Thomas Hoebel, Soziologe M. A., ist wissenschaftlicher Mitarbeiter mit dem Schwerpunkt Organisationssoziologie an der Fakultät für Soziologie der Universität Bielefeld (www.uni-bielefeld.de).

Jens Kersting, Diplom-Psychologe, ist systemischer Familientherapeut in einer großen Jugendhilfeeinrichtung in Ost-Westfalen (http://www.salvator-kolleg.de) sowie selbstständig tätig als systemischer Organisationsberater und Coach.

Sven Kette, Dr. phil., Diplom-Soziologe, ist wissenschaftlicher Mitarbeiter mit dem Schwerpunkt Organisationssoziologie an der Fakultät für Soziologie der Universität Bielefeld (www.uni-bielefeld.de).

Jens O. Meissner, Prof. Dr., Betriebswirt, ist Professor für Organisation und Innovation sowie Ko-Leiter des Masterstudiengangs Risk Management an der Hochschule Luzern (www.hslu.ch) – Wirtschaft sowie Verwaltungsrat des Instituts für Wirtschaftsstudien Basel AG (www.iwsb.ch).

Tom Mosblech, Diplom-Psychologe, systemischer Organisationsberater und Coach, ist Partner der Organisationsberatung Wengel & Hipp in Frankfurt a. M. (www.wengelundhipp.de).

Audris Alexander Muraitis, Diplom-Sozialwissenschaftler, ist wissenschaftlicher Mitarbeiter am Wittener Institut für Familienunternehmen der Universität Witten/Herdecke (www.uni-wh.de). Ausgebildeter Trainer und Berater (www.audris-muraitis.de).

Jochen Schweitzer, Prof. Dr. rer. soc., Diplom-Psychologe, leitet die Sektion Medizinische Organisationspsychologie im Zentrum für Psychosoziale Medizin der Universität Heidelberg. Er ist lehrender Supervisor und Lehrtherapeut für Systemische Therapie am Helm-Stierlin-Institut, Vorsitzender der Deutschen Gesellschaft für Systemische Therapie, Beratung und Familientherapie (DGSF) sowie Begründer der Heidelberger Tagungen für Systemische Forschung.

Silke Seemann, Dr., ist selbstständig in den Bereichen systemtheoretische Organisationsforschung und -beratung, zudem Dozentin an den Universitäten Innsbruck, Salzburg und Hannover sowie der Zeppelin Universität Friedrichshafen (www.silke.at).

Harald Tuckermann, Dr. oec. HSG, Wirtschaftswissenschaftler, leitet seit 2003 das Forschungsprogramm HealthCare Excellence (www.healthcaremanagement. ch) und ist Vizedirektor des Instituts für Systemisches Management und Public Governance der Universität St. Gallen (www.chc.unisg.ch).

Gereon Uerz, Dr. phil., Soziologe und Experte für Corporate Foresight, arbeitet als Projektleiter in der Konzernforschung der Volkswagen AG (www.ueber-morgen.de).

Martin Vogel, Diplom-Psychologe, verfügt über langjährige Erfahrung als freiberuflicher Organisationsberater und ist wissenschaftlicher Mitarbeiter am Institut für interdisziplinäre Arbeitswissenschaft der Universität Hannover.

Patricia Wolf, Prof. PD Dr., Betriebswirtin, ist Professorin an der Hochschule Luzern – Wirtschaft, Leiterin des Interdisziplinären Schwerpunkts »Creative Living Lab« und Forschungskoordinatorin des Instituts für Betriebs- und Regionalökonomie (www.hslu.ch) sowie Privatdozentin an der ETH Zürich.

Mirko Zwack, Dr., Ökonom und Psychologe (Mag.), arbeitet als Unternehmensentwickler und Coach (www.mirkozwack.de).

Sachregister

A

Adresse, soziale 42 f.
Allparteilichkeit 30
Anforderungsanalyse 117–122
Anschlussfähigkeit 26, 36, 64, 85, 148, 248 f., 251, 256
Ärger 13, 56, 59–61, 63–67, 69–74
Aufgabenorientierung 84, 86 f.
Aufmerksamkeit 79 f., 114, 150, 193, 232, 254
Aufstellungen 37, 122
Auftrag 29, 34, 249
    Dreiecksauftrag 34
Auftragskarussell 136
Auftragsklärung 33, 257
Ausnahme 11, 116, 129, 131, 133, 137, 143 f.
Außer-Ordentlichkeit. Siehe Außer-Ordnung
Außer-Ordnung 10, 13, 58, 102, 125, 127, 141, 143, 146, 178, 188, 195, 198, 218, 229, 241, 246, 248, 250, 254, 257
Auswahlverfahren 110–112, 115 f.
Autopoiesis 25 f., 36, 162, 195, 246

B

Beobachter 25, 31, 37, 58, 60, 72, 104, 113, 116, 121, 123, 180, 236, 240, 242
Beobachtung 31, 58, 75, 98, 104, 113, 129, 142, 184, 187, 191, 194, 204, 236, 240–242
Beobachtungsfehler 116, 123
Beobachtung zweiter Ordnung 58, 104
Berater 22, 25, 27, 29–31, 33 f., 36 f., 56, 58, 72, 106, 172, 186, 231 f., 235 f., 240, 250, 255, 257
Beratung 13, 17, 21–23, 25, 27–34, 37 f., 78, 95, 108, 129, 142, 184, 205, 231, 235, 242, 246, 249–256, 258–260
Beratungsmandate 249, 260 f.
Beratungssystem 250, 252, 254, 256, 258
Bewusstsein 25, 28, 42 f., 71, 99, 103, 162, 227
blinder Fleck 150, 162 f., 174
Burnout 68, 174
Bürokratie 48, 59, 133, 141

C

Change. Siehe Veränderung
Chaos 11, 26, 57 f.
Coaching 68, 92
CultureClub 235
    Interventionsebenen 238 f.

D

Diagnose 30 f., 107, 113, 117 f., 149, 164
Dialog 67, 123
Differenz 11, 26, 57, 74, 138, 175, 181, 191, 195, 213, 253, 255–258
Dilemma 141, 144, 149, 228
Doppelspitze 135
doppelte Kontingenz 40 f., 45
Dritte, der 15, 133, 142
Dyade 133

E

Eignung 15, 110 f., 113, 115, 125
Eignungsdiagnostik 15, 110, 112–114, 125
Einfluss 52, 140 f., 148, 159
Emotion 13, 28, 59, 61–64, 69, 76
Emotionsarbeit 59
Entscheidung 14, 16 f., 50 f., 86, 112, 118, 122 f., 127, 132, 136, 140, 142, 180–182, 184, 186, 190, 195, 227, 231 f., 244, 246 f., 253, 258
Entscheidungsprämisse
    unentscheidbare 225, 236
Erfahrungswissen 33, 192 f.
Erfolg 88 f., 108, 111, 119, 149, 188
Erfolgsgeschichten 119, 121
Erwartung 43 f., 46–49, 51, 190, 204, 213, 223
Erwartungserwartungen 45 f.

F

Fragen 35, 84, 94, 258
    systemische 35, 120
    zirkuläre 22, 35

Führung 38, 82, 128, 138, 143, 148–155, 161, 229, 231
Führungskraft 48, 51 f., 72 f., 88, 119, 127 f., 132–136, 138–140, 142 f., 223
Funktion 14 f., 22, 24, 26, 29 f., 48, 80, 82, 85, 88 f., 98, 101, 103, 115, 129, 132, 141 f., 148, 178, 180, 225, 254 f., 258
Fusion 151, 199, 210–214, 216
    Fusion von Gleichen 213, 216 f.

G
Gefühl 13, 65, 84, 89, 97, 116, 253, 257
Gegenwart 16, 178 f., 181–183, 195, 229
Generalisierung von Erwartungen 47, 50, 52–54
    sachliche 48, 51
    soziale 48, 52
    zeitliche 48, 50
Gerücht 197 f., 200, 202
Geschichte 99, 119, 178, 182, 184, 214
Gesellschaft 129, 142, 169, 171 f., 174, 178 f., 187, 191, 205, 208, 246, 248, 251, 258
Gesundheit 68, 160, 174
Grenze 53, 57, 68, 71, 163, 172

H
Hierarchie 70, 72 f., 85, 88, 100, 131, 141, 144, 150, 188, 230 f., 247, 250, 253
Humor 14, 94 f.
    konservierter 106
    situativer 106
Humoranalyse 94, 107
Humortheorien 97

I
Individuum 13, 56 f., 68, 71, 74, 110, 248
Information 90, 104, 161, 181, 184, 204, 206
informelle Organisation. Siehe Organisation
Inklusion 82, 246
Innovation 15, 159, 161, 163, 170, 172, 175, 185, 194, 249
    Produktinnovation 15, 161
    Prozessinnovation 15, 160 f.
Innovationsmanagement 16, 175, 192
Innovationssystem 166 f., 175
Instabilität 11, 73
Intervention 113, 118, 147, 156, 250 f., 256, 259
    humorvolle 107
    paradoxe 36
Intuition 115–117, 122, 125 f.

Irritation 36, 56, 128, 168, 175, 190–193, 195, 247

K
Karrieremosaik 124
Katastrophe 19, 66
Kernkompetenzen 115, 124, 162 f.
Klientenorganisation 249–256, 258
Kommunikation 25–27, 38, 42 f., 45, 56, 72, 74, 82–84, 89, 91, 94, 99, 102–105, 107, 148 f., 151, 153 f., 161, 180, 182 f., 185, 193, 195, 245, 258
    Strukturierung von 151–155
Kommunikationswege 130 f., 223, 225, 254
Kompetenz 117, 121, 123, 148, 256
Komplexität 22 f., 31, 37, 43 f., 57, 61, 156, 162, 175, 195, 229
Konfirmation 191 f., 195
Konstruktivismus 25, 37, 56, 60, 65, 74, 113, 180
Kontext 14, 24, 27 f., 32 f., 35, 56, 69, 77 f., 84, 102, 113, 148, 150, 153, 191, 205, 256
Kontingenz 26, 40, 43–45, 104, 138, 189, 257
Kooperation 138, 143, 152, 220
Krankenhaus 146, 148 f.
Kränkung, persönliche 85 f.
Kreativität 38, 107, 173, 189 f.
Kultur. Siehe Organisationskultur
Kundensystem 22, 31, 36
Kybernetik 23–25

L
Lachen 95, 97 f., 106
Legitimation 142, 148, 155
Leitbild 179, 231–233, 235 f., 242
Lernen 17, 32 f., 164
    organisationales 163
Lösung 30, 32, 34–36, 60, 192, 231, 249, 251, 256
Lösungsorientierung 32

M
Macht 26, 50, 73, 90, 92, 139 f., 142, 148, 232 f.
Management 17, 78, 127 f., 148 f., 155–157, 162, 166, 171, 175, 184, 190, 223 f., 228, 231 f., 243, 253, 258–260
    reflexives 156
Mensch 25, 32, 39, 42, 67, 80, 97, 164, 178
Misserfolg 88 f., 149, 188
Misstrauensspirale 206
Mitgliedschaft 13, 46, 49, 51, 83, 100, 104, 246, 250
Mitgliedschaftsbedingung 50, 52, 100, 140

Mitgliedschaftsrolle 50 f., 53
Möglichkeitskonstruktion 35
moralische Kommunikation 84, 89 f.
Musturbationen 66

N
Nasenfaktor 116
Netzwerk 94, 149, 170 f., 243, 249, 261
Neurowissenschaft 27
Neutralität 30
Nichtwissen 16, 44
Normalfall 137, 259
Normen 47 f., 64, 70, 72, 101, 226
Nutzen 14, 78, 80, 146, 160

O
Ordnung 9, 39, 42, 47, 49, 53 f., 57, 77, 94, 104,
    130, 141, 146, 178, 182, 188, 195, 223, 230,
    246, 248 f., 251 f., 254
Ordnungsbildung 44, 230
Ordnungsprinzipien 246, 248
Organisation 18, 39, 47, 49, 57, 83, 85, 90, 94,
    99, 104, 110, 125, 163, 166, 179 f., 183–185,
    207, 223, 227 f., 237, 243, 246, 250, 253 f.,
    256, 259
    Ablauforganisation 160
    Aufbauorganisation 160
    formale 14, 49, 51 f., 54, 99 f., 102, 105, 130 f.,
        142, 197, 199, 223, 225
    informelle 14, 52, 99, 164, 224, 247
Organisationsanalyse 105 f., 200
Organisationsaufstellungen. Siehe Aufstel-
    lungen
Organisationsentwicklung 32, 118, 120, 163, 251
Organisationskatastrophen. Siehe Katastro-
    phe; Siehe Katastrophe
Organisationskultur 16, 29, 72 f., 78, 105, 192,
    214, 223–225, 227–231, 233 f., 236 f., 241 f.

P
Paradoxie 11, 15–17, 49, 99, 133–136, 141, 144,
    146–151, 153 f., 165 f., 195, 224, 228, 233, 242,
    244
    Entfaltung 11, 15 f., 144, 147, 153, 166, 195
    Handhabung von 149, 154
Passung 15, 110–117, 121 f., 125, 168, 227
Passung-Center 117 f., 120, 122
Passungsprüfung 15, 117, 120, 122, 124 f.
peripheres Sehen 193
Person 13, 41–43, 48, 51, 56, 80, 82–86, 88 f.,
    112, 125, 130 f., 134, 136 f., 142, 246–248, 254

Personal 111, 137, 220, 224 f., 243, 251
Personalauswahl 14, 110 f., 113–118, 120, 125
Platzhalter 135, 139
Problem 29, 31, 34 f., 192, 249, 256
Programme 86, 225
    Konditionalprogramm 86–88, 247
    Zweckprogramm 88, 247
Programmierung von Arbeit 86
Projekt 148, 186, 212, 231 f., 234–236, 240–242
Prophezeiung 16, 197–203, 207–218
    selbsterfüllende 198, 200, 217
    selbstzerstörende 198, 209
Prozessmanagement 160
Prozessorientierung 30

Q
Qualität 194, 260 f.

R
Realitätsverdoppelung 207
Reflecting Team 121 f.
Reflexivität 46, 206
Reframing 36, 92
Regel 70–72, 83, 137 f., 230 f.
    implizite 29, 72
Repertory Grid 119, 122
Ressource 30, 32, 115–117, 123, 185, 193, 247,
    255
    Verknappung 150
Ressourcenorientierung 32
REVT 13, 56 f., 65–68, 71, 74
Rolle 34, 48, 51 f., 83, 95, 134, 247, 259
    latente 141
Rollenkonflikt 48, 51 f.
Routine 48, 137 f., 242
    defensive 174

S
Sachdimension 51, 53
Schauseite der Organisation 223
Scheinheiligkeit 215
Scheitern 20, 150, 193, 198 f., 202, 207, 211
Selbstbeobachtung 77, 149, 153, 156
Selbstorganisation 25, 27, 29, 32, 38
Sensemaking 225, 251, 256–258
Signale, schwache 180
Sinn 44, 53, 69, 119, 131, 138, 182
    Sinndimensionen 48
Sozialdimension 52 f.
soziale Konstruktion 113, 183 f., 252
soziale Mechanismen 202 f.

Spannungsfeld 188
  Irritation vs. Konfirmation 191
  Kreativität vs. Wissenschaftlichkeit 189
  Langfrist- vs. Kurzfristorientierung 188
Stabilität 11, 15, 47, 49, 51, 70, 138, 144, 149, 155
  Erwartungsstabilität 51 f.
Status 36, 52, 101, 140, 148
Stelle 110 f., 113, 122, 127, 130–134, 136–139,
  142 f., 163, 260
Stellenordnung 141
Stellvertreter. Siehe Stellvertretung
Stellvertretung 15, 128–133, 135–138, 141, 143
Steuerung 21, 252 f., 257, 261
Strategie 16, 155, 161, 179, 185–188, 203, 224
Streit 254
Stress 68, 173
Struktur 44, 46, 56–59, 68–70, 99, 147, 156, 161,
  182, 224, 243, 248
  Erwartungsstrukturen 45 f., 49, 54, 103
  formale 54, 99, 132, 247
Strukturationstheorie 13, 57, 59, 69, 74
Systemaufstellungen. Siehe Aufstellungen
Systeminnovation 16, 159, 161, 169–172, 175
systemisches Denken 22, 113, 118, 120

T
Timing 192, 194, 212
Triade 133
Trivialität 128

U
Überraschung 46, 107, 181, 227
Unentscheidbares 149, 157, 195
Unordnung 10 f., 17, 19, 37, 49, 57, 168, 175, 180,
  195, 246, 249, 251, 253–258
Unsicherheit 11, 131, 140, 187, 252, 256
  Absorption von 100, 256, 258
Unsicherheitszonen 140
Unternehmensberatung 23, 251, 253, 258–260
Unternehmenserneuerung 159, 161–163, 175
Utopie 178 f.

V
Veränderung 15, 17, 22, 29–31, 36, 47, 76, 92,
  138, 146–148, 150 f., 153 f., 156, 159, 163 f.,
  186, 231, 235, 240, 255, 257
  Suspendierung von 151, 153 f.
Verantwortung 30, 50, 88, 131, 149, 173
Vergangenheit 16, 178 f., 181–183, 195, 205,
  228 f., 232, 234, 256
Verhaltenserwartungen. Siehe Erwartung
Vernetzung 23, 32, 155
Vertrauen 205–208, 220, 243, 253, 257
Vision 16, 35 f., 179

W
Wandel 15, 146 f., 153, 161, 164–166, 174, 189,
  233
Wertschätzung 13, 77–84, 89–91
Wertschöpfung 77, 149
Widerspruch. Siehe Widersprüchlichkeit
Widersprüchlichkeit 135, 144, 147, 149, 165, 228
Wirklichkeitskonstruktion 35, 65, 68, 74 f., 103
Wissen 16, 32 f., 96, 161–163, 171, 188, 190, 193,
  211
Witz 14, 42, 94 f., 101 f., 104

Z
Zeit 16, 129, 179 f., 182, 252, 261
  Eigenzeit der Organisation 182, 187, 193 f.
  in Organisationen 181
  zeitliche Ordnung 182
Zeitdimension 50, 53, 181
Zeitlichkeit. Siehe Zeit
Ziel 88, 147, 179, 232, 247
Zirkularität 21, 24, 29, 37, 105
Zukunft 16, 36, 91, 100, 138 f., 145, 148, 157, 178–
  187, 195, 197, 205, 228 f., 234, 254
Zukunftsforschung 16, 179 f., 190, 192, 195
Zukunftsvorausschau, systematische 179, 187
Zusammenarbeit 120, 150–153, 155
Zweck 9, 85 f., 88, 179, 182, 247, 249

Organisationsberatung: systemisch, praktisch, gut

V&R

Rainer Zech
Organisation, Individuum, Beratung
Systemtheoretische Reflexionen

Mit Beiträgen von Claudia Dehn, Katia Tödt und Falko von Ameln.
Interdisziplinäre Beratungsforschung, Band 008
2013. 283 Seiten, mit 8 Abb., kartoniert
ISBN 978-3-525-40360-0

eBook: ISBN 978-3-647-40360-1

Was sind Organisationen? Und wie berät man sie? Rainer Zech erklärt anschaulich, wie systemische Organisationsberatung bei verschiedensten Beratungsanlässen und Organisationstypen funktioniert.

Wie können Organisationen theoretisch gefasst werden und welches Konzept des Individuums passt dazu? Wie greifen institutionelle Verhältnisse und individuelle Verhaltensweisen ineinander? Und wie kann Organisationsberatung die Paradoxie lösen, sich an Organisationen zu wenden, es aber mit Menschen zu tun zu haben? Anhand von konkreten Beratungsfällen aus Unternehmen, Behörden, Bildungs- und Forschungseinrichtungen nimmt Rainer Zech unter anderem organisationale Muster, Strategieentwicklung und Reorganisation, die Bedeutung von Kultur, die Arbeit mit Selbst- und Fremdbeschreibungen sowie Macht- und Mikropolitik unter die Lupe.

Vandenhoeck & Ruprecht

Wir sind viele – und selbst das nicht. Was ist heutzutage Identität?

V&R

Eric Lippmann
Identität im Zeitalter des Chamäleons
Flexibel sein und Farbe bekennen

Mit einem Geleitwort von Matthias Varga von Kibéd.
2013. 196 Seiten, mit 13 Abb. und 1 Tab., kartoniert
ISBN 978-3-525-40356-3

eBook: ISBN 978-3-647-40356-4

Wer bin ich und wer könnte ich sein? Diese Frage ist typisch für die postmoderne Gesellschaft. Lippmann zeigt Wege der Auseinandersetzung mit der eigenen Identität und der der Klienten.

Ist Identität eine Fiktion? Ist es noch möglich, in einer Gesellschaft mit immer komplexer werdenden Lebenswelten eine gewisse Einheit seiner eigenen Person zu erfahren? Eher ist von der Aufsplitterung des Subjekts die Rede. Doch die Vielfalt ist auch eine Chance für unsere kreative Weiterentwicklung. Eric Lippmann erklärt anhand der fünf Säulen der Identität – Beziehungen, Arbeit, Körper, Besitz, Sinn –, wie die Fragmentierung des Selbst die Kernbereiche unseres Lebens durchzieht. Das dabei erkennbare Chamäleon-Paradox von Anpassung und Autonomie wird mit Beispielen aus Woody Allens Filmklassiker »Zelig« veranschaulicht.

Pressestimmen:

»Das Buch ist ein Gewinn, gerade durch seine Multiperspektivität und seinen Detailreichtum wird die Herausforderung, den eigenen Weg zu finden, bewusster, spannender und persönlich ertragreicher!«
Franz Sedlak, schule.at

Vandenhoeck & Ruprecht